RECUEIL

DE

DONNÉES NUMÉRIQUES

PUBLIÉ

PAR LA SOCIÉTÉ FRANÇAISE DE PHYSIQUE.

OPTIQUE

PAR

H. DUFET,

MAITRE DE CONFÉRENCES A L'ÉCOLE NORMALE SUPÉRIEURE.

DEUXIÈME FASCICULE.

PROPRIÉTÉS OPTIQUES DES SOLIDES.

PARIS,

GAUTHIER-VILLARS, IMPRIMEUR-LIBRAIRE

DU BUREAU DES LONGITUDES, DE L'ÉCOLE POLYTECHNIQUE,

Quai des Grands-Augustins, 55.

1899

RECUEIL

DE

DONNÉES NUMÉRIQUES.

OPTIQUE.

19916   PARIS. — IMPRIMERIE GAUTHIER-VILLARS ET FILS,

Quai des Grands-Augustins, 55.

ORDRE DES MATIÈRES

DU DEUXIÈME FASCICULE.

Note. — Les Tables XI à XIII sont closes pour fin 1897; les Tables XIV et XV pour fin juillet 1898; la Table XVI pour fin octobre 1898.

TABLE XI.

INDICES DE QUELQUES SOLIDES REMARQUABLES.

Cette Table comprend les indices de réfraction et leur variation par la température, pour les corps suivants :

I. Calcite.
II. Quartz.
III. Fluorine.
IV. Sel gemme.
V. Sylvine.
VI. Alun alumino-potassique.

[*Voir* Introduction à la Table VII.]

I. — CALCITE.

A. — Indices pour la raie ($D_1 D_2$).

Observations ramenées à 20° (*voir* plus loin *variation d'indice par la tempéra-ture*) et à la longueur d'onde moyenne ($D_1 D_2$) pour les mesures faites sur la raie D_2.

| INDICES | | | | OBSERVATEURS. |
| ordinaire. | | extraordinaire. | | |
Tem-pérature.	Indice ramené à 20° C.	Tem-pérature.	Indice ramené à 20° C.	
17,5..	1,65850	17,75.	1,48638	RUDBERG (*Pogg. Ann.*, t. XIV; 1828).
?	1,65837	//	//	SWAN (*Edimb. Trans.*, t. XVI; 1847).
28,0..	1,65840	//	//	VAN DER WILLIGEN (*Arch. Mus. Teyler*, t. III; 1870).
22,8..	1,65843	24,5..	1,48633	
15 ..	1,65834	15 ..	1,48643	CORNU [*Ann. Éc. Norm. sup.* (2ᵉ s.), t. III; 1874].
14,6..	1,65832	//	//	Id. [Id. (2ᵉ s.), t. IX; 1880].
18 ..	1,65840	//	//	VOGEL (*Wied. Ann.*, t. XXV; 1885).
13 ..	1,65842	13 ..	1,48648	
20 ..	1,65833	//	//	MÜLLER (*Publ. d. Astroph. Obs.*, Potsdam, t. IV; 1885).
//	//	18 ..	1,48649	DANKER (*N. Jahrb. f. Min.* Beil.-B. IV; 1885).
20 ..	1,65837	20 ..	1,48644	HASTINGS (*Amer. J. of Sc.*, t. XXXV; 1888).
20,4..	1,65838 (1)	20,4..	1,48645 (2)	CARVALLO [*Ann. Éc. Norm. sup.* (3ᵉ s.), t. VII (supp.); 1890].
24 ..	1,65834	//	//	OFFRET (*Bull. Soc. minér.*, t. XIII; 1890).
22 ..	1,65848	22 ..	1,48652	
//	//	20 ..	1,48646	DUFET (*Bull. Soc. minér.*, t. XIV; 1891).
20 ..	1,65837	20 ..	1,48645	Id. (Id., t. XVI; 1893).

(1) En laissant de côté la troisième série de mesures.
(2) Tiré des mesures sans dépointement.

B. — Spectre visible.

α. — *Indice ordinaire.*

RAIES.	LONGUEURS d'onde.	RUDBERG. $t=17°,75.$ (1).	MASCART. 1er prisme. (2).	MASCART. 2e prisme. $t=12°?$. (3).	VAN DER WILLIGEN. 1er prisme. $t=22°,8.$ (4).	VAN DER WILLIGEN. 2e prisme. $t=28°.$ (4).	SARASIN. 1er prisme. (7).	SARASIN. 2e prisme. (7).
$(1)^α$....	763,1 ^{μμ}	//	//	//	1,65003	//	//	//
A......	760,5	//	1,65013	//	1,65008	1,65006	1,65000	1,64983
a......	718,5	//	1,65162	//	1,65166	1,65166	1,65156	1,65150
$(4)^α$....	687,3	//	//	//	1,65295	//	//	//
B......	686,9	1,65308	1,65296	//	1,65299	1,65302	1,65285	1,65283
Li......	670,8	//	//	1,65398	//	//	//	//
C......	656,3	1,65452	1,65446	1.65450	1,65448	1,65449	//	//
Cd 1....	643,9	//	//	1,65513	//	//	1,65501	//
$α$......	627,8	//	//	//	1,65601	//	//	//
D_1......	589,6	1,65850	1,65846	//	1,65841	1,65842	1,65839	1,65825
D_2......	589,0				1,65847			
(16)....	561,6	//	//	//	1,66049	//	//	//
(19)....	545,6	//	//	//	1,66183	//	//	//
Cd 2....	537,9	//	//	1,66243	//	//	1,66234	//
Tl......	535,0	//	//	1,66285	//	//	//	//
Cd 3....	533,8	//	//	1,66281	//	//	1,66274	//
E......	527,0	1,66360	1,66354	//	1,66352	1,66351	//	//
b_1......	518,4	//	//	1,66431	1,66436	1,66435	//	//
b_4......	516,7	//	1,66446	1,66449	1,66452	//	//	//
Cd 4....	508,6	//	//	1,66529	//	//	1,66525	//
(30)....	504,2	//	//	//	1,66584	//	//	//
c......	495,8	//	//	//	1,66680	1,66677	//	//
F......	486,1	1,66802	1,66793	1,66797	1,66792	1,66794	1,66783	1,66773
Cd 5....	480,0	//	//	1,66864	//	//	1,66858	//
Cd 6....	467,8	//	//	1,67028	//	//	1,67023	//
d......	466,8	//	//	//	1,67044	1,67045	//	//
$(36)^β$...	453,2	//	//	//	1,67247	1,67248	//	//
Cd 7....	441,6	//	//	1,67429	//	//	1,67417	//
G......	430,8	1,67617	1,67620	//	1,67617	1,67622	//	//
g......	422,7	//	//	1,67792	1,67772	1,67773	//	//
h......	410,2	//	//	//	1,68025	1,68029	1,68036	1,68008
(48)....	406,5	//	//	//	1,68109	1,68110	//	//
(50)....	403,4	//	//	//	1,68181	1,68178	//	//
H......	396,9	1,68330	1,68330	//	1,68331	1,68325	1,68319	1,68321
K......	393,4	//	//	//	1,68412	//	//	//

(*Voir* la suite au verso.)

α. — *Indice ordinaire* (suite).

| RAIES. | LONGUEURS d'onde. | MÜLLER. $t=10°$. | SCHRAUF. $t=18°$ à $21°$. | MÜLHEIMS. | CARVALLO. $t=22°$. | OFFRET. | | DUFET. $t=20°$. |
| | | | | | | 1ᵉʳ prisme. $t=24°$. | 2ᵉ prisme. $t=22°$. | |
		(8).	(10).	(11).	(12.	(13).	(13).	(14).
A.....	760,5 μμ	//	//	1,64984	1,65006	//	//	//
a......	718,5	//	//	1,65175	//	//	//	//
B.....	686,9	1,65287	1,65305	1,65306	1,65293	//	//	//
Li. ...	670,8	//	1,65382	//	//	1,65367	1,65378	1,65368
C.....	656,3	1,65435	1,65454	1,65456	//	//	//	1,65440
Cd 1...	643,9	//	//	//	//	1,65499	1,65513	//
(D₁D₂).	589,3	1,65831	1,65849	1,65846	1,65840	1,65835	1,65849	1,65837
Cd 2...	537,9	//	//	//	//	1,66235	1,66245	//
Tl....	535,0	//	1,66285	//	//	//	//	1,66267
E.....	527,0	//	1,66362	1,66356	//	//	//	//
b₁	518,4	1,66421	//	//	//	//	//	//
b₁.....	516,7	//	1,66459	1,66459	//	//	//	//
Cd 4...	508,6	//	//	//	//	1,66524	1,66533	//
F.....	486,1	1,66779	1,66812	1,66805	1,66786	//	//	1,66785
Cd 5...	480,0	//	//	//	//	1,66860	1,66867	//
$f = H_\gamma$.	434,1	1,67547	//	//	//	//	//	1,67553
G'.....	432,5	//	//	//	1,67581	//	//	//
G.....	430,8	//	1,67642	1,67592	//	//	//	//
h.....	410,2	1,68013	1,68045	//	//	//	//	//
H.....	396,9	1,68316	1,68338	//	1,68321	//	//	//

b. — *Indice extraordinaire.*

RAIES.	RUDBERG. $l = 17°,75.$ (1).	MASCART. (2).	VAN DER WILLIGEN. $l = 24°,5.$ (4).	SARASIN. 1ᵉʳ prisme. (7).	SARASIN. 2ᵉ prisme. (7).
(1ᵅ)....	//	//	1,48268	//	//
A.....	//	1,48285	1,48271	1,48261	1,48251
a......	//	//	1,48339	1,48336	1,48323
(4ᵅ)....	//	//	1,48397	//	//
B......	1,48391	1,48409	1,48399	1,48391	1,48384
C......	1,48455	1,48474	1,48463	//	//
Cd 1...	//	//	//	1,48481	//
($D_1 D_2$).	1,48635	1,48654	1,48639	1,48644	1,48634
(16)....	//	//	1,48733	//	//
Cd 2....	//	//	//	1,48815	//
Cd 3...	//	//	//	1,48843	//
E......	1,48868	1,48885	1,48874	//	//
b_1......	//	//	1,48912	//	//
b_4......	//	//	1,48919	//	//
Cd 4....	//	//	//	1,48953	//
(3o).. .	//	//	1,48980	//	//
c.......	//	//	1,49025	//	//
F......	1,49075	1,49084	1,49076	1,49079	1,49069
Cd 5....	//	//	//	1,49112	//
Cd 6....	//	//	//	1,49185	//
d......	//	//	1,49193	//	//
(36)....	//	//	1,49287	//	//
Cd 7....	//	//	//	1,49367	//
G......	1,49453	1,49470	1,49456	//	//
g......	//	//	1,49525	//	//
h......	//	//	1,49643	1,49636	1,49640
(48)....	//	//	1,49684	//	//
(5o)....	//	//	1,49714	//	//
H......	1,49780	1,49777	1,49780	1,49774	1,49767
K......	//	//	1,49820	//	//

(*Voir* la suite au verso.)

b. — *Indice extraordinaire* (suite).

RAIES.	SCHRAUF. $l=18°$ à $21°$. (10).	MÜLHEIMS. (11).	CARVALLO. (12).	OFFRET. $l=22°$. (13).	DUFET. $l=20°$. (14).
A	"	"	1,48275	"	"
a	"	1,48345	"	"	"
B	1,48378	1,48411	1,48406	"	"
Li	1,48418	"	"	1,48440	1,48433
C	1,48446	1,48458	"	"	1,48465
Cd 1	"	"	"	1,48499	"
[$D_1 D_2$]	1,48625	1,48635	1,48653	1,48655	1,48645
Cd 2	"	"	"	1,48838	"
Tl	1,48833	"	"	"	1,48842
E	1,48857	1,48855	"	"	"
b_4	1,48909	1,48903	"	"	"
Cd 4	"	"	"	1,48970	"
F	1,49066	1,49072	1,49091	"	1,49080
Cd 5	"	"	"	1,49123	"
$f = H_\gamma$	"	"	"	"	1,49434
G'	"	"	1,49454	"	"
G	1,49458	"	"	"	"
h	1,49637	"	"	"	"
H	1,49770	"	1,49788	"	"

c. — *Complément.*

RAIES.	GLAZEBROOK. I. ordinaire. (5).	GLAZEBROOK. I. extraordinaire. (5).	CORNU. I. ordinaire. $l=14°,6$. (6).	VOGEL I. ordinaire. 1er prisme. $l=18°$. (9).	VOGEL I. ordinaire. 2e prisme. $l=13°$. (9).	VOGEL I. extraordinaire. 2e prisme. $l=13°$. (9).
C	1,65436	1,48456	"	1,65449	1,65448	1,48463
D_1	"	"	"	1,65840	1,65841	1,48640
D_2	"	"	1,65833			
F	1,66779	1,49074	1,66779	1,66795	1,66793	1,49082
H_v	1,67553	1,49430	"	1,67572	1,67569	1,49434

C. — Spectre infra-rouge.

LONGUEURS d'onde.	INDICE	
	ordinaire.	extraordinaire.
μ		
2,15	//	1,4753
1,984	1,6279	//
1,77	//	1,4766
1,54	1,6350	//
1,45	1,6361	1,4779
1,22	1,6403	//
1,08	1,6424	1,4799

$$t = 22^{\circ}.$$

CARVALLO (12).

D. — Spectre ultra-violet.

a. — Raies spectrales.

RAIES.	LONGUEURS d'onde.	MASCART.		CORNU. I. ordinaire. $t = 14^{\circ},6.$
		I. ordinaire. (2).	I. extraordin. (2).	(6).
	$\mu\mu$			
L......	382,1	1,68706	1,49941	//
M......	372,8	1,68966	1,50054	//
N......	358,1	1,69441	1,50256	//
O......	344,1	1,69955	1,50486	1,69928
P......	336,0	1,70276	1,50628	1,70251
//	330,4	//	//	1,70495
Q......	328,7	1,70613	1,50780	1,70583
//	324,6	//	//	1,70770
//	320,2	//	//	1,70993
R......	318,0	1,71155	1,51028	1,71112
r.......	314,5	//	//	1,71303
//	312,5	//	//	1,71407
S₁......	310,1	1,71580	//	1,71542
S₂......	310,0		//	1,71550
s.......	304,7	//	//	1,71901
//	303,0	//	//	1,71971
T......	302,0	1,71939	//	1,72034
//	298,4	//	//	1,72269
U....	294,8	//	//	1,72525
//	293,7	//	//	1,72602
//	292,7	//	//	1,72670

b. — Raies du cadmium.

RAIES.	LONGUEURS d'onde.	MASCART. I. ordinaire. (3).	SARASIN.			
			I. ordinaire.		I. extraordinaire.	
			1ᵉʳ prisme. (7).	2ᵉ prisme. (7).	1ᵉʳ prisme. (7).	2ᵉ prisme. (7).
		μμ				
9......	361,0	1,693 49	1,693 25	1,693 10	1,502 28	1,502 24
10......	346,6	1,698 27	1,698 42	1,698 18	1,504 52	1,504 43
11......	340,4	1,701 03	1,700 79	//	1,505 59	//
12 { α..	326,0	} 1,707 79	1,707 16	//	} 1,508 57	. //
{ βγ.	325,1		1,707 64	//		//
17......	274,8	1,741 60	1,741 51	1,741 66	1,522 76	1,522 87
18......	257,3	1,760 78	1,760 50	1,760 60	1,530 19	1,530 59
23......	231,4	1,802 47	1,802 48	1,802 72	1,545 59	1,545 83
24......	226,6	1,813 15	1,813 00	1,812 91	1,549 20	1,549 60
25......	219,5	1,824 60	1,830 90	1,830 91	1,555 14	1,555 33
26......	214,5	//	1,845 80	1,845 92	1,559 93	1,560 14

1. RUDBERG (*Pogg. Ann.*, t. XIV, p. 45; 1828).
2. MASCART [*Ann. de l'Ec. Norm. sup.* (1ʳᵉ s.), t. I, p. 238; 1864].
3.   *Id.*   [*Id.*   (1ʳᵉ s.), t. IV, p. 7; 1867].
4. VAN DER WILLIGEN (*Arch. du Mus. Teyler*, t. III, p. 34; 1870).
5. GLAZEBROOK (*Proc. Roy. Soc.*, London, t. XXIX, p. 205; 1879).
6. CORNU [*Ann. de l'Ec. Norm. sup.* (2ᵉ s.), t. IX, p. 98; 1880].
7. SARASIN (*C. R.*, t. XCV, p. 680; 1882).
8. MÜLLER (*Publ. d. astroph. Obs. Potsdam*, t. IV, p. 151; 1885).
9. VOGEL (*Wied. Ann.*, t. XXV, p. 87; 1885).
10. SCHRAUF (*Gr. Zeits.*, t. XI, p. 20; 1886).
11. MÜLHEIMS (*Gr. Zeits.*, t. XIV, p. 202; 1888).
12. CARVALLO [*Ann. de l'Ec. Norm. sup.* (3 s.), t. VII, Supp., pp. 98 et 104; 1890].
13. OFFRET (*Bull. de la Soc. minér.*, t. XIII, p. 580; 1890).
14. DUFET (*Bull. de la Soc. minér.*, t. XVI, p. 165; 1893).

E. — Variation des indices par la température.

$$\frac{dn}{dt} = +\,0,00000072 \ \text{(Ind. ordin.)}$$
$$\frac{dn}{dt} = +\,0,00001103 \ \text{(Ind. extraord.)}$$

Raie D, $t = 15^\circ$ à 80° (*pour l'air froid*).

FIZEAU [*Ann. de Chim. et Phys.* (3ᵉ s.), t. LXVI, p. 460; 1862].

[Nombres calculés d'après les expériences directes sur une lame parallèle à l'axe (¹), avec le coefficient de dilatation du spath déterminé par Benoît (*Trav. et Mém. du Bur. int. des P. et Mes.*, t. VI (I), p. 126) et la longueur d'onde $\lambda_{(D_1 D_2)} = 0^\mu,5893$].

RAIES.	$\frac{dn}{dt}$ (indice ordinaire).	
	Pour l'air froid.	Pour l'air chaud.
B......	$+0,00000089$	$0,00000259$
C.....	73	243
D.....	72	243
b_1....	103	274
F...	144	316
H_γ....	185	358
h.....	194	367
H_1.....	195	368

$t = 0^\circ$ à 25°

MÜLLER (*Publ. d. astroph. Obs. Potsdam*, t. IV; 1888 et *Wied. Ann.*, t. XLVI, p. 262; 1892).

(¹) La 2ᵉ lame perpendiculaire à l'axe donne

$$\frac{dn}{dt} = +\,0,0000085 \ \text{(ind. ord.)}.$$

$$\frac{dn}{dt} \text{ (indice ordinaire).}$$

RAIES.	Pour l'air froid.		Pour l'air chaud.		
	1ᵉʳ prisme.	2ᵉ prisme.	1ᵉʳ prisme.	2ᵉ prisme.	
C....	+0,00000089	0,00000077	+0,0000197	187	(Entre 13° à 193°)
D....	103	88	211	198	Coefficient pour $t=80°$
F....	90	96	200	208	
H_γ...	91	108	203	210	

$$\frac{dn}{dt} \text{ (indice extraordinaire).}$$

RAIES.	2ᵉ prisme.		
	Pour l'air froid.	Pour l'air chaud.	
C.....	+0,00001016	+0,0000115	*Id.*
D.....	1024	1123	
F.....	1076	1176	
H_γ....	1085	1187	

Vogel (Wied. Ann., t. XXV, p. 87; 1885).

[Calculé d'après les résultats de l'auteur en prenant pour l'indice de l'air les nombres de Kayser et Runge (Table VI, p. 69).]

$$\frac{dn}{dt} \text{ (air chaud).}$$

RAIES.	Indice		
	ordinaire.		extraordinaire. 2ᵉ prisme.
	1ᵉʳ prisme.	2ᵉ prisme.	
Li....	+0,00000094	+0,0000164	+0,00001175
Cd 1 ...	130	169	1193
D......	142	151	1175
Cd 2 ...	169	218	1189
Cd 4 ...	189	231	1180
Cd 5 ...	205	246	1287

Offret (Bull. Soc. Minér., t. XIII, p. 580; 1890).

$\left(\dfrac{dn}{dt},\right.$ sensiblement constant de 20° à 300°, calculé d'après les nombres de l'auteur.$\left.\right)$

II. — QUARTZ.

A. — Indices pour la raie $(D_1 D_2)$.

Observations ramenées à 20^{0C} (*voir* plus loin *variation d'indice par la température*).

INDICES				OBSERVATEURS.
ordinaire.		extraordinaire.		
Température.	Indice ramené à 20°C.	Température.	Indice ramené à 20°C.	
$18°$ ..	1,54417	$18°$ ..	1,55327	Rudberg (*Pogg. Ann.*, t. XIV; 1828).
16 à 12.	1,54423	16 à 12.	1,55353	
18 ..	1,54420	18 ..	1,55334	
20 ..	1,54422	20 ..	1,55323	Schrauf (*Sitzb. d. Akad. Wien*, t. XLII; 1860).
17 à 13.	1,54412	17 à 13.	1,55329	
12 ..	1,54412	12 ..	1,55323	Baille (*Ann. du Conserv. des A. et M.*, t. VII; 1867).
29 ..	1,54421	//	//	Van der Willigen (*Arch. Mus. Teyler*, t. II; 1869).
23,6..	1,54421	23,8..	1,55331	Id. (Id., t. III; 1870).
16 ..	1,54412	16,8..	1,55321	
20 ..	1,544224	//	//	Von Lang (*Pogg. Ann.*, t. CXL; 1870).
20,3..	1,54442	20,3..	1,55352	Danker (*N. Jahrb. f. Min.* Beil. B. IV; 1885).
20 ..	1,544230	//	//	Müller (*Publ. d. Astroph. Obs.*, Potsdam, t. IV; 1885).
18 ..	1,544230	//	//	Dufet (*Bull. Soc. minér.*, t. XIV; 1891).
19,8..	1,54421	19,8..	1,55330	Pulfrich (*Wied. Ann.*, t. XLV; 1892).
15 ..	1,544226	15 ..	1,55331	Macé de Lépinay [*Journ. de Phys.* (2ᵉ s.), t. VI; 1887].
21 ..	1,544229	//	//	Id. [*Ann. de Ch. et Phys.* (7ᵉ s.), t. V; 1895].

Différences d'indice ordinaire (raie D) pour divers quartz.

Quartz limpide (type)....	o		Quartz jaune.............	— 0,0⁴06
Id. I......	+ 0,0⁴03		Quartz rosé I............	— 22
Id. II.......	+ 02		Id. II............	+ 65
Id. III.......	— 03		Quartz améthyste I.....	+ 44
Id. IV.......	— 01		Id. II.....	+ 49
Id. V.......	÷ 01		Id. III.....	÷ 64
Quartz enfumé I........	÷ 09		Id. IV.....	+ 49
Id. II.........	—74 à —14		Quartz laiteux	—21 à —113
Id. III........	—69 à o			

Dufet (*Bull. Soc. Minér.*, t. XIII, p. 274; 1890).

B. — Spectre visible.

a. — Indice ordinaire.

RAIES.	LONGUEURS d'onde.	RUDBERG. $t=15°$. (1).	ESSELBACH. (2).	MASCART. (3).	VAN DER WILLIGEN.			MÜLLER. $t=20°$. (9).	MACÉ DE LÉPINAY. $t=15°$. (10).	MÜLHEIMS. (11).	WÜLFING. (13).
					1er prisme. $t=29°$. (5).	2e prisme. $t=23°,8$. (6).	3e prisme. $t=16°$. (6).				
1^α.....	763,1 $^{\mu\mu}$	//	//	//	1,53914	1,53914	1,53911	//	//	//	//
A.....	760,5	//	//	1,53902	//	//	//	//	1,53919	//	1,53915
a.	718,5	//	//	1,54018	1,54013	1,54018	1,54009	//	1,54017	1,54008	1,54015
B.....	686,9	1,54091	,1,5414	1,54099	1,54097	1,54097	1,54089	1,54099	1,54100	1,54098	1,54091
C.....	656,3	1,54181	1,5424	1,54188	1,54184	1,54185	1,54179	1,54188	1,54190	1,54176	1,54182
(D, D₂).	589,3	1,54418	1,5446	1,54423	1,54417	1,54419	1,54414	1,54423	1,54425	1,54423	1,54418
(19)...	545,6	//	//	//	//	1,54617	1,54608	//	//	//	//
E... .	527,0	1,54711	,1,5476	1,54718	1,54711	1,54715	1,54710	//	1,54717	1,54708	1,54714
b_1.....	518,4	//	//	//	1,54757	1,54763	1,54758	1,54764	1,54766	//	1,54765
b_4... .	516,7	//	//	1,54770	//	1,54774	1,54764	//	//	1,54777	//
(30)...	504,2	//	//	//	//	1,54847	1,54842	//	//	//	//
c......	495,8	//	//	//	1,54896	1,54902	1,54897	//	//	//	//
F......	486,1	1,54965	1,5500	1,54966	1,54961	1,54966	1,54960	1,54967	1,54969	1,54965	1,54959
d	466,8	//	-//	//	1,55104	1,55108	1,55105	//	//	//	//
(36)...	453,2	//	//	//	//	1,55220	1,55215	//	//	//	//
$f = H_\gamma$.	434,1	//	//	//	//	//	//	1,55395	//	//	//
G'.....	432,5	//	//	//	//	//	//	//	1,55413	//	1,55406
G......	430,8	1,55425	1,5546	1,55429	1,55422	1,55422	1,55421	//	//	//	1,55425
g......	422,7	//	//	//	1,55507	1,55508	1,55505	//	//	//	//
h......	410,2	//	//	//	1,55644	1,55647	1,55643	1,55650	1,55650	//	1,55646
(50)...	403,4	//	//	//	1,55729	1,55730	1,55724	//	//	//	//
H.....	396,9	1,55817	1,5586	1,55816	1,55808	1,55811	1,55813	1,55814	1,55816	//	1,55814
K.....	393,4	//	//	//	//	//	//	//	1,55861	//	1,55865

b. — Indice extraordinaire.

RAIES.	RUDBERG. $l=18°$. (1).	MASCART. (3).	VAN DER WILLIGEN.		MACÉ DE LÉPINAY. $l=15°$. (10).	MÜLHEIMS. (11).	WÜLFING. (15).
			2ᵉ prisme. $l=23°,8$. (6).	3ᵉ prisme. $l=16'',8$. (6).			
1^{α}.........	″	″	1,54806	1,54802	″	″	″
A.........	″	1,54812	″	″	1,54813	″	1,54815
a........	″	1,54919	1,54910	1,54904	1,54915	1,54913	1,54910
B.........	1,54990	1,55002	1,54998	1,54989	1,55000	1,54995	1,54990
C.........	1,55085	1,55095	1,55085	1,55080	1,55093	1,55089	1,55091
$(D_1 D_2)$....	1,55328	1,55338	1,55329	1,55323	1,55336	1,55328	1,55329
(19)......	″	″	1,55533	1,55525	″	″	″
E.........	1,55631	1,55636	1,55633	1,55627	1,55640	1,55639	1,55631
b_1.........	″	″	1,55684	1,55675	1,55689	″	1,55690
b_4.........	″	1,55694	1,55693	1,55684	″	″	″
(30)......	″	″	1,55772	1,55765	″	1,55708	″
c.........	″	″	1,55826	1,55819	″	″	″
F.........	1,55894	1,55897	1,55895	1,55886	1,55899	″	1,55890
d.........	″	″	1,56039	1,56035	″	1,55896	″
(36)......	″	″	1,56157	1,56152	″	″	″
G′.........	″	″	″	′	1,56357	″	1,56364
G.........	1,56365	1,56372	1,56365	1,56362	″	″	1,56368
g.........	″	″	1,56453	1,56447	″	″	″
h.........	″	″	1,56597	1,56593	1,56604	″	1,56607
(50)......	″	″	1,56681	1,56678	″	″	″
H.........	1,56772	1,56770	1,56769	1,56766	1,56775	″	1,56766
K.........	″	″	″	″	1,56821	″	1,56815

c. Complément.

RAIES.	LONGUEURS d'onde.	INDICE					
		ordinaire.				extraordinaire.	
		BAILLE. $l=12°$. (4).	PULFRICH. $l=19°,8$. (12).	RUBENS. (13).	SIMON. (14).	BAILLE. $l=12°$. (4).	PULFRICH. $l=19°,8$. (12).
K_{α}......	768,2 $\mu\mu$	″	″	1,53893	1,53897	″	″
C........	656,3	1,54182	1,54185	1,54181	1,54181	1,55068	1,55087
D........	589,3	1,54418	1,54421	1,54415	1,54416	1,55328	1,55330
Tl.......	535,0	″	″	1,54663	1,54664	″	″
F........	486,1	1,54965	1,54962	1,54961	1,54958	1,55895	1,55890
H_{γ}......	434,1	″	1,55387	1,55387	1,55390	″	1,56328
K_{β}......	404,6	″	″	1,55705	1,55692	″	″
				(voir C).	(voir D.b)		

Raies du cadmium.

RAIES.	LONGUEURS d'onde.	INDICE	
		ordinaire.	extraordinaire.
	μμ		
Cd 1......	643,9	1,542 12	1,551 24
[D₁D₂]...	589,3	1,544 19	1,553 35
Cd 2......	537,9	1,546 55	1,555 73
Cd 3......	533,8	1,546 75	1,555 95
Cd 4......	508,6	1,548 25	1,557 49
Cd 5......	480,0	1,550 14	1,559 43
Cd 6......	467,8	1,551 04	1,560 38
Cd 7......	441,6	1,553 18	1,562 70

SARASIN (7) [*Voir* D.*b*].

Indice ordinaire.

Cd 4...   1,548 204   [$t = 20°$ (dans l'air à 20° et à la pression de 76^{cm})].

MACÉ DE LÉPINAY (16).

C. — Spectre infra-rouge.

LONGUEURS d'onde.	INDICE	
	ordinaire.	extraordinaire.
μ		
2,14	1,5191	1,5278
1,77	1,5247	1,5335
1,45	1,5289	1,5377
1,08	1,5338	1,5427
0,88	1,5371	1,5460

MOUTON (8).

Indice ordinaire.

LONGUEURS d'onde.	INDICE.	LONGUEURS d'onde.	INDICE.
μ		μμ	
4,26	1,4567	2,86	1,5039
4,15	1,4619	2,60	1,5099
4,01	1,4678	2,32	1,5156
3,84	1,4739	1,969	1,5216
3,67	1,4790	1,617	1,5271
3,42	1,4877	1,160	1,5329
3,21	1,4942	[D = 0,5893]	(1,544 15)
3,06	1,4985		

RUBENS (13).

D. — Spectre ultra-violet.

a. — Raies spectrales.

RAIES.	LONGUEURS d'onde.	ESSELBACH. Indice ordinaire. (2).	MASCART. Indices ordinaire.	extraordinaire.
	μμ			
L...	382,1	1,5605	1,56019	1,56974
M....	372,9	1,5621	1,56150	1,57121
N....	358,1	1,5646	1,56400	1,57381
O...	344,1	1,5674	1,56668	1,57659
P....	336,0	1,5690	1,56842	1,57822
Q....	328,7	1,5702	//	1,57998
R....	318,0	1,5737	//	1,58273

b. — Raies métalliques.

RAIES.	LONGUEURS d'onde.	INDICES ordinaire.	extraordinaire.	RAIES.	LONGUEURS d'onde.	INDICES ordinaire.	extraordinaire.
	μμ				μμ		
Cd 9..	361,0	1,56348	1,57319	Cd 25..	219,5	1,62502	1,63705
Cd 10..	346,6	1,56617	1,57599	Cd 26..	214,5	1,63040	1,64268
Cd 11..	340,4	1,56744	1,57741	Zn 27..	209,9	1,63569	1,64813
Cd 12..	326,0	1,57094	1,58097	Zn 28..	206,3	1,64041	1,65308
Cd 17..	274,8	1,58750	1,59812	Zn 29..	202,5	1,64566	1,65852
Cd 18..	257,3	1,59624	1,60713	Al 30..	198,9	1,6507	1,6641
Cd 23..	231,4	1,61402	1,62561	Al 31..	193,2	1,6599	1,6741
Cd 24..	226,6	1,61816	1,62992	Al 32..	185,7	1,6750	1,6891

SARASIN (7).

Raies du zinc. — Indice ordinaire.

LONGUEURS d'onde.		LONGUEURS d'onde.	
(D = 589,3) $\mu\mu$	(1,544 16)	215,6 $\mu\mu$	1,599 81
368,3	1,562 24	243,9	1,604 61
334,5	1,568 81	239,3	1,608 04
307,2	1,575 95	219,3	1,624 96
280,1	1,585 44	209,9	1,635 61
268,4	1,590 67	206,3	1,641 05
260,8	1,594 54	202,5	1,646 59
254,2	1,598 20		

H. SIMON (14).

1. RUDBERG (*Pogg. Ann.*, t. XIV, p. 52; 1828).
2. ESSELBACH (*Pogg. Ann.*, t. XCVIII, p. 541; 1856).
3. MASCART [*Ann. Ec. Norm. sup.* (1ᵉ s.), t. I, p. 328; 1864].
4. BAILLE (*Ann. du Conserv. d. A. et M.*, t. VII, p. 212; 1867).
5. VAN DER WILLIGEN (*Arch. Mus. Teyler*, t. II, p. 164; 1869).
6. *Id.* (*Id.*, t. III, p. 40; 1870).
7. SARASIN [*Arch. de Genève* (*N. P.*), t. LXI, p. 116; 1878].
8. MOUTON (*C. R.*, t. LXXXVIII, p. 1190; 1879).
9. MÜLLER (*Publ. astroph. Obs. Potsdam*, t. IV; 1885).
10. MACÉ DE LÉPINAY [*J. de Phys.* (2ᵉ s.), t. VI, p. 190; 1887].
11. MÜLHEIMS (*Gr. Zeits.*, t. XIV, p. 224; 1888).
12. PULFRICH (*Wied. Ann.*, t. XLV, p. 630; 1892).
13. RUBENS (*Wied. Ann.*, t. XLIII, p. 273; 1894) [*Id.*, t. XLV, p. 251].
14. HERM. SIMON (*Wied. Ann.*, t. LIII, p. 552; 1894).
15. WÜLFING (*Tscherm. Mitth.*, t. XV, p. 57; 1895).
16. MACÉ DE LÉPINAY [*Ann. de Ch. et Phys.* (7ᵉ s.), t. XI, p. 112; 1897].

E. — Variation des indices par la température.

$$\frac{dn}{dt} = -0{,}000\,004\,06 \text{ (indice ordinaire)}$$

$$435 \text{ (indice extraordinaire)}$$

$$\left. \right\} \text{ pour la raie F.} \quad t = 16° \text{ à } 80°$$

très probablement variation par rapport à l'air chaud.

RUDBERG (*Pogg. Ann.*, t. XIV, p. 52; 1828).

$$\frac{dn}{dt}(\text{raie D}) \qquad [\textit{pour l'air froid}].$$

$t.$	INDICE ORDINAIRE.		INDICE extraordinaire.
	lame perpendiculaire à l'axe.	lame parallèle à l'axe.	
20°.	— 0,000005 396	— 0,000005 352	— 0,000006 279
30°.	5 562	5 391	6 438
40°.	5 729	5 443	6 609

[Fizeau (*Ann. de Ch. et Phys.* (4ᵉ s.), t. II, p. 181; 1864)].

D'après les expériences de Fizeau calculées avec les coefficients de dilatation du quartz donnés par Benoît (*Trav. et Mém. du Bur. intern. des P. et Mes.*, t. VI, p. 119).

$$\frac{dn}{dt}$$

I. ordinaire. $\qquad$ — 0,000005 87 (lames perp. à l'axe)

($t = 20°$ à $40°$) $\qquad$ — 0,000005 91 (1re lame parallèle à l'axe)

$\qquad$ — 0,000006 16 $\quad 2^{e} \qquad$ id.

I. extraordinaire. $\qquad$ — 0,000007 06 (1re lame parallèle à l'axe)

$\qquad$ — 0,000007 12 $\quad 2^{e} \qquad$ id.

[Dufet (*Bull. Soc. minér.*, t. VIII, p. 212; 1885).]

$$\frac{dn}{dt}(\text{raie D}) \qquad [\textit{pour l'air froid}].$$

Indice ordinaire. $\qquad$ — 0,000006 248 — 0,000000 0005 t $\quad$ } $t = 0°$ à $100°$

Indice extraordinaire. $\qquad$ — 0,000007 223 — 0,000000 003 7 t $\quad$ }

Dufet (*Bull. Soc. minér.*, t. VIII, p. 210; 1885).

(Calculé pour l'air chaud).

Indice ordinaire $\qquad$ — 0,000004 594 — 0,000000 0126 t

Indice extraordinaire. $\qquad$ — 0,000005 559 — 0,000000 0159 t

---

D. $\qquad\qquad\qquad\qquad\qquad\qquad\qquad\qquad\qquad\qquad$ 28

$$\frac{dn}{dt} \text{ (Indice ordinaire)}$$

[entre — 12° et + 26°].

RAIES.	AIR CHAUD.	AIR FROID.
B	— 0,00000432	— 0,00000588
C	402	559
D ...	432	589
b_1	437	594
F	426	583
H_γ ...	459	617
h	455	613
H	531	684

MÜLLER (*Public. d. astroph. Observ. Potsdam*, t. IV; 1885).

$$\frac{dn}{dt} \text{ [entre } 19°,8 \text{ et } 99°,4\text{]}.$$

RAIES.	INDICE ORDINAIRE.		INDICE EXTRAORDINAIRE.	
	Air chaud.	Air froid.	Air chaud.	Air froid.
·C	— 0,0⁵540	— 0,0⁵649	— 0,0⁵651	— 0,0⁵761
D	529	638	644	754
F	489	599	604	715
H_γ ...	466	577	582	690
	Temp. moy. 59°,6.		Temp. moy. 59°,6.	

PULFRICH (*Wied. Ann.*, t. XLV, p. 637; 1892).

$$\frac{dn}{dt} \text{ (Ind. ordinaire),} \qquad \text{[entre } 8° \text{ et } 26°,5\text{],}$$

pour la raie du cadmium Cd4[$\lambda = 508\mu\mu,58$].

AIR FROID....... — 0,000005168 — 0,00000003104 t

AIR CHAUD ...... — 0,000003496 — 0,00000004330 t

MACÉ DE LÉPINAY [*Ann. de Ch. et Phys.* (7ᵉ s.), t. XI, p. 112; 1897].

F. — Biréfringence du quartz.

$$(n_e - n_o)_t = (n_e - n_o)_0 - A\,t\left(1 + \frac{t}{900}\right), \qquad [t = 0° \text{ à } 45°].$$

RAIES.	$(n_e - n_o)_0.$	A.	
$B_1 = 688,4.$	0,0090177	0,000001 104	Formule calculée par l'auteur :
C........	90493	1 098	
$(D_1 D_2)....$	91290	1 081	
b_1........	92439	1 062	
F........	93121	1 064	
G........	94671	1 069	
h......,..	95416	1 037	
$H' = 395,3.$	96042	1 045	
L....	96656	1 032	
M........	97141	1 039	
N........	97974	1 031	
O........	98894	1 029	
P........	99473	1 038	
Q........	100070	1 042	
R........	101352	1 057	
S........	101764	1 009	

$$10^3(n_e - n_0) = 8,864\,10 + 0,107\,057\,\frac{1}{\lambda^2}$$
$$+ 0,001\,989\,3\,\frac{1}{\lambda^4} - 0,171\,75\,\lambda^2$$
$$- 10^{-3}\,t\left(1 + \frac{t}{900}\right)(1,01 + 0,2\,\lambda^2).$$

Macé de Lépinay [*Journ. de Phys.* (3ᵉ s.), t. I, p. 31; 1892].

$$10^3(n_e - n_0) = 8,782 + 0,1268\,\frac{1}{\lambda^2} - 10^{-3}\left[\left(0,919 - 0,0072\,\frac{1}{\lambda^2}\right)t + 0,00184\,t^2\right].$$

$$\lambda = 576\mu\mu \text{ à } 393\mu\mu, \qquad t = 0° \text{ à } 570°.$$

$$10^3(n_e - n_0) = \left(7,432 + 0,1036\,\frac{1}{\lambda^2}\right)[1 + 0,0000755\,(t - 570)].$$

$$t = 570° \text{ à } 1050°.$$

$$[\text{variation brusque à } 570°] - 0,0000229 - 0,0000027\,3\,\frac{1}{\lambda^2}.$$

Mallard et Le Chatelier (*Bull. Soc. Minér.*, t. XIII, p. 123; 1890).
Id. [*Ann. de Ch. et de Phys.* (7ᵉ s.), t. VI, p. 92; 1895].

III. — FLUORINE.

A. — Spectre visible.

RAIES.	LONGUEURS d'onde.	BAILLE. $t=14°$. (1).	STEFAN. $t=21°$. (2).	SARASIN. (3).	MÜLHEIMS. (4).	PULFRICH. $t=21°,5$. (5).	H. SIMON. (8).	CARVALLO. $t=17°$. (9).
K_α	768,0 $^{\mu\mu}$	//	//	//	//	//	1,43089	//
A	760,5	//	//	1,43101	1,43083	//	//	1,43102
a......	718,5	//	//	1,431575	1,43153	//	//	1,43158
B	686,9	//	1,43200	1,43200	1,43200	//	//	1,43201
Li.....	670,8	1,43258	//	//	//	//	//	//
C......	656,3	1,43265	//	1,43257	1,43251	1,43250	1,43244	1,43252
D	589,3	1,43327	1,43390	1,43394	1,43384	1,43387	1,43379	1,43386
Tl.....	535,0	//	//	//	//	//	1,43536	//
E	527,0	//	//	//	1,43551	//	//	1,43557
b_4.....	516,7	//	//	//	1,43586	//	//	//
Cd 4...	508,6	//	//	//	//	//	1,43614	//
F	486,1	1,43603	1,43709	1,43705	1,43696	1,43702	1,43698	1,43705
Cd 5...	480,0	//	//	//	//	//	1,43724	
Cd 6...	467,8	//	//	//	//	//	1,43782	
H_γ	434,1	//	//	//	//	1,43948	1,43968	
G	430,8	//	1,43982	//	//	//	//	1,43983
h......	410,2	//	//	1,441215	//	//	//	//
H	396,9	//	1,44204	1,44214	//	//	//	1,44214

Raie D.
Incolore.........	1,43385
Presque incolore.	1,43373
Bleu violet foncé.	1,43342
Id.	1,43328

HLAWATSCH (10).

B. — Spectre infra-rouge.

LONGUEURS d'onde.	INDICES.	LONGUEURS d'onde.	OBSERVATIONS	
			nouvelles.	anciennes.
8,95 μ	1,3348	6,5 μ	1,3796	1,3796
8,73	1,3391	6	1,3864	1,3862
8,56	1,3432	5,5	1,3936	1,3933
8,34	1,3472	5	1,4000	1,3995
8,13	1,3510	4,5	1,4050	1,4047
7,86	1,3570	4	1,4103	1,4101
7,65	1,3608	3,5	1,4142	1,4139
7,36	1,3654	3	1,4181	1,4180
7,14	1,3693	2,5	1,4212	1,4111
6,90	1,3734	2	1,4240	1,4141
		1,5	1,4266	1,4265
		1	1,4290	1,4290

Rubens (6).
[Les observations notées *anciennes* sont données par l'auteur comme résumé d'observations antérieures.]
[*Rubens* et *Snow* (*Wied. Ann.*, t. XLVI; 1892)].

LONGUEURS d'onde.	INDICES.	LONGUEURS d'onde.	INDICES.	LONGUEURS d'onde.	INDICES.
9,429 μ	1,31612	4,420 μ	1,40559	2,210 μ	1,42297
8,840	1,33079	4,125	1,40850	2,161	1,42317
8,250	1,34444	3,831	1,41122	2,063	1,42363
7,661	1,35672	3,536	1,41378	1,964	1,42412
7,072	1,36806	3,241	1,41608	1,915	1,42438
6,482	1,37837	3,143	1,41704	1,768	1,42517
5,893	1,38721	2,947	1,41823	1,621	1,42592
5,598	1,39145	2,750	1,41969	1,572	1,42607
5,304	1,39532	2,652	1,42015	1,473	1,42653
5,009	1,39902	2,554	1,42092	1,375	1,42699
4,715	1,40244	2,357	1,42208	1,179	1,42799
				0,884	1,42996

Paschen (7).
[$t = 17°$ à 20°]

LONGUEURS d'onde.	INDICES.	
μ		
1,849	1,42480	Carvallo (9).
1,444	1,42669	
1,187	1,42792	
1,009	1,42896	
0,878	1,42991	
0,777	1,43086	

C. — Spectre ultra-violet.

[Sarasin (3).]

RAIES.	LONGUEURS d'onde.	1ère SÉRIE.	RAIES.	LONGUEURS d'onde.	1ère SÉRIE.	2e SÉRIE.
	μμ			μμ		
Cd 9.	361,0	1,44535	Cd 25.	219,5	1,48151	1,48148
Cd 10.	346,6	1,44697	Cd 26.	214,5	1,48463	1,48461
Cd 11.	340,4	1,44775	Zn 27.	209,9	//	1,48765
Cd 12.	326,0	1,44987	Zn 28.	206,3	//	1,49041
Cd 17.	274,8	1,45958	Zn 29.	202,5	//	1,49326
Cd 18.	257,3	1,46476	Al 30.	198,9	//	1,49629
Cd 23.	231,4	1,47517	Al 31.	193,2	//	1,50205
Cd 24.	226,6	1,47762	Al 32.	185,7	//	1,50940

[Simon (8).]

RAIES.	LONGUEURS. d'onde.	INDICES.	RAIES.	LONGUEURS. d'onde.	INDICES.
	μμ			μμ	
Cd........	363,0	1,44547	Cd 15	288,0	1,45653
Cd 10	346,6	1,44708	Cd........	281,8	1,45791
Cd 11	340,4	1,44785	Zn........	280,1	1,45846
Zn........	334,5	1,44868	Cd........	276,4	1,45927
Cd 12 (β)...	325,2	1,44988	Zn........	268,4	1,46150
Cd........	313,3	1,45173	Cd........	267,7	1,46157
Cd 13	308,2	1,45265	Cd........	263,9	1,46274
Zn........	307,2	1,45282	Zn........	260,9	1,46373
Cd 14	298,0	1,45447	Cd........	258,0	1,46450

RAIES.	LONGUEURS. d'onde.	INDICES.
	$\mu\mu$	
Zn...........	254,2	1,46572
Zn...........	249,1	1,46748
Cd..........	247,4	1,46805
Zn...........	243,9	1,46961
Cd 22	232,9	1,47432
Cd..........	224,0	1,47879
Cd........ ..	214,5	1,48444
Zn 27	209,9	1,48735 (?)
Zn 28	206,3	1,49041
Zn 29	202,5	1,49326

1. Baille (*Ann. du Conserv. d. A. et M.*, t. VII, p. 258 ; 1867).
2. Stefan [*Sitzb. Akad. Wien.*, t. LXIII (2), p. 239; 1871].
3. Sarasin (*Arch. de Genève*, t. X, p. 303; 1883).
4. Mülheims (*Gr. Zeits.*, t. XIV, p. 223; 1888).
5. Pulfrich (*Wied. Ann.*, t. XLV, p. 637; 1892).
6. Rubens (*Wied. Ann.*, t. LIII, p. 273; 1894).
7. Paschen (*Wied. Ann.*, t. LIII, p. 325; 1894).
8. Simon (*Wied. Ann.*, t. LIII, p. 553; 1894).
9. Carvallo [*Ann. de Ch. et Phys.* (7ᵉ s.), t. IV, p. 61; 1895].
10. Hlawatsch (*Gr. Zeits.*, t. XXVII, p. 606; 1897).

D. — Variation d'indice par la température.

(*Air froid.*)

Raie. $\dfrac{dn}{dt}$.

D... $-0,0000136$ $[\,t = 12° \text{ à } 55°]$ (calculé avec le coefficient de dilatation donné par H. Kopp).

     $-0,0000111$ (calculé avec le coefficient de dilatation mesuré plus tard par Fizeau).

Fizeau [*Ann. de Chim. et Phys.* (3ᵉ série), t. LXVI, p. 455; 1862].

C... $-0,0000119$
D...   116 $\Big\}$ $[\,t = 14° \text{ à } 99°]$
F...   101

Baille (*Ann. du Conserv. d. A. et M.*, t. VII, p. 258; 1867).

D... $-0,0000124$ $[\,t = 22° \text{ à } 93°]$
F...   123
H...   124

Stefan [*Sitzber. Akad. Wien.*, t. LXIII (2); 1871].

D... $-0,0000134$ $[\,t = 17° \text{ à } 37°]$

Dufet (*Bull. Soc. Minér.*, t. VIII, p. 259; 1885).

C... $-0,00001521 + 0,00000050\,t$
D...   1526   53 $\Big\}$ $[\,t = 5° \text{ à } 100°]$
F...   1435   44

Pulfrich (*Wied. Ann.*, t. XLV, p. 637; 1892).

IV. — SEL GEMME.

A. — Indice pour la raie $(D_1 D_2)$.

Observations ramenées à 20°. (*Voir* plus loin *Variation d'indice par la température.*)

TEMPÉ-RATURE.	INDICE ramené à 20°C.	OBSERVATEURS.
22° .	1,54406	BAILLE (*Ann. du Conserv. d. A. et M.*, t. VII; 1867).
20 .	1,54413*	HAAGEN (*Pogg. Ann.*, t. CXXXI; 1867).
19,5.	1,54407	STEFAN [*Sitzb. Akad. Wien*, t. LXIII (2); 1871].
15 .	1,54449*	BEDSON et CARL. WILLIAMS (*Ber. d. D. ch. Ges.*, t. XIV; 1881).
24 .	1,54430	LANGLEY [*Amer. J. of Sc.* (3ᵉ s.), t. XXX; 1885].
16,5.	1,54443	Mˡˡᵉ N. LAGERBORG (*Bih. till Sv. Vet. Akad. Handl.*, XIII; 1887).
18 .	1,54426	DUFET (*Bull. Soc. Minér.*, t. XIV; 1891).
18,2.	1,54398	PULFRICH (*Wied. Ann.*, t. XLV; 1892).
15 .	1,54425	BOREL [*Arch. de Gen.* (3ᵉ pér.), t. XXXIV; 1895].

(*) Valeur calculée par la formule de Cauchy à trois termes.

B. — Spectre visible.

RAIES.	LONGUEURS d'onde.	BADEN-POWELL. (1).	GRAILICH. (2).	STEFAN. $t=19°,5$. (3).	LANGLEY. $t=24°$. (6).	N. LAGER-BORG. $t=16°,5$. (7).	MÜLHEIM S. (8).
A*	759,4 μμ	"	"	"	1,53670	"	"
B	686,9	1,5403	"	1,53910	1,53919	1,53964	1,53884
C	656,3	1,5415	1,5392	1,54041	1,54051	1,54090	1,54016
$(D_1 D_2)$	589,3	1,5448	1,5433	1,54409	1,54416	1,54455	1,54381
E	527,0	1,5498	1,5473	1,54891	"	1,54928	1,54866
b_1	518,4	"	"	"	1,54975	"	"
b_2	517,3	"	"	"	"	1,55425	"
b_4	516,7	"	"	"	1,54991	"	1,54962
F	486,1	1,5541	1,5520	1,55314	1,55323	1,55361	1,55280
G	430,8	1,5622	1,5603	1,56118	1,56133	1,56181	"
H	396,9	1,5691	"	1,56815	1,56833	"	"
K	393,5	"	"	"	1,56920	"	"
			(moy. de 3 prismes).	(moy. de 2 prismes).			

Raies de l'hydrogène.

RAIES.	LONGUEURS d'onde.	HAAGEN. $t=20°$. (4).	BEDSON et WILLIAMS. $t=15°$. (5).	PULFRICH. $t=18°.2$. (10).	RUBENS. (11).
C'......	656,3	1,54046	1,54095	1,54037	1,5404
D	589,3	"	"	1,54404	1,5441
F.......	486,1	1,55319	1,55384	1,55304	1,5531
H_γ......	434,1	1,56056	1,56128	1,56052	1,5607

Raies du cadmium.

RAIES.	LONGUEURS d'onde.	JOUBIN. (9).
Cd 1...	643,9	1,54151
Cd 2...	537,9	1,54839
Cd 3...	533,8	1,54875
Cd 4...	508,6	1,55116
Cd 5...	480,0	1,55436
Cd 6...	467,8	1,55596
Cd 7...	441,6	1,55982

(*Voir* D, p. 444.)

C. — Spectre infra-rouge.

LONGUEURS d'onde.	LANGLEY. (6).	t.	RUBENS. (11).	RUBENS et SNOW. (11').	RUBENS. (11").	PASCHEN. (12).
μ						
9,76	//		//	//	//	1,4974
9,455	//		//	//	//	1,4993
9,098	//		//	//	//	1,5012
8,95	//		//	//	1,5030	//
8,660	//		//	//	//	1,5032
8,443	//		//	//	//	1,5042 (?)
8,26	//		//	//	1,5064	//
8,188	//		//	//	//	1,5061
7,77	//		//	//	1,5085	//
7,37	//		//	//	1,5102	//
6,90	//		//	//	1,5121	//
6,647	//		//	1,5163	//	//
6,456	//		//	//	//	1,5139
6,128	//		//	//	//	1,5162 (?)
6,061	//		//	//	//	1,5147
5,85	//		//	//	1,5159	//
5,746	//		1,5179	//	//	//
5,54	//		//	1,5184	//	//
5,322	//		//	//	//	1,5174 (?)
5,301	1,5186	15°,4	//	//	//	//
5,27	//		//	//	1,5180	//
4,745	//		//	1,5197	//	//
4,729	//		//	//	//	1,5198
4,712	1,5201	15°	//	//	//	//
4,70	//		//	//	1,5197	//
4,403	//		//	//	//	1,5210
4,150	//		//	1,5208	//	//
4,123	1,5215	19°	//	//	//	//
4,05	//		//	//	1,5216	//
3,826	//		1,5221 (?)	//	//	//
3,690	//		//	1,5217 (?)	//	//
3,534	1,5227	15°	//	//	//	//
3,37	//		//	//	1,5233	//
3,320	//		//	1,5230	//	//
3,022	//		//	1,5239	//	//
2,985	//		//	//	//	1,5242
2,945	1,5243	20° (app.)	//	//	//	//
2,870	//		1,5242	//	//	//

C. — Spectre infra-rouge (suite).

LONGUEURS d'onde.	LANGLEY. (6).	t.	RUBENS. (11).	RUBENS et SNOW. (11').	RUBENS. (11″).	PASCHEN. (12).
$\overset{\mu}{2},831$	//		//	//	//	1,5250
2,771	//		//	1,5247	//	//
2,372	//		//	1,5257	//	//
2,36	//		//	//	1,5255	//
2,356	1,5254	?	//	//	//	//
2,320	1,5268(?)	24°	//	//	//	//
2,296	//		1,5255	//	//	//
2,076	//		//	1,5264	//	//
1,914	//		1,5265	//	//	//
1,845	//		//	1,5270	//	//
1,767	1,5272	25°	//	//	//	//
1,761	//		//	//	1,5271	//
1,660	//		//	1,5275	//	//
1,640	//		1,5273	//	//	//
1,511	//		//	1,5280	//	//
1,434	//		1,5283	//	//	//
1,390	1,5287(?)	24°	//	//	//	//
1,384	//		//	1,5286	//	//
1,281	//		//	//	1,5291	//
1,277	//		//	1,5293	//	//
1,275	//		1,5292	//	//	//
1,186	//		//	1,5299	//	//
1,178	1,5301	25°	//	//	//	//
1,147	//		1,5302	//	//	//
1,130	1,5305	24°	//	//	//	//
1,107	//		//	1,5305.	//	//
1,043	//		1,5313	//	//	//
1,035	//		//	1,5313	//	//
0,978	//		//	1,5321	//	//
0,955	//		1,5323	//	//	//
0,940	1,5328	24°	//	//	//	//
0,923	//		//	1,5329	//	//
0,883	//		1,5335	//	//	//
0,876	//		//	1,5337	//	//
0,840	//		//	//	1,5345	//
0,831	//		//	1,5347	//	//
0,819	//		1,5350	//	//	//
0,790	//		//	1,5358	//	//

D. — Spectre ultra-violet.

RAIES.	LONGUEURS d'onde.	LANGLEY. $t=24°$. (6).	JOUBIN. (9).	BOREL. $t=15°$. (13).
L	382,1 $\mu\mu$	1,57207	//	//
M........	372,9	1,57486	//	//
Cd 9.....	361,0	//	1,57877	1,57855
Cd 10....	346,6	//	1,58391	1,58365
Cd 11....	340,4	//	1,58641	1,58627
Cd 12....	325,5	//	1,59330	1,59304
Cd 13....	308,2	//	1,59754	//
Cd 14....	298,0	//	1,61226	//
Cd 15....	288,0	//	1,61465	//
Cd 16....	283,7	//	1,61863	//
Cd 17....	274,8	//	1,62790	1,62704
Cd 18....	257,3	//	1,64870	1,64624
Cd 22....	232,9	//	1,68680	//
Cd 23....	231,4	//	1,68855	1,68837
Cd 24....	226,6	//	1,69900	1,69914
Cd 25....	219,5	//	//	1,71709
Cd 26....	214,5	//	//	1,73216

1. BADEN-POWELL (*Pogg. Ann.*, t. LXIX, p. 110; 1846).
2. GRAILICH (*Kryst.-opt. Unters.*, p. 78; Vienne; 1858).
3. STEFAN [*Sitzb. Akad. Wien.*, t. LXIII (2), p. 239; 1867].
4. HAAGEN (*Pogg. Ann.*, t. CXXXI, p. 117; 1867).
5. BEDSON et CARLETTON WILLIAMS (*Ber. d. D. ch. Ges.*, t. XIV, p. 2549; 1881).
6. LANGLEY [*Amer. J. of Sc.* (3), t. XXX, p. 477; 1883, et *Ann. de Ch. et Phys.* (6ᵉ s.), t. IX, p. 492; 1886].
7. NANNY LAGERBORG (*Bih. till Sv. Vet. Akad. Handl.*, t. XIII, p. 1; 1887).
8. MÜLHEIMS (*Gr. Zeits.*, t. XIV, p. 223; 1888).
9. JOUBIN [*Ann. de Ch. et Phys.* (6ᵉ s.), t. XVI, p. 135; 1889].
10. PULFRICH (*Wied. Ann.*, t. XLV, p. 629; 1892).
11. RUBENS (*Wied. Ann.*, t. XLV, p. 251; 1892).
11'. RUBENS et SNOW (*Id.*, t. XLVI, p. 535; 1892).
11". RUBENS (*Id.*, t. LIII, p. 273; 1894).
12. PASCHEN (*Wied. Ann.*, t. LIII, p. 340; 1894).
13. BOREL (*C. R.*, t. CXX, p. 1406; 1895).

E. — Variation d'indice par la température.

$$\frac{dn}{dt} = -0,0000 3487 - 0,000 000 03734\, t \ (\text{raie D}). \qquad [t = 14° \text{ à } 99°], \qquad (\text{air froid}).$$

BAILLE (Ann. du Conserv. d. A. et M., t. VII, p. 275; 1867).

(Calculé d'après les mesures directes.)

$$\frac{dn}{dt} = \left. \begin{array}{l} -0,0000374 \ [\text{Raie B}] \\ 0,0000373 \ [\text{Raie D}] \\ 0,0000364 \ [\text{Raie F}] \end{array} \right\} \quad t = 20^\circ \ \text{à} \ 93^\circ \ (\text{pour l'air froid}).$$

STEFAN [*Sitzb. Akad. Wien*, t. LXIII (2), p. 239; 1871].

$$\frac{dn}{dt} = -0,0000265 - 0,000000146\,t,$$

$[t = 14^\circ,5 \ \text{à} \ 90^\circ,5 \ (\text{toutes couleurs})]$, (pour l'air chaud).

N. LAGERBORG (*Bih. till Sv. Vet. Akad. Handl.*, t. XIII; 1887).

$$\frac{dn}{dt} = \begin{array}{cc} \text{Air froid.} & \text{Air chaud.} \\ -0,00003749 & -0,00003639 \ [\text{Raie C}]. \\ -\qquad 3739 & 3629 \ [\text{Raie D}]. \\ -\qquad 3648 & 3537 \ [\text{Raie F}]. \\ -\qquad 3585 & 3473 \ [\text{Raie } H_\gamma]. \end{array}$$

$[t = 18^\circ,2 \ \text{et} \ 99^\circ,4]$.

PULFRICH (*Wied. Ann.*, t. XLV, p. 635; 1892).

V. — SYLVINE (KCl).

A. — Indices pour le spectre visible.

RAIES.	LONGUEURS d'onde.	GRAILICH. (1).	TSCHERMAK. (2).	GROTH. (3).	STEFAN. $t=20^\circ$ C. (4).	DUFET. $t=22^\circ,75$. (5).	PULFRICH. $t=19^\circ,6$. (6).	RUBENS. (7).
A	760,5 μμ	//	//	//	1,48377	//	//	//
B......	686,9	1,4754	1,48609	//	1,48597	//	//	//
Li.....	670,8	//	//	1,4899	//	//	//	//
C	656,3	1,4767	1,48727	//	1,48713	//	1,48717	1,4868
(D₁D₂).	589,3	1,4825	1,49044	1,4930	1,49031	1,49019	1,49038	1,4900
E	527,0	1,4877	1,49463	//	1,49455	//	//	//
b₂.....	517,3	//	1,49546	//	//	//	//	//
F......	486,1	1,4903	1,49846	//	1,49830	//	1,49827	1,4981
H⌄....	434,1	//	//	//	//	//	1,50483	1,5048
G	430,9	1,5005	1,50572	//	1,50542	//	//	//
H	396,9	//	//	//	1,51061	//	//	//

B. — Spectre infra-rouge.

LONGUEURS d'onde.	RUBENS et SNOW. (7).	RUBENS. (8).	LONGUEURS d'onde.	RUBENS et SNOW.	RUBENS.
μ			μ		
8,022	1,4681	//	2,005	1,4749	//
7,23	//	1,4653	1,781	1,4755	//
6,412	1,4693	//	1,603	1,4761	//
6,01	//	1,4682	1,584	//	1,4761
5,36	//	1,4695	1,458	1,4766	//
5,345	1,4701	//	1,337	1,4771	//
4,86	//	1,4705	1,234	1,4776	//
4,577	1,4708	//	1,145	1,4782	//
4,10	//	1,4716	1,070	1,4789	//
4,011	1,4712	//	1,003	1,4795	//
3,561	1,4717	//	0,944	1,4802	//
3,23	//	1,4727	0,940	//	1,4805
3,209	1,4722	//	0,893	1,4809	//
2,673	1,4732	//	0,845	1,4819	//
2,291	1,4742	//	0,802	1,4829	//
2,23	//	1,4745			

1. Grailich (*Kryst.-opt. Unters.*, p. 83; Wien, 1858).
2. Tschermak [*Sitzb. Akad. Wien*, t. LVIII (2), p. 144; 1868].
3. Groth (*Pogg. Ann.*, t. CXXXV, p. 666; 1868).
4. Stefan [*Sitzb. Akad. Wien*, t. LXIII (2), p. 239; 1871].
5. Dufet (*Bull. Soc. minér.*, t. XIV, p. 143; 1891).
6. Pulfrich (*Wied. Ann.*, t. XLV, p. 629; 1892).
7. Rubens et Snow (*Wied. Ann.*, t. XLVI, p. 538; 1892).
8. Rubens (*Wied. Ann.*, t. LIII, p. 273; 1894).

C. — Variation d'indice par la température.

RAIES.	$\dfrac{dn}{dt}$ ·
B.....	—0,0000349
D.....	346
F.....	346

$t = 21°$ à $94°$ (air froid).

[Stefan (*Sitzb. Akad. Wien*, t. LXIII (2); 1871)].

RAIES.	$\dfrac{dn}{dt}$	
	Air froid.	Air chaud.
C.....	—0,00003681	—0,00003575
D.....	3641	3535
F.....	3605	3498
H_γ.....	3557	3449

$$(t = 19°,6 \text{ et } 99°,4).$$

[Pulfrich (*Wied. Ann.*, t. XLV, p. 634; 1892)].

VI. — ALUN ALUMINO-POTASSIQUE.

$$(SO^4)^4 K^2 Al^2 + 24 H^2 O.$$

A. — Indice pour la raie $(D_1 D_2)$.

Observations ramenées à 20° (*voir* plus loin *Variation d'indice par la température*).

TEMPÉRATURE.	INDICE ramené à 20°C.	OBSERVATEURS.
12° ...	1,46012	Baille (*Ann. du Cons. des A. et M.*, t. VII; 1867).
21 ...	1,45602	Stefan [*Sitzb. Akad. Wien*, t. XLIII (2); 1871].
16 ...	1,45605	F. Kohlrausch (*Wied. Ann.*, t. IV; 1878).
14,5...	1,45638	Ch. Soret [*Arch. de Gen.* (3ᵉ pér.), t. XII; 1884].
20 ...	1,45622	Dufet (*Bull. Soc. minér.*, t. XIV; 1891).
13 ...	1,45606	Borel [*Arch. de Gen.* (3ᵉ pér.), t. XXXIV; 1895].

B. — Spectre visible.

RAIES.	LONGUEURS d'onde.	GRAILICH. (1).	BAILLE. $t=12°$. (2).	STEFAN. $t=21°$. (3).	SORET. $t=14°,5$ env. (4).	MÜLHEIMS. (5).
	μμ					
A......	760,5	″	″	1,45057	″	″
a.......	718,5	″	″	″	1,45226	1,45175
B......	686,9	1,4511	″	1,45262	1,45303	1,45276
C.... .	656,3	1,4524	1,45773	1,45359	1,45398	1,45371
D......	589,3	1,4549	1,46022	1,45601	1,45645	1,45602
E......	527,0	1,4583	″	1,45892	1,45934	1,45893
b_4......	516,7	″	″	″	1,45996	″
F......	486,1	1,4606	1,46583	1,46140	1,46181	1,45955
G.... .	430,9	1,4650	″	1,46563	1,46609	1,46140
H......	396,9	″	″	1,46907	″	″

C. — Spectre ultra-violet.

RAIES.	LONGUEURS d'onde.	INDICE.	RAIES.	LONGUEURS d'onde.	INDICE.
Cd 9..	361,0 $\mu\mu$	1,47436	Cd 18.	257,3 $\mu\mu$	1,50514
Cd 10.	346,6	1,47691	Cd 23.	231,4	1,52209
Cd 11.	340,4	1,47814	Cd 24.	226,6	1,52615
Cd 12.	325,5	1,48145	Cd 25.	219,5	1,53280
Cd 17.	274,8	1,49675	Cd 26.	214,5	1,53825

$$t = 13° \text{ (env.)}, \qquad n_{(\mathrm{D})} = 1,45626.$$

BOREL (6).

1. GRAILICH (*Kryst.-opt. Unters.*, p. 138; 1858, Wien).
2. BAILLE (*Ann. du Conserv. des A. et M.*, t. VII, p. 263; 1867).
3. STEFAN [*Sitzb. Akad. Wien*, t. LXIII (2), p. 242; 1871].
4. CH. SORET [*Arch. de Gen.* (3° pér.), t. XII, p. 572; 1884].
5. MÜLHEIMS (*Gr. Zeits.*, t. XIV, p. 223; 1888).
6. BOREL [*Arch. de Gen.* (3° pér.), t. XXXIV, p. 154; 1895].

D. — Variation d'indice par la température.

RAIES.	$\dfrac{dn}{dt}$.
C........	— 0,0000396
D........	314
F........	129

$t = 12°$ et 40° (air froid).

BAILLE (*Ann. du Conserv. des A. et M.*, t. VII; 1867).

D........ |—0,00001345| $t = 11°$ et 40° (air froid).

STEFAN [*Sitzb. Ak. Wien*, t. LXIII (2); 1871].

TABLE XII.

INDICES DE QUELQUES VERRES.

On s'est borné, dans cette Table, pour les déterminations d'indices des verres, à la température ordinaire et pour les radiations visibles, aux verres dont la composition chimique avait été déterminée. On n'a pas cru devoir rapporter les observations déjà anciennes et portant sur des verres qu'on ne trouve plus dans le commerce. Une exception a été faite pour les mesures dans le spectre ultra-violet.

Les indications bibliographiques se trouvent à la fin de la Table.

A. — Indices pour le spectre visible.

[VAN DER WILLIGEN.]

RAIES.	LONGUEURS d'onde.	FLINT. (MERZ). N° I. $t=20°,0.$ (1).	FLINT. (HOFFMANN). N° I. $t=22°,4.$ (2).	FLINT. (MERZ). N° V. $t=23°,0.$ (3).	FLINT. (STEINHEIL). N° II. $t=20°,2.$ (4).	CROWN. (MERZ). N° IV. $t=26°,6.$ (5).	CROWN. (STEINHEIL). N° III. $t=24°,5.$ (5).
(1^{α})	$763,1\ \mu\mu$	1,73500	1,68995	1,62225	1,60184	1,52433	1,50990
A	760,5	1,73512	1,69002	1,62231	1,60198	1,52439	1,50994
a	718,5	1,73798	1,69241	1,62421	1,60365	1,52547	1,51092
B	686,9	1,74056	1,69459	1,62590	1,60523	1,52643	1,51178
C	656,3	1,74343	1,69694	1,62776	1,60694	1,52746	1,51273
2	627,8	1,74648	1,69951	1,62977	1,60872	//	1,51373
D_1	589,6	1,75143	1,70353	1,63295	1,61160	1,53032	1,51531
D_2	589,0	1,75153	1,70363	1,63301	1,61164		
E	527,0	1,76233	1,71245	1,63988	1,61777	1,53397	1,51857
b_1	518,4	1,76420	1,71398	1,64106	1,61882	1,53457	1,51912
b_2	517,3	1,76445	1,71417	1,64120	1,61895	1,53466	1,51921
b_3	517,0	1,76454	1,71426	1,64128	1,61901		
b_4	516,7	1,76457					
c	495,8	1,76966	1,71844	1,64451	1,62185	//	//
F	486,1	1,77230	1,72055	1,64616	1,62332	1,53717	1,52142
d	466,8	1,77823	1,72534	1,64980	1,62657	1,53905	1,52304
(36^{3})	453,3	1,78309	1,72920	1,65279	1,62914	1,54050	1,52432
e	438,4	1,78886	1,73383	1,65632	1,63221	1,54222	//
G	430,9	1,79219	1,73648	1,65835	1,63400	1,54317	1,52669
g	422,7	1,79601	1,73951	1,66064	1,63597	1,54431	1,52769
h	410,2	1,80252	1,74471	1,66458	1,63940	1,54618	1,52931
H	396,9	//	1,75091	1,66930	//	1,54837	1,53124
K	393,4	//	//	1,67055	//	1,54903	1,53180

Composition d'après van Kerckhoff (6).

SiO^2	29,5	41,3	42,9	54,8	59,1	71,3
PbO	60,4	53,9	41,5	37,0	8,6	8,4
CaO	0,5	0,2	0,5	0,6	6,5	2,7
MgO	0,4	0,1	0,3	0,2	0,4	0 4
Fe^2O^3	0,7	0,6	1,0	0,7	0,7	1,1
Al^2O^3	0,9	0,7	0,7	0,4	0,3	0,3
K^2O	6,1	3,5	9,6	5,8	21,0	15,4
Na^2O	1,7	0,3	3,8	0,8	3,2	1,3
	100,2	100,6	100,3	100,3	99,8	100,9

1. *Arch. du Musée Teyler*, t. I, p. 70; 1867.   4. *Arch. du Musée Teyler*, t. I, p. 70; 1867.
2.   *Id.*,   t. II, p. 190; 1869.   5.   *Id.*,   t. II, p. 195; 1869.
3.   *Id.*,   *id.*, p. 188.   6.   *Id.*,   t. III, p. 117; 1871.

B. — Indices pour le spectre visible et le spectre ultra-violet.

[MASCART].

Flint lourd.

RAIES.	LONGUEURS d'onde.	(GUINAND FEIL.) $D^{16,3}=3,5771.$ $t=26°,0.$	(FOIRET). $D^{16,1}=3,5878.$ $t=31°,0.$	(ROSSETTE). $D^{16,2}=3,6152.$ $t=30°,0.$	(CLÉMENT). $D^{17,0}=3,5765.$ $t=18°.$
	μμ				
A......	760,5	1,60885	1,60629	1,60927	1,60464
B......	686,9	1,61223	1,60959	1,61268	1,60797
C......	656,3	1,61395	1,61130	1,61443	1,60969
D......	589,3	1,61875	1,61609	1,61929	1,61449
E......	527,0	1,62502	1,62226	1,62569	1,62077
b_1......	516,7	1,62629	1,62347	1,62706	1,62200
F......	486,1	1,63071	1,62784	1,63148	1,62645
G......	430,9	1,64168	1,63869	1,64269	1,63742
H......	396,9	1,65147	1,64823	1,65268	1,64714
L......	382,1	1,65681	1,65354	1,65817	//
M......	372,8	1,66083	1,65734	1,66211	1,65597
N......	358,1	//	1,66421	1,66921	1,66308
O......	344,1	//	1,67219	1,67733	1,67124

Flint léger.

RAIES.	LONGUEURS d'onde.	(GUINAND FEIL). $D^{16,9}=3,2395.$ $t=26°,0.$	(FOIRET). $D^{16,2}=3,2294.$ $t=26°,5.$	(ROSSETTE). $D^{16}=3,0166.$ $t=17°.$	(CHANCE). $D^{14,7}=3,2133.$ $t=18°.$
	μμ				
A......	760,5	1,57829	1,57059	1,56290	1,56721
B......	686,9	1,58114	1,57340	1,56567	1,57012
C......	656,3	1,58261	1,57488	1,56711	1,57156
D......	589,3	1,58671	1,57886	1,57107	1,57560
E......	527,0	1,59197	1,58401	1,57624	1,58083
b_4......	516,7	1,59304	1,58505	1,57726	1,58175
F......	486,1	1,59673	1,58869	1,58078	1,58549
G......	430,9	1,60589	1,59761	1,58952	1,59445
H......	396,9	1,61390	1,60547	1,59727	1,60243
L......	382,1	1,62012	//	//	1,60682
M......	372,8	1,62138	1,61269	//	1,60987
N......	358,1	1,62707	1,61831	//	1,61537
O......	344,1	1,63341	1,62438	//	1,62165
P......	336,0	1,63754	1,63026	//	1,62568
Q......	328,7	1,64174	//	//	1,62994

Crown.

| RAIES. | LONGUEURS d'onde. | (GUINAND FEIL). | | (VOIRET). | | (ROSSETTE). | | (CHANCE). |
		Lourd. $D^{16,4}=2,5798.$ $t=21°,5.$	Léger. $D^{16,8}=2,5505.$ $t=22°,5.$	Lourd. $D^{16}=2,5546.$ $t=17°.$	Léger. $D^{17}=2,5486.$ $t=22°,5.$	Lourd. $D^{16,0}=2,5778.$ $t=26°.$	Léger. $D^{16,5}=2,5155.$ $t=27°.$	$D^{14,2}=2,4797.$ $t=17°,0.$
A........	760,5 μμ	1,51912	1,51652	1,51994	1,51947	1,52814	1,51312	1,51051
B........	686,9	1,52107	1,51839	1,52183	1,52136	1,53011	1,51503	1,51196
C........	656,3	1,52206	1,51936	1,52280	1,52233	1,53113	1,51601	1,51284
D........	589,3	1,52472	1,52196	1,52536	1,52490	1,53386	1,51862	1,51566
E........	527,0	1,52815	1,52527	1,52866	1,52815	1,53735	1,52195	1,51883
b_1........	516,7	1,52880	1,52591	1,52929	1,52879	1,53801	1,52261	1,51945
F........	486,1	1,53111	1,52815	1,53149	1,53096	1,54037	1,52487	1,52167
G........	430,9	1,53665	1,53349	1,53676	1,53622	1,54607	1,53030	1,52684
H........	396,9	1,54140	1,53806	1,54126	1,54071	1,55093	1,53487	1,53102
L........	382,1	1,54389	1,54050	"	"	1,55349	"	"
M........	372,8	1,54563	1,54229	"	"	1,55531	1,53893	1,53500
N........	358,1	1,54880	1,54521	"	"	1,55853	1,54248	1,53809
O........	344,1	1,55227	1,54846	"	"	1,56198	"	1,54130
P........	336,0	1,55444	1,55048	"	"	1,56419	1,54717	"
Q........	328,7	1,55670	1,55252	"	"	1,56646	"	"

C. — Indices pour les spectres infra-rouge et ultra-violet.

(Verres de Schott à Iéna).

[RUBENS (Infra-rouge et observations entre ( ).]
[H. SIMON (Ultra-violet et spectre visible).]

FLINT TRÈS LOURD fortement coloré en jaune. S. 163.		FLINT LOURD un peu jaunâtre. O. 500.	
SiO² .... 21,9 PbO .... 78,0 As²O⁵ ... 0,1		SiO² ... 29,26 PbO .. 67,5 K²O 3,0	Mn²O³ . 0.04 As²O⁵ .. 0,2

LONGUEURS d'onde.	INDICES.	LONGUEURS d'onde.	INDICES.
2368 μμ	1,8289	2316 μμ	1,7070
1975	1,8337	1932	1,7110
1692	1,8381	1657	1,7144
1481	1,8418	1449	1,7176
1316	1,8446	1278	1,7200
1185	1,8483	1159	1,7227
1085	1,8515	1054	1,7250
978	1,8542	966	1,7274
912	1,8579	892	1,7303
846	1,8616	828	1,7329
790	1,8660	773	1,7359
K_α...... 768	1,86702	K_α 768	1,73530
740	" (1,8696)	724	" (1,7387)
C........ 656,3	1,87893 (1,8781)	C.. 656,3	1,74368 (1,7442)
D 589,3	1,88995 (1,8897)	D 589,3	1,75130 (1,7517)
Tl....... 535,0	1,90262	Tl.. ... 535,0	1,75995
"	"	Cd 4.... 508,6	1,76539
F........ 486,1	1,91890 (1,9174)	F....... 486,1	1,77091 (1,7714)
"	"	Cd 5.... 480,0	1,77256
"	"	Cd 6.... 467,8	1,77609
H_γ....... 434,1	1,94493 (1,9414)	H_γ..... 434,1	1,78800 (1,7884)
		Cd 9.... 361,0	1,83263
		Cd 10... 346,6	1,84731
		Cd 11... 340,4	1,85487

FLINT LOURD.

O. 469.

SiO²	40,0	Na²O	0,5
PbO	52,6	Mn²O³ ...	0,1
K²O	6,5	As²O⁵	0,3

LONGUEURS d'onde.	INDICES.
2502 μμ	1,6122
2090	1,6160
1790	1,6194
1566	1,6225
1392	1,6248
1252	1,6269
1138	1,6286
1045	1,6306
965	1,6323
896	1,6340
836	1,6360
784	1,6380
K_α 768	1,63820
C 656,3	1,64440 (1,6443)
D 589,3	1,64985 (1,6499)
Tl 535,0	1,65601
Cd 4 508,6	1,65979
F 486,1	1,66367 (1,6633)
Cd 5 480,0	1,66482
Cd 6 467,8	1,66725
H_γ 434,1	1,67561 (1,6755)
Cd 9 361,0	1,70536
Cd 10 346,6	1,71485
Cd 11 340,4	1,71968
Cd 12 326,0	1,73245

FLINT LÉGER
ordinaire.

O. 451.

SiO²	53,7	Na²O ...	1,0
PbO ...	36,0	Mn²O³ .	0,06
K²O	8,3	As²O³ ..	0,3

LONGUEURS d'onde.	INDICES.
2490 μμ	1,5430
2076	1,5477
1780	1,5514
1556	1,5540
1382	1,5561
1246	1,5580
1132	1,5594
1038	1,5608
958	1,5623
890	1,5638
830	1,5652
778	1,5665
K_α 768	1,56669
C 656,3	1,57119 (1,5716)
D 589,3	1,57524 (1,5757)
Tl 535,0	1,57973
Cd 4 508,6	1,58247
F 486,1	1,58515 (1,5857)
Cd 5 480,0	1,58594
Cd 6 467,8	1,58772
H_γ 434,1	1,59355 (1,5941)
Cd 9 361,0	1,61388
Cd 10 ... 346,6	1,62008
Cd 11 ... 340,4	1,62320
Cd 12 ... 326,0	1,63134
Cd 313,3	1,64024
Cd 13 ... 308,2	1,64453
Cd 14 ... 298,0	1,65397

CROWN à grande dispersion. O. 1151.		CROWN DE BARYTE lourd. O. 1143.	
SiO^2.... 68,7 Na^2O... 15,7 PbO.... 13,3 MnO^2.. 0,1 ZnO.... 2,0 As^2O^5.. 0,2		SiO^2... 50 pour 100 avec BaO, ZnO et alcalis (voisin de O. 211, Pulfrich, p. 463).	

LONGUEURS d'onde.	INDICES.	LONGUEURS d'onde.	INDICES.
$2120^{\mu\mu}$	1,4956	$2113^{\mu\mu}$	1,5499
1820	1,4985	1811	1,5539
1593	1,5025	1584	1,5571
1415	1,5045	1406	1,5587
1275	1,5060	1267	1,5603
1160	1,5075	1150	1,5622
1063	1,5087	1055	1,5630
982	1,5098	975	1,5641
912	1,5110	905	1,5652
851	1,5121	845	1,5665
798	1,5132	791	1,5676
K_α....... 768	1,51368	K_α..... 768	1,56782
C........ 656,3	1,51712 (1,5176)	C..... 656,3	1,57120 (1,5714)
D........ 589,3	1,52002 (1,5202)	D...... 589,3	1,57422 (1,5744)
Tl....... 535,0	1,52327	Tl...... 535,0	1,57746
Cd 4..... 508,6	1,52525	Cd 4.... 508,6	1,57938
F........ 486,1	1,52715 (1,5276)	F....... 486,1	1,58126 (1,5810)
Cd 5..... 480,0	1,52782	Cd 5.... 480,0	1,58188
Cd 6..... 467,8	1,52903	Cd 6.... 467,8	1,58306
H_γ....... 434,1	1,53312 (1,5334)	H_γ...... 434,1	1,58710 (1,5869)
Cd 9..... 361,0	1,54664	Cd 9.... 361,0	1,60022
Cd 10.... 346,6	1,55068	Cd 10.... 346,6	1,60399
Cd 11.... 340,4	1,55262	Cd 11.... 340,4	1,60583
Cd 12.... 326,0	1,55770	Cd 12.... 326,0	1,61045
Cd....... 313,3	1,56307	Cd..... 313,3	1,61525
Cd 13.... 308,2	1,56558	Cd 13.... 308,2	1,61744
Cd 14.... 298,0	1,57093	Cd 14.... 298,0	1,62213
		Cd 15.... 288,0	1,62742
		Cd 16.... 283,7	1,62997

CROWN DE BARYTE léger. O. 1092.		CROWN BORIQUE. S. 204.	
SiO^2.... 65,4 ZnO ... 2,0		Acide borique dominant, alcalis, alumine	
K^2O .. 15,0 Mn^2O^3 .. 0,1		et un peu d'oxyde de plomb.	
Na^2O .. 5,0 As^2O^3 ... 0,4			
BaO.... 9,6 B^2O^3.. . 2,5			

LONGUEURS d'onde.	INDICES.	LONGUEURS d'onde.	INDICES.
$\mu\mu$		$\mu\mu$	
2200	1,4944	1977	1,4851
1832	1,4985	1695	1,4903
1572	1,5010	1484	1,4937
1375	1,5031	1320	1,4963
1222	1,5046	1185	1,4981
1100	1,5060	1080	1,4994
1000	1,5073	990	1,5010
917	1,5084	913	1,5023
846	1,5097	847	1,5034
786	1,5107	792	1,5046
K_α. 768	1,51143	K_α. 768	1,50426
//	//	741	// (1,5056)
C........ 656,3	1,51446 (1,5141)	C....... 656,3	1,50742 (1,5075)
D 589,3	1,51698 (1,5170)	D....... 589,3	1,51007 (1,5103)
Tl....... 535,0	1,51971	Tl..... 535,0	1,51287
Cd_4..... 508,6	1,52132	Cd_4.... 508,6	1,51447
F........ 486,1	1,52299 (1,5229)	F....... 486,1	1,51610 (1,5160)
Cd_5..... 480,0	1,52354	Cd_5.... 480,0	1,51662
Cd_6..... 467,8	1,52451	Cd_6.... 467,8	1,51769
H_γ....... 434,1	1,52788 (1,5276)	H_γ..... 434,1	1,52092 (1,5212)
Cd_9..... 361,0	1,53897	Cd_9.... 361,0	1,53195
Cd_{10}.... 346,6	1,54215	Cd_{10}..... 346,6	1,53509
Cd_{11}.... 340,4	1,54369	Cd_{11}.... 340,4	1,53660
Cd_{12}.... 326,0	1,54755	Cd_{12}.... 326,0	1,54046
Cd...... 313,3	1,55159	Cd..... 313,3	1,54444
Cd_{13}.... 308,2	1,55343	Cd_{13}. .. 308,2	1,54625
Cd_{14}.... 298,0	1,55723	Cd_{14}.... 298,0	1,55005
Cd_{15}.... 288,0	1,56161	Cd_{15}.... 288,0	1,55437
Cd_{16}.... 283,7	1,56372	Cd_{16}.... 283,7	1,55648
Cd....... 276,3	1,56759	Cd...... 276,3	1,56027

CROWN PHOSPHORIQUE MOYEN S. 179.
Acide phosphorique dominant.
BaO et Al²O³.

LONGUEURS d'onde.	INDICES.	LONGUEURS d'onde.	INDICES.	LONGUEURS d'onde.	INDICES.
μμ					
2020	1,5386	K_α.... 768	1,55651	Cd 9.. 361,0	1,58330
1732	1,5434	C.... 656,3	1,55957 (1,5587)	Cd 10. 346,6	1,58632
1515	1,5462	D.... 589,3	1,56207 (1,5620)	Cd 11. 340,4	1,58776
1364	1,5480	Tl.... 535,0	1,56476	Cd 12. 326,0	1,59138
1213	1,5495	Cd 4... 508,6	1,56643		
1100	1,5510	F...... 486,1	1,56794 (1,5674)		
1013	1,5523	Cd 5... 480,0	1.56847		
933	1,5532	Cd 6... 467,8	1,56949		
867	1,5543	H_γ.... 434,1	1,57273 (1,5727)		
810	1,5554				

CROWN DE BARYTE très lourd. O.1442.		FLINT DE BARYTE. O.1398.		CROWN DE BARYTE lourd. O.1230.		CROWN DE SOUDE ET OX. DE PLOMB. O.1250.	
		Si O³ 50 pour 100 env. avec BaO, PbO et alcalis.		Très voisin de O.1143.		Très voisin de O.1151.	
RAIES.	INDICES.	RAIES.	INDICES.	RAIES.	INDICES.	RAIES.	INDICES.
K_α.....	1,60277	K_α.....	1,57508	K_α.....	1,56731	K_α.....	1,51410
C.......	1,60644	C.... .	1,57934	C......	1,57073	C.... .	1,51742
D......	1,60956	D......	1,58282	D......	1,57363	D......	1,52046
Tl......	1,61292	Tl.....	1,58689	Tl....	1,57687	Tl.....	1,52363
Cd 4....	1,61504	Cd 4....	1,58941	Cd 4....	1,57883	Cd 4....	1,52567
F......	1,61706	F.......	1,59178	F......	1,58079	F.......	1,52752
Cd 5....	1,61770	Cd 5....	1,59257	Cd 5....	1,58132	Cd 5....	1,52824
Cd 6....	1,61891	Cd 6....	1,59419	Cd 6....	1,58253	Cd 6....	1,52946
H_γ.....	1,62320	H_γ.....	1,59920	H_γ.....	1,58651	H_γ.....	1,53341
Cd 9....	1,63683	Cd 9....	1,61691	Cd 9....	1,59951	Cd 9....	1,54726
Cd 10...	1,64077	Cd 10...	1,62228	Cd 10...	1,60326	Cd 10...	1,55132
Cd 11...	1,64271	Cd 11...	1,62492	Cd 11...	1,60510	Cd 11...	1,55330
Cd 12...	1,64754	Cd 12...	1,63166	Cd 12...	1,60973	Cd 12...	1,55838
(313,3).	1,65254	(313,3).	1,63908	(313,3).	1,61446	(313,3).	1,56381
		Cd 13...	1,64258	Cd 13...	1,61664	Cd 13...	1,56632
				Cd 14..	6,62122	Cd 14...	1,57176
				Cd 15...	1,62642		
				Cd 16...	1,62893		

Flint très lourd.

[Très voisin de O. 5oo (*voir* p. 453).]

LONGUEURS d'onde.	INDICES.		LONGUEURS d'onde.	INDICES.
$\mu\mu$			$\mu\mu$	
4120	1,6688		1216	1,7208
3830	1,6758		936	1,7276
3560	1,6821	K_{α_1}.	769,9	1,73500
3240	1,6885	C...	656,3	1,74349
2980	1,6934	D...	589,3	1,75109
2710	1,6980	Tl..	535,0	1,75975
2400	1,7029	F...	486,1	1,77066
2020	1,7086	H_{γ}..	434,1	1,78778
1625	1,7144	K_{β}..	404,4	1,80176

[RUBENS (*Wied. Ann.*, t. LIII, p. 273; 1894).]

D. — Indices (spectre visible) et variation par la température.

[BAILLE].

RAIES.	LONGUEURS d'onde	FLINT				CROWN			
		lourd de Faraday.	anglais (Chance).	ordinaire.	léger.	ordinaire.	de zinc.	le même refoulé.	chargé de silice.
Li....	670,8 $\mu\mu$	1,67444	"	1,60897	1,58304	1,52300	1,51894	"	"
C.....	656,3	1,67517	1,64566	1,60964	1,58580	1,52583	1,52110	1,51934	1,51500
D.....	589,3	1,68146	1,65128	1,61445	1,58784	1,52822	1,52198	1,52234	1,51754
F.....	486,1	1,69823	1,66508	1,62605	1,59924	1,53466	1,53099	1,52794	1,52360
		$(t=10°)$	$(t=12°)$	$(t=12°)$	$(t=10°)$	$(t=10°)$	$(t=12°)$	$(t=9°)$	$(t=8°)$

$$\frac{dn}{dt}\ pour\ l'air\ froid\ [t=10°\ \text{à}\ 100°].$$

RAIES.	lourd de Faraday.	anglais (Chance).	ordinaire.	léger.	ordinaire.	de zinc.	le même refoulé.	chargé de silice.
Li....	$+0,0^5448$	"	$+0,0^5270$	$+0,0^5075$	$-0,0^5002$	$-0,0^5001$	"	"
C.....	$+\ 453$	$+0,0^5340$	$+\ 277$	$+\ 093$	0	0	$+0,0^5000_5$	$+0,0^5064$
D.....	$+\ 501$	$+\ 373$	$+\ 325$	$+\ 107$	$+0,0^5001$	$+0,0^5002$	$+\ 1_5$	$+\cdot\ 83$
F.....	$+\ 636$	$+\ 453$	$+\ 442$	$+\ 187$	$+\ 005$	$+\ 006$	$+\ 3$	$+\ 124$

RAIES.	LONGUEURS d'onde.	CROWN		FLINT		
		I. $D = 2,519$.	II. $D = 2,522$.	I. $D = 3,855$.	II. $D = 3,642$.	III. $D = 3,219$.
B......	686,9 $\mu\mu$	1,51414	1,51258	1,64382	1,61790	1,57439
C......	656,3	1,51510	1,51356	1,64579	1,61967	1,57586
D......	589,3	1,51768	1,51515	1,65124	1,62455	1,57989
b_1......	518,4	1,52151	1,52001	1,65969	1,63207	1,58604
F......	486,1	1,52383	1,52235	1,66500	1,63677	1,58987
H_γ......	434,1	1,52879	1,52737	1,67680	1,64716	1,59826
h......	410,2	1,53177	1,53039	1,68423	1,65366	1,60346
H......	396,9	1,53370	1,53235	//	1,65796	1,60690
		$(t = 10°)$	$(t = 10°)$	$(t = 10°)$	$(t = 10°)$	$(t = 10°)$

$$\frac{dn}{dt}\ [t = 0° \text{ à } 25°].$$

RAIES.	AIR		AIR		AIR		AIR		AIR	
	froid.	chaud.	froid.	chaud.	froid.	chaud.	froid.	chaud.	froid.	chaud.
B......	$-0,0^5173$	$-0,0^5022$	$-0,0^5195$	$-0,0^5043$	$+0,0^5311$	$+0,0^5474$	$+0,0^5394$	$+0,0^5557$	$+0,0^5166$	$+0,0^5324$
C......	$-$ 192	$-$ 040	$-$ 185	$-$ 033	322	486	434	597	174	333
D......	$-$ 173	$-$ 021	$-$ 136	$+$ 017	331	495	437	600	164	323
b_1......	$-$ 146	$+$ 006	$-$ 099	$-$ 054	445	610	521	685	283	443
F......	$-$ 081	$+$ 071	$-$ 105	$-$ 048	488	653	574	739	279	439
H_γ......	$-$ 047	$+$ 107	$-$ 072	$-$ 082	616	783	743	909	399	560
h......	$-$ 031	$+$ 123	$-$ 011	$+$ 143	694	861	759	925	475	636
H......	$+$ 023	$+$ 177	$+$ 017	$+$ 171	//	//	906	$0,0^41073$	418	580

[Vogel.]

Verre blanc.

	INDICE. $l=12°$.	$\dfrac{dn}{dt}$ [air chaud]. $l=12°$ à $260°$.	
C	1,60920	$+0,0^5 239$	$+0,0^7 142\,l$
D ...	1,61399	274	132
F	1,62601	316	183
H_γ....	1,63603	440	143

Flint lourd verdâtre.

	$l=20°$.	$l=20°$ à $257°$.		
C	1,75177	$+0,0^5 721$	$-0,0^7 154\,l$	$+0,0^{10} 409\,l^2$
D ...	1,75968	583 —	002 –⊢	119
F .. .	1,78018	451 +	341 —	628
H_γ....	1,78915	661 –⊢	396 —	761

(¹) Calculé d'après les expériences directes; les nombres donnés par l'auteur se rapportent au vide et ont été calculés en extrapolant, jusqu'à 260°, la formule de Mascart pour l'indice de l'air.

[Pulfrich].

ESPÈCE DE VERRE.	DÉSIGNATION commerciale.	COMPOSITION.	RAIES.	INDICE.	TEMPÉRATURE.	$\left(\dfrac{dn}{dt}\right)$ Air chaud.	$\left(\dfrac{dn}{dt}\right)$ Air froid.	TEMPÉRATURE.
Flint de silice (très dense).	S.57	SiO^2...... 18	C	1,94915	18°,5	+ 0,0^{4}1336	+ 0,0^{4}1204	18°,5
		PbO...... 82	D	1,96251		1588	1449	à 99°,2
		[approché]	F	1,99792		2231	2090	
			H_-	2,03027		2954	2810	
Flint de silice (dense).	O.165	SiO^2...... 28,36	C	1,74683	15°,8	+ 0,0^{4}0829	+ 0,0^{4}0700	13°,8
		PbO...... 69,00	D	1,75451		0906	0775	à 99°,6
		K^2O...... 2,50	F	1,77421		1182	1051	
		Mn^2O^3..... 0,04	H_γ	1,79141		1443	1311	
		As^2O^5...... 0,10						
Flint de silice (ordinaire).	O.544	SiO^2...... 45,83	C	1,60521	11°,1	+ 0,0^{5}360	+ 0,0^{5}244	11°,1
		PbO...... 45,20	D	1,61293		397	281	à 99°,1
		K^2O...... 8,00	F	1,62473		506	389	
		Na^2O...... 0,50	H_γ	1,63477		621	593	
		Mn^2O^3..... 0,07				$\left[\left(\dfrac{dn}{dt}\right)_t = \left(\dfrac{dn}{dt}\right)_0 + 0{,}0^123\,t\right]$		
		As^2O^5...... 0,40						
Flint de silice (léger).	O.154	SiO^2...... 54,22	C	1,56721	17°,9	+ 0,0^{5}336	+ 0,0^{5}225	17°,9
		B^2O^3...... 1,50	D	1,57103		372	261	à 99°,2
		PbO...... 33,00	F	1,58045		446	334	
		K^2O...... 8,00	H_γ	1,58834		520	407	
		Na^2O..... 3,00						
		Mn^2O^3..... 0,08						
		As^2O^5...... 0,20						

ESPÈCE DE VERRE.	DÉSIGNATION commerciale.	COMPOSITION.		RAIES.	INDICE.	TEMPÉRATURE.	$\left(\dfrac{dn}{dt}\right)$ Air chaud.	$\left(\dfrac{dn}{dt}\right)$ Air froid.	TEMPÉRATURE.
Flint borosilicique (léger).	O.658	SiO^2............	32,7	C	1,54205	19°,3	$+\ 0{,}0^5376$	$+\ 0{,}0^5267$	19°,3
		B^2O^3............	31	D	1,54525		408	299	à 99°,2
		PbO............	25	F	1,55289		466	356	
		Alcalis et Al^2O^3..	11,3	H_γ	1,55911		520	410	
Flint de baryte (léger).	O.527	SiO^2............	51,6	C	1,56846	17°,5	$+\ 0{,}0^5103$	$-\ 0{,}0^5008$	17°,5
		PbO............	10,0	D	1,57175		125	$+\quad 014$	à 99°,2
		BaO............	20,0	F	1,57976		192	080	
		ZnO............	7,0	H_γ	1,58634		250	137	
		Alcalis............	11,4						
Crown siliceux de baryte (lourd).	O.211	SiO^2............	48,7	C	1,56974	16°,6	$+\ 0{,}0^5132$	$+\ 0{,}0^5021$	16°,6
		BaO............	29,0	D	1,57269		151	040	à 99°,1
		ZnO............	10,3	F	1,57962		215	103	
		Alcalis et B^2O^3...	12,0	H_γ	1,58522		255	142	
Crown de silice (ordinaire).	O.1022	SiO^2............	65,4	C	1,51483	19°,0	$-\ 0{,}0^5020$	$-\ 0{,}0^5129$	19°,0
		B^2O^3............	2,5	D	1,51734		$+\quad 004$	$-\quad 105$	à 99°,7
		K^2O............	15,0	F	1,52340		$+\quad 050$	$-\quad 060$	
		Na^2O............	5,0	H_γ	1,52815		$+\quad 101$	$-\quad 010$	
		BaO............	9,6						
		ZnO............	2,0						
		Mn^2O^3............	0,1						
		As^2O^5............	0,4						

ESPÈCE DE VERRE.	DÉSIGNATION commerciale.	COMPOSITION.	RAIES.	INDICE.	TEMPÉRATURE.	$\left(\dfrac{dn}{dt}\right)$. Air chaud.	Air froid.	TEMPÉRATURE.
Crown borique (léger).	S.205	B^2O^3....... 69 Al^2O^3....... 18 Na^2O. .....} $Ba\,O$........} 13 As^2O^5...... traces	C D F H_γ	1,50499 1,50754 1,51337 1,51796	20°,5	$+\ 0,0^5040$ 033 075 106	$-\ 0,0^5066$ 074 033 003	20°,5 à 99°,5
Crown borosilicique.	O.627	SiO^2....... 68,24 B^2O^3....... 10,00 K^2O....... 9,50 Na^2O....... 10,00 $Zn\,O$.. ..... 2,00 Mn^2O^3...... 0,07 As^2O^5...... 0,20	C D F H_γ	1,51035 1,51276 1,51840 1,52289	5°,8	$+\ 0,0^5119$ 137 178 213 $\left(\dfrac{dn}{dt}\right)_t=\left(\dfrac{dn}{dt}\right)_0+0,0^58\,t$	$+\ 0,0^5065$ 105 130 175	5°,8 à 99°,9
Crown phosphorique avec didyme.	S.40	P^2O^5....... 59,5 $Ba\,O$........ 28,0 $Di\,O$........ 3,0 B^2O^3.......} As^2O^5......} 9,5	C D F H_γ	1,55940 1,56193 1,56785 1,57254	21°,0	$-\ 0,0^5204$ 194 134 124	$-\ 0,0^5314$ 305 246 237	21°,0 à 99°,6
Crown phosphorique (léger).	O.225	P^2O^5....... 70,5 K^2O........ 12,0 Al^2O^3...... 10,0 $Mg\,O$.......} B^2O^3.. ....} 7,5 As^2O^5......}	C D F H_γ	1,51379 1,51598 1,52113 1,52515	16°,6	$-\ 0,0^5093$ 080 057 031	$-\ 0,0^5202$ 190 168 142	16°,6 à 99°,7

E. — Indications bibliographiques.

Baille (*Ann. du Conserv. des Arts et Mét.*, t. VII, pp. 184-283; 1867).
Mascart [*Ann. de Ch. et de Phys.* (3ᵉ s.). t. XIV, p. 149; 1868].
Müller (*Publ. d. Astroph. Obs. Potsdam*, t. IV; 1885).
Pulfrich (*Wied. Ann.*, t. XLV, pp. 627-635; 1892).
Rubens (*Wied. Ann.*, t. XLV, p 251; 1892).
Simon (*Wied. Ann.*, t. LIII, p. 553; 1894).
Vogel (*Wied. Ann.*, t. XXV, p. 87; 1885).
Van der Willigen (*Arch. Mus. Teyler*, t. II et III; 1867 et 1869).

D.

TABLE XIII.

PROPRIÉTÉS OPTIQUES DES SOLIDES INORGANIQUES.

Explication générale pour les Tables XIII et XIV.

Dans les Tables qui suivent se trouvent rapportées, d'une manière aussi complète que possible, les propriétés optiques des corps solides. On a mentionné, parmi les corps amorphes, cubiques ou uniaxes, ceux dont l'indice avait été déterminé ; on n'a pas pensé que, pour les corps uniaxes, l'indication du signe optique seul soit un caractère assez important pour autoriser une augmentation relativement considérable de la Table. Parmi les corps biaxes, se trouvent relatés ceux pour lesquels on connaît au moins l'angle des axes optiques.

I. La première colonne contient le nom et la formule.

II. Les deux suivantes les renseignements cristallographiques ; le système cristallin est indiqué par les signes suivants :

Système cubique...................... C
 »   quadratique................ Q
 »   hexagonal .... H
 »   rhomboédrique............. R
 »   orthorhombique............. O
 »   monoclinique .... M
 »   triclinique................... T

les axes sont supposés menés à partir du centre du cristal

  a vers la partie antérieure,
  b »   droite,
  c »   supérieure,

la colonne intitulée *paramètres* contient :

A. Pour les systèmes quadratique, hexagonal et rhomboédrique, le rapport de l'axe vertical à l'axe horizontal $\big)$ pour le dernier système, on déduit de ce rapport $\dfrac{c}{a}$ l'angle φ du rhomboèdre par la formule connue

$$\tan^2 \frac{\varphi}{2} = \frac{1}{3} + \frac{a^2}{c^2}\Big).$$

B. Pour les systèmes orthorhombique et monoclinique, les rapports $\dfrac{a}{b}$ et $\dfrac{c}{b}$, plus, pour le dernier système, l'angle β de la diagonale inclinée (axe a) avec la hauteur (axe c).

C. Pour le système triclinique, les rapports $\dfrac{a}{b}$ et $\dfrac{c}{b}$ et les angles que font les directions positives des axes $\big(\alpha = \widehat{bc},\ \beta = \widehat{ca},\ \gamma = \widehat{ab}\big)$.

III. L'orientation optique est donnée par la position de la bissectrice aiguë et de la bissectrice obtuse. Dans le système orthorhombique, on donne les axes parallèles aux bissectrices. Dans le système monoclinique, la position d'une bissectrice placée dans le plan de symétrie est donnée par l'angle qu'elle fait avec l'axe vertical, compté de 0° à 180°, de la partie positive de l'axe vertical vers la partie positive de la diagonale inclinée. Une bissectrice parallèle à l'axe de symétrie b est indiquée par le symbole b.

Dans le système triclinique, l'orientation optique est indiquée d'une manière explicite.

IV. L'angle des axes intérieurs est donné sous le signe 2 V, l'angle extérieur dans l'air sous le signe 2 E, l'angle dans un liquide (généralement l'huile) sous le signe 2 H. Autant que possible, l'indice du liquide employé sera donné. Lorsque ce renseignement manquera, il suffira d'admettre pour l'indice du liquide employé $n_\mathrm{D} = 1,47$.

V. Dans les colonnes suivantes sont relatés les indices observés. Dans le cas général, les trois indices principaux sont donnés dans l'ordre (n_g) *maximum*, (n_m) *moyen*, (n_p) *minimum*. Pour les corps uniaxes, deux colonnes sont réunies en une seule (*indice ordinaire*).

VI. Enfin, la colonne marquée *Observateurs* donne les indications bibliographiques nécessaires, soit pour l'orientation optique et l'angle des axes, soit pour les indices principaux.

Note spéciale à la Table XIII.

Cette Table est divisée en deux parties. La première (A) contient les minéraux rangés par ordre alphabétique, sous leur nom minéralogique le plus habituel. On a cependant réuni les minéraux formant les grands groupes naturels, amphiboles, pyroxènes, grenats, feldspaths, micas. Des renvois l'indiquent dans le texte.

La seconde (B) contient les autres solides inorganiques. Les sels sont rangés sous le nom de l'acide. Il y a été fait une exception pour les aluns, qui sont placés sous ce dernier nom.

A. — Minéraux.

NOM ET FORMULE.	SYSTÈME cristallin.	PARAMÈTRES.	SIGNE OPTIQUE.	BISSECTRICES aiguë.	BISSECTRICES obtuse.	ANGLE des axes.	RAIE ou couleur.	INDICES PRINCIPAUX. n_g	n_m	n_p	RAIE ou couleur.	OBSERVATEURS.
Actinote. *Voir* **Amphibole.**												
Adamine. $ZnAs^2O^6 + H^2O.$	O	0,9733 0,7158	+	b	a	2 V 87°34' 89°16'	rouge bleu					Des Cloizeaux (*Sav. Étr.,* t. XVIII, p. 536; 1867).
Adélite. $MgCaHAsO^5$ $= AsO^4{<}^{MgOH}_{Ca}$ (de Jakobsberg).	M	1,0989 1,5642 $\beta = 106°45'$	+	c 38°45'	c 128°45'	2 H 58°47' $[n_H = 1,6703]$	D					Sjögren (*Bull. of Geol. Inst. of Upsala,* t. I, p. 1, 1892).
Aegyrine. $Na^2(Ca.Mg.Fe)^2Fe^2(SiO^3)^6$ (*Voir* la suite au verso.)	M	1,0975 0,6009 $\beta = 106°51'$	—	c 3°	c 93°	2 V 63°28' $\rho > \upsilon$	D					Brögger [*Gr. Zeits.,* t. XVI (2ᵉ P.), p. 328; 1890].

NOM ET FORMULE.	SYSTÈME cristallin.	PARAMÈTRES.	SIGNE OPTIQUE.	BISSECTRICES aiguë.	BISSECTRICES obtuse.	ANGLE des axes.	RAIE ou couleur.	n_g	n_m	n_p	RAIE ou couleur.	OBSERVATEURS.
(de Langesundfjord).				c 3°30' 4°0' 4°58'	c 93°30' 94°0' 94°58'	2V 62°35' 62°13' 61°44'	éosine λ=650 D Tl	1,8054 1,8126 1,8238	1,7929 1,7990 1,8096	1,7590 1,7630 1,7714	éosine D Tl	Wülfing (Hab.-Schrift d. Univ. Tübingen; 1891).
Agate. SiO^2									1,537		rouge	Des Cloizeaux (Man. de Min., t. I, p. 20; 1862).
									1,540		D	Kohlrausch (Wied. Ann., t. IV, p. 1; 1878).
Albite. Voir Feldspaths.												
Allaktite. $Mn^3O^6(AsO)^2.4MnO^2H^2$	M	0,6127 0,3338 β=95°44'	—	c 130°48'	c 40°48' b	2V 10°12' 7°34' 0° 9°30'	Li D Tl bleu		1,778 1,786 1,795		rouge jaune violet	Krenner (Gr. Zeits., t. X, p. 83; 1885) (axes). Sjögren (Gr. Zeits., t. X, p. 120; 1885) (indice).
Almandin. Voir Grenats.												
Alstonite. $(CO^3)^2BaCa$	O	0,564 0,714	—	c	b	2E 9°50' (17°C) 11°10' (141°C)	rouge					Des Cloizeaux (Sav. Étr., t. XVIII, p. 538; 1867).
								1,673 $\left[\dfrac{n_g+n_m}{2}\right]$		1,5255	D	Mallard (Bull. Soc. minér., t. XVIII, p. 10; 1895).
Alunite. $K^2Al^2(SO^4)^4+2H^6Al^2O^6$	R	1,252	+					1,592		1,572	D	Michel Lévy et Lacroix (Minér. des roches, p. 140; 1888).
Alurgite. $HR^2(AlOH)AlSi^4O^{12}$ [R = K.Na.MgOH]	M	?		pl. des axes g^1	"	2E 56°5 à 57°						Penfield (Amer. J. of Sc., t. XLVI, p. 288; 1893)
Amarantite. $S^2O^9Fe^2+7H^2O$	T	0,7691 0,5738 α=95°38' β=90°24' γ=97°13'		peu incl. sur norm. à h'(100). [trace du pl. des axes sur h' 38° avec a]	"	2E 59°3' 63°3'	Li D					Penfield (Amer. J. of Sc., t. XL, p. 199; 1890).
Amblygonite. $2P^2O^5Al^2+3(Li.Na)Fl$ (de Montebras).	T	0.245 0,461 α=69°9' β=97°46' γ=88°56'	—	presque parall. à l'arête (001)(1̄10)	[pl. des axes 12°½ avec (11̄0) 67° avec (001)]	2V 50° à 55° ρ>ν	D		1,594		D	Des Cloizeaux [Ann. de Ch. et de Phys. (4ᵉ s.), t. XXVII, p. 396; 1872].
								1,597	1,593	1,578	D	Michel Lévy et Lacroix (Minér. des roches, p. 140; 1888).
Amphiboles. I. Amphiboles rhombiques. A. — Anthophyllite. $MgSiO^3$ (de Kongsberg).	O	0,52 ?	+	c	a	2V 83°48' 83°54' 84°14'	rouge jaune bleu		1,635 1,637 1,643		rouge jaune bleu	Des Cloizeaux (Sav. étr., t. XVIII, p. 541; 1867).
						(variable)		1,657	1,642	1,633	D	Michel Lévy et Lacroix (Minér. des roches, p. 149; 1888).
Id. [de Franklin (N.-Car.)] (Voir la suite au verso.)				+ — —	c a a	a c c	2V 89°56' 88°46' 87°28'	Li D Tl	1,6404	1,6301	1,6288	D	Penfield (Amer. J. of Sc., t. XL, p. 394; 1890).

NOM ET FORMULE.	SYSTÈME cristallin.	PARAMÈTRES.	SIGNE OPTIQUE.	BISSECTRICES aiguë.	BISSECTRICES obtuse.	ANGLE des axes.	RAIE ou couleur.	n_g	n_m	n_p	RAIE ou couleur.	OBSERVATEURS.
B. — Gédrite. Na²Mg⁶Al⁴Si³O²⁴? (de Fiskernäs).	O	0,5229 ?	—	a	c	2 V 78°33' $p > v$	rouge	1,644	1,636	1,623	rouge	Ussing (*Gr. Zeits.*, t. XV, p. 310; 1889).
II. *Amphiboles* (*propr. dites*). A. — Amphibole-anthophyllite. (MgFe)SiO³ (0,66 Mg 0,34 Fe), (de Kongsberg).	M	0,55 0,29 β = 105°	+	c 165°½	c 75"½	2 V 77°52' $p < v$	rouge		1,638		rouge	Des Cloizeaux (*Sav. étr.*, t. XVIII, p. 624; 1867).
B. — Trémolite. CaMg³Si⁴O¹² grise (du Saint-Gothard).	M	0,5481 0,2937 β = 104°58'	—	c 75°	c 165°	2 V 87°27' 87°31'	rouge jaune		1,620 1,622		rouge jaune	Des Cloizeaux (*Sav. étr.*, t. XVIII, p. 690; 1867).
								1,635	1,623	1,609	D	Michel Lévy et Lacroix (*Minér. des roches*, p. 144; 1888).
(de Skutterud).				c 74°	c 166°	81°22'	D	1,6340	1,6233	1,6065	D	Penfield *in* Rosenbusch (*Mik. Physiogr.* (3ᵉ éd.), p. 547; 1892).
blanche (de Gouverneur).								1,6239	1,6125	1,5987	D	Zimányi (*Gr. Zeits.*, t. XXII, p. 345; 1894).
grise (de Felsö-Sebes).								1,6266	1,6144	1,5996	D	
vert d'herbe (de Nordmarken). (0,94 Mg, 0,06 Fe)			+	c 162°42'	c 72°42'	2 V 84° 9'	D		1,616 1,618 1,620		Li D Tl	Flink (*Bih. till Sv. Vet. Ak. Handl.*, t. XIII (2), p. 80; 1887).
C. — Actinote. Ca(FeMg)³Si⁴O¹² (de Zillerthal).	M	0,5481 0,2937 β = 104°58'	—	c 75°	c 165°	2 V 80" $p < v$	D	1,636	1,627	1,611	D	Michel Lévy et Lacroix (*Minér. des roches*, p. 144; 1888).
								1,6387	1,6270	1,6116	D	Zimányi (*Gr. Zeits.*, t. XXII, p. 346; 1894).
Id. (de Fahlun).			—	c 75°	c 165°			1,6284	1,6162	1,6004	D	
Id. vert foncé (de Kafveltorp).			+	c 165°	c 75°			1,6561	1,6431	1,6398	D	
D. — Richtérite. (MnFeMg)³CaSi⁴O¹²	M	0,548 0,294 β = 105°	—	c 70°	c 160°	2 V 80"	D	1,64	1,63	1,62	D	Michel Lévy et Lacroix *Minér. des roches*, p. 145; 1888).
E. — Hornblende. (CaMgFe)SiO³ + p(FeAl)²O³ p = 0,1 à 0,3 (de Wolfsberg).	M	0,5481 0,2937 β = 104°58'	—	c 88°20'	c 178°20'	2 V 79°24'	rouge		1,71		rouge	Tschermak (*Tsch. Mitth.*, t. I, p. 39; 1871).
(de Krajerö).			—	c 75° à 68°	c 165° à 158°	2 V 84° $p < v$	D	1,653	1,642	1,629	D	Michel Lévy et Lacroix (*Minér. des roches*, p. 146; 1888).
H. ferrifère (Bohême).			—	c 90° à 80°	c 180° à 170°	2 V 80"	D	1,752	1,725	1,680	D	
Horn. (de Volpersdorf).			+	c 160° 7'	c 70" 7'	2 V 85° 4'	rouge		1,642		rouge	Tschermak (*loc. cit.*).
Id. ferrifère. (d'Aranyer Berg).			+	c 142°48'	c 52°48'	2 E 67°37' $p > v$	D					Franzenau (*Gr. Zeits.*, t. VIII, p. 575; 1884).

(*Voir* la suite au verso.)

NOM ET FORMULE.	SYSTÈME cristallin.	PARAMÈTRES.	SIGNE OPTIQUE.	BISSECTRICES aiguë.	BISSECTRICES obtuse.	ANGLE des axes.	RAIE ou couleur.	n_g	n_m	n_p	RAIE ou couleur.	OBSERVATEURS.
H. var. Pargasite. 3 pour 100 FeO, 10 pour 100 Al^2O^3.			+	c 162°	72″	2 E 97″ 98°	rouge vert					Des Cloizeaux (*Man. de Minér.*, t. I, p. 86; 1862).
			+	c 162°	c 72°	2 V 59″	rouge					Tschermak (*loc. cit.*).
								1,632	1,620	1,613	D	Michel Lévy et Lacroix (*loc. cit.*).
								1,635	1,620	1,616	D	Zimányi (*Gr. Zeits.*, t. XXII, p. 347; 1892).
Horn. (artificielle). $(CaFeMg)SiO^3$ $+ p(FeAl)^2O^3$ $= 0,2$ ($0,72 Mg$, $0,28 Fe$).			−	c 72° 4′	c 162° 4′	2 V 82°						De Kroutschoff (*C. R.*, t. CXII, p. 677; 1891).
Amphigène. $K^2Al^2Si^4O^{12}$	C? ps.c. prob. tricl.		+	(anomalies optiques)				1,509	1,508	″	D	Des Cloizeaux (*Man. de Min.*, t. II, p. xxxiv; 1872).
(du Vésuve).									1,5086 (Moy.)		D	Zimányi (*Gr. Zeits.*, t. XXII, p. 337; 1894).
Analcime. $H^4(Na^2Ca)Al^2Si^4O^{14}$	C								1,4874		rouge	Des Cloizeaux (*Sav. Étr.*, t. XVIII, p. 515; 1867).
(de l'Etna). de l'île de Kerguelen).									1,4881 1,4861		D D	Zimányi (*Gr. Zeits.*, t. XXII, p. 329; 1894).
Anatase. TiO^2	Q	3,5543	−					2,5112 2,5354 ″ [t = 16°]		2,4760 2,4959 2,5126	B D E	Schrauf (*Sitz. Akad. Wien*, t. XLII, p. 113; 1860).
(de Binnenthal).								2,5183 2,5618 2,6066		2,4523 2,4886 2,5262	Li D Tl	Wülfing *in* Rosenbusch (*Mikr. Physiogr.*, 3e éd., p. 350; 1892).
Andalousite Al^2SiO^5 (du Brésil).	O	0,9861 0,7024	−	c	b	2 V 84°30′	rouge	1,643	1,638	1,632	rouge	Des Cloizeaux (*Man. de Min.*, t. I, p. 174; 1862).

ndésine. *Voir* **Feldspaths**.

NOM ET FORMULE.	SYSTÈME cristallin.	PARAMÈTRES.	SIGNE OPTIQUE.	BISSECTRICES aiguë.	BISSECTRICES obtuse.	ANGLE des axes.	RAIE ou couleur.	n_g	n_m	n_p	RAIE ou couleur.	OBSERVATEURS.
Anglésite. SO^4Pb (de Monte Poni). [*Voir* Table XV pour var. d'ind. par température].	O	0,7864 1,2919	+	a	c	2 V 66°45′ 66°47′	rouge jaune	1,8924 1,8970	1,8795 1,8830	1,8740 1,8770	rouge jaune	Des Cloizeaux (*Sav. Étr.*, t. XVIII, pp. 540 et 714; 1867).
						2 V 75°24′ [t = 20°]	D	1,88630 1,89365 1,91263	1,87502 1,88226 1,90097	1,86981 1,87709 1,89549 [t = 20°]	C D F	Arzruni (*Gr. Zeits.*, t. I, p. 188; 1877).
								1,8939	1,8823	1,8773	D	Ramsay (*Gr. Zeits.*, t. XII, p. 217; 1887).
								1,89286	1,88226	1,87695	D	Birn (*N. Jahrb. f. Min.*, Beil-B. V, p. 47; 1887).
Anhydrite SO^4Ca (de Hallein). (*Voir* la suite au verso.)	O	0,893 1,001	+	a	b	2 V 43°49′	D	1,61362	1,57553	1,56962 [t=19°,4]	D	Danker (*N. Jahrb. f. Min.*, Beil-B. IV, p. 241; 1885).

NOM ET FORMULE.	SYSTÈME cristallin.	PARAMÈTRES.	SIGNE OPTIQUE.	DISSECTRICES aiguë.	DISSECTRICES obtuse.	ANGLE des axes.	RAIE ou couleur.	n_g	n_m	n_p	RAIE ou couleur.	OBSERVATEURS.
(de Stassfurt).						2 V 43°11′½	B	1,60956	1,57198	1,56628	B	MÜLHEIMS (Gr. Zeits., t. XIV, p. 228; 1888).
						43°24′	C	1,61056	1,57295	1,56722	C	
						43°41′	D	1,61300	1,57518	1,56933	D	
						44° 4′	E	1,61619	1,57822	1,57224	E	
						″		1,61680	1,57884	1,57282	b_1	
						44°26′	F	1,61874	1,58079	1,57472	F	
(de Berchtesgaden).						2 E 70°53′	Li					ZIMÁNYI (Gr. Zeits., t. XXII, p. 341; 1894).
						71°39′	D	1,6138	1,5757	1,5700	D	
						72° 6′	Tl					

Anorthite, Anorthose. *Voir* **Felsdspaths.**

Anthophyllite. *Voir* **Amphiboles.**

NOM ET FORMULE.	SYSTÈME cristallin.	PARAMÈTRES.	SIGNE OPTIQUE.	DISSECTRICES aiguë.	DISSECTRICES obtuse.	ANGLE des axes.	RAIE ou couleur.	n_g	n_m	n_p	RAIE ou couleur.	OBSERVATEURS.
Antigorite $Mg^3Si^2O^1 + 3H^2O$ (d'Antigorio).	O	?	—	?	?	2 V 22°54′ / 36°26′	rouge / blanc	1,571	1,570	1,560	D	DES CLOIZEAUX (Man., t. I, p. 110) (axes). MICHEL LÉVY et LACROIX (Min. des roches, p. 279; 1888) (indices).
Apatite. $Ca^5P^3O^{12}(ClFl)$ (de Zillerthal).	H	1,7348	--					1,64607		1,64172	D	HEUSSER (Pogg. Ann., t. LXXXVII, p. 454; 1852).
								1,64998		1,64543	E	
								1,65332		1,64867	F	
								1,65953		1,65468	G	
								($t = 21°$)				
(d'Espagne).								1,6346		1,6305	B	SCHRAUF (Sitzb. Akad. Wien, t. XLII, p. 113; 1860).
								1,6390		1,6345	D	
								1,6432		1,6382	E	
(de Jumilla).								1,6388		1,6346	D	LATTERMANN in ROSENBUSCH (Mik. Phys., p. 409; 1892).
(de Jumilla).								1,637		1,633	D	ZIMÁNYI (Gr. Zeits., t. XXII, p. 332; 1894).
(de Sulzbachthal).								1,6355		1,6329	D	
incolore (du Tyrol).								1,6449		1,6405	D	
Aphanèse. $AsO^2(CuOH)^3$	M	1,914 / 1,578 / $\beta = 100°42′$	—	$c\;10^{n}40$	$c\;100^{n}40$	2 E 135° / 163° (app.)	vert / bleu					DES CLOIZEAUX (Sav. étr., t. XVIII, p. 628; 1867).
Apophyllite. $(K^2H^2)^2CaSi^2O^1$ (de Naalsöe).	Q (an. opt.)	1,770	+					1,5331		1,5317	rouge	DES CLOIZEAUX (Man. de Min., t. I, p. 126; 1862).
(de Poonah).								1,5369		1,5343	D	F. KOHLRAUSCH (Wied. Ann., t. IV, p. 1; 1878).
(d'Andréasberg).								1,5332		1,5309	Li	LÜDECKE (Kryst. Beob. Halle, 1878) (Gr. Zeits., t. IV, p. 626).
								1,5356		1,5337	D	
(d'Hestoë).								1,5414		1,5331	D	
(de Radauthal).								1,5368		1,5356	D	
(du Tyrol).								1,5369		1,5340	Li	PULFRICH (Wied. Ann., t. XXX, p. 499; 1887).
								1,5404		1,5379	D	
								1,5429		1,5405	Tl	
(de Poonah).								1,5369		1,5343	D	ZIMÁNYI (Gr. Zeits., t. XXII, p. 336; 1894).
(de Seisser Alp).								1,5368		1,5340	D	
rose (d'Andréasberg).								1,5365		1,5346	D	
[de Collo (Algérie)].								1,5343		1,5328	Li	GENTIL (Bull. Soc. minér., t. XVII, p. 16; 1894).
								1,5368		1,5347	D	

NOM ET FORMULE.	SYSTÈME cristallin.	PARAMÈTRES.	SIGNE OPTIQUE.	BISSECTRICES aiguë.	BISSECTRICES obtuse.	ANGLE des axes	RAIE ou couleur.	INDICES PRINCIPAUX. n_g	n_m	n_p	RAIE ou couleur.	OBSERVATEURS.
Aragonite. CO^3Ca (*Voir* Table XV pour la variation d'indice par la tempér.)	O	0,6216 0,7203	—	c	b	2 V 18° 5'23" 6'55" 11' 7" 16'45" 22'14" 31'30" 40'20" [$t = 25°$]	B C D E F G H	1,68061 1,68203 1,68589 1,69084 1,69515 1,70318 1,71011	1,67631 1,67779 1,68157 1,68634 1,69053 1,69836 1,70509	1,52749 1,52820 1,53013 1,53264 1,53479 1,53882 1,54226 [$t = 18°$]	B C D E F G H	Rudberg (*Pogg. Ann.*, t. XVII, p. 1; 1829) (*indices*). Kirchhoff (*Pogg. Ann.*, t. CVIII, p. 567; 1859) (*axes*).
								1,68580	1,68132	1,53013	D	Glazebrook (*Phil. Trans.*, t. CLXX, p. 308; 1879).
(de Bilin).								"	1,68145 [$t = 19°2$]	1,53016	D	Danker (*N. Jahrb.*, 1885, Beil-B. IV, p. 241).
Id.								1,6809 1,6860 1,6908	1,6766 1,6816 1,6856	1,5272 1,5300 1,5325	Li D Tl	Pulfrich (*Wied. Ann.*, t. XXX, p. 498; 1887).
Id.								1,67879 1,68007 1,68154 1,68541 1,69038 1,69131 1,69467	1,67454 1,65579 1,67722 1,68098 1,68581 1,68671 1,68997	1,52680 1,52732 1,52788 1,52998 1,53245 1,53287 1,53456	a B C D E b_4 F	Mülheims (*Cr. Zeits.*, t. XIV, p. 229; 1888).
Id.								1,68111 1,68240 1,68567 1,68907 1,69241 1,69676	1,67671 1,67798 1,68116 1,68497 1,68774 1,69086	1,52770 1,52836 1,52999 1,53186 1,53340 1,53504	Li Cd 1 D Cd 2 Cd 4 Cd 5	Offret (*Bull. Soc. minér.*, t. XIII, p. 582; 1890).
						[$t = 19°$] (moy. de 2 prismes)						
Ardennite. $H^{10}Mn^{10}Al^{10}Si^{10}V^2O^{55}$	O	0,4663 0,3135	+	b	c	2 E 76° à 79° 73° à 74" 68°½ à 71°	rouge D vert					Lacroix (*Minér. de la France*, t. I, p. 125; 1893).
Arfvedsonite. $Na^2Fe^2(SiO^3)^4$	M	0,55 0,29 $\beta = 105°$	—	c 15°	c 105°			1,708	1,707	1,687	D	Michel Lévy et Lacroix (*Min. des roches*, p. 148; 1888).
Argyrithrose. Ag^3SbS^3	R	0,788	—					3,084 ($t = 19°$)		2,881	Li	Fizeau *in* Des Cloizeaux (*Savants étr.*, t. XVIII, p. 521; 1867).
Arsénolite. As^2O^3.	C							1,748 1,755			Li D	Des Cloizeaux (*Id.*, p. 413).
Astrophyllite. $M^{12}R^4Si^9O^{36}$ $M = (FeMnK^2Na^2H^2)$, $R = (FeTi)$	O	0,9902 4,7101	+	a	b	2 V 77°	D	1,733	1,703	1,678	D	Michel Lévy et Lacroix (*Min. des roches*, p. 156; 1888). [Bücking (*Cr. Zeits.*, t. I, p. 433; 1877)].

NOM ET FORMULE.	SYSTÈME cristallin.	PARAMÈTRES.	SIGNE OPTIQUE.	BISSECTRICES aiguë.	BISSECTRICES obtuse.	ANGLE des axes.	RAIE ou couleur.	n_g	n_m	n_p	RAIE ou couleur.	OBSERVATEURS.
Atacamite. $H^3Cu^2ClO^3$ (du Chili) *n_u 1,466 rouge 1,468 jaune 1,478 bleu	O	0,662 0,753	−	b	c	2H* 91°50' 93°11' 100°23' 2H 93°50' 99° 5'	rouge jaune bleu D Tl					DES CLOIZEAUX (Sav. étr., t. XVIII, p. 550; 1867). BRÖGGER (Gr. Zeits., t. III, p. 49; 1879).
Augélite. $AlPO^4.Al(OH)^3$	M	1,6419 1,2708 β = 67°33'½	+	c 146°	b	2E 84°22'	D	1,5877	1,5759	1,5736	D	PRIOR et SPENCER (Min. Mag. and J. of Min. Soc., t. XI, p. 16; 1895).

Augite. *Voir* **Pyroxènes.**

Autunite. *Voir* **Uranite.**

NOM ET FORMULE.	SYSTÈME cristallin.	PARAMÈTRES.	SIGNE OPTIQUE.	BISSECTRICES aiguë.	BISSECTRICES obtuse.	ANGLE des axes.	RAIE ou couleur.	n_g	n_m	n_p	RAIE ou couleur.	OBSERVATEURS.
Axinite. $H^2Ca^2Bo^2Al'(SiO^4)^3$	T	0,602 0,827 α = 58°29' β = 135°19' γ = 140°21'	−	normale à i^1 (o11) [Plan des axes fait 40° avec l'arête $\overline{mi^1}$(110)(o11) et 24°40' avec l'arête pi^1(001)(o11).]	″	2V 74° environ ρ < v	rouge bleu	1,6810 1,6954	1,6779 1,6918	1,6720 1,6850	rouge bleu	DES CLOIZEAUX (Man. de Min., t. I, p. 517; 1862).
Azurite. $C^2O^6Cu^3(OH)^2$	M	0,8469 0,8790 β = 92°21'	+	c 167° (app.)	b	2E 151° ρ > v	bleu verd.					DES CLOIZEAUX (Sav. étr., t. XVIII, p. 636; 1868).

Bamlite. *Voir* **Sillimanite.**

NOM ET FORMULE.	SYSTÈME cristallin.	PARAMÈTRES.	SIGNE OPTIQUE.	BISSECTRICES aiguë.	BISSECTRICES obtuse.	ANGLE des axes.	RAIE ou couleur.	n_g	n_m	n_p	RAIE ou couleur.	OBSERVATEURS.
Barytine. SO^4Ba (*voir* Table XV pour variation d'ind. par la tempér.)	O	0,8146 1,3127	+	a	c			1,64415	1,63370	1,63258	B	HEUSSER (Pogg. Ann., t. LXXXVII, p. 454; 1852).
								1,64521	1,63476	1,63362	C	
								1,64797	1,63745	1,63630	D	
								1,65167	1,64093	1,63972	b_1	
								1,65484	1,64393	1,64266	F	
								1,66060	1,64960	1,64829	G	
								1,66560	1,65436	1,65301	H	
						2V 37°28'	D	1,64531	1,63457	1,63351	C	ARZRUNI (Gr. Zeits., t. I, p. 188; 1877).
								1,64795	1,63717	1,63609	D	
								1,65469	1,64357	1,64254	F	
								(t = 20°C.)				
								1,64812	1,63734	1,63624	D	FEUSSNER (Inaug. Diss. Marburg, 1882).
(de Dufton) t = 17°,2. (d'Uhlefoss) t = 20°. (d'Auvergne) t = 21°.						2V 36°59' 39°57'	D D	1,64834 1,64834 1,64811	1,63739 1,63750 1,63741	1,63618 1,63618 1,63601	D D D	DANKER (N. Jahrb. f. Min., 1885, Beil.-B. IV, p. 241).
(d'Angleterre).								1,6450 1,6486 1,6520	1,6344 1,6379 1,6411	1,6334 1,6368 1,6398	Li D Tl	PULFRICH (Wied. Ann., t. XXX, p. 498; 1887).
verdâtre (Cornouailles).								1,64329	1,63259	1,63148	a	MULHEIMS (Gr. Zeits., t. XIV, p. 227; 1888).
						2V 36°45'	B	1,64434	1,63359	1,63247	B	
						36°12'	C	1,64537	1,63462	1,63349	C	
						36°48'	D	1,64815	1,63726	1,63608	D	
						37°23'	E	1,65173	1,64075	1,63952	E	
								1,65241	1,64144	1,64020	b_4	
						38° 7'	F	1,65484	1,64377	1,64248	F	

NOM ET FORMULE.	SYSTÈME cristallin.	PARAMÈTRES.	SIGNE OPTIQUE.	BISSECTRICES aiguë.	BISSECTRICES obtuse.	ANGLE des axes.	RAIE ou couleur.	n_g	n_m	n_p	RAIE ou couleur.	OBSERVATEURS.
(de Dufton).								1,64486 1,64580 1,64814 1,65097 1,65304 1,65541 ($t = 19°$)	1,63409 1,63499 1,63726 1,63997 1,64200 1,64429	1,63292 1,63383 1,63609 1,63877 1,64075 1,64303	Li Cd 1 D Cd 2 Cd 4 Cd 5	Offret (*Bull. Soc. Minér.,* t. XIII, p. 596; 1890).
Barytocalcite. (CO^3)^{2}BaCa	M	0,7717 0,6255 $\beta = 106°8'$	—	c 64°22'	b	2E 23°15' 22°47' ($t = 15°$)	rouge bleu	1,686	1,684	1,5255	D	Des Cloizeaux (*Man. de Min.,* t. II, p. 81; 1874) (*axes*). Mallard (*Bull. Soc. Minér.,* t. XVIII, p. 10; 1895) (*indices*).
Beccarite. $ZrO^2.SiO^2$	ps.Q T	0,6407	+	c 2°30'	pl. des ax. norm. à *p*, fait 15" avec *m*	2E 19"44'	D	1,9820	1,9277	1,9272	D	Grattarola (*Soc. Tosc. di Sc. nat.,* mai 1890).
Bertrandite. $Gl^4Si^2O^8.H^2O$ (de Barbin près Nantes).	O	0,5619 0,5871	+	c	a	2V 74°52' $\rho < v$	D	1,611	1,593	1,588	D	Bertrand (*Bull. Soc. Minér.,* t. VI, p. 250; 1883) (*axes*). Michel Lévy et Lacroix (*Tabl. d. minér. des roches,* 1889) (*indices*).
(de Pisek).						2V 71°29'	D					Scharizer (*Gr. Zeits.,* t. XIV, p. 40; 1888).
Id.						2V 70°49'	D					Vrba (*Id.,* t. XV, p. 199; 1889).
(de Mount-Antero).						2V 71°18'	D					Penfield (*Amer. J. of Sc.,* t. XXXVI, p. 52; 1888).

Béryl. *Voir* **Émeraude.**

NOM ET FORMULE.	SYSTÈME cristallin.	PARAMÈTRES.	SIGNE OPTIQUE.	BISSECTRICES aiguë.	BISSECTRICES obtuse.	ANGLE des axes.	RAIE ou couleur.	n_g	n_m	n_p	RAIE ou couleur.	OBSERVATEURS.
Béryllonite. PO^4NaGl	O	0,5724 0,5490	—	c	b	2V 67°51' 67°56' 67°57'	Li D Tl	1,5579 1,5608 1,5636	1,5550 1,5579 1,5604	1,5492 1,5520 1,5544	Li D Tl	E. Dana (*Amer. J. of Sc.,* t. XXXVII, p. 23; 1889).
Blende. ZnS (de Picos de Europa).	C							2,341 2,369 ($t = 15°$)			Li D	Des Cloizeaux (*Sav. étr.,* t. XVIII, p. 515; 1867).
Id.								2,3461 2,3695 2,4350 ($t = 13°$)			C D F	Baille (*Ann. du Conserv. d. A. et M.,* t. VII, p. 261; 1867).
Id.								2,3416 2,3692 2,4007			Li D Tl	Ramsay (*Gr. Zeits.,* t. XII, p. 219; 1887).
Bloedite. $SO^4Mg + SO^4Na^2 + 4H^2O$	M	1,3494 0,6705 $\beta = 100°38'$	—	c 135°12' 136°39'	c 45°12' 46°39'	2V 70° 5' 72°34'	rouge bleu					Groth et Hintze (*Zeits. geol. Ges.,* t. XXIII, p. 670; 1871).
Bobierrite. $F^2O^8Mg^3 + 8H^2O$	M	?	+	c 34°	b	2E 125° $\rho < v$						Lacroix (*C. R.,* t. CVI, p. 631; 1888).
Boracite. ($4B^2O^3.3MgO$)^{2}MgCl^2	O (ps.-cub.)	0,707 1,000	+	c	b	2V 83°33'	jaune	1,673	1,667	1,662	jaune	Mallard (*Bull. Soc. Min.,* t. VI, p. 134; 1883. [*Des Cloizeaux* (*Sav. étr.,* t. XVIII, p. 517)].

Nom et formule	Système cristallin	Paramètres	Signe optique	Bissectrice aiguë	Bissectrice obtuse	Angle des axes	Raie ou couleur	n_g	n_m	n_p	Raie ou couleur	Observateurs
Brandisite. $H^4(CaMgFe)^6(AlFe)^6Si^2O^{21}$ (var. Waluewite).	M	(pseudo-hexag.)	—	c	a	2V 0° à 20° $p < v$		1,661	1,660	1,649	D	Michel Lévy et Lacroix (Minér. des roches, p. 171). [Id. Tableau annexe.]
Brewstérite. $H^{10}(SrBa)Al^2Si^6O^{21}$	M	0,4049 0,4202 $\beta = 93°4'$	+	b	c 27° env.	2E 94° 93°	rouge bleu					Des Cloizeaux (Man. de Min., t. I, p. 421; 1862).
Brochantite. $SO^4Cu + 3Cu(OH)^2$	O	0,7739 0,4871	—	b	c	2H 96° (moy.)						Em. Bertrand (Bull. Soc. Min., t. III, p. 56; 1880).
Bronzite. *Voir* **Pyroxènes.**												
Brookite. TiO^2 (du Tyrol).	O	0,8416 0,4722	+	a	b b b b " c c c	2E 58°22' 55°2' 50°45' 30°16' 0° 33°48' 38°7' 70°env.	λ=691 Li λ=661 D λ=555 Tl E F					von Zepharovich (Gr. Zeits., t. VIII, p. 58i; 1884). [Grailich et von Lang (Sitzb. Ak. Wien, t. XXVII, p. 10; 1857).]
(de Trémadoc).				a	b	2V 23°14' 17°7'	Li D	2,6444 2,7414	2,5448 2,5856	2,5408 2,5832 2,6265	Li D Tl	Wülfing in Rosenbusch [Mikr. Physiog. (3e éd.), p. 423; 1892].
Brossite. *Voir* **Dolomie ferrifère.**												
Brucite. $Mg(OH)^2$	R	0,521	+					1,5795	1,559		rouge λ=643	Max Bauer (Monatsb. Ak. Berlin, 1881; p. 958).
Cabrérite. $H^{16}Ni^3As^2O^{16}$ (du Laurium).	M	1,132 0,868 $\beta = 125°$	—	b	c 144°	2H$_a$ 106°	rouge					Des Cloizeaux (Bull. Soc. Minér., t. I, p. 76; 1878).
(d'Espagne).					c 146°	111° app.	Id.					
Calamine. $H^2Zn^2SiO^5$ (de la Vieille-Montagne).	O	0,7782 0,4766	+	c	b	2E 82°30' 80° 75°env.	rouge jaune vert	1,635	1,618	1,615	jaune	Des Cloizeaux (Man. de Minér., t. I, p. 120; 1862).]
						2V 47°36' 46°10' 44°40'	rouge jaune vert	1,6324 1,6360 1,6392	1,6142 1,6170 1,6202	1,6107 1,6136 1,6171	rouge jaune vert	von Lang (Sitzb. Akad. Wien, t. XXXVII, p. 382; 1859).
Calcite. *Voir* Table XI, [1], p. 418.												
Calédonite. $SO^4Pb + CO^3(PbCu)$	O	0,916 1,403	—	a	c	2V 82°37' 83°3'	rouge bleu		1,846 1,864		rouge bleu	Des Cloizeaux (Sav. étr., t. XVIII, p. 715; 1867).
Calomel. *Voir* **Chlorure de mercure (proto-).**												
Cancrinite. $Na^8Al^8Si^9O^{34}$ $+ 2CO^3Ca + 3H^2O$ (de Litchfield).	H	0,836	—						1,522	1,499	D	Michel Lévy et Lacroix (Minér. d. roches, p. 163; 1888).
(de Miask).									1,5244	1,4955	rouge	Osann in Rosenbusch (Mikr. Physiogr., 3e éd., p. 418; 1892).

NOM ET FORMULE.	SYSTÈME cristallin.	PARAMÈTRES.	SIGNE OPTIQUE.	BISSECTRICES aiguë.	BISSECTRICES obtuse.	ANGLE des axes.	RAIE ou couleur.	n_g	n_m	n_p	RAIE ou couleur.	OBSERVATEURS.
Carnallite. $KCl.MgCl^2+6H^2O$	O	0,589 0,688	+	a	c	2E115°1' 117°0'	rouge bleu					Des Cloizeaux (*Sav. étr.*, t. XVIII, p. 556; 1867).
Carpholite. $(MnFe)(Fe^2Al^2)Si^2O^{10}$	O	0,6815 ?	—	b	c	2V60°	D					Michel Lévy et Lacroix (*Minér. des roches*, p. 164; 1888). [Lacroix (*Minér. de la Fr.*, t. I, p. 111; 1893).]
Cassitérite. SnO^2 (de Schlaggenwald).	Q	0,951	+					2,0799 2,0934 2,1083	1,9793 1,9966 2,0115		rouge D vert	Grubenmann in Rosenbusch (*Mikr. Physiogr.*, 3e éd., p. 352; 1892).
Id. (artificielle).								2,0817 2,0929 2,1053	1,9846 1,9968 2,0093		Li D Tl	Arzruni (*Gr. Zeits.*, t. XXV, p. 470; 1895).
...stor. *Voir* **Pétalite**.												
Catapléite. $(Na^2Ca)(SiZr)^4O^9$	H	1,350	+					1,629	1,599		D	Michel Lévy et Lacroix (*Minér. des roches*, p. 166; 1888).
Célestine. SO^4Sr (de Sicile).	O	0,781 1,283	+	a	c	2E88°30' 89°36' 92°49' [t=20°]	rouge jaune bleu		1,623 1,625 1,635		rouge jaune bleu	Des Cloizeaux (*Sav. étr.*, t. XVIII, p. 557; 1867).
(du lac Erié). [*Voir* Table XV, pour variation d'indice par la tempér.]						2E89°6' 2V51°12' [t=20°]	D	1,62843 1,63092 1,63697	1,62120 1,62367 1,62960	1,61954 1,62198 1,62790 [t=20]	C D F	Arzruni (*Gr. Zeits.*, t. I, p. 188; 1877).
(de Jühnde).						2V49°59' 58°29' 50°59'	Li D Tl					Babcock (*N. Jahrb. f. Min.*, 1879; p. 838).
[de Mineral-County (W. Virginia)].						2E85°4'½ 86°27'½	Li D					Williams (*Gr. Zeits.*, t. XVIII, p. 4; 1891).
(de Leogang).						2E86°33' 87°40' 88°4'	Li D Tl					Buchrucker (*Gr. Zeits.*, t. XIX, p. 157; 1891).
(d'Exeter).						84°52' 86°44' 88°0'	Li D Tl		1,6162		D	Grunenberg (*Inaug. Dissert.* Erlangen; 1892).
(de Pille-Hill). I II						87°30' 84°52'	D D		1,6190 1,5970		D D	
(de Aust Ferry). I II III						84°43' 87°8' 88°13'	D D D		1,6140 1,6214		D D	
(de la Romagne).						2V49°34' 50°13' 51°18'	Li D Tl		1,6212 1,6245 1,6279		Li D Tl	Artini (*R. C. Istitut. Lomb.* (2ᵃ s.), t. XXVI, p. 323; 1893.]
(de Giershagen). *très pure.*						2V50°5'30" 50°46' 51°14'	Li D Tl					Thaddeeff (*Gr. Zeits.*, t. XXV, p. 60; 1895).

NOM ET FORMULE	SYSTÈME cristallin	PARAMÈTRES	SIGNE OPTIQUE	BISSECTRICES aiguë	BISSECTRICES obtuse	ANGLE des axes	RAIE ou couleur	n_g	n_m	n_p	RAIE ou couleur	OBSERVATEURS
Cérusite. CO^3Pb	O	0,6100 0,7230	−	c	a	2 E 16°30'	jaune moy.	2,0745	2,0728	1,7980	jaune moy.	Des Cloizeaux (*Ann. des Mines* (5ᵉ s.), t. XI, p. 330; 1857).
						17°15'	D					*Id.*, t. XIV, p. 359; 1858.
						19°31' 17° 0'	rouge bleu					Grailich et von Lang (*Sitzb. Akad. Wien*, t. XXVII, p. 40; 1857).
								2,0613 2,0780 2,0934	2,0594 2,0763 2,0919	1,7915 1,8037 1,8164 ($t=18°$)	B D E	Schrauf (*Id.*, t. XLII, p. 124; 1860).
(de Auronzo)								2,0786	2,0765	1,8036	D	Negri (*Riv. di Min. Ital.*, t. IV, p. 41; 1889).
Cér. zincifère. (Iglesiasite) (de Radzienkau).						2 E 17° 7'	D					Traube (*Zeits. d. D. Geol. Ges.*, t. XLVI, p. 50; 1894).
Childrénite. $H^8(FeMn)^2Al^2P^2O^{14}$ (0,75 Fe 0,25 Mn)	O	0,7780 0,5257	−	b	a	2 E 76° 74° 72° (app.)	rouge jaune bleu					Des Cloizeaux (*Sav. Étr.*, t. XVIII, p. 559; 1867).
Id. var. Eosphorite (0,74 Mn 0,25 Fe)		0,7768 0,5150	—	b	c	2 H 54°30'	rouge					E. Dana et Brush (*Amer. J. of Sc.*, t. XVI, p. 35; 1878).
Chondrodite. $Mg^8(OH.Fl)^4(SiO^4)^3$ (de Tilly Foster).	M	1,0803 1,5719 $\beta = 90°0'$	-+	b	c 115°52'	2 H 88°48'	rouge					E. Dana (*Trans. of Connect. Acad.*, t. III (I), p. 94; 1876).
(de Kafveltorp).				b	c 120°	2 H 86°27' 86°38'	rouge bleu	1,639	1,619	1,607	D	Des Cloizeaux (*N. Jahrb. f. Min.*, 1876; p. 643).
Id. brune.				b	c 118°56'	2 H 86°17' 86° 7'	rouge bleu					Sjögren (*Gr. Zeits.*, t. VII, p. 149; 1882) (*axes*). Michel Lévy et Lacroix (*Minér. des roches*, p. 225; 1888) (*indices*).
Id. jaune.						2 H 89°14' 89°21'	rouge bleu					
(de Nordmarken).				b	c 117°30'	2 V 79°40' 79°40' 79°38'	*Li* D *Tl*					Sjögren (*Bull. of Geol. Inst. of Upsala*, t. I, p. 1; 1892).
Christianite. $(CaK^2)Al^2Si^4O^{12}+4H^2O$ (de Nidda).	M	0,709 1,256 $\beta = 124°26'$	+	c 112° 9' 112°47'	b	2 V 64° app.	*Li* D					Fresenius (*Gr. Zeits.*, t. III, p. 47; 1879).
(de Richmond). (de la Somma). (de Marbourg).				c 94°37' c 107°47' c 109°18'	b	2 V 81° app. 69° 8' id. 65°21' id.	rouge id. id.					Des Cloizeaux (*Bull. Soc. Minér.*, t. VI, p. 307; 1883).
Christobalite. SiO^2	Q ps. c.		+						$1,432\left[\dfrac{2O+E}{3}\right]$ $E-O=0,0005$		jaune	Mallard (*Bull. Soc. Minér.*, t. XIII, p. 175; 1890).
Chromite. Cr^2O^4Fe	C								2,0965		?	Thoulet (*Bull. Soc. Minér.*, t. II, p. 34; 1879).
Chrysotile. $H^2Mg^3(SiO^4)^2+H^2O$	O	?	+	c	?	2 E 16°30' $\rho = \upsilon$						Reusch (*Pogg. Ann.*, t. CXXVII, p. 166; 1866).
Cinabre. HgS	R	1,145	+					3,142		2,816	*Li*	Des Cloizeaux (*Ann. du Bur. des Longit.*; 1868).

NOM ET FORMULE.	SYSTÈME cristallin.	PARAMÈTRES.	SIGNE OPTIQUE.	BISSECTRICES aiguë.	BISSECTRICES obtuse.	ANGLE des axes.	RAIE ou couleur.	n_g	n_m	n_p	RAIE ou couleur.	OBSERVATEURS.
Claudétite. As²O³ (de Schmöllnitz).	M	0,4040 0,3445 β = 93°57'	+	c 5½	c 95½	2 H 66°14' 65°21' [dans l'iod. de méth.]	Li D					Schmidt (*Gr. Zeits.*, t. XIV, p. 575; 1888).
Clinochlore. H⁸(MgFe)⁵(Al FeCr)²Si³O¹⁸	M	0,577 2,277 β = 90°20'	+	12° à 15° avec norm. à la base	102° à 115°	2 V 0° à 55° ρ < υ		1,596	1,588	1,585	D	Michel Lévy et Lacroix (*Minér. des roches*, p. 168; 1888).
(de Zillerthal).				c 7°5'	c 97°5'	2 V 48°30'	jaune		1,583		jaune	Tschermak (*Sitzb. Ak. Wien*, t. XCIX (I), p. 174; 1890).
				2°50'	92°50'	20°0'	id.					
(de Achmatowsk).				7°28'	97°28'	50°45'	rouge		1,580		rouge	
(de Westchester).				7°30'	97°30'	51°31'	jaune		1,583		jaune	
				8°0'	98°0'	53°13'	bleu		1,593		bleu	
								1,5955	1,5864	1,5863	D	Zimányi (*Gr. Zeits.*, t. XXII, p. 352; 1894).
Clinohumite. Mg⁵Si²(O Fl²)⁹	M	β = 90° env.	+	b	c 99° (env.)							Michel Lévy et Lacroix (*Minér. des roches*, p. 225; 1888).
(de Nordmarken).						2 V 76°29' 76°27' 76°24'	Li D Tl					Sjögren (*Bull. of geol. Inst. of Upsala*, t. I, p. 1; 1892).

Clintonite. *Voir* Seybertite.

NOM ET FORMULE.	SYSTÈME cristallin.	PARAMÈTRES.	SIGNE OPTIQUE.	BISSECTRICES aiguë.	BISSECTRICES obtuse.	ANGLE des axes.	RAIE ou couleur.	n_g	n_m	n_p	RAIE ou couleur.	OBSERVATEURS.
Colemanite. Ca²B⁶O¹¹ + 5H²O	M	0,7769 0,5416 β = 110°17'	+	c 82°43'	b	2 V 55°20' ρ > υ		1,60978 1,61100 1,61398 1,61762 1,61836 1,62044	1,58807 1,58922 1,59202 1,59531 1,59601 1,59810	1,58230 1,58345 1,58626 1,58952 1,59017 1,59214	B C D E b₁ F	Bodewig et vom Rath (*Gr. Zeits.*, t. X, p. 179; 1885) (*axes*). Mülheims (*Gr. Zeits.*, t. XIV, p. 230; 1888) (*indices*).

Comptonite. *Voir* Thomsonite.

NOM ET FORMULE.	SYSTÈME cristallin.	PARAMÈTRES.	SIGNE OPTIQUE.	BISSECTRICES aiguë.	BISSECTRICES obtuse.	ANGLE des axes.	RAIE ou couleur.	n_g	n_m	n_p	RAIE ou couleur.	OBSERVATEURS.
Copiapite. (SO⁴)⁵Fe⁴(OH)² + 18H²O	M	0,4791 0,9759 β = 108°4'	−	c 12°33'	b	2 H₀ 111°36'	D					Linck (*Gr. Zeits.*, t. XV, p. 18; 1889). [*Des Cloizeaux* (*Bull. Soc. Minér.*, t. IV, p. 42; 1881)].
Coquimbite. (SO⁴)³Fe² + 9H²O	H	1,564	+					1,5468 1,5547		1,5376 1,5455	Li D	Arzruni (*Gr. Zeits.*, t. III, p. 522; 1879).
								1,5508 1,5575		1,5469 1,5519	Li D	Linck (*Gr. Zeits.*, t. XV, p. 8; 1889).
Cordiérite. Mg²(Al Fe)⁶Si⁸O²⁸ (de Orijarfvi).	O	0,5871 0,5585	−	c	b	2 V 77°42'	rouge	1,5400	1,5375	1,5337	orangé	Des Cloizeaux (*Man. de Minér.*, t. I, p. 355; 1862).
(de Ceylan).						70°8'	id.	1,543	1,542	1,537	id.	
(de Bodenmais).						83°57'	id.	1,546	1,541	1,535	id.	
(de Haddam).						39°24'	id.	1,5627	1,5615	1,5523	id.	
(?)			+	b	c			1,5438	1,5401	1,5384	D	Pulfrich (*Wied. Ann.*, t. XXX, p. 501; 1887).
(de Hoyazo).			−	c	b	2 V 85°50'	D		1,5438		D	Osann (*Zeits. geol. Ges.*, t. XL, p. 694; 1888).
(de Tvedestrand).								1,539	1,536	1,532	D	Michel Lévy et Lacroix (*Minér. des roches*, p. 172; 1889).

NOM ET FORMULE.	SYSTÈME cristallin.	PARAMÈTRES.	SIGNE OPTIQUE.	BISSECTRICES aiguë.	BISSECTRICES obtuse.	ANGLE des axes.	RAIE ou couleur.	n_g	n_m	n_p	RAIE ou couleur.	OBSERVATEURS.
·(de Ceylan). [*Voir* Table XV pour variation d'indice par la température]								1,59603 1,59695 1,59922 1,60200 1,60404 1,60634	1,59380 1,59466 1,59700 1,59985 1,60177 1,60397	1,58858 1,58946 1,59173 1,59443 1,59640 1,59864 [moy. de 2 prismes, $t = 20°$]	*Li* Cd 1 D Cd 2 Cd 4 Cd 5	OFFRET (*Bull. Soc. Minér.*, t. XIII, p. 625; 1890).
(de Bodenmais).								1,5490	1,5467	1,5433	D	KOCH *in* ROSENBUSCH (*Mikr. Physiog.*, 3ᵉ éd., p. 478; 1892).
Id.								1,5440	1,5400	1,5349	D	ZIMÁNYI (*Gr. Zeits.*, t. XXII, p. 339; 1894).
Corindon. (Saphir) Al²O³ (Rubis)	R	1,364	—					1,7679 1,7674	1,7596 1,7592		rouge rouge	DES CLOIZEAUX [*Ann. des Mines* (5ᵉ s.), t. XIV, p. 354; 1858].
								1,7690	1,7598		D	OSANN *in* ROSENBUSCH (*Mikr. Physiog.*, 3ᵉ éd., p. 385; 1892).
Corundophilite. (H⁴Mg³Si²O⁹) +4(H⁴Mg²Al²SiO⁹)	M	?	+	$c\,8°20'$	$c\,98°20'$	2 V 46°40'			1,583			COOKE (*Amer. J. of Sc.*, t. XLIV, p. 206; 1867).
						2 E 64°59'	rouge					DES CLOIZEAUX (*Sav. étr.*, t. XVIII, p. 638; 1867).

Cotunnite. *Voir* **Chlorure de plomb.**

NOM ET FORMULE.	SYSTÈME cristallin.	PARAMÈTRES.	SIGNE OPTIQUE.	BISSECTRICES aiguë.	BISSECTRICES obtuse.	ANGLE des axes.	RAIE ou couleur.	n_g	n_m	n_p	RAIE ou couleur.	OBSERVATEURS.
Crocidolite. 2 H²O.Na²O.3 FeO.Fe²O³.9 SiO²	M	?	+	$c\,71°$ app.	$c\,161''$ app.	2 E = 95°						LACROIX (*Bull. Soc. Minér.*, t. XIII, p. 12; 1890).
Crocoïse. Cr O⁴ Pb	M	0,960 0,918 $\beta = 102°33'$	+	$c\,17°3'$	$c\,107°3$	2 V 54°3'	D		2,421		D	DES CLOIZEAUX (*Bull. Soc. Minér.*, t. V, p. 103; 1882).
								2,667 2,933			rouge vert	BAERWALD (*Gr. Zeits.*, t. VII, p. 170; 1883).
Cryolite. 6 Na Fl.Al² Fl⁶ [(¹) Tricl. d'après Websky et Des Cloizeaux]	M (¹)	0,966 0,388 $\beta = 90°11'$	+	$c\,136°6'$	b	2 E 58°50' 59°24' 60°10'	rouge jaune vert					KRENNER (*Math. u. Nat. Wiss. Ber. v. Ungarn*, t. I; 1883).
Cumengéite. Pb Cl² + Cu OH² O	Q	1,6469	—					2,026		1,965	vert bleu	MALLARD (*Bull. Soc. Minér.*, t. XVI, p. 189; 1893).
Cuprite. Cu² O	C								2,8489		*Li*	FIZEAU (*C. R.*, t. LX, p. 1161; 1865).
	amorphe								2,534 2,558 2,705 2,816 2,963		B C D E F	WERNICKE (*Pogg. Ann.*, t. CXXXIX, p. 143; 1870).
Cuspidine. (Ca Fl²)(Ca² Si O⁴) (?)	M	0,7150 0,9507 $\beta = 90°21'$		$c\,174°$ (env.)	$c\,84°$	2 E 110° $\rho = v$	D					VOM RATH (*Gr. Zeits.*, t. VIII, p. 44; 1884).
Cymophane. Gl Al² O⁴ (du Brésil).	O	0,580 0,470	+	a	c	2 E 85° $\rho > v$ (variable)		1,7565	1,7484	1,7470	jaune moy.	DES CLOIZEAUX [*Ann. des Mines* (5ᵉ s.), t. XI, p. 319; 1857].

NOM ET FORMULE.	SYSTÈME cristallin.	PARAMÈTRES.	SIGNE OPTIQUE	BISSECTRICES aiguë.	BISSECTRICES obtuse.	ANGLE des axes.	RAIE ou couleur.	n_g	n_m	n_p	RAIE ou couleur.	OBSERVATEURS.
Danburite. $CaB^2Si^2O^8$ [de Russell (N. Y.)].	O	0,5445 0,4808	− − +	b b a	a a b	2V 87°37' 88°23' 89° 4'	Li D Tl		1,634 1,637 1,646		Li D Tl	Brush et E. Dana [Amer. J. of Sc. (3ᵉ s.), t. XX, p. 111; 1880]. [Des Cloizeaux (Bull. Soc. Minér., t. III, p. 195; 1880)].
(de Suisse).			− − − +	b b b a	a a a b	2V 88° 4' 88°29' 89°14' 89°36'	Li D Tl bleu	1,6331 1,6363 1,6393	1,6303 1,6337 1,6366	1,6258 1,6317 1,6356	Li D Tl	Hintze (Gr. Zeits., t. VII, p. 302; 1883).
Datholite. $H^2Ca^2BSiO^{10}$ (d'Andréasberg).	M	1,2655 0,6364 β = 90°9'	−			2V 74°30' 74°22'	rouge jaune	1,6670 1,6700	1,6510 1,6535	1,6248 1,6260	rouge jaune	Des Cloizeaux (Man. de Minér., t. I, p. 170; 1862).
Id.				c 177° 3' 177° 1' 176°57'	c 87° 3' 87° 1' 86°57'	2V 74°36' 74°19' 74° 3'	Li D Tl		1,6460 1,6499 1,6545		Li D Tl	Luedecke (Zeitsch. Naturwiss, t. LXI, p. 393; 1888).
(Serra dei Zanchetti).				c 179°19' 179° 9' 178°57'	c 89°19' 89° 9' 88°57'	2V 74°39' 74°21'	Li D Tl	1,6659 1,6694	1,6492 1,6527	1,6214 1,6246	Li D	Brugnatelli (Gr. Zeits., t. XIII, p. 159; 1888). [Osann (Gr. Zeits., t. XXIV; 1895)].
Davyne. $(Na^2CaK^2)Al^2O^4.Si^2O^4 + \frac{1}{3}CO^3Ca$	H	0,836	+					1,519	1,515		D	Des Cloizeaux in Bertrand (Bull. Soc. Minér., t. V, p. 141; 1882).
Descloizite. $VO^4(PbOH)Pb$	O	0,8463 0,8204	−	c	a	2H 97° ρ > υ	blanc					Des Cloizeaux (Man. de Minér., t. II, p. 278; 1893).
Diadelphite. $(AlFeMn)^2O^6(AsO)^2 + 8H^2O^2Mn$	R	0,8885	−						1,723 1,740		rouge bleu	Sjören (Gr. Zeits., t. X, p. 142; 1885).
Diallage. Voir **Pyroxènes.**												
Diallogite. CO^3Mn (7 pour 100 CO^3Fe) de Biersdorf.	R	0,818	−							1,53732	D	Ortloff (Zeits. f. physik. Ch., t. XIX, p. 216; 1896).
Diamant. C	C								2,4135 2,4195 2,4278 [t = 20°]		rouge jaune vert	Des Cloizeaux (Sav. étr., t. XVIII, p. 517; 1867). [Baille (Ann. du Conserv., t. VII; 1867)].
									2,40845 2,41723 2,42549		Li D Tl	Schrauf (Wied. Ann., t. XXII, p. 424; 1884). [Id. Sitzb. Ak. Wien., t. XLI].
									(I). 2,40245 2,40735 2,41000 2,41734 2,42694 2,43539 2,45141 2,46476 [t = 16°]	(II). 2,4024 2,4076 2,4103 2,4175 2,4269 2,4354 2,4513 2,4592 2,4652	A B C D E F G g H	(I) Walter (Wied. Ann., t. XLII, p. 510; 1891). (II) Wülfing (Tsch. Mittheil., t. XV, p. 62; 1895).
Diaspore. $Al^2O^3 + H^2O$	O	0,927 0,604	+	a	c	2V = 84° 8' 84°20' 85° 8'	rouge jaune bleu		1,719 1,722 1,729		rouge jaune bleu	Des Cloizeaux (Sav. étr., t. XVIII, p. 565; 1867).
								1,750	1,722	1,702	D	Michel Lévy et Lacroix (Min. des roches, p. 178; 1888).

NOM ET FORMULE.	SYSTÈME cristallin.	PARAMÈTRES.	SIGNE OPTIQUE.	DISSECTRICES aiguë.	DISSECTRICES obtuse.	ANGLE des axes.	RAIE ou couleur.	n_g	n_m	n_p	RAIE ou couleur.	OBSERVATEURS.
Dietzéite. $7(IO^3)^2Ca + 8CrO^4Ca$	M	1,3826 0,9515 $\beta = 106°32'$	+	c 90° environ	c 0°	2H 87° à 88° (dans le verre) $\rho < \upsilon$						Osann (*Gr. Zeits.*, t. XXIII, p. 589; 1894).
Diopside. Voir Pyroxènes.												
Dioptase. $SiO^3Cu + H^2O$ (des Kirghis).	R	1,056	+					1,723	1,667		vert	Des Cloizeaux [*Ann. des Mines* (5° s.), t. XI, p. 299; 1857].
(du Congo).	O ps. R					2E variable de 0° à 25°		1,697 1,7105	1,644 1,653		D vert	Lacroix (*C. R.*, t. CXIV, p. 1384; 1892).
Dipyre. $(Na^2Ca)^3Al^4Si^9O^{21}$ (de Pouzac).	Q	0,439	−						1,558	1,543	rouge	Des Cloizeaux (*Man. de Minér.*, t. I, p. 227; 1862).
									1,5545	1,5417	D	Lattermann *in* Rosenbusch [*Mikr. Physiog.* (3° éd.), p. 360; 1892].
[de Pierrepont (N. Y.)].									1,562	1,546	D	Lacroix (*Bull. Soc. Minér.*, t. XII, p. 357; 1889).
Disthène. Al^2SiO^5	T	0,916 0,710 $\alpha = 90°0'$ $\beta = 100°48'$ $\gamma = 106°23'$	−	à très peu près p. p. à m (110) [plan des axes fait 30° avec l'arète ml et 60°15' avec l'arète mp]		2V 82°30' (env.)	rouge	1,728	1,720	1,712	D	Des Cloizeaux (*Man. de Minér.*, t. I, p.186; 1862) (axes). Michel Lévy et Lacroix (*Minér. des roches*, p. 178; 1888) (indices). [Korn (*Gr. Zeits.*, t. VII, p. 595; 1883).]
						82°10'	D	1,7290	1,7222	1,7171	D	Wülfing *in* Rosenbusch [*Mikr. Physiog.*, 3° éd., p. 684; 1892].
Dolomie. $(CO^3)^2CaMg$ (de Traverselle). 1 Ca, 0,975 Mg, 0,023 [Fe.Mn]	R	0,832	−					1,68174	1,50256 [$t = 17°$]		D	Fizeau *in* Des Cloizeaux (*Man. de Minér.*, t. II, p. 131; 1874).
(de Zillerthal). 1 Ca, 0,89 Mg, 0,02 à 3 [Fe.Mn]								1,66708	1,50606 [$t = 19°$]		D	Danker (*N. Jahrb. f. M.*, 1885; Beil.-B. IV, p. 285).
id. ferrifère (Brossite) (de Traverselle). 1 Ca, 0,84 Mg, 0,16 Fe								1,68716 1,69203 1,69645	1,50747 1,50951 1,51153 [$t = 20°,6$]		Li D Tl	Born (*N. Jahrb. f. M.*, 1887; Beil.-B. V, p. 5).
id. 1 Ca, 0,84 Mg, 0,20 Fe								1,69138 1,69641 1,70088	1,50964 1,51185 1,51394 [$t = 21°,3$]		Li D Tl	
Dumortiérite. $Al^8Si^3O^{18}.AlB^2O^6.2H^2O$ (de Tvedestrand).	O	0,5317 ?	−	c	a	2V30° $\rho > \upsilon$						Michel Lévy et Lacroix (*Min. des roches*, p. 180; 1888).
Durangite. $(NaLi)^2(AlFe)^2As^2O^9(?)$ (avec fluor)	M	0,7716 0,9487 $\beta = 115°13'$	− c 154°53'	b		2H 80°53' 80°49'	rouge jaune					Des Cloizeaux [*Ann. de Ch. et Phys.* (5° s.), t. IV, p. 401; 1875].
Édingtonite. $BaAl^2Si^3O^{10} + 3H^2O$	O	0,9872 0,6733	−	c	a	2E86° 5' 87°17' 88°	Li D Tl	1,5511 1,5540 1,5566	1,5466 1,5492 1,5522	1,5352 1,5382 1,5410 (Moy.)	Li D Tl	Nordenskiold (*Geol. Fören. i Stockholm Förhandl.*, t. XVII, p. 597; 1895).
Éléolite. Voir Néphéline.												
Émeraude. $Gl^3Al^2Si^6O^{18}$ (Béryl) (*Voir* la suite au verso.)	H (An. opt.)	0,4988	−					1,57513	1,57068		vert	Heusser (*Pogg. Ann.*, t. LXXXVII, p. 454; 1852).

NOM ET FORMULE.	SYSTÈME cristallin.	PARAMÈTRES.	SIGNE OPTIQUE.	BISSECTRICES aiguë.	BISSECTRICES obtuse.	ANGLE des axes.	RAIE ou couleur.	n_g	n_m	n_p	RAIE ou couleur.	OBSERVATEURS.
Em. très pure (de Muso).								1,5841		1,5780	vert	Des Cloizeaux (Ann. des Mines (5ᵉ s.), t. XI, p. 302; 1857).
id. moins belle.								1,5796		1,5738	id.	
B. incolore (de l'Île d'Elbe).								1,5771		1,5720	id.	
id. un peu rosé.								1,5775		1,5721	id.	
Aigue marine (de Sibérie).								1,5820		1,5765	id.	
Bér. pr. incol. (de Nertschink).								1,5663		1,5617	B	Schrauf (Sitz. Ak. Wien, t. XLII, p. 117; 1860).
								1,5703		1,5659	D	
								1,5743		1,5697	E	
Bér. jaune (de l'Île d'Elbe).								1,5703		1,5715	B	
								1,5734		1,5757	D	
								1,5771		1,5798	E	
Bér. bleu verdâtre (du Brésil).								1,5776		1,5715	B	
								1,5821		1,5757	D	
								1,5866		1,5798	E	
Bér. incolore.								1,5725		1,5678	D	Kohlrausch (Wied. Ann., t. IV, p. 29; 1878).
									($t = 24°$)			
Bér. vert bleuâtre.								1,5804		1,5746	D	
									($t = 23°$)			
Aigue marine.								1,58620		1,57910	Li	Dufet (Bull. Soc. Minér., t. VIII, p. 262; 1885).
								1,58935		1,58211	D	
								1,59210		1,58485	Tl	
Bér. (de Nertschink).								1,57194		1,56739	D	Danker (N. Jahrb. f. M. 1885, Beil.-B., IV, p. 241).
Béryl incolore.								1,57098		1,56605	Li	Offret (Bull. Soc. Minér., t. XIII, p. 563; 1890).
								1,57183		1,56690	Cd 1	
								1,57404		1,56903	D	
								1,57657		1,57150	Cd 2	
								1,57840		1,57332	Cd 4	
								1,58045		1,57535	Cd 5	
									($t = 20°$)			
Bér. incolore (de la Villeder).								1,5785		1,5735	D	Lacroix (Minér. de la France, t. II, p. 19; 1896).
Bér. rose (de Madagascar).								1,5825		1,5761	D	
Énigmatite. $2Na^2O.9FeO$ $AlFeO^6.12(SiTi)O^2$	T	0,6778 0,7506 α = 90° β = 107°11' γ = 90°	+	c 45° ap. [Angle d'extinction sur h¹ (100) 3°46' avec c; sur g¹(010) 44°57 avec c].	//	2 E 60°						Brögger (Gr. Zeits., t. XVI, p. 423; 1890).
Enstatite. *Voir* **Pyroxènes.**												
Eosphorite. *Voir* **Childrénite.**												
Épididymite. Si^3O^7GlNaH	O	0,5758 0,5340	—	b	a	2 V 31°(app.)		1,5688	1,5685	1,5645	D	Flink (Gr. Zeits., t. XXIII, p. 357; 1894).
Épidote. $H^2Ca^4(Al^2Fe^2)^3Si^6O^{26}$ (Caroline du Nord).	M	1,581 1,806 β = 115°24'	—	c 177°40' c 178°20' 178°40'	c' 87°40' 88°20' 88°40'	2 V 75°46'	rouge vert bleu		1,748		rouge	Des Cloizeaux (Man. de Min., t. I, p. 248; 1861 et Sav. étr., t. XVIII, p. 641; 1868).
(de Suisse).			—			2 V 87°49'	rouge		1,720		rouge	
(de Sulzbachthal). (14 pour 100 Fe^2O^3). (*Voir* la suite au verso.)			—	c 177° 4' 177°34'	87° 4' 87°34'	2 V 73°36' 73°26' 73°13'	rouge jaune vert	1,7677	1,7541 1,7570 1,7621	1,7305	rouge jaune vert	Klein (N. Jahrb. f. Min., 1874; p. 1).

NOM ET FORMULE.	SYSTÈME cristallin.	PARAMÈTRES.	SIGNE OPTIQUE.	BISSECTRICES aiguë.	BISSECTRICES obtuse.	ANGLE des axes.	RAIE ou couleur.	n_g	n_m	n_p	RAIE ou couleur.	OBSERVATEURS.
[de Mortigliano (I. d'Elbe)]. [de Patresi (Id.)].			−	c 3° à 5° c 3° à 4°	c 93° à 95° c 93° à 94°	2 V 73°58' 77°54'	D		1,7527 1,7435		D	Artini (*Mem. dei Lincei*, t. IV (4ª s.), p. 396; 1887).
verte (de Zillerthal) (6,97 pour 100 F^2O^3).			−	c 179°30'	c 89°30'	2 V 87°46'	D	1,7344	1,7245	1,720	D	Forbes [*Amer. J. of. Sc.* (4ª s.), t. I, p. 26; 1896].
[de Huntington (Mass.)] (5,67 pour 100 Fe^2O^3).			+	c 91°51' 92° 9' 92°12'	c 1°51' 2° 9' 2°12	2 V 89°28'	Li D Tl	1,724	1,716	1,714	D	
rouge (de Rothenkopf) (3,52 pour 100 Fe^2O^3).			−	c 0°	c 90°	2 V 90° 89°16' 88°	Li D Tl	1,7343	1,7291	1,7238	D	Weinschenk (*Gr. Zeits.*, t. XXVI, p. 165; 1896).
incolore (de Goslerwand) (*Clinozoïsite*) (1,68 pour 100 Fe^2O^3).			+	c 92°	c 2°	2 V 80°50' 81°40' 83°	Li D Tl	1,7232	1,7195	1,7176		*Id.*, p. 169. [*Id.*, p. 544].

Epidote manganésifère. *Voir* **Piémontite.**

NOM ET FORMULE.	SYSTÈME cristallin.	PARAMÈTRES.	SIGNE OPTIQUE.	BISSECTRICES aiguë.	BISSECTRICES obtuse.	ANGLE des axes.	RAIE ou couleur.	n_g	n_m	n_p	RAIE ou couleur.	OBSERVATEURS.
Epistilbite. $CaAl^2Si^6O^{16}+5H^2O$ (d'Islande).	M	0,5043 0,5801 β = 125°7'	−	c 98°37' 99°23' 100°12'	c 8°37' 9°27' 10°12'	2 E 73°30' 75°35' 76°40'	Li D Tl	1,512	1,510	1,520	rouge	Fenne [*N. Jahrb. f. Min.*, 1880 (I); p. 43]. [*Des Cloizeaux* (*Bull. Soc. Minér.*, t. II; 1879)].
[de Hartlepool (Angleterre)].				98°40'	8°40'	2 E 69°12' 70°45' 71°55'	Li D Tl					Henniges *in* Trechmann [*N. Jahrb. f. Min.*, 1882, (II); p. 260].
Erythrine. $H^{10}Co^3As^2O^{16}$	M	1,132 0,8685 β = 124°51'	−	b	149°24'5" 148°44'5"	2 Ha 104° environ. ρ < υ	rouge bleu					Des Cloizeaux (*Sav. étr.*, t. XVIII, p. 642; 1868).

Essonite. *Voir* **Grenats (I).**

NOM ET FORMULE.	SYSTÈME cristallin.	PARAMÈTRES.	SIGNE OPTIQUE.	BISSECTRICES aiguë.	BISSECTRICES obtuse.	ANGLE des axes.	RAIE ou couleur.	n_g	n_m	n_p	RAIE ou couleur.	OBSERVATEURS.
Euchroïte. $(CuOH)CuAsO^4+6H^2O$	O	0,6088 1,0379	+	c	b	2 E 61°11'						Des Cloizeaux (*Sav. étr.*, t. XVIII, p. 568; 1868).
Euclase. $H^2Gl^2Al^2Si^2O^{10}$	M	0,3237 0,3331 β = 100°16'	+	c 40°32' (*)	c 130°32'	2 E 88°47' 88° 7'	rouge bleu	1,6710	1,6553	1,6520	jaune	Des Cloizeaux (*Man. de Minér.*, t. I, p. 482; 1862.) [*Bull. Soc. Minér.*, t. V, p. 317; 1882 (*)].
Eucolyte. $Na^2(CaFe)^2(SiZr)^6O^{15}$	R	2,0966	−						1,622 1,6205	1,618 1,6178	D jaune moy.	Michel Lévy et Lacroix (*Min. des roches*, p. 187; 1888). Brögger [*Gr. Zeits.*, t. XVI (2ª P.), p. 501; 1890].
Eudialyte. $N^2(CaFe)^2(SiZr)^6O^{16}$ (du Groenland).	R	2,11	+					1,6060 1,6102 1,6142	1,6042 1,6084 1,6120		Li D Tl	Wülfing *in* Rosenbusch [*Mikr. Physiog.* (3ª éd.), p. 423; 1892].
(de la presqu'île Kola).								1,6105 1,6129	1,6085 1,6114		rouge D	Ramsay (*N. Jahrb. f. Min.*, 1892; Boil.-B. VIII, p. 722).
Eudidymite. Si^3O^9GlNaH	M	1,7107 1,1071 β = 93°45',5	+	c 121°30'	c 31°30'	2 V 30°23',5 29°19' 28°30'	Li D Tl	1,54971 1,55085 1,55336	1,54479 1,54568 1,54799	1,54444 1,54533 1,54763	verre rouge D Tl	Brögger (*Nyt. Mag. for Naturwid.*, t. XXXI, p. 196; 1887).

Fayalite. *Voir* **Péridots.**

NOM ET FORMULE.	SYSTÈME cristallin.	PARAMÈTRES.	SIGNE OPTIQUE.	BISSECTRICES aiguë.	BISSECTRICES obtuse.	ANGLE des axes.	RAIE ou couleur.	n_g	n_m	n_p	RAIE ou couleur.	OBSERVATEURS.
Feldspaths. I. *Orthoclases.* A. — Orthose. $K^2Al^2Si^6O^{16}$ Adulaire (du St-Gothard).	M	0,659 0,556 β = 116°7'	−	c 110°49' c 110°24'	b b	2 E 120°22' 120°12' 118°37'	rouge jaune bleu	1,5260	1,5237	1,5190	jaune	Des Cloizeaux (*Man. de Min.*, t. I, p. 330; 1862.) [*Heusser* (*Pogg. Ann.*, t. XCI; 1854)].
Adulaire (?). (*Voir* la suite au verso.)						2 E 120°42' 119°46' 118°18'	rouge jaune bleu	1,5243	1,5223	1,5181	jaune	

NOM ET FORMULE.	SYSTÈME cristallin.	PARAMÈTRES.	SIGNE OPTIQUE.	BISSECTRICES aiguë.	BISSECTRICES obtuse.	ANGLE des axes.	RAIE ou couleur.	n_g	n_m	n_p	RAIE ou couleur.	OBSERVATEURS.
d. (du Saint-Gothard).						2 E 106° 7'	D	1,5246	1,5230	1,5192	D	F. Kohlrausch (*Wied., Ann.*, t. IV, p. 30; 1878).
Ad. (de Zillerthal).								1,5253	1,5233	1,5195	D	Zimányi (*Gr. Zeits.*, t. XXII, p. 348; 1894).
Sanidine [de Rockeskyll (Eifel)].				c 110°43' 110°34' 110°16' 109°52'	b	2 E 42°16' 41° 3' 39° 1' 35°50'	rouge jaune vert bleu	1,5239 1,5267 1,5298 1,5349			rouge jaune vert bleu	Heusser (*Pogg. Ann.*, t. XCI, p. 517; 1854).
Id.				c 110°43' (admis).	c 20°43'	2 E 28°48' 30°46' 33°26' 36°14'	rouge jaune vert bleu					
an. [de Wehr (Eifel)].				c 111°50' 111°22'	b c 21°22'	2 E 17° 22° ($t = 18°$)	rouge bleu	1,5240 1,5356	1,5239 1,5355	1,5170 1,5265 ($t = 18°$)	rouge bleu	Des Cloizeaux (*Man. de Min.*, t. I, p. 332; 1862).
San. (de l'Eifel).						2 E 41°6'	D	1,5253	1,5250	1,5206	D	F. Kohlrausch (*loc. cit.*).
San. [de Wehr (Eifel)].				c 111° (admis)	b c 21°		rouge bleu	$\frac{1}{2}(n_g + n_m)$. 1,5210 1,5220 1,5244 1,5275 1,5281 1,5301	1,51667 1,51746 1,51984 1,52295 1,52354 1,52556		B C D E b F	Mülheims (*Gr. Zeits.*, t. XIV, p. 234; 1888).
San. [de Duckweiler (Eifel)].					b			1,52212 1,52296 1,52500 1,52744 1,52925 1,53127	1,52200 1,52283 1,52486 1,52726 1,52904 1,53107	1,51752 1,51837 1,52033 1,52270 1,52446 1,52645	Li Cd 1 D Cd 2 Cd 4 Cd 5 ($t = 22°$)	Offret (*Bull. Soc. Min.*, t. XIII, p. 635; 1890).
San. [de M^te Amiata (Toscane)].					c 21°	2 H 24°15' 25°38' 26°53'	Li D Tl					Francis Williams (*N. Jahrb. f. Min.*, 1887, Beil.-B. V, p. 381).
Orthose commune.								1,5253	1,5224	1,5189	D	Zimányi (*loc. cit.*).
B. — Microcline. $K^2Al^2Si^6O^{16}$ [de Narestö (Norvège)].	T	0,65 0,55 $\alpha = 90°3'$ $\beta = 116°$ $\gamma = 90°$env.	—	84° avec norm. à (001). 31° avec norm. à (100). 106° avec norm. à (010).	82° avec norm. à (001). 73° avec norm. à (100). 17° avec norm. à (010).	2 V 83° app.		1,529	1,526	1,523	D	Michel Lévy et Lacroix (*Minér. des roches*, p. 195; 1888).
(de Gasern).						2 V 83°41'	D	1,5295	1,5264	1,5224	D	Sauer et Ussino (*Gr. Zeits.*, t. XVIII, p. 195; 1891).
C. — Anorthose. $Na^2Al^2Si^6O^{16}$ [de Quatre Ribeyras (Terceira)].	T	0,636 0,548 $\alpha = 90°6'$ $\beta = 116°28'$ $\gamma = 89°43'$	—	c 107°	presque parallèle à b.	2 V 45°38' $\rho > v$	D	1,5286 1,5305	1,5274 1,5294	1,5213 1,5234	rouge D	Fouqué (*Bull. Soc. Minér.*, t. VI, p. 197; 1883). [Förstner (*Gr. Z.*, t. VIII, p. 125; 1884)].
[de Grande Caldeira (Terceira)].						2 V 42°56' $\rho > v$	D	1,5293 1,5314	1,5285 1,5306	1,5230 1,5250	rouge D	Id. (*Id.*, t. XVII, pp. 402 et 400; 1894.
[de Castello-branco (Fayal)].						2 V 49°	D	1,5260 1,5289	1,5251 1,5281	1,5187 1,5224	rouge D	
[de Vidalenc (Mont-Dore)]. 0,68 Na 0,32 K.				Id.	Id.	2 V 32°8'	D	1,5249 1,5272	1,5241 1,5266	1,5188 1,5215	rouge D	Id. (*Id.*, p. 416).

NOM ET FORMULE.	SYSTÈME cristallin.	PARAMÈTRES.	SIGNE OPTIQUE.	BISSECTRICES aiguë.	BISSECTRICES obtuse.	ANGLE des axes.	RAIE ou couleur.	n_g.	n_m.	n_p.	RAIE ou couleur.	OBSERVATEURS.
II. *Plagioclases.*												
A. — Albite. $Na^2Al^2Si^6O^{16}$ (du Tyrol).	T	0,633 0,558 $\alpha = 94°\ 4'$ $\beta = 116°28'$ $\gamma = 88°\ 8'$	+	101° à 102° avec norm. à (001).	70° avec norm. à (001).	2 V 78° 20'	rouge		1,537		rouge	Des Cloizeaux (*Man. d. Minér.*, t. I, p. 323; 1862).
[de Narestö (Norwége)].				15° avec norm. à (010).	89° avec norm. à (010).			1,540	1,534	1,532	D	Michel Lévy et Lacroix (*Minér. des roches*, p. 205; 1888).
[de Schmirn (Tyrol)].				65° avec norm. à (110).				1,5392	1,5331	1,5287	D	Zimányi (*Gr. Zeits.*, t. XXII, p. 352; 1894).
B. — Oligoclase. (de Bamle).	T	0,632 0,553 $\alpha = 93°\ 4'$ $\beta = 116°28'$ $\gamma = 90°\ 4'$	—	presque parall. à (010).	0° à 10° avec norm. à (010).	2 V 88° à 90° ρ > v.		1,542	1,538	1,534	D	Michel Lévy et Lacroix (*Minér. des roches*, p.206; 1888).
(de Bakersville). $4(Na^2Al^2Si^6O^{16}) + 2(CaAl^2Si^2O^8)$.					86° à 80° avec norm. à (001).	2 V 88° 46' 88° 36' 88° 16' 88° 14' 88° 22' 88° 42' (calculé)	Li Cd 1 D Cd 2 Cd 4 Cd 5	1,5438 1,5447 1,5469 1,5495 1,5514 1,5535	1,5400 1,5409 1,5431 1,5456 1,5475 1,5496 (t=20°)	1,5359 1,5367 1,5389 1,5413 1,5432 1,5453	Li Cd 1 D Cd 2 Cd 4 Cd 5	Offret (*Bull. Soc. Minér.*, t. XIII, p. 648; 1890).
(du Mexique?). $5(Na^2Al^2Si^6O^{16}) + 2(CaAl^2Si^2O^8)$						2 V = 90°		1,5436 1,5457	1,5399 1,5415	1,5358 1,5373	rouge D	Fouqué (*Bull. Soc. Minér.*, t. XVII, p. 372; 1894).
C. — Oligoclase-Andésine. $5(Na^2Al^2Si^6O^{16}) + 4(CaAl^2Si^2O^8)$ (de Salem).	T		—	presque parall. à l'axe a.	14° avec norm. à (010). — 72° avec norm. à (001).	2 V 88° ½	rouge					Des Cloizeaux (*Bull. Soc. Minér.*, t. VII, p. 328; 1884).
D. — Andésine. (De Roche-Sauve.) $Na^2Al^2Si^6O^{16} + CaAl^2Si^2O^8$	T		+	18° avec norm. à (010). — 68° avec norm. à (001).	presque parall. à a.	2 V 88° à 89°		1,556	1,553	1,549	D	Michel Lévy et Lacroix (*Minér. des roches*, p. 208; 1888).
E. — Labradorite. (du Labrador).	T	0,619 0,539 $\alpha = 92°38'$ $\beta = 115°35'$ $\gamma = 90°4'$	+	56° avec norm. à (001)	106° avec norm. à (001)			1,562	1,557	1,554	D	Id., p. 210.
[de Santa-Lucia (Açores)]. I $Na^2Al^2Si^6O^{16}$ II $+ 2(CaAl^2Si^2O^8)$. III				31° avec norm. à (010) — 44° avec norm. à (110)	83° avec norm. à (010)	2 V 77° 30' 77° 38' 78"	D D D	1,5634 1,5601 1,5631 1,5631	1,5589 1,5555 1,5583 1,5582	1,5545 1,5528 1,5556 1,5562	D rouge D D	Fouqué (*Bull. Soc. Minér.*, t. XVII, pp. 337, 341, 344 et 349).
(de Roche-Sauve).						2 V 81° (env.)	D	1,5625	1,5578	1,5548	D	
F. — Labrador-Bytownite. $0,75(Na^2Al^2Si^6O^{16}) + 2(CaAl^2Si^2O^8)$. [de Capello (Fayal)].	T		+	50° avec norm. à (001) — 36° avec norm. à (010)	114° avec norm. à (001) — 71° avec norm. à (010)	2 V 77° ρ > v	D	1,5657 1,5689	1,5607 1,5639	1,5578 1,5611	rouge D	Id., pp. 327 et 331.
$0,67(Na^2Al^2Si^6O^{16}) + 2(CaAl^2Si^2O^8)$. [de Vellas (île St-Jorge)].						2 V 76° 16'	D	1,5647 1,5677	1,5602 1,5628	1,5567 1,5597	rouge D	

NOM ET FORMULE.	SYSTÈME cristallin.	PARAMÈTRES.	SIGNE OPTIQUE.	BISSECTRICES		ANGLE des axes.	RAIE ou couleur.	INDICES PRINCIPAUX.			RAIE ou couleur.	OBSERVATEURS.
				aiguë.	obtuse.			$n_g.$	$n_m.$	$n_p.$		
G. — Anorthite. $2(CaAl^2Si^2O^8)$ (de la Somma).	T	0,635 0,550 $\alpha = 93°13'$ $\beta = 115°55'$ $\gamma = 88°48'$	—	127° avec norm. à (001)	35° avec norm. à (001)	2 V 77° 18' $\rho < \upsilon$	D	1,5884	1,5837	1,5757	D	$Id.$, p. 311.
(de l'Etna).				58° avec norm. à (010)	50° avec norm. à (010)	77° 55'	D					$Id.$, p. 322.
(de St-Clément).				63° avec norm. à (110)	44° avec norm. à (110)			1,586	1,581	1,574	D	Michel Lévy et Lacroix, ($C. R.$, t. CXI, p. 846; 1890).
Ferronatrite. $(SO^4Na^2)^3(SO^4)^3Fe^2 + 6H^2O$	R	0,5528	+					1,613	1,558		D	Penfield [$Amer. J. of Sc.$ (3e s.), t. XL, p. 202; 1890].
Fischérite. $Al^4P^2O^{11} + 8H^2O$	O	0,595 ?	+	c	b	2 E 106° 45' 106° 18'	rouge jaune		1,556 1,557		rouge jaune	Des Cloizeaux [$Verh. Min. Ges. S^t$-$Pétersb.$ (2e s.), t. XI, p. 32; 1876].
Fluellite. $Al^2Fl^6 + 2H^2O$	O	0,7700 1,8776		c	b	2 E 100° (app.)						Groth ($Gr. Zeits.$, t. VII, p. 484; 1883).

Fluorine. *Voir* **Table XI** (III), p. 436.

Forstérite. *Voir* **Péridots.**

NOM ET FORMULE.	SYSTÈME cristallin.	PARAMÈTRES.	SIGNE OPTIQUE.	BISSECTRICES		ANGLE des axes.	RAIE ou couleur.	INDICES PRINCIPAUX.			RAIE ou couleur.	OBSERVATEURS.
				aiguë.	obtuse.			$n_g.$	$n_m.$	$n_p.$		
Gadolinite. $(Y Ce La Di Gl Fe)^3 Si O^5$	M	0,6273 1,3215 $\beta = 90°34'$	+	c 4°	c 94°	2 V 85° 28' $\rho < \upsilon$	D					Eichstädt ($Bib.$ $till$ $k.$ $Sv.$ $Vet.$ $Akad.$ $Förhandl.$, t. X, n° 18; 1885]. [Des Cloizeaux ($Ann.$ de $Ch.$ et de $Phys.$ (4e s.), t. XVIII; 1866].
Gahnite. $Zn Al^2 O^4$	C								1,765			Rosenbusch ($Mikr.$ Phy-$siog.$, 3e éd., p. 291; 1892).
Ganophyllite. $8SiO^2(Al^2O^3)^7MnO + 6H^2O$	M	0,413 1,831 $\beta = 93°21'$	—	c 3°21'	b	2 V 23° 36' 23° 52'	Li D	1,7264 1,7298	1,7250 1,7287	1,6941 1,7046	Li D	Hamberg ($Geol.$ $Fören.$ $Förhandl.$, t. XII, p. 586; 1890).

Gastaldite. *Voir* **Glaucophane.**

NOM ET FORMULE.	SYSTÈME cristallin.	PARAMÈTRES.	SIGNE OPTIQUE.	BISSECTRICES		ANGLE des axes.	RAIE ou couleur.	INDICES PRINCIPAUX.			RAIE ou couleur.	OBSERVATEURS.
				aiguë.	obtuse.			$n_g.$	$n_m.$	$n_p.$		
Gay-Lussite. $(CO^3)^2Na^2Ca + 5H^2O$	M	1,4897 1,4442 $\beta = 101°33'$	—	b	c 165° 12' 166° 52'	2 E 51° 38' 52° 53' ($t = 17°$)	rouge bleu					Des Cloizeaux ($Man.$ de $Minér.$, t. II, p. 172; 1874).
						51° 25' 52° 19' 52° 58'	Li D Tl					Arzruni ($Gr. Zeits.$, t. VI, p. 30; 1882).
(de Californie).				b	c 164° 8' 165° 8'	2 E 51° 26' 52° 8' 52° 48' ($t = 26°$)	Li D Tl	1,5233	1,5156	1,4435	D	Pratt [$Amer. J. of Sc.$ (4e s.), t. II, p. 132; 1896].

Gédrite. *Voir* **Amphiboles I** (B).

NOM ET FORMULE.	SYSTÈME cristallin.	PARAMÈTRES.	SIGNE OPTIQUE.	BISSECTRICES		ANGLE des axes.	RAIE ou couleur.	INDICES PRINCIPAUX.			RAIE ou couleur.	OBSERVATEURS.
				aiguë.	obtuse.			$n_g.$	$n_m.$	$n_p.$		
Gehlénite. $Ca^3Al^2Si^2O^{10}$	Q	0,400	—					1,663	1,658		D	Michel Lévy et Lacroix ($Minér.$ des $roches$, p. 215; 1888).
Gehrardtite. $4(AzO^3)^2Cu + 3H^2O$	O	0,9217 1,1562	—	c	a	2 H 76° 20' 85° 4'' $n_{II} = 1,703$ 1,722	jaune vert jaune vert				D	Wells et Penfield [$Amer.$ $J. of Sc.$ (3e s.), t. XXX, p. 50; 1885].

Gibbsite. *Voir* **Hydrargillite.**

NOM ET FORMULE	SYSTÈME cristallin	PARAMÈTRES	SIGNE OPTIQUE	BISSECTRICES aiguë	BISSECTRICES obtuse	ANGLE des axes	RAIE ou couleur	n_g	n_m	n_p	RAIE ou couleur	OBSERVATEURS
Giobertite. CO^3Mg	R	0,803	—					1,717		1,515	D	MALLARD (*Bull. Soc.Minér.*, t. XI, p. 302; 1888).
Gismondine. $CaAl^2Si^4O^{12} + 4H^2O$	M ps. Q	0,96 0,96 β = 90° (app.)	—	b	c 90° (app.)	2V 82°11' 82°43' 83°19'	Li D Tl		1,5348 1,5385 1,5409		Li D Tl	RINNE (*Sitzb. Akad. Berl.*, p. 1027; 1889). [*Des Cloizeaux* (*Bull. Soc. Minér.*, t. VII, p. 135; 1884)].
Glasérite. $(SO^4K^2)^3SO^4Na^2$	H	1,2879	+					1,4993	1,4907		D	BÜCKING (*Gr. Zeits.*, t. XV, p. 561; 1889).
Glaubérite. $(SO^4)^2CaNa^2$ [*Voir* Table XV, pour variation d'angle des axes.]	M	1,220 1,028 β = 112°11'	—	c 31°4' 30°47' 30°40' 30°11'	b b b ″	2E 14°20' 12°0' 9°30' 0°0' (t = 17°,8')	Li D Tl bleu					LASPEYRES (*Gr. Zeits.*, t. I, p. 536; 1877).
Glaucolite. *Voir* Scapolite.												
Glaucophane. $(Na^2FeMgCa)(AlFe)^2Si^4O^{12}$ (de Zermatt).	M	0,55 0,29 β = 104°58'	—	c 85°36' 85°44' 85°47'	c 175°36' 175°44' 175°47'	2E 84°42' 85°35' 86°39'	Li D Tl					BODEWIG (*Pogg. Ann.*, t. CLVIII, p. 224; 1876).
(de l'île de Groix).				c 86°	c 176°	2V 44°	Li					VON LASAULX (*Sitz. d. Niederrhein. Ges.*, t. XL, p. 263; 1883).
Id. [var. Gastaldite] (d'Aoste).				c. 84°	c. 174°	2E 70° 68°	rouge bleu					STRÜVER (*Atti dei Lincei* (2ª s.), t. II, p. 336; 1875).
						2V 43°58'	D		1,6563	1,6396	D	ROSENBUSCH (*Mikr. Physiogr.*, 3ª éd., p. 548; 1892).
Gmélinite. $H^{12}(Na^2Ca)Al^2Si^4O^{18}$	H	0,7254	—					1,48031		1,47852	D	NEGRI (*Riv. di Min. i Crist. ital.*, t. II, p. 3; 1888).
Goethite. $Fe^2O^3 + H^2O$	O	0,9163 0,6008	+ ?	b	a	2E 0° 50°	rouge bleu					PALLA (*Gr. Zeits.*, t. XI, p. 23; 1886).
			—	b	c a	58°31' 67°42'	rouge jaune					PELIKAN (*Tsch. Mittheil.*, t. XIV, p. 1; 1894).
Grenats. I. — *Grossulaire.* $Ca^3Al^2Si^3O^{12}$ incolore (de Wakefield).	C								1,7394 1,7438 1,7480		Li D Tl	WÜLFING *in* ROSENBUSCH (*Mikrosk. Physiogr.*, 3ª éd., p. 296; 1892).
avec points rougeâtres (d'Auerbach).									1,7399 1,7441 1,7482		Li D Tl	
jaunâtre (de Cziklowa).									1,7520 1,7569 1,7617		Li D Tl	
Gr. Essonite brun (d'Ala).									1,7575 1,7626 1,7676		Li D Tl	
Grossul. jaune (d'Auerbach).									1,7368 1,7468 1,7593		Li D Tl	F. TSCHIIATSCHEFF *in* ROSENBUSCH (*Mikrosk. Physiogr.*, 3ª éd., p. 296; 1892).
Gross. rouge (d'Auerbach).									1,7645 1,7714 1,7796		Li D Tl	
Gross. jaune très pâle (de Barbin).									1,7428 1,7474		Li D	LACROIX (*Minér. de la France*, t. I, p. 218; 1893).
Gross. Pyrénéite.	O ps. c.		+			2V 56°5' ρ < υ		$n_g - n_m$ 0,0021	1,74	$n_m - n_p$ 0,0006		MALLARD (*Bull. Soc. Minér.*, t. XIV, p. 297; 1891).

NOM ET FORMULE.	SYSTÈME cristallin.	PARAMÈTRES.	SIGNE OPTIQUE.	BISSECTRICES aiguë.	BISSECTRICES obtuse.	ANGLE des axes.	RAIE ou couleur.	n_g	n_m	n_p	RAIE ou couleur.	OBSERVATEURS.
II. — *Pyrope.* $(MgFe)^3 Al^2 Si^3 O^{12}$ rouge vineux (Kimberley).	C (ps.)								1,7369 1,7412 1,7451		*Li* D *Tl*	WÜLFING *in* ROSENBUSCH [*Mikrosk. Physiogr.* (3e éd.), p. 296; 1892].
jaune brunâtre (id.).									1,7396 1,7439 1,7479		*Li* D *Tl*	
rouge hyacinthe (id.).									1,7459 1,7504 1,7545		*Li* D *Tl*	
rouge vineux (Meronitz).									1,7420 1,7464 1,7503		*Li* Ḋ *Tl*	
III. — *Almandin.* $Fe^3 Al^2 Si^3 O^{12}$ (de Ceylan).	C (ps.)								1,7716 $(\ell = 15°)$		rouge	DES CLOIZEAUX (*Sav. étr.*, t. XVIII, p. 518; 1867).
rouge foncé [d'Orient (I)], [de Wittichen (II)].								(I). 1,8052 1,8109 1,8159	(II). 1,8022 1,8078 1,8125		*Li* D *Tl*	WÜLFING *in* ROSENBUSCH (*Mikrosk. Physiogr.* (3e éd.), p. 296; 1892).
Id. (de Hoyazo).									1,809 1,813		*Li* D	OZANN (*Zeits. d. D. Geol. Ges.*, t. XL, p. 694; 1888).
Id. (d'Arendal).									1,767 1,771		rouge D	MÜGGE [*N. Jahrb. f. Min.*, 1889 (I); p. 231].
Id. (de l'Inde) (avec bandes d'absorption).									1,795 1,800 1,805 1,821		*Li* D *Tl* bleu extr.	BRUN [*Arch. de Gen.* (3e Pér.), t. XXVIII, p. 410; 1892].
Id. (de Barbin).									1,8051 1,8122		*Li* D	LACROIX (*Minér. de la France*, t. I, p. 240; 1893).
IV. — *Spessartine.* $(MnFe)^3 Al^2 Si^3 O^{12}$ (3Mn 1Fe) (de Haddam).									1,8050 1,8105 1,8158		*Li* D *Tl*	WÜLFING *in* ROSENBUSCH [*Mikrosk. Physiogr.* (3e éd.), p. 296; 1892].
Id. (de La Vilate).									1,7940 1,7991		*Li* D	LACROIX (*Minér. de la France*, t. I, p. 255; 1893).
V. — *Mélanite.* $Ca^3 Fe^2 Si^3 O^{12}$ vert (de Syssersk).	C (ps.)								1,8780 1,8893 1,9005		*Li* D *Tl*	OZANN *in* ROSENBUSCH, p. 296.
noir (de Frascati).									1,8467 1,8566 1,8659		*Li* D *Tl*	WÜLFING, *id.*
(de Taberg) [biréfringent].								1,8389 1,8436	1,8328 1,8387		jaune vert	NORDENSKIÖLD (*Geol. Fören. Förhandl.*, t. XII, p. 348; 1890).
VI. — *Ouvarowite.* $Ca^3 Cr^2 Si^3 O^{12}$ (de Bissersk).	C (ps.)								1,8318 1,8384 1,8449		éosine (λ=650) D *Tl*	WÜLFING *in* ROSENBUSCH (*Id., id.*).

Grossulaire. *Voir* **Grenats** (I).

NOM ET FORMULE.	SYSTÈME cristallin.	PARAMÈTRES.	SIGNE OPTIQUE.	BISSECTRICES aiguë	obtuse	ANGLE des axes.	RAIE ou couleur.	INDICES PRINCIPAUX. n_g	n_m	n_p	RAIE ou couleur.	OBSERVATEURS.
Gypse. $SO^4Ca + 2H^2O$	M	0,7444 0,4124 $\beta = 113°51'$	+	c 130°	c 40° (DES CLOIZEAUX.)			1,52975	1,52267	1,52056 ($t = 19°$)	D	ANGSTRÖM (*Pogg. Ann.*, t. LXXXVI, p. 212; 1852).
(*Voir* Table XV, pour variation d'indice par la température).						2 V 57°18'	B	1,52725	1,51941	1,51743	B	VON LANG (*Sitzb. Ak. Wien*, t. LXXVI (II), p. 793; 1877).
						57°42'	C	1,52814	1,52037	1,51834	C	
						58° 8'	D	1,53048	1,52287	1,52082	D	
						58° 6'	E	1,53355	1,52581	1,52370	E	
						57°28'	F	1,53599	1,52826	1,52627	F	
						56°13'	G	1,54074	1,53283	1,53087	G	
						($t = 18°$)		($t = 16°8$)	($t = 17°7$)	($t = 16°8$)		
								1,5289	1,5216	1,5198 ($t = 26°$)	D	F. KOHLRAUSCH (*Wied. Ann.*, t. IV, p. 30; 1878).
						2 V 61°35'	D	1,5283	1,5218	1,5195	D	MATTHIESSEN (*Zeits. f. Math. u. Phys.*, t. XXIII, p. 187; 1878).
								1,5268	1,5199	1,5177	C	QUINCKE (*Festschrift d. Naturf. Ges. zu Halle*; 1879).
								1,5294	1,5230	1,5201	D	
								1,5324	1,5251	1,5229	E	
								1,5353	1,5281	1,5257	F	
								1,5394	1,5322	1,5294	G	
(de Montmartre).						2 V 57°24'5	D	1,52941	1,52241	1,52033 ($t = 19°$)	D	DANKER (*N. Jahr. f. Min.*, 1885. Beil.-B. IV, p. 241).
								1,5260	1,5190	1,5172	Li	PULFRICH (*Wied. Ann.*, t. XXX, p. 498; 1887).
								1,5292	1,5220	1,5200	D	
								1,5315	1,5246	1,5221	Tl	
										($t = 14°$)		
(de Montmartre).						2 V 57°26'40"	Li	1,52672	1,51977	1,51770	Li	DUFET (*Bull. Soc. Minér.*, t. XI, p. 123; 1888).
						57°36'50"	C	1,52717	1,52021	1,51812	C	
						58° 5' 0"	D	1,52962	1,52260	1,52046	D	
						57°58'30"	Tl	1,53218	1,52510	1,52295	Tl	
						57°23' 0"	F	1,53524	1,52805	1,52592	F	
						max. pour. $\lambda = 575$ ($t = 19°$)		1,53982	1,53238	1,53034 ($t = 19°$)	$H\gamma$	
(de Sicile).								1,52415	1,51734	1,51551	A	MÜLHEIMS (*Gr. Zeits.*, t. XIV, p. 230; 1888).
								1,52537	1,51850	1,51662	a	
						2 V 55°17'	B	1,52632	1,51939	1,51749	B	
						55°38',5	C	1,52734	1,52031	1,51838	c	
						56° 2'	D	1,52984	1,52278	1,52080	D	
						56° 0',5	E	1,53287	1,52571	1,52371	E	
								1,53343	1,52624	1,52424	b_4	
						55°31'	F	1,53543	1,52818	1,52618	F	
Hambergite. $H^2Gl^4B^2O^8$	O	0,7988 0,7267	+	c	a	2 V 86°50'	Li	1,6294	1,5891	1,5542	Li	BRÖGGER (*Gr. Zeits.*, t. XVI. Part. II, p. 66; 1890).
						87° 7'	D	1,6311	1,5908	1,5595	D	
						87°24',5	Tl	1,6331	1,5928	1,5693	Tl	
Hanksite. $9SO^4Na^2 + 2CO^3Na^2 + KCl$	H	?						1,4807		1,4614	D	PRATT (*Amer. J. of. Sc.*, (4ᵉ s.), t. II, p. 133; 1896).
Harmotome. $(BaK^2)Al^2Si^5O^{14} + 5H^2O$ (d'Ecosse).	M	0,705 1,234 $\beta = 124°50'$	+	b	c 60°32' 59°55'	2 V 85°52'	rouge bleu		1,516		rouge	DES CLOIZEAUX (*Man. de Minér.*, t. I, p. 414; 1862 et t. II, p. XL; 1874).
								1,508	1,506	1,503		M. LÉVY et LACROIX (*Min. des roches*, p. 308; 1888).
Harstigite. $(CaMn)^{12}(KNaH)^1Al^3Si^{18}O^{50}$ (de Pajsberg).	O	0,7141 1,01495	+	a	c	2 E 90°27' $\rho < \upsilon$	jaune	1,6831		1,6782	D	FLINK (*Bih. till K. Sv. Vet. Akad. Handl.*, t. XII, n° 2, p. 2; 1886). RAMSAY (*Gr. Zeits.*, t. XII, p. 220; 1887) (*Indices*).

NOM ET FORMULE.	SYSTÈME cristallin.	PARAMÈTRES.	SIGNE OPTIQUE.	BISSECTRICES aiguë.	BISSECTRICES obtuse.	ANGLE des axes.	RAIE ou couleur.	n_g	n_m	n_p	RAIE ou couleur.	OBSERVATEURS.
Hautefeuillite. $(MgCa)^3(PO^4)^2 8H^2O$	M	?	+	c 45°	c 135°	2 V 54°23' ρ < v	D					Michel (*Bull. Soc. Minér.*, t. XVI, p. 39; 1893).
Haüyne. $[(Na^2Ca)Al^2Si^2O^8]^2$ $+ SO^4(Na^2Ca)$ (de Niedermendig).	C								1,4961		D	Tschermatscheff *in* Rosenbusch (*Mikrosk. Physiogr.*, 3e éd., p. 325; 1892).
(du Latium).									1,5027		D	Zimányi (*Gr. Zeits.*, t. XXII, p. 329; 1894).

Hédenbergite. *Voir* **Pyroxènes.**

Heintzite. *Voir* **Hintzéite.**

NOM ET FORMULE.	SYSTÈME cristallin.	PARAMÈTRES.	SIGNE OPTIQUE.	BISSECTRICES aiguë.	BISSECTRICES obtuse.	ANGLE des axes.	RAIE ou couleur.	n_g	n_m	n_p	RAIE ou couleur.	OBSERVATEURS.
Helvine. $(MnGlFe)^3Si^3O^{12}S$	C								1,739		D	Michel Lévy et Lacroix (*Minér. des roches*, p. 221; 1888).
Hémafibrite. $Mn^3O^6(AsO)^2.3MnO.5H^2O$	O	0,5261 1,1502	+	c	b	2 E 70° ρ > v						Sjögren (*Gr. Zeits.*, t. X, p. 130; 1885).

Hématolite. *Voir* **Diadelphite.**

NOM ET FORMULE.	SYSTÈME cristallin.	PARAMÈTRES.	SIGNE OPTIQUE.	BISSECTRICES aiguë.	BISSECTRICES obtuse.	ANGLE des axes.	RAIE ou couleur.	n_g	n_m	n_p	RAIE ou couleur.	OBSERVATEURS.
Herdérite. $Ca(PO^4)Gl[Fl(OH)]$ (de Stoneham).	O	0,6206 0,4234	−	a	c	2 V 67° ρ < v		1,621	1,609 1,612	1,592	D D	Cornu, Bertrand *in* Des Cloizeaux (*Bull. Soc. Minér.*, t. IX, p. 142; 1886).
Id.	M	0,6206 0,4234 β = 90°	−	c 88°	c 178°	2 V 68° 1'	D		1,612		D	Penfield (*Gr. Zeits.*, t. XXIII, p. 126; 1894).
[de Paris (Maine)]. $Ca(PO^4)Gl(OH)$ [*Hydroherdérite*].	M	0,6307 0,4274 β = 90°6'	−	c 87°30'	c 177°30'	2 V 72°20'	D		1,632		D	*Id.*, p. 118.
Herrengrundite. $CaO.4CuO.2SO^3.6H^2O$	M	1,8161 2,8004 β = 91°10'	−	b	c 1°10'	2 E 66° (moy.) ρ < v	D					Brezina (*Gr. Zeits.*, t. III, p. 372; 1879).
Heulandite. $CaAl^2Si^6O^{16} + 5H^2O$	M	0,403 0,859 β = 91°25'	+	b	c 0° (env.)	2 V 0° à 60° ρ < v		1,505	1,499	1,498	D	Michel Lévy et Lacroix (*Minér. des roches*, p. 310; 1888).
Hintzéite. $Mg^2KB^9O^{16} + 8H^2O$ ou $H^2KMg^2B^{11}O^{20} + 6H^2O$	M	2,1937 1,73385 β = 99°48'	+	c 173° (Milch) c 115°16' (Luedecke)	b b	2 H_0 105°42' 104°27' 104°54' [n_u = 1,465 1,468 1,471]	Li D Tl Li D Tl			1,354	D	Milch (*Gr. Zeits.*, t. XVIII, p. 479; 1891). Luedecke (*Id.*, t. XVIII, p. 481) [*Indice et signe*].
Homilite. $FeCa^2B^2Si^2O^{10}$	M	0,6249 1,2824 β = 90°38'	+	c 0°	c 90°	2 H 98°	rouge					Des Cloizeaux (*Ann. de Chim. et Phys.* (5e s.), t. XII, p. 405; 1877).
						2 V 77°59' ρ > v	rouge					Brögger (*Gr. Zeits.*, t. XVI, (2e P.), p. 134; 1890).
Hopéite. $P^2O^8Zn^3 + 4H^2O$	O	0,5722 0,4717	−	b	a	2 V 54°39' 54°44'	rouge D		1,469 1,471		rouge D	Des Cloizeaux (*Bull. Soc. Minér.*, t. II, p. 135; 1879).

Hornblende. *Voir* **Amphiboles** (II, B).

Hortonolite. *Voir* **Péridots.**

NOM ET FORMULE.	SYSTÈME cristallin.	PARAMÈTRES.	SIGNE OPTIQUE.	BISSECTRICES aiguë.	BISSECTRICES obtuse.	ANGLE des axes.	RAIE ou couleur.	INDICES PRINCIPAUX. n_g	n_m	n_p	RAIE ou couleur.	OBSERVATEURS.
Hubnérite. $Tu\,O^4Mn$	M	0,830 / 0,868 / $\beta = 90°38'$	+	$c\,17''39'$	b	$2\,V\,75''$	Li					Groth et Arzruni (*Pogg. Ann.*, t. CXLIX, p. 237; 1873).
Humboldtilite. *Voir* **Mélilite.**												
Humite. $Mg^8Si^3O^{14}$	O	0,463 / 0,582	+	a	b	$2\,E\,150°$ (cnv.)						Des Cloizeaux (*Sav. étr.*, t. XVIII, p. 573; 1867).
(de Nordmarken).						$2\,V\,68°\,1'$ / $67°54'$ / $67°44'$	Li / D / Tl	1,643			D	Sjögren (*Bull. of the Geol. Inst. of Upsala*, t. I, p. 1; 1892).
Hureaulite. $H^{10}(Mn\,Fe)^5P^4O^{23}$	M	0,899 / 0,889 / $\beta = 90°33'$	−	b	$c\,75°$ / $c\,76°$	$2\,H\,84°30'$ / $86°30'$ / $\left[\,n_g\left\{\begin{array}{l}1,466\\1,478\end{array}\right.\right.$	rouge / bleu / rouge / bleu					Des Cloizeaux (*Sav. étr.*, t. XVIII, p. 648; 1867).
Hyalite. $Si\,O^2 + aq$	am.							1,4374 (1re plaque) / 1,4555 (2" plaque)			rouge	Des Cloizeaux (*Man. de Minér.*, t. I, p. 22; 1862).
(de Waltsch).								1,458			D	Zimányi (*Gr. Zeits.*, t. XXII, p. 327; 1892).
Hyalophane. $(Ba\,K^2Na^2)Al^2Si^4O^{12}$	M	0,6584 / 0,5522 / $\beta = 115°35'$	−	$c\,110°35'$ app.	b	$2\,V\,79°21'$ / $79°\,3'$ / $78°42'$	Li / D / Tl	1,5388 / 1,5592 / 1,5416			Li / D / Tl	Rinne [*N. Jahrb. f. Min.*, 1884 (1), p. 207].
Hydrargillite. $H^6Al^2O^6$ (de l'Oural).	M	1,7089 / 1,9184 / $\beta = 94°31'$	+	$c\,155°$ [calculé]	$c\,65°$ ou b	$2\,E$ petit $\rho < \nu$						Des Cloizeaux (*Sav. étr.*, t. XVIII, p. 649; 1867).
(de Norwège).				$c\,159°$	$c\,69°$ ou b	$2\,E\,o$ app.		1,5347	1,5347		D	Brügger (*Gr. Zeits.*, t. XVI, p. 44; 1890).
Hydrophane. $Si\,O^2 + aq$	am.					$\backslash$		Non imbibée. (I) 1,406 / (II) 1,266 / (III) 1,387	Imbibée. 1,446 / 1,406 / 1,439		rouge	Des Cloizeaux (*Man. de Minér.*, t. I, p. 23; 1862).
Hypersthène. *Voir* **Pyroxènes** (II, C).												
Idocrase. $Ca^{18}Al^9Si^{15}O^{60}$ (d'Ala).	Q	0,3798	−					1,7205		1,719	jaune	Des Cloizeaux (*Man. de Minér.*, t. I. p. 280; 1862).
								1,7235		1,7226	D	Osann *in* Rosenbusch (*Mikr. Physiogr.*, 3e éd. p. 366; 1892).
Johnstrupite. $\left\{\begin{array}{l}Fl^6Ti^3\\Fl\,Ce\end{array}\right\}Ce^2Ca^{13}(NaH)^8(SiO^4)^{12}$	M	1,6229 / 1,3594 / $\beta = 93°5'$	+	$c\,92°\tfrac{1}{2}$ ou $87°\tfrac{1}{2}$	$c\,2''\tfrac{1}{2}$ ou $177°\tfrac{1}{2}$	$2\,V\,71°10',5$ / $69°54'$ / $68°20'$	Li / D / Tl		1,546		D	Brügger [*Gr. Zeits.*, t. XVI (2e P.), p. 78; 1890].
Kainite. $SO^4K^2.SO^4Mg.MgCl^2 + 6\,H^2O$	M	1,2185 / 0,5863 / $\beta = 94°54'$	−	$c\,172°$	$c\,82°$	$2\,E\,141°$	D					Groth (*Pogg. Ann.*, t. CXXXVII, p. 442; 1869). [Bücking (*Gr. Z.*, t. XV, p. 561; 1889).]
Kaolinite. $2H^2O.Al^2O^3.2SiO^2$ (d'Anglesey).	M	0,5748 / 1,5997 / $\beta = 96°49'$	−	$c\,160°$ env.	b	$2\,V\,90°$ app.						Dick (*Miner. Magaz.*, t. VIII, p. 15; 1888).
Keilhauite. *Voir* **Sphène.**												

NOM ET FORMULE.	SYSTÈME cristallin.	PARAMÈTRES.	SIGNE OPTIQUE.	BISSECTRICES aiguë.	BISSECTRICES obtuse.	ANGLE des axes.	RAIE ou couleur.	n_g.	n_m.	n_p.	RAIE ou couleur.	OBSERVATEURS.
Kiesérite. $SO^4Mg + H^2O$	M	0,9147 1,7571 $\beta = 90°54'$	+	c 76°25'	c 166°25'	2 E 90°12' 90° 0' 89°38' 89°16'	rouge D vert bleu					Tschermak (Sitzb. Akad. Wien, t. LXIII (I), p. 317; 1871).

Kjérulfine. Voir **Wagnérite.**

Klaprothine. Voir **Lazulite.**

Knébelite. Voir **Péridots.**

NOM ET FORMULE.	SYSTÈME cristallin.	PARAMÈTRES.	SIGNE OPTIQUE.	BISSECTRICES aiguë.	BISSECTRICES obtuse.	ANGLE des axes.	RAIE ou couleur.	n_g.	n_m.	n_p.	RAIE ou couleur.	OBSERVATEURS.
Kornerupine. $MgAl^2SiO^8$	O	0,854 ?	—	c	b	2 E 32°½ (variable)	D					Ussing (Gr. Zeits., t. XV, p. 605; 1889).

Labradorite. Voir **Feldspaths.**

NOM ET FORMULE.	SYSTÈME cristallin.	PARAMÈTRES.	SIGNE OPTIQUE.	BISSECTRICES aiguë.	BISSECTRICES obtuse.	ANGLE des axes.	RAIE ou couleur.	n_g.	n_m.	n_p.	RAIE ou couleur.	OBSERVATEURS.
Lanarkite. $SO^4Pb + PbO$	M	0,8681 1,3837 $\beta = 91°49'$	—	[Plan des axes parallèle à g^1 (010)]		2 H 65° 3' 63°55'	rouge vert					Pisani (C. R., t. LXXVI, p. 114; 1873).
Lanthanite. $CO^3La + 3H^2O$	O	0,9528 0,9023	—	c	b	2 E 108° 1' 108°39'	rouge bleu					Des Cloizeaux (Man. de Min., t. II, p. 177; 1874).
Laumonite. $H^8CaAl^2Si^4O^{16}$ (du Huelgoat).	M	1,145 1,181 $\beta = 111°13'$	—	c 67° (env.)	c 157°	2 E 52°24' 56°15'	rouge vert	1,525	1,524	1,513	D	Des Cloizeaux (Man. de Min., t. I, p. 402; 1862) (axes). Michel Lévy et Lacroix (Minér. des roches, p. 311; 1888) (indices).
Lávénite. $Na(MnCa)ZrSi^2O^7Fl$	M	1,0963 0,7152 $\beta = 110°17'$	—	c 160°	c 70°	2 V 79°46' $\rho = \nu$	D		1,750		D	Brögger [Gr. Zeits., t. XVI (2e P.), p. 341; 1890].
Lawsonite. $H^4CaAl^2Si^2O^{10}$	O	0,6652 0,7385	+	c	a	2 V 84° 6'	D	1,684	1,669 ?	1,665	D	Ransome et Palache (Gr. Zeits., t. XXV, p. 533; 1895).
Lazulite. $(MgFeCa)Al^2H^2P^2O^{10}$ (de Graves Mount).	M	0,975 1,694 $\beta = 91°58'$	—	c 170°35'	c 80°35'	2 E 135° env. $\rho < \nu$					D	Des Cloizeaux (Sav. étr., t. XVIII, p. 353; 1867).
(du Brésil).						2 V 69°		1,639	1,632	1,603	D	Michel Lévy et Lacroix (Minér. des roches, p. 229; 1888).
Leadhillite. $3CO^3Pb + SO^4Pb$	O	0,7919 0,4541	—	c	a	2 E 20°32' 22°22' ($t = 15°$)	rouge bleu					Des Cloizeaux (Sav. étr., t. XVIII, p. 582; 1867). [Von Lang (Sitz. Ak. Wien, t. XXXI; 1858).]
						2 E 20° 0' 20°20' 20°45' ($t = 20°$)	Li D Tl					Hintze (Pogg. Ann., t. CLII, p. 258; 1874).
Id. (var. Maxite).						2 E 18°36' 19°28' 19°41' [$t = 20°$]	Li D Tl	L'angle des axes diminue par la chaleur, devient nul vers 125°, mais ne reprend pas sa valeur primitive 2E=10° pour $t = 25°$.				
Lépidolite. $(LiKH)^5Al^5Si^{12}O^{18}$ (de Schuttenhofen).	M	0,578 3,293 $\beta = 90°4'$	—	c 1°53' 1°38'	c 91°53' 91°38'	2 E 83°16' 84° 1'	rouge D	1,6047	1,5975		D	Scharizer (Gr. Zeits., t. XII, p. 8; 1887).

NOM ET FORMULE.	SYSTÈME cristallin.	PARAMÈTRES.	SIGNE OPTIQUE.	BISSECTRICES aiguë.	BISSECTRICES obtuse.	ANGLE des axes.	RAIE ou couleur.	n_g	n_m	n_p	RAIE ou couleur.	OBSERVATEURS.
Leucite. *Voir* **Amphigène.**												
Leucophane. $Na^2(GlCa)^3Si^5O^{15}Fl^2$	O	0,9939 / 0,6722	—	c	b	2 E 75°	rouge	1,594	1,591	1,570	D	Des Cloizeaux (*Man. de Minér.*, t. I, p. 144; 1862). Michel Lévy et Lacroix (*Minér. d. roches*, p. 236) (*indices*).
						2 E 74°24',5 / 74°15' / 74° 8'	Li / D / Tl	1,5948 / 1,5979	1,5909 / 1,5948	1,5680 / 1,5709	rouge / D	Brügger (*Gr. Zeits.*, t. XVI (2e P.), p. 273; 1891).
Leverriérite. $H^{10}Al^4Si^5O^{21}$	O	0,488 / ?	—	c	a	2 V 45° à 52°						Termier [*Ann. des Mines* (8e s.), t. XVII, p. 371; 1890].
Libéténite. $H^2Cu^4P^2O^{10}$	O	0,960 / 0,702	—	b	a	2 V 81°38' / 81° 8' / 80°20'	rouge / jaune / bleu		1,739 / 1,743 / 1,755		rouge / jaune / bleu	Des Cloizeaux (*Sav. étr.*, t. XVIII, p. 583; 1867).
Linarite. $(PbCu)SO^4(PbCu)(OH)^2$ [mine S. Giovanni (Sardaigne)].	M	1,71613 / 0,82962 / β = 102°37'	— c 165° app.	b		2 V 79°59'	D	1,8593	1,8380	1,8090	D	Brugnatelli (*Gr. Zeits.*, t. XXVIII, p. 307; 1897).
Liroconite. $H^{12}Cu^{12}Al^4As^6O^{69}$	M	1,319 / 1,681 / β = 91°27'	—	b	c 155° app.	2 E 132°22' / 133°57'	rouge / bleu					Des Cloizeaux (*Sav. étr.*, t. XVIII, p. 654; 1867).
Lithiophilite. *Voir* **Triphyline.**												
Ludlamite. $Fe^3P^4O^{11}+9H^2O$	M	2,278 / 2,035 / β = 100°33'	+ c 112°55'	c 22°55'		2 V 82°22' ρ > υ	blanc					Maskeline et Field (*Gr. Zeits.*, t. I, p. 68; 1877).
Lunnite. $PO^4(CuOH)^3$	M	2,9087 / 0,6675 / β = 103°26'	— c 163° app.	b		2 E 95° env. ρ < υ						Des Cloizeaux (*Sav. étr.*, t. XVIII, p. 655; 1867).
Malachite. $CO^3(CuOH)^2$	M	0,7823 / 0,4036 / β = 90°3'	— c 23°50'	c 113°50'		2 V 41°54' / 46°26' / 48° 8'	rouge / jaune / bleu					Von Lang [*Phil. Mag.* (4e s.), t. XXV, p. 435; 1863]. [*Id.*, t. XXVIII; 1864.]
(de Rheinbreitenbach).			c 23°29' / c 23°31'	c 113°29' / c 113°31'		2 V 44° 5' / 43°54'	rouge / jaune	1,87 / 1,88 / 1,89			rouge / jaune / vert	Des Cloizeaux (*Sav. étr.*, t. XVIII, p. 656; 1867).
Manganopectolite. *Voir* **Pectolite.**												
Matlockite. $PbCl^2.PbO$	O ps. Q	1 / 1,723	—	c	a	2 E 55° ρ < υ						Lacroix (*C. R.*, t. CXXIII, p. 956; 1896).
Méionite. $Ca^6Al^8Si^9O^{36}$ (de la Somma).	Q	0,4393	-					1,594 à 1,597		1,558 à 1,561 } jaune		Des Cloizeaux [*Ann. des Mines* (5e s.), t. XI, p. 333; 1857].
								1,5653		1,5456	D	F. Kohlrausch (*Wied. Ann.*, t. IV, p. 30; 1878).
Id. var. Mizzonite. (de la Somma).								1,5549 / 1,5580 / 1,5611		1,5404 / 1,5434 / 1,5463	Li / D / Tl	Wülfing *in* Rosenbusch (*Mikr. Physiogr.*, 3e éd., p. 360; 1892).
Id.								1,563		1,540	D	Franco (*Giorn. di Min. di Sansoni*, t. V, p. 193; 1895).

Mélanite. *Voir* **Grenats.**

NOM ET FORMULE.	SYSTÈME cristallin.	PARAMÈTRES.	SIGNE OPTIQUE.	BISSECTRICES aiguë.	BISSECTRICES obtuse.	ANGLE des axes.	RAIE ou couleur.	n_g	n_m	n_p	RAIE ou couleur.	OBSERVATEURS.
Mélilite. $(CaMg)^{12}Al^4Si^9O^{36}$ (de la Somma).	Q	0,455	−					1,6312 1,6339	1,6262 1,6291		rouge D	Hennioer *in* Rosenbusch (*Mikr. Physiogr.*, 3e éd., p. 369; 1892).
Mélinophane. $Na^4(GlCa)^{12}Si^9O^{30}Fl^4$	Q	0,658	−					1,611	1,592		rouge	Des Cloizeaux (*Man. de Minér.*, t. I, p. 145; 1862).
								1,6097 1,6126 1,6161	1,5912 1,5934 1,5975		rouge D *Tl*	Brögger [*Gr. Zeits.*, t. XVI (2e P.), p. 282; 1890].
Mésotype. $H^4Na^2Al^2Si^3O^{12}$ (d'Auvergne).	O	0,9827 0,3520	+	c	a	2 E 93°28' 95°41'	rouge bleu	1,4887	1,4797	1,4768	rouge	Des Cloizeaux (*Man. de Minér.*, t. I, p. 383; 1862).
								1,4901	1,4808	1,4777	D	Zimányi (*Gr. Zeits.*, t. XXII, p. 342; 1894).
(de Stokö).		0,9786 0,3536				2 V 61°56' 62°15' 62°34'	*Li* D *Tl*	1,48534 1,48866 1,49181	1,47631 1,47897 1,48172	1,47287 1,47543 1,47801	*Li* D *Tl*	Brögger [*Gr. Zeits.*, t. XVI (2e P.), p. 615; 1890].
(de Klein-Arö).						2 V 62°16',5 62°29',5 62°39',5	*Li* D *Tl*	1,48807 1,49047 1,49296		1,47577 1,47783 1,48030	*Li* D *Tl*	Lorenzen *in* Brögger, (*id.*).
Micas. A. Biotite. $(KH)^6(MgFe)^{12}(AlFe)^6Si^{12}O^{48}$ incol. (du Vésuve). vert olive (Rocca di Papa). vert clair (de la Somma). noir (de la Somma). id. (de Töplitz).	M	0,578 3,293 β = 90°4'	−	c 0°	c 90°	2 E 1° à 4°		$\frac{1}{2}(n_g+n_m)$ 1,5745 1,6032 1,5792 1,638 (?)	 1,5412 1,5618 1,5443 1,5795 1,5829		 D D D D D	Zimányi (*Gr. Zeits.*, t. XXII, p. 350; 1894).
B. Phlogopite. $(KH)^8Mg^{12}(AlFe)^4Si^{12}(OFl^2)^{44}$ (de Templeton).						2 V 0° à 20°		1,606	1,562		D	Michel Lévy et Lacroix (*Minér. des roches*, p. 240; 1888).
C. Muscovite. $(KNa)^4H^8Al^{12}Si^{12}O^{48}$ (de l'Inde).			−	c 0° (1° à 2°)	b	2 V 30° à 50°		1,5997	1,5941	1,5609	D	F. Kohlrausch (*Wied. Ann.*, t. IV, p. 30; 1878).
(?)								1,6117	1,6049	1,5692	D	Matthiessen (*Zeits. f. Math. u. Phys.*, t. XXII, p. 187; 1878).
(?)								1,5943 1,5977 1,6005	1,5899 1,5936 1,5967	1,5566 1,5601 1,5635	*Li* D *Tl*	Pulfrich (*Wied. Ann.*, t. XXX, p. 499; 1887).
(de Penneville).								1,613	1,610	1,571	D	Michel Lévy et Lacroix (*Minér. des roches*, p. 241; 1888).
(de Buckfield).								1,6007	1,5968	1,5619	D	Zimányi (*Gr. Zeits.*, t. XXII, p. 350; 1894).
Mimétèse. $Pb^3As^2O^{12}Cl$	H (ps.)	0,728	−					1,474	1,465		rouge	Des Cloizeaux [*Ann. des Mines* (5e s.), t. XIV, p. 353; 1858].
Id., var. Hédyphane.								1,467	1,463		Id.	

Mizzonite. *Voir* **Meionite.**

NOM ET FORMULE.	SYSTÈME cristallin.	PARAMÈTRES.	SIGNE OPTIQUE.	BISSECTRICES aiguë.	BISSECTRICES obtuse.	ANGLE des axes.	RAIE ou couleur.	n_g	n_m	n_p	RAIE ou couleur.	OBSERVATEURS.
Monazite. $PO^4(CeLaDi)$ (de Norwich).	M	0,9693 0,9256 $\beta = 103°40'$	+	c 3°40'	b	2 E 29° 4' 28°48'	rouge bleu					Des Cloizeaux (*Sav. étr.*, t. XVIII, p. 660; 1867).
(de la Sibérie orient.).				?	b	2 E 31° 8' 31°43'	rouge bleu					Id. (*Bull. Soc. Minér.*, t. IV, p. 57; 1881). [Id. (*Man.*, t. II, p. 476; 1893).]
var. Turnérite.				c 1° 4'	b	2 E 34°12' 34°48'	rouge vert					Trechmann (*N. Jahrb. f. Min.*, 1876; p. 593).
(de Schuttenhofen).				c 5°54'	b	2 E 25°22' 24°56'	rouge D					Scharizer (*Gr. Zeits.*, t. XII, p. 267; 1887).
(de Pisek).				?	b	2 E 29° 7' 28°25'	rouge D					Vrba (*id.*, t. XV, p. 205; 1889).
(d'Arendal).				c 3°	b	2 E 24° $\rho < \upsilon$		1,841	1,797	1,796	blanc	Wülfing *in* Rosenbusch [*Mikr. Physiogr.* (3e éd.), p. 498; 1892].
Montebrasite. $2Al^2P^2O^8 + 2(LiH)Fl$ (d'Hébron).	T	0,245 0,461 $\alpha = 69°9'$ $\beta = 97°46'$ $\gamma = 88°56'$	−	presque parall. à (001)(1T0)	» [plan des axes 23° avec (001) 82° avec (1T0)]	2 V 50° à 90° $\rho < \upsilon$		1,620	1,611	1,600	D	Michel Lévy et Lacroix (*Minér. des roches*, p. 140; 1888). [*Des Cloizeaux* (*Ann. de Chim. et de Phys.*, 4e s., t. XXVII, p. 402; 1872).]

Monticellite. *Voir* **Péridots.**

NOM ET FORMULE.	SYSTÈME cristallin.	PARAMÈTRES.	SIGNE OPTIQUE.	BISSECTRICES aiguë.	BISSECTRICES obtuse.	ANGLE des axes.	RAIE ou couleur.	n_g	n_m	n_p	RAIE ou couleur.	OBSERVATEURS.
Mosandrite. $\binom{Fl^2}{OH^6}(TiZr)^4$ $Ce^2Ca^{10}(NaH)^{14}(SiO^4)^{12}$ (de Laaven).	M	1,623 1,359 $\beta = 93°5'$	+	c 88° ou 92° cnv.	c 178° ou 2°	2 V 74°14'	D	1,658	1,649	1,645	D	Wülfing *in* Rosenbusch (*Mikros. Physiogr.*, 3e éd., p. 615; 1892).
									1,6185		jaune moy.	Osann (*Id.*).
Néphéline. $(NaK)^2Al^2Si^2O^8$ (de la Somma).	H	0,8358	−					1,539 à 1,542		1,534 à 1,537	jaune	Des Cloizeaux [*Ann. des Mines* (5e série), t. XI, p. 303; 1857].
								1,5416 1,5427		1,5376 1,5378	D D	Wolff / Wadsworth *in* Rosenbusch (*Mikros. Physiog.*, 3e éd., p. 413; 1892).
								1,5424		1,5375	D	Zimányi (*Gr. Zeits.*, t. XX, p. 333; 1894).
Var. Éléolite (de l'Arkansas).								1,5469		1,5422	D+	Penfield *in* Rosenbusch (*loc. cit.*).
Id. (de Laurwik).								1,5364		1,5322	D	Zimányi (*loc. cit.*).

Nesquehonite. *Voir* **Carbonate de magnésium hydraté.**

NOM ET FORMULE.	SYSTÈME cristallin.	PARAMÈTRES.	SIGNE OPTIQUE.	BISSECTRICES aiguë.	BISSECTRICES obtuse.	ANGLE des axes.	RAIE ou couleur.	n_g	n_m	n_p	RAIE ou couleur.	OBSERVATEURS.
Newberyite. $PO^4MgH + 3H^2O$	O	0,9435 0,9299	+	c	a	2 V 44°17' $\rho < \upsilon$	D		1,5196		D	Schmidt (*Gr. Zeits.*, t. VII, p. 33; 1883). [*Des Cloizeaux* (*Bull. Soc. Minér.*, t. II, p. 82; 1879).]
Northupite. $CO^3Mg.CO^3Na^2.NaCl$	C								1,5117 1,5144 1,5180		*Li* D *Tl*	Pratt [*Amer. Journ. of Sc.*, (4e s.), t. II, p. 125; 1896].
Noséane. $2(Na^2Al^2Si^2O^8) + SO^4Na^2$ (du Laacher-See).	C								1,4950		D	Zimányi (*Gr. Zeits.*, t. XX, p. 329; 1894).

Nuttalite. *Voir* **Scapolite.**

NOM ET FORMULE.	SYSTÈME cristallin.	PARAMÈTRES.	SIGNE OPTIQUE.	BISSECTRICES aiguë.	BISSECTRICES obtuse.	ANGLE des axes.	RAIE ou couleur.	n_g	n_m	n_p	RAIE ou couleur.	OBSERVATEURS.
Obsidienne (du Mexique).	am.								1,482 1,485		*Li* D	[*Des Cloizeaux* (*Sav. étr.*, t. XVIII, p. 713; 1867).
									1,4953		D	F. Kohlrausch (*Wied. Ann.*, t. IV, p. 30; 1878).
									1,49278 1,49389 1,49644 1,49937 1,50005 1,50174		B C D E b_4 F	Mülheims (*G. Zeits.*, t. XIV, p. 223; 1888).
									1,4841		D	Cornino *in* Rosenbusch (*Mikros. Physiogr.*, 3e éd., p. 311; 1892).
Oligiste. Fe^2O^3	R	1,359	−					2,904 2,949 2,988 3,042 3,22 (?)	2,690 2,725 2,759 2,797 2,94(?)		A *a* B C D	Wülfing (*Tsch. Mitth.*, t. XV, p. 68; 1895).
Olivénite. $H^2Cu^4As^2O^{10}$	O	0,9573 0,6894	+	*a*	*b*	2 H 106° ($n_u = 1,468$) $\rho < \upsilon$	jaune					Des Cloizeaux (*Sav. étr.*, t. XVIII, p. 591; 1867).

Olivine. *Voir* **Péridot.**

NOM ET FORMULE.	SYSTÈME cristallin.	PARAMÈTRES.	SIGNE OPTIQUE.	BISSECTRICES aiguë.	BISSECTRICES obtuse.	ANGLE des axes.	RAIE ou couleur.	n_g	n_m	n_p	RAIE ou couleur.	OBSERVATEURS.
Opale. $SiO^2 + Aq.$	am.											Des Cloizeaux (*Man. de Minér.*, t. I, p. 23; 1862).
Op. noble irisée (Guatemala).									1,446		rouge	
Op. non irisée id.									1,442			
Op. jaune foncé id.									1,450			
incolore (Mexique).									1,44807 ($t = 18°$)		D	Baille (*Ann. du Conserv. des A. et M.*, t. VII, p. 262; 1868).
laiteuse (Moravie).									1,4536		D	Zimányi (*Gr. Zeits.*, t. XXII, p. 328; 1894).
O. artificielle.									1,45431 1,45677 1,45883 1,46358 1,46737		K_a C D F H_γ	Brun (*Arch. de Gen.*, (3e Pér.), t. XXV, p. 720; 1891).
Orpiment. As^2S^3 (de Tajowa).	O	0,829 1,12		*a*	*b*	2 V′ 76°½ 70°24′ 66°½ à travers les faces m	C D E					Miers (*Miner. Mag. and J. Min. Soc.*, t. X, p. 24; 1892).

Orthose. *Voir* **Feldspaths.**

Ouwarowite. *Voir* **Grenats.**

NOM ET FORMULE.	SYSTÈME cristallin.	PARAMÈTRES.	SIGNE OPTIQUE.	BISSECTRICES aiguë.	BISSECTRICES obtuse.	ANGLE des axes.	RAIE ou couleur.	n_g	n_m	n_p	RAIE ou couleur.	OBSERVATEURS.
Pachnolite. $CaNaAlFl^6$	M	1,1639 1,5211 $\beta = 90°17'$	+	c 68° 5′	*b*	2 E 118° $\rho < \upsilon$						Des Cloizeaux [*Ann. de Ch. et Phys.* (5e s.), t. XXIX, p. 396; 1883].
				c 67°48′	*b*	2 H 73° 6′ 72°30′ 71°18′	rouge jaune vert					Krennen (*Math. n. Naturw. Ber. aus Ungarn*, t. I; 1883).

Paranthine. *Voir* **Scapolite.**

Pargasite. *Voir* **Amphiboles.**

NOM ET FORMULE.	SYSTÈME cristallin.	PARAMÈTRES.	SIGNE OPTIQUE.	DISSECTRICES aiguë.	DISSECTRICES obtuse.	ANGLE des axes.	RAIE ou couleur.	n_g	n_m	n_p	RAIE ou couleur.	OBSERVATEURS.
Parisite. $3CO^3R + RFl^2$ $R = (Ce, La, Di)$	H	3,289	+					1,670		1,569	rouge	De Senarmont *in* Des Cloizeaux [*Ann. des Mines* (5e s.), t. XI, p. 300; 1857].
Pectolite. $(CaNa^2H^2)SiO^3$	M	1,1140 0,9864 $\beta = 95°20'$	+	b	c 90°	$2H_0$ 143° à 145°						Des Cloizeaux (*Man. de Minér.*, t. I, p. 547; 1862).
Pect. manganésifère. [Manganopectolite]		Id.	+	b	c 90°	$2E$ 15°	D					Williams (*Gr. Zeits.*, t. XVIII, p. 388; 1890).
Pennine. $H^{10}Mg^7Al^2Si^4O^{23}$ (de Zermatt)	M	0,577 2,277 $\beta = 90°20'$	−	c 0° app.	c 90°	2V petit		1,5775		1,5760	rouge	Des Cloizeaux (*Man. de Minér.*, t. I, p. 436; 1862).
			−					1,5922 1,5956 1,5992		1,5816 1,5854 1,5902	*Li* D *Tl*	Pulfrich (*Wied. Ann.*, t. XXX, p. 501; 1887).
			−					1,579		1,576	D	Michel Lévy et Lacroix (*Minér. des roches*, p. 168; 1888).
(de Rymplischwänge).			+					1,5832		1,5821	D	Zimányi (*Gr. Zeits.*, t. XXII, p. 335; 1894).
Périclase. MgO (de la Somma)	C								1,66		D	Michel Lévy et Lacroix (*Minér. des roches*, p. 246; 1888).
Id. (artificielle).								1,7307 1,7364 1,7413			*Li* D *Tl*	Mallard (*Bull. Soc. Minér.*, t. XVI, p. 18; 1893).
Péridots. I. — *Forstérite.* SiO^4Mg^2 (de la Somma).	O	0,5865 0,4657	+	c	b	2V 86° 1' 86°10' 86°32'	rouge jaune bleu	1,657 1,659 1,670			rouge jaune bleu	Des Cloizeaux (*Sav. étr.*, t. XVIII, p. 591, 1867 et *Man. de Minér.*, t. II, p. IX; 1874).
Id. 0,987 Mg 0,013 Fe						2V 85°38' 85°44'½ 85°56'	*Li* D *Tl*					Arzruni (*Gr. Zeits.*, t. XXV, p. 475; 1895).
II. — *Olivine.* $SiO^4(MgFe)^2$ (de Torre del Greco).	O	0,5865 0,4657	+	c	b	2V 88°54' $\rho < \upsilon$	jaune moy.	1,697	1,678	1,661	jaune moy.	Des Cloizeaux (*Man. de Minér.*, t. I, p. 131; 1862).
(de l'Inde).								1,6894	1,6703	1,6535	D	Zimányi (*Gr. Zeits.*, t. XXII, p. 338; 1894).
(du Nouveau-Mexique). 0,087 Fe 0,913 Mg			+	c	b	2V 88°36'	D					Penfield et Forbes (*Amer. J. of Sc.* (4e s.), t. I, p. 132; 1896).
(d'Égypte ?). 0,093 Fe 0,907 Mg			+	c	b	2V 88°41'	D					
(d'Hawaii). 0,105 Fe 0,895 Mg			+	c	b	2V 88°58'	D					
(du Vésuve). 0,13 Fe 0,87 Mg			−	b	c	2V 89°42'	D					
(d'Auvergne). 0,134 Fe 0,866 Mg			−	b	c	2V 89°36'	D		1,6916			
Var. Hortonolite (de Monroë). 0,58 Fe 0,42 Mg			−	b	c	2V 69°24' $\rho > \upsilon$	D	1,8031	1,7915	1,7684	D	
III. — *Fayalite.* SiO^4Fe^2 [de Rockport (Mass.)].	O	0,579 0,458	−	b	c	2V 49°50' $\rho > \upsilon$	D	1,8736	1,8642	1,8236	D	

NOM ET FORMULE	SYSTÈME cristallin	PARAMÈTRES	SIGNE OPTIQUE	BISSECTRICES aiguë	BISSECTRICES obtuse	ANGLE des axes	RAIE ou couleur	n_g	n_m	n_p	RAIE ou couleur	OBSERVATEURS
IV. — *Knébelite*. (de Vester Silfberg). $SiO^4(FeMn)^2$ 0,71 Fe 0,19 Mn	O	? 0,467	—	*b*	*c*	2H 63°45' (verre) ρ > v						WEIBULL (*Tsch. Mitth.*, t. VII, p. 108; 1885).
(de Dannemora). 0,54 Fe 0,46 Mn			—	*b*	*c*	2H 59°12' (verre)						
Id.						2E 115° à 120° ρ > v	blanc					DES CLOIZEAUX (*Sav. étr.*, t. XVIII, p. 580; 1867).
V. — *Téphroïte*. SiO^4Mn^2 (de Stirling).	O	0,591 0,469	—	*b*	*c*	2E 161°48' 156°25'	rouge jaune					*Id.*, p. 609.
(de Pajsberg).						2V 77°16' 76° 6'	rouge jaune					FLINK [*Bih. till Sv. vet. Akad. Handl.*, t. XIII (2) n° 7; 1887].
VI. — *Monticellite*. $SiO^4Ca(MgFe)$ (de Magnet Cove). 0,1 Fe 0,9 Mg	O	0,586 0,567	—	*b*	*c*	2V 75°42' 75° 2' 72°58'	Li D Tl	1,6679	1,6594 1,6616 1,6653	1,6505	Li D Tl	PENFIELD et FORBES (*Amer. J. of Sc.* (4ᵉ s.), t. I, p. 131; 1899).
VII. — *Titanolivine*. $(SiTi)O^4(MgFe)^2$	O?	0,587 }? 0,466	+			2V 62°18' ρ > v	D	1,702	1,678	1,669	D	LACROIX (*Bull. Soc. Minér.*, t. XIII, p. 18; 1890).
Perowskite. TiO^3Ca	C? ps. c.	1,000 0,707				2V 90° env.	· · ·		2,38		D	DES CLOIZEAUX (*Bull. Soc. Minér.*, t. XVI, p. 222; 1893).
Pétalite $(Li^2Na^2)^3Al^8Si^{30}O^{15}$ (*Castor* de l'île d'Elbe).	M	1,1534 0,7436 β = 112°26'	+	*b*	*c* 114°56' 115°30'	2V 83°30' 83°34' 83°52'	rouge D bleu		1,5078 1,5096 1,5180		rouge D bleu	DES CLOIZEAUX [*Ann. de Ch. et Phys.* (4ᵉ s.), t. III, p. 264; 1864)].
(Pét. d'Utö).								1,516	1,510	1,504	D	MICHEL LÉVY et LACROIX (*Minér. des roches*, p. 252; 1888).
Pharmacolite. $AsO^4CaH + 2H^2O$ (artificielle).	M	0,6103 0,3525 β = 96°36'	—	*c* 67°30'	*b*	2V 77° 5' 79°24' 80°18' (*t* = 19°)	Li D Tl	1,5937	1,5891	1,5825	D	DUFET (*Bull. Soc. Minér.*, t. XI, p. 190; 1888).
Phénacite SiO^4Gl^2 (de Framont).	R	0,661.	+					1,672	1,652		rouge	DE SÉNARMONT (*Annu. du Bur. des Longit.*; 1856).
(de l'Oural).								1,6672 1,6692 1,6725	1,6513 1,6533 1,6567		C D b	GRAILICH (*Kryst.-Opt. Unters.*, p. 200; Wien, 1858).
(de Framont).								1,6673 1,6697	1,6508 1,6540 (*t* = 16°)		Li D	DES CLOIZEAUX (*Man. de Minér.*, t. II, p. IX; 1874).
(de l'Oural).								1,66639 1,66735 1,66977 1,67254 1,67451 1,67675	1,65060 1,65154 1,65394 1,65664 1,65858 1,66077 (*t* = 20°)		Li Cd1 D Cd2 Cd4 Cd5	OFFRET (*Bull. Soc. Minér.*, t. XIII; 1890). [*Pulfrich* (*Wied. Ann.*, t. XXX; 1887).]
Phosgénite $CO^3Pb.PbCl^2$ (de Monte-Foni).	Q	1,088	+					2,140	2,114		orangé	Q. SELLA *in* DES CLOIZEAUX (*Sav. étr.*, t.XVIII, p. 527; 1867).

Phosphorochalcite. *Voir* **Lunnite**.

NOM ET FORMULE.	SYSTÈME cristallin.	PARAMÈTRES.	SIGNE OPTIQUE.	BISSECTRICES aiguë.	BISSECTRICES obtuse.	ANGLE des axes.	RAIE en couleur.	INDICES PRINCIPAUX. n_g	n_m	n_p	RAIE en couleur.	OBSERVATEURS.
Phosphosidérite. $(P^2O^8Fe^2)^2 + 7H^2O$	O	0,5330 0,8772	+	c	a	2 V 62° 4'	D		1,7315		D	Bruhns et Busz (*Gr. Zeits.*, t. XVII, p. 559; 1890).
Piémontite. $H^2(CaMn)^4$ $(Mn^2Al^2Fe^2)^3Si^6O^{26}$ (de Saint-Marcel). 20 pour 100 Mn^5O^3	M	1,581 1,806 $\beta = 115°24'$	+	c 82°24' 83°19'	c 172°24' 173°19'	2 V voisin de 90°	Li D					Laspeyres (*Gr. Zeits.* t. IV, p. 443; 1880).
(de Jacobsberg). $4\frac{1}{4}$ pour 100 Mn O			−	c 175°26' 174°40'	c 85°26' 84°40'	2 V 88°40' 86°49'	rouge jaune					Flink (*Bih. till Sv. Vet. Ak. Handl. Stockholm*, t. XIII, p. 52; 1888).
Pinakiolit . $3MgO\,B^2O^3 + Mn^3O^4$	O	0,8338 0,5881	−	b	a	2 E 60° (app.)						Flink (*Gr. Zeits.*, t. XVIII, p. 365; 1890).
Pirssonite. $(CO^3Ca)(CO^3Na^2) + 2H^2O$	·O	0,56615 0,3019	+	b	a	2 E 48°16' ($t = 20°$)	D	1,5751 1,5710 1,5747 1,5789	1,5095 1,5056 1,5084 1,5115	1,5043	D Li D Tl	Pratt [*Amer. J. of Sc.*, (4ᵉ s.), t. II, p. 129; 1896].
Pollux. $2Cs^2O.2Al^2O^3.9SiO^2 + \frac{1}{2}H^2O$ (de l'île d'Elbe).	C								1,515 1,517 1,527		rouge D bleu	Des Cloizeaux (*Sav. étr.*, t. XVIII, p. 518; 1867).
(d'Hébron).									1,5215 1,5247 1,5273		Li D Tl	Penfield *in* Wells [*Am. J. of. Sc.* (3ᵉ s.), t. XLI, p. 213; 1891].
Polybasite. $(SbAs)^2S^3 + 10(AgCu)^2S$	O	0,577 0,408	−	c	b	2 E 88°15' (app.)	blanc					Des Cloizeaux (*Sav. étr.*, t. XVIII, p. 595; 1867).
Prehnite. $H^2Ca^2Al^2Si^3O^{12}$ (de Ratschinges).	O	0,8401 0,8440	+	c	a	2 V 67° (moyenne) $\rho > v$		1,649	1,626	1,616	D	Des Cloizeaux (*Bull. Soc. Minér.*, t. V, p. 127; 1882).
(de Jordansmühl).						2 V 69°22'	D					Beutell [*N. Jahrb.*, 1887 (I), p. 89].
Prismatine. $Mg^6Si^6Al^{10}O^{33}$	O	0,862 ?	−	c	b	2 V 37°34'	D	1,6818	1,6805	1,6691	D	Ussino (*Gr. Zeits.*, t. XV, p. 608; 1889).
Prosopite. $CaFl^2 + 2Al^2(Fl.OH)^6$	M (T?)	1,318 0,5912 $\beta = 93°58'$	+	c 134°	c 44°	2 V 63°30' 62°45' 59°20'	rouge jaune bleu		1,500 1,502 1,506		rouge jaune bleu	Des Cloizeaux (*Sav. étr.*, t. XVIII, p. 703; 1867).
Proustite. Ag^3AsS^3	R	0,788	−					2,9789 3,0877		2,7113 2,7924	Li D	Des Cloizeaux et Fizeau (*Sav. étr.*, t. XVIII, p. 714; 1867).
Pseudobrookite. $Fe^4(TiO^4)^3$ (?)	O	0,5062 0,5759	+	a	b	2 H 84°30' $\rho < v$ (dans le verre)						Lattermann (*Tscherm. Mitth.*, t. IX, p. 47; 1887).
Pyrénéite. Pyrope. } *Voir* **Grenats.**												
Pyrophanite. TiO^3Mn	R	1,369	−					2,4414 2,4810		2,21 (app.)	Li D	Hamberg (*Geol. Fören. Förhandl.*, t. XII, p. 567; 1890).

NOM ET FORMULE.	SYSTÈME cristallin.	PARAMÈTRES.	SIGNE OPTIQUE.	BISSECTRICES aiguë.	BISSECTRICES obtuse.	ANGLE des axes.	RAIE ou couleur.	$n_g.$	$n_m.$	$n_p.$	RAIE ou couleur.	OBSERVATEURS.
Pyrophyllite. $H^2Al^2Si^4O^{12}$ (de l'Oural)	O	?	—	c	?	2 E 108°10' ρ > υ	rouge		1,58			Des Cloizeaux (*Man. de Minér.*, t. I, p. 189; 1862). Michel Lévy et Lacroix (*Minér. des roches*, p. 255; 1888) (*indice*).
Pyroxènes. I. *Pyr. rhombiques.* A. — Enstatite. SiO^3Mg (de Moravie) [0,96 Mg 0,04 Fe]	O	0,9702 0,5710	+	c	a	2 V 69°42'	D	1,665	1,659	1,656	D	Des Cloizeaux (*Man. de Minér.*, t. I, p. 540; 1862) (*axes*). Mallard (*Bull. Soc. Minér.*, t. XI, p. 304; 1880) (*indices*).
						2 V 70°	D	1,674	1,669	1,665	D	Offret *in* Michel Lévy et Lacroix (*Minér. des roches*, p. 261; 1888).
[d'Alnekloodal (Norvège)]. [0,93 Mg 0,07 Fe]						2 V 77°19',5 76°54'	Li D	1,6715	1,6658	1,6607	D	Johanssen [*Bih. till Sv. Vet. Ak. Handl.* (2ᵉ s.), t. XVII, n° 4; 1892].
B. — Bronzite $SiO^3(MgFe)$ (de Kupferberg).			+	c	a	2 V 79°40'	rouge		1,668		rouge	Des Cloizeaux (*Sav. étr.*, t. XVIII, p. 555; 1867).
(de Fiskernäs). [0,91 Mg 0,09 Fe]			+	c	a	2 V 79°						Ussino (*Gr. Zeits.*, t. XV, p. 615; 1889).
C. — Hypersthène $SiO^3(MgFe)$ (de Lauterbach). [0,84 Mg 0,16 Fe]			—	a	c	2 V 85°4' ρ > υ	rouge		1,685		rouge	Des Cloizeaux (*Man. de Minér.*, t. II, p. XVI; 1874).
(du fer météorique de Breitenbach). [0,80 Mg 0,20 Fe]			—	a	c	2 H 98°38' 98°52' 99°43'	rouge jaune vert					Id., *id.*, p. xv.
(de Farsund). [0,75 Mg 0,25 Fe]			—	a	c	2 V 81°46' ρ > υ	rouge		1,695		rouge	Id. (*Sav. étr.*, t. XVIII, p. 576; 1867).
[du Capucin (Mont-Dore)]. [0,47 Mg 0,53 Fe]			—	a	c	2 E 101°47' 101° 7' 100°58'	rouge jaune vert					Id. (*Man. de Min.*, t. II, p. XVIII; 1874).
(de Bodenmais). [0,68 Mg 0,32 Fe]			—	a	c	2 H 83°46' 81°27' [$n_H = 1°,51$]	rouge vert					Becke (*Tsch. Mitth.*, p. 60; 1880).
var. Szaboïte (d'Aranyer-Berg). [0,675 Mg 0,325 Fe]			—	a	c .	2 H 84°18'	D					Krenner (*Gr. Zeits.*, t. IX, p. 259; 1884).
(des cendres du Krakatoa). [0,47 Mg 0,53 Fe]			—	a	c	2 H 79°48'	D					Id. (*Termész. Közlöny*, t. XVI, p. 258; 1884).
(du Labrador).								1,705	1,702	1,692	D	Michel Lévy et Lacroix (*Minér. des roches*, p. 262; 1888).
								1,7270		1,7158	'D	Wolff *in* Rosenbusch (*Mikr. Physiogr.* (3ᵉ éd.), p. 452; 1892).
(de Soggendal).									1,7125			Sanger, *id.*
II. *Pyroxènes propr. dits.* A. — Diopside. $2SiO^3.CaMg$.	M	1,0948 0,5919 β = 106°1'	+	c 39°15' 39°14' 39° 8' 39° 1'	c 129°15' 129°14' 129° 8' 129° 1'	2 V 59° 8' 58°57' 58°41',5 58°10'	rouge jaune vert bleu		1,6781 1,6814 1,6857 1,6937		rouge jaune vert bleu	Heusser (*Pogg. Ann.*, t. XCI, p. 501; 1854). [Tschermak (*Tsch. Mittheil.*, t. I, p. 23; 1871).]

NOM ET FORMULE.	SYSTÈME cristallin.	PARAMÈTRES.	SIGNE OPTIQUE.	BISSECTRICES aiguë.	BISSECTRICES obtuse.	ANGLE des axes.	RAIE ou couleur.	n_g	n_m	n_p	RAIE ou couleur.	OBSERVATEURS.
(d'Ala).				c 38°54'	c 128°54'	2V58°54	jaune moy.	1,7026	1,6798	1,6727	jaune moy	Des Cloizeaux (*Man. de Minér.*, t. I, p. 55; 1862).
				38°54'45" 38°53'55" 38°50(1) 38°45'35" 38°39'10" (1)(admis)		2V59° 8'40" 59° 8'35" 59° 7' 59° 3'20" 59° 1'20" (minim.)	Li C D Tl F	1,6956 1,6962 1,6996 1,7035 1,7077	1,6738 1,6744 1,6776 1,6812 1,6850	1,6669 1,6675 1,6707 1,6742 1,6780	Li C D Tl F	Dufet (*Bull. Soc. Minér.*, t. X, p. 214; 1887).
				c 38°47' 38°41' 38°37'		2V59°28' 59°15' 58°58'	Li D Tl	1,6944 1,6984 1,7025	1,6726 1,6764 1,6800	1,6657 1,6695 1,6730	Li D Tl	Wülfing (*Habil.-Schrift d. Un. Tübingen.* Heidelberg; 1891).
				c 38"49'		59°18'	D		1,67506		D	Schmidt (*Gr. Zeits.*, t. XXI, p. 12; 1892).
(de Nordmarken). Type V de Flink (limpide). [0,92 Mg 0,08 Fe]				c 38°11',5 38° 3',5 37°54',5		2V59° 9' 58°52' 58°40'	rouge jaune vert		1,6898 1,6936 app. 1,6987		rouge jaune vert	Flink (*Gr. Zeits.*, t. XI, p. 485; 1886).
				c 39°12' 39°6',5 39°3'		2V58°52' 58°43' 58°30'	Li D Tl	1,6962 1,7000 1,7045	1,6744 1,6780 1,6818	1,6675 1,6710 1,6749	Li D Tl	Wülfing (*loc. cit.*).
(de Nordmarken). Type IV de Flink (jaune verdâtre clair). [0,89 Mg 0,11 Fe].				c 38°54' 38°45' 38°38'		2V59° 9' 58°57' 58°46'	rouge jaune vert		1,6913 1,6959 app. 1,6978		rouge jaune vert	Flink (*loc. cit.*).
				c 39°41' 39°35' 39°30'		2V59°12' 58°57' 58°44'	Li D Tl	1,6990 1,7029 1,7057	1,6767 1,6804 1,6838	1,6697 1,6734 1,6770	Li D Tl	Wülfing (*loc. cit.*).
(de Nordmarken). Type III de Fl. (vert d'herbe). [0,88 Mg 0,12 Fe].				c 39° 7' 39° 1' 38°55'		2V59° 6',5 58°56',5 58°47'	rouge jaune vert		1,6889 1,6959 app. 1,7003		rouge jaune vert	Flink (*loc. cit.*).
(de Nordmarken). Type II de Fl. (vert foncé). [0,74 Mg 0,26 Fe].				c 41°47' 41°41' 41°37'		2V59°18' 59°11' 59° 6'	rouge jaune vert		1,7005 1,7047 1,7106		rouge jaune vert	Id. Id.
(de Krimmlerachenthal). [0,67 Mg 0,33 Fe].				c 46"40'		2E111°32' app.	D					Von Zepharovich (*Naturw. Jahrb.* « Lotos », t. VII (N. F.), p. 159; 1885).
(de Taberg), vert. [0,90 Mg 0,10 Fe].				c 41°24'		2V59°34' 59°22' 59° 2'	Li D Tl	1,7029 1,7052 1,7178	1,6805 1,6835 1,6956	1,6730 1,6765 1,6847	rouge D bleu	Nordenskiöld (*Geol. Fören. Förhandl.*, t. XII, p. 348; 1890).
(d'Achmatowsk). blanc [0,93 Mg 0,007 Fe]. Id. vert [0,88 Mg 0,12 Fe]. (de Zillerthal). vert [0,91 Mg 0,09 Fe].				c 38°34' c 39°53' c 39° 4'		2V58°45' 59° 1' 58°56'	D D D		1,6886? 1,6841 1,6795		D D D	Schmidt (*Gr. Zeits.*, t. XXI, pp. 20, 25, 44; 1892).
(de Zöptau).				c 40°14'		2V61°12'	D		1,6943		D	Graber (*Tscherm. Mitth.*, t. XIV, p. 265; 1894).
[de De Kalb (New-York)]. (de Schwarzenstein).						2V60" 3'	D	1,6961 1,6991	1,6745 1,6768	1,6674 1,6701	D D	Zimányi (*Gr. Zeits.*, t. XXII, p. 343; 1894).
vert [de Russell (St-Lawrence Co)] 2,42 pour 100 Al2O3				c 37°		2V58°56'	D	1,6940	1,6718	1,6626	D	Riess (*Ann. of New-York Acad. of Sc.*, t. IX, p. 126-178; 1896).
blanc [de Port Henry (Essex Co)] 1,12 pour 100 Al2O3				c 41°		2V56°30'	D	1,6902	1,6730	1,6683	D	
[de De Kalb (St-Lawrence Co) 0,75 pour 100 Al2O3 (*Voir* la suite au verso.)				c 40°		2V59°30'	D	1,7013	1,6852	1,6749	D	

NOM ET FORMULE.	SYSTÈME cristallin.	PARAMÈTRES.	SIGNE OPTIQUE.	BISSECTRICES aiguë.	BISSECTRICES obtuse.	ANGLE des axes.	RAIE ou couleur.	INDICES PRINCIPAUX. n_g.	n_m.	n_p.	RAIE ou couleur.	OBSERVATEURS.
[de Sing-Sing (West-chester Co)] 4,11 pour 100 Al^2O^3				c 40°		2 V 59°	D	1,7025	1,6848	1,6778	D	
vert [de Pitcairn (St-Lawrence Co)] 3,09 pour 100 Al^2O^3				e 41°30'		2 V 59°40'	D	1,7036	1,6843	1,6806	D	
B. — Diallage. (Ca Mg Fe) Si O^3.	M	1,090 0,589 β = 105°49'	+	c 43° moy.	c 133°	2 V 54°	D	1,703	1,681	1,679	D	Michel Lévy et Lacroix (*Minér. des roches*, p. 263; 1888).
C. — Hédenbergite. Ca(FeMg)2 Si O^3 (de Nordmarken). Type I de Flink [0,4 Mg 0,6 Fe].	M	1,0918 0,5856 β = 105°40'	+	c 44°38'	c 134°38'	2 V 60°44' 60°36' 60°29'	rouge jaune vert		1,7166 1,7243 1,7298		rouge jaune vert	Flink (*Gr. Zeits.*, t. XI, p. 449; 1886). [*Tschermak* (*Tsch. Mittheil.*, t. I, 1696)].
				c 44°48',5 44°42' 44°35',5		2 V 60°37' 60°28' 60°19'	Li D Tl	1,7244 1,7271 1,7326	1,7028 1,7057 1,7103	1,6956 1,6986 1,7030	éosine λ=650 D Tl	Wülfing (*Habil.-Schrift d. Un. Tübingen*; Heidelberg, 1891).
(de Tunaberg). [0,2 Mg 0,8 Fe].				c 47° 8' " 47°10' 47° 2'	c 137°8'	2 V 59°48' " 59°52' 59°32'	Li D Tl	" 1,7472 1,7506 1,7573	1,7319 1,7340 1,7366 1,7411	" 1,7297 1,7320 1,7359	Li éosine λ=650 D Tl	Id., *id.*
verte (de Nordmarken)				c 45°21'	135°21'	2 V 60°44'	D		1,71625 (*t* = 22°)		D	Schmidt (*Gr. Zeits.*, t. XXI, p. 20; 1892).
D. — Augite Ca (FeMg) [Si O^3]² + x(Al² Fe²) O^3 x = 0,1 à 0,3 (de Borislau) (I). (de Frascati) (II).	M	1,090 0,589 β = 105°49'	+	c 45°30' c 54°	c 135°30' c 144°	2 V 61° 2 V 68°		(I) (II)				Tschermak (*Tsch. Mittheil.* t. I, p. 29; 1871).
(de Bohême).				c 46°40'	c 136°40'	2 V 59°28'						Osann *in* Rosenbusch [*Mikr. Physiogr.* (3ᵉ éd.), p. 517; 1892].
(d'Auvergne) (I et II).								(I) 1,733 (II) 1,728	1,717 1,712	1,712 1,706	D D	Michel Lévy et Lacroix (*Minér. des roches*, p. 265; 1888).
vert olive (de Pojana).								1,713	1,701	1,688	D	Zimányi (*Gr. Zeits.*, t. XXII, p. 342; 1894).
vert foncé (de Renfrew). Ca [Mg Fe] [Si O^3]² + 0,17 [Al Fe]² O^3 [Mg 0,8, Fe 0,2]		β = 105°30'	+	c 44°32' 44°37' 44°53' 45° 3' 45°18' 45°39'	c 134°32' 134°37' 134°53' 135° 3' 135°18' 135°39'	2 V 61°34' 61°33' 61°12' 60°45' 60° 9' 59°12'	B C D E F G	1,7169 1,7188 1,7227 1,7284 1,7330 1,7422 1,7467	1,6990 1,7006 1,7039 1,7093 1,7138 1,7231 1,7278	1,6928 1,6943 1,6975 1,7029 1,7075 1,7170 1,7218	B C D E F G h	Wülfing (*Tsch. Mittheil.*, t. XV, p. 29; 1895).

Quartz. *Voir* Table XI (II), p. 427.

NOM ET FORMULE.	SYSTÈME cristallin.	PARAMÈTRES.	SIGNE OPTIQUE.	BISSECTRICES aiguë.	BISSECTRICES obtuse.	ANGLE des axes.	RAIE ou couleur.	n_g.	n_m.	n_p.	RAIE ou couleur.	OBSERVATEURS.
Rhodonite. Si O^3 Mn	T	1,0727 0,5210 α = 76°42' β = 71°16' γ = 81°39'	−	51°47' avec normale à m(1̄10) et 51°40' avec normale à p(001) en arrière.	50°7' avec normale à m(1̄10) et 86°55' avec normale à p(001) en avant.	2 V 75°57' 76°12' 76°22'	Li D Tl					Flink (*Gr. Zeits.*, t. XI, p. 516; 1886).

NOM ET FORMULE.	SYSTÈME cristallin.	PARAMÈTRES.	SIGNE OPTIQUE.	BISSECTRICES aiguë.	BISSECTRICES obtuse.	ANGLE des axes.	RAIE ou couleur.	INDICES PRINCIPAUX. n_g	n_m	n_p	RAIE ou couleur.	OBSERVATEURS.
Richtérite. *Voir* **Amphiboles.**												
Rinkite. $Fl^8 Ti^4 Ce^3 Ca^{11} Na^9 (SiO^4)^{12}$	M	1,5688 0,2922 $\beta = 91°13'$	+	$c\,82°30'$	b	2 E 73°58' 77°53' 78° 6'	rouge blanc bleu	1,6627 1,6682 1,6727	1,6595 1,6654 1,6693		Li D Tl	Osann *in* Rosenbusch [*Mikros. Physiogr.*(3ᵉ éd.), p. 617; 1892].
Rittingérite. *Voir* **Xanthoconite.**												
Roemérite. $SO^4 Fe.(SO^4)^3 Fe^2 + 15 H^2 O$	T	0,9682 2,6329 $\alpha = 116° 2'$ $\beta = 94°41'$ $\gamma = 80° 8'$	−	30° avec norm. à (001)		2 H 57°45'	D					Flink (*Gr. Zeits.*, t. XV, p. 24; 1889).
Rutile. TiO^2 (de Syssert).	Q	0,9110	+					2,8415 2,9029 2,9817	2,5671 2,6158 2,6727		Li D Tl	Baerwald (*Gr. Zeits.*, t. VII, p. 168; 1883).
Saphirine. $Mg^5 Al^{12} Si^2 O^{21}$	M	0,65 0,93 $\beta = 100°30'$	−	$c\,81°30'$	$c\,171°30'$	2 V 68°49' $\rho < \upsilon$	D	1,7112	1,7088 1,712	1,7055	rouge D	Ussing (*Gr. Zeits.*, t. XV, p. 603; 1889).
Scapolite. $Ca^4 Al^6 Si^6 O^{25}$ $+ p\,Na^4 Al^3 Si^2 O^{24} Cl$ [p voisin de 1]. (d'Arendal). (I) limpide, (II) un peu trouble.	Q	0,621	−					(I) 1,566 (II) 1,5863 1,5894 1,5697		1,545 1,5522 1,5548 1,5485	rouge {éosine λ=65o D D	Des Cloizeaux (*Man. de Minér.*, t. I, p. 224; 1862). Wülfing *in* Rosenbusch [*Mikros.Physiogr.*(3ᵉ éd.), p. 360; 1892]. Zimányi (*Gr. Zeits.*, t. XXII, p. 336; 1894).
(de Hallesta).								1,594		1,557	D	Lacroix (*Bull. Soc. Minér.*, t. XII, p. 357; 1889).
(de Christiansand).								1,592		1,555	D	
(de Malsjö).								1,588		1,553	D	
(d'Arendal).								1,583		1,554	D	
(de Laurin-Kari).								1,583		1,553	D	
(de Pargas).								1,577		1,550	D	
(d'Ersby).								1,570		1,547	D	
Var. *Nuttalite* [de Bolton (Massach.)]								1,588		1,552	D	
Id.								1,583		1,552	D	
Var. *Glaucolite* (du lac Baïkal).								1,581		1,551	D	
Scheelite. $TuO^4 Ca.$	Q	1,537	+					1,9345	1,9185		rouge	Des Cloizeaux [*Ann. des Mines* (5ᵉ s.), t. XIV, p. 348; 1858].
Scheelitine. $TuO^4 Pb$ (de Brockenhill).	Q	1,5667	−					2,2685	2,182		D	Hlawatsch (*Gr. Zeits.*, t. XXIX, p. 137; 1897).
Schefférite. $6(CaMgSi^2 O^6)(MgFeSi^2 O^6)$ $+ Mn^2 Si^2 O^6$ (de Långban).	M	1,1006 0,5926 $\beta = 106° 7'$	+	$c\,44°25'$	$c\,134°25'$	2 V 65° 3' $\rho > \upsilon$	D					Flink (*Gr. Zeits.*, t. XI, p. 494; 1886).
Scolésite. $H^6 Ca Al^2 Si^2 O^{13}$ (d'Islande).	M	0,977 0,344 $\beta = 90°30'$	−	$c\,16°29'$ 17°13'	b b	2 E 53°41' 59°37'	rouge bleu		1,502		rouge	Des Cloizeaux (*Man. de Minér.*, t. I, p. 386; 1862).
						2 V 35°22' 36°26' 37°14'	Li D Tl		1,4952		D	Schmidt (*Gr. Zeits.*, t. XI, p. 590; 1886).
(de Schattigen).						2 V 36°14'	D					

NOM ET FORMULE.	SYSTÈME cristallin.	PARAMÈTRES.	SIGNE OPTIQUE.	BISSECTRICES aiguë.	BISSECTRICES obtuse.	ANGLE des axes.	RAIE ou couleur.	n_g	n_m	n_p	RAIE ou couleur.	OBSERVATEURS.
Scorodite. $H^6Fe^2As^2O^{12}$	O	0,876 0,956	+	c	b	2 E 130°58' 129°32' 122°25' (variable)	rouge D bleu					Des Cloizeaux (*Sav. étr.*, t. XVIII, p. 599; 1867).
Sel gemme. *Voir* Table XI (IV), page 440.												
Sellaïte. $MgFl^2$	Q	0,6669	+					1,3897	1,3780		D	A. Sella [*Atti. dei Lincei* (4ᵉ s.), t. IV, p. 460; 1887].
								1,389	1,379		D	Mallard (*Bull. Soc. Minér.*, t. XI, p. 302; 1888).
Sénarmontite. Sb^2O^3	C								2,073 2,087 ($t = 17°$)		rouge D	Des Cloizeaux (*Sav. étr.*, t. XVIII, p. 519; 1867).
Serpiérite. (Sulfate basique de Cu et Zn hydraté)	O	0,8586 1,3637	−	c	b	2 E 66° $\rho < \upsilon$	rouge					Des Cloizeaux (*Bull. Soc. Minér.*, t. IV, p. 92; 1881).
Seybertite. $H^4(CaMgFe)^6(AlFe)^6Si^2O^{21}$	M ps. H	?	−	perp. à (001)	b	2 V 0° à 20°		1,658	1,657	1,646	D	Michel Lévy et Lacroix (*Minér. des roches*, p. 171; 1888).
Sidérose manganésifère (de Wolfsberg). CO^3Fe $(7,6Fe)(1,7Mn)(0,7Mg)$	R	0,8184	−					1,93409	1,62185			Ortloff (*Zeits. f. physik. Ch.*, t. XIX, p. 216; 1896).
Sillimanite. $Al^8Si^9O^{30}$ (de Saybrook)	O	0,687	+	c	b	2 E 43°9' 42°30' 38°41'	rouge jaune bleu		1,660			Des Cloizeaux (*Sav. étr.*, t. XVIII, p. 602; 1867).
								1,6788 1,6818	1,6612	1,6574 1,6603 1,6639	(cosine λ=650 D Tl	Wülfing *in* Rosenbusch [*Mikr. Physiogr.*, (3ᵉ éd.), p. 438; 1892].
								1,6770	1,6583	1,6570	D	Zimányi (*Gr. Zeits.*, t. XXII, p. 340; 1894).
(de Bamle) var. *Bamlite*.						2 E 37°55' 33°50' 28°20'	rouge vert violet					Des Cloizeaux (*Man. de Minér.*, t. I, p. 181; 1861).
(de Morlaix).						2 V 26° 22°	rouge violet	1,680	1,661	1,659	D	Michel Lévy et Lacroix (*Minér. des roches*, p. 280; 1888).
(de Salem).								1,678	1,659	1,658	D	Lacroix (*Bull. Soc. Minér.* t. XII, p. 291; 1889).
Sismondine. $H^2(FeMg)Al^2SiO^7$ (de Zermatt).	T	?	+	presque norm. à 001 [pl. des axes pr. bissecteur de $(110)(\overline{1}10)$]	// //	2 E 116° à 118° $\rho > \upsilon$	rouge					Des Cloizeaux (*Bull. Soc. Minér.*, t. VII, p. 83; 1884) (*axes*). Rosenbusch [*Mikr. Physiogr.*, (3ᵉ éd.), p. 604; 1893] (*indice*).
(du val Chisone).						101°26' 91°23'	rouge vert		1,741		blanc	
Smithsonite. CO^3Zn (d'Aix-la-Chapelle).	R	0,8063	−						1,61766		D	Ortloff (*Zeits. f. physik. Ch.*, t. XIX, p. 216; 1896).
Sodalite. $Na^4Al^2Si^3O^{12}Cl$ bleue (de Tiahuanaco). (*Voir* la suite au verso).	C								1,4796 1,4827 1,4855 1,496		Li D Tl λ=406	Feussner (*Gr. Zeits.*, t. V, p. 581; 1881).

NOM ET FORMULE.	SYSTÈME cristallin.	PARAMÈTRES.	SIGNE OPTIQUE.	aiguë.	obtuse.	ANGLE des axes.	RAIE ou couleur.	n_g	n_m	n_p	RAIE ou couleur.	OBSERVATEURS.
blanche (du Vésuve).									1,4802		Li	
									1,4833		D	
									1,4860		Tl	
									1,493		λ=406	
									(Moy. de 2 prismes).			
									1,4858		D	Tschiatscheff *in* Rosenbusch [*Mikros. Physiogr.* (3ᵉ éd.), p. 321; 1892].
bleue (de Dibro).									1,4834		D	Zimányi (*Gr. Zeits.*, t. XXII, p. 328; 1894).
incolore (de Montesanto)									1,483		D	Franco (*Gr. Zeits.*, t. XXV, p. 333; 1895).
Soufre. S [*Voir* Table XV pour var. d'ind. par la tempér.]	O	0,8107 1,9004	+	*c*	*a*			2,22145	2,02098	1,93651	B	Schrauf (*Sitzb. Akad. Wien*, t. XLI, p. 805; 1860).
								2,24052	2,03832	1,95047	D	
								2,25875	2,05443	1,96425	E	
									(Moy. de 2 prismes).			
								2,240	2,038	1,958	D	Cornu [*Ann. de Ch. et Phys.* (4ᵉ s.), t. XI, p. 385; 1867].
								($t = 17°$)				
					2 V 69"2'	rouge			2,023		Li	Des Cloizeaux (*Sav. étr.*, t. XVIII, p. 603; 1867).
					69°5'	jaune			2,043		D	
					69°13'	bleu			2,083		bleu	
								2,21578	2,01709	1,93975	Li	Schrauf (*Gr. Zeits.*, t. XVIII, p. 113; 1890).
								2,24516	2,03770	1,95791	D	
								2,27545	2,05865	1,97638	Tl	
									($t = 20°$)			
Spangolite. $Cu^6 Al SO^{10} Cl + Cl + 9 H^2O$	H	2,0108	—					1,694		1,641	vert λ=525	Penfield [*Amer. J. of Sc.* (3ᵉ s.), t. XXXIX, p. 370; 1890].

Spessartine. *Voir* **Grenats.**

NOM ET FORMULE.	SYSTÈME cristallin.	PARAMÈTRES.	SIGNE OPTIQUE.	aiguë.	obtuse.	ANGLE des axes.	RAIE ou couleur.	n_g	n_m	n_p	RAIE ou couleur.	OBSERVATEURS.
Sphène. $CaTiSiO^5$ vert clair (de Zillerthal).	M	0,755 0,854 β = 119°43'	+	*c* 50"43'	*c* 140"43' (Des Cloizeaux).	2 E 51° 3'	Li	2,0407	1,9123	1,9062	Li	Busz (*N. Jahrb. f. Min.*, 1887, Beil.-B. V, p. 330). [*Des Cloizeaux (Man. d. Min.*, t. I, p. 149; 1862).]
						45"41'	D	2,0536	1,9206	1,9133	D	
						39°53'	Tl	2,0639	1,9316	1,9278	Tl	
brun clair (du Sᵗ-Gothard).						2 E 57"20',5	Li	1,9987	1,8839	1,8766	Li	
						52"30'	D	2,0093	1,8940	1,8879	D	
						47"55'	Tl	2,0232	1,9041	1,8989	Tl	
vert clair (d'Eisbruckalp).						2 E 54"52'	Li	1,9783	1,9018	1,8973	Li	
						50°21'	D	1,9899	1,9091	1,9073	D	
						45"26',5	Tl	2,0051	1,9158	1,9122	Tl	
rougeâtre [du val Maggia (Tessin)]. (*manganésifère*)						2 E 69"2'	Li	1,9665	1,8799	1,8718	Li	
						63°27'	D	1,9788	1,8945	1,8880	D	
						58°31'	Tl	1,9931	1,9077	1,9026	Tl	
brun clair (de Wildkreuzjoch).						2 E 52"36'	Li	1,9072	1,8958	1,8889	Li	
						47"44'	D	1,9171	1,9048	1,9042	D	
						44°23'	Tl	1,9274	1,9162	1,9160	Tl	
jaune orange (du lac de Laach). (*ferrifère*)						2 E 72°10'	Li		1,8967		Li	
						68° 9'	D		1,9076		D	
						62°53'	Tl		1,9188		Tl	
brun foncé (d'Arendal).						2 E 76°28'	Li					
						71"17'	D					
						66°24'	Tl					
brun foncé [de Renfrew (Canada)]. (*ferrifère et aluminifère*)						2 E 90"57'	Li					
						85°59'	D					
						80°18'	Tl					

(*Voir* la suite au verso.)

NOM ET FORMULE.	SYSTÈME cristallin.	PARAMÈTRES.	SIGNE OPTIQUE.	BISSECTRICES aiguë.	BISSECTRICES obtuse.	ANGLE des axes.	RAIE ou couleur.	n_g	n_m	n_p	RAIE ou couleur.	OBSERVATEURS.
brun foncé [de Grenville (Canada)].						2 E 94°11',5 88°16',5 85°29'	Li D Tl					
brun foncé [de Monroë (Michigan)]. (*très ferrifère*)						2 E 63°52' 60°13',5 56°29'	Li D Tl					
Var. *Keilhauite*. $15(CaSiTiO^5)$ $+ (Al.Fe.Y.)^2(SiTi)O^5$						2 E 112°31' 108°34' 106°37'	Li D Tl					
Spinelle. $MgAl^2O^4$ rose.	C								1,7121 1,7155 1,7261		Li D bleu	Des Cloizeaux (*Sav. étr.*, t. XVIII, p. 713; 1867).
rouge (de Ceylan).									1,7167		D	Zimányi (*Gr. Zeits.*, t. XXII, p. 328; 1891).
bleu (d'Aker).									1,7200		D	
bleu (de Ceylan). 2 cristaux.								(I) 1,7171 1,7201 1,7240 1,7272	(II) 1,7206 1,7257 1,7323		rouge jaune vert bleu	(1) Bauer [*N. Jahrb. f. Min.* (1), p. 282; 1895]. (II) Busz *in* Bauer (*loc. cit.*).
Spodumène. *Voir* **Triphane.**												
Staurotide. $(AlFe)^8Si^3O^{18}$ du Saint-Gothard).	O	0,4723 0,6806	+	c	b	2 V 88°48' ρ > υ	rouge		1,749		rouge	Des Cloizeaux (*Man. de Minér.*, t. I, p. 183; 1862).
								1,746	1,741	1,736	D	Michel Lévy et Lacroix (*Minér. d. Roches*, p. 284; 1888).
Stilbite. $H^{12}CaAl^2Si^6O^{22}$	O	0,9282 0,7555	-	c	a	2 E 51°10' 52° 0'	rouge bleu	1,500	1,498	1,494	D	Des Cloizeaux (*Man. de Minér.*, t. I, p. 416; 1862) (*axes*). Michel Lévy et Lacroix (*Minér. d. Roches*, p. 318; 1888)(*indices*).
Stolzite. *Voir* **Scheelitine.**												
Strontianite. CO^3Sr	O	0,6092 0,7237	-	c	b	2 E 12°17' 12°24'	rouge bleu					Des Cloizeaux (*Man. de Minér.*, t. II, p. 84; 1871).
(de Léogang).						2 E 10°30' 10°36' 10°54'	Li D Tl	$\frac{n_g+n_m}{2}=1,659$ 1,667 1,670	1,514 1,515 1,519		Li D Tl	Buchrucker (*Gr. Zeits.*, t. XIX, p. 151; 1891).
								1,665	1,664	1,518	D	Mallard (*Bull. Soc. Minér.*, t. XVIII, p. 12; 1895).
Struvite. $PO^4(AzH^4)Mg + 6H^2O$	O	0,5664 0,9121	+	b	a	2 E 60°30' ρ < υ						Von Lang (*Sitzb. Akad. Wien*, t. XXXI (II), p. 103; 1858).
						2 E 46°32' 47°30' 48°46' [t = 12°]	rouge jaune violet		1,497 1,502 [t = 18°] $\left[\frac{\partial E}{\partial t}=2',87(1+0,0035t)\right]$ [t = 6° à 95°]		rouge D	Des Cloizeaux [*Ann. des Mines* (5ᵉ s.), t. XIV, p. 366; 1858] (*axes*) (*Sav. étr.*, t. XVIII, p. 605; 1867)(*indices et variation de E*).
(de Hombourg).						2 E 59°40' 60°56'	Li D					Kalkowsky (*Gr. Zeits.*, t. XI, p. 2; 1886).
St. artificielle.						2 E 60°						Sully (*Min. Magaz.*, t. VIII, p. 279; 1889).

NOM ET FORMULE.	SYSTÈME cristallin.	PARAMÈTRES.	SIGNE OPTIQUE.	BISSECTRICES aiguë.	BISSECTRICES obtuse.	ANGLE des axes.	RAIE ou couleur.	n_g	n_m	n_p	RAIE ou couleur.	OBSERVATEURS.
Sulfoborite. $3SO^4Mg.2B^4O^9Mg^3 + 12H^2O$	O	0,6196 0,8100	−	c	a	2 V 86"42' 86°52' 86"50'	Li D Tl	1,5443	1,5362	1,5272	D	BÜCKING (Sitzb. Akad. Berlin, p. 967; 1893).
Sylvine. *Voir* Table XI (V), p. 445.												
Symplésite. $(AsO^4)^2Fe^3 + 8H^3O$	M	0,7806 0,6812 β = 107°17'	+	c 31°48'	b	2 H_o 107"28'	D					KRENNER (*Természetrajzi Füzetek*, t. X, p. 83; 1886).
Syngénite. $SO^4Ca + SO^4K^2 + H^2O$ [*Voir* Table XV pour variation de l'angle des axes par la température.]	M	0,775 ? β = 103°51'	·	c 90" ±2"45'	b	2 E 41°36' 44°23' 45"37' 49"45' [$t = 20°$]	rouge D vert bleu					TSCHERMAK (*Tsch. Mittheil.*, t. II, p. 197; 1872).
						2 E 41"33' 44°40' 48" 6' [$t = 20°$]	Li D bleu	1,5158 1,5181 1,5248			Li D bleu	MÜGGE (*N. Jahrb. f. Min.*, p. 268; 1895).
Tabaschir. $SiO^2 + aq$	am.							Non imb. 1,119	Imb. d'eau. 1,364		rouge	DES CLOIZEAUX (*Man. de Minér.*, t. I, p. 23; 1862).
Talc. $H^2Mg^3Si^4O^{12}$ (de Pennsylvanie) (*indices*) (de Rhode-Island) (*axes*)	O	0,5774 ?	−	c	b	2 E 19° 1' 17"56'	rouge bleu	1,589	1,589	1,539	D	DES CLOIZEAUX (*Sav. étr.*, t. XVIII, p. 609; 1867) (*axes*). ZIMÁNYI (*Gr. Zeits.*, t. XXII, p. 311; 1894) (*indices*).
Tellurite. TeO^2 (de Facabaja).	O	0,4596 0,4650	+	c	b	2 H_o 140" 8' ($n_u = 1,6567$)	D					KRENNER (*Termész. Füs.*, t. X, pp. 81 et 106; 1886).
Téphroïte. *Voir* Péridots, V.												
Thaumasite. $SiO^3Ca + CO^3Ca$ $+ SO^4Ca + 15H^2O$ (d'Areskuta).	H		−					1,503	1,467		D	BERTRAND (*Geöl. För. Förhandl.*, Stockholm, t. IX, p. 131; 1887).
								1,507	1,468		D	MICHEL LÉVY et LACROIX (*Minér. d. Roches*, p. 286; 1888).
[de West Paterson (N. J.)].								1,519	1,476		D	PENFIELD et PRATT [*Amer. J. of Sc.* (4e s.), t. I, p. 229; 1896].
Thenardite. SO^4Na^2 (d'Espagne).	O	0,5918 1,250	+	b	a	2 V 83° 5' 82"52' 82"39'	rouge vert bleu		1,470 1,475 1,483		rouge vert bleu	DES CLOIZEAUX (*Sav. étr.*, t. XVIII, p. 610; 1867).
[d'Aguas Blancas (Chili)].						2 V 83"38' 83"35' 83"32'	Li D Tl					BAERWALD (*Gr. Zeits.*, t. VI, p. 40; 1882).
Thomsénolite. $NaCaAlFl^6 + H^2O$	M	1,0013 1,0897 β = 90"48'	−	c 47"48'	b	2 E 76"21' 76"42' 77"54'	rouge jaune vert					DES CLOIZEAUX (*Bull. Soc. Minér.*, t. V, p. 314; 1882).
		0,9973 1,0333 β = 93°12'	−	c 52"22'	b	2 E 69°10' 69"36'	rouge jaune					KRENNER (*Math. u. Nat. Ber. aus Ungarn*, t. I, p. 162; 1883).

NOM ET FORMULE.	SYSTÈME cristallin.	PARAMÈTRES.	SIGNE OPTIQUE.	BISSECTRICES aiguë.	BISSECTRICES obtuse.	ANGLE des axes.	RAIE ou couleur.	n_g	n_m	n_p	RAIE ou couleur.	OBSERVATEURS.
Thomsonite. $H^{10}(Na^2Ca)^2Al^4Si^4O^{21}$ (de Bohême).	O	0,9884 1,3724	+	b	a	2 E 85°45' 88°36'	rouge bleu		1,503		rouge	Des Cloizeaux (*Man. de Minér.*, t. I, p. 374; 1862). [*Lacroix* (*Bull. Soc. Minér.* t. X; 1887).]
(de Dumbarton).						2 E 82° 9' 84°25' (moy.)	rouge bleu					
(de la Somma).						2 E 86° 89°53'	rouge bleu					
(de Fassa).						2 E 93°25' 96°53'	rouge bleu					
Topaze. $Al^2Si(OFl^2)^5$ incolore [de Schneckenstein(Saxe)]. (*Voir* Table XV pour var. d'indice par la tempér.).	O	0,5285 0,4770	+	c	a	2 E 114°13' 113°38'	rouge vert	1,62320 1,62740	1,61644 1,62071	1,61400 1,61835	rouge vert	Des Cloizeaux (*Man. de Minér.* t. I, p. 475; 1862).
						2 V 63°50'	a	1,62070	1,61384	1,61122	a	Mülheims (*Gr. Zeits.*, t. XIV, p. 225; 1888).
						63°31'	B	1,62167	1,61483	1,61220	B	
						63°10'	C	1,62260	1,61538	1,61315	C	
						62°33'	D	1,62500	1,61809	1,61549	D	
						61°51'	E	1,62788	1,62091	1,61838	E	
								1,62849	1,62156	1,61907	b_4	
						61° 9'	F	1,63031	1,62339	1,62094	F	
								1,6186	1,6113	1,6087	Li	Offret (*Bull. Soc. Minér.*, t. XIII, p. 616; 1890).
								1,6194	1,6121	1,6095	Cd 1	
								1,6213	1,6141	1,6114	D	
								1,6236	1,6163	1,6137	Cd 2	
								1,6253	1,6181	1,6154	Cd 4	
								1,6272	1,6199	1,6173	Cd 5	
								(Moyenne, $t = 19°$)				
								1,6250	1,6180	1,6156	D	Zimányi (*Gr. Zeits.*, t. XXII, p. 339; 1894).
						2 V 63°14' 62°59' 62°50'	Li D Tl					Thaddéeff (*Gr. Zeits.*, t. XXIII, p. 544; 1894).
[d'Altenberg (Saxe)].								1,6165	1,6101	1,6075	rouge	Groth (*Zeits. d. Geol. Ges.*, t. XXII, p. 399; 1870).
								1,6207	1,6142	1,6115	jaune	
								1,6238	1,6172		vert	
								1,6268	1,6199	1,6171	bleu	
[de Saxe (?)].								1,62510	1,61808	1,61559	D	Feuszner (*Inaug. Diss.*, Marbourg; 1882).
(de Nertschinsk).						2 V 66° 6',5	a	1,61838	1,61187	1,60915	a	Mülheims (*loc. cit.*). [*Ramsay* (*Gr. Zeits.*, t. XII, p. 216; 1887).]
						66° 1',5	B	1,61926	1,61273	1,61000	B	
						65°56',5	C	1,62019	1,61365	1,61091	C	
						65°30',5	D	1,62252	1,61597	1,61327	D	
						64°59',5	E	1,62542	1,61882	1,61615	E	
								1,62608	1,61947	1,61680	b_4	
						64°30'	F	1,62792	1,62134	1,61870	F	
[d'Adun Tschilon (Nertschinsk)].						2 V 64°54' 64°45' 64°25'	Li D Tl					Thaddéeff (*loc. cit.*).
(des monts Ilmen).						2 V 65°52' 65°35' 65°17'	Li D Tl					
incolore (du Brésil).						2 E 100°4'	blanc	1,61791	1,61049	1,60840	B	Rudberg (*Pogg. Ann.*, t. XVII, p. 1; 1829).
								1,61880	1,61144	1,60935	C	
								1,62109	1,61375	1,61161	D	
								1,62408	1,61668	1,61452	E	
								1,62652	1,61914	1,61701	F	
								1,63123	1,62365	1,62154	G	
								1,63506	1,62745	1,62539	H	
						2 E 120°40'	jaune	1,6224	1,6150	1,6120	jaune	Des Cloizeaux (*Man. de Minér.*, t. I, p. 175; 1862).
								1,6236	1,6174	1,6149	vert	

NOM ET FORMULE.	SYSTÈME cristallin.	PARAMÈTRES.	SIGNE OPTIQUE.	BISSECTRICES aiguë.	BISSECTRICES obtuse.	ANGLE des axes.	RAIE ou couleur.	n_g	n_m	n_p	RAIE ou couleur.	OBSERVATEURS.
jaune (du Brésil).								1,6356	1,6291	1,6275	Li	PULFRICH (Wied. Ann., t. XXX, p. 501; 1887).
								1,6387	1,6325	1,6305	D	
								1,6416	1,6351	1,6330	Tl	
rougeâtre (du Brésil ?).								1,6338	1,6274	1,6257	Li	
								1,6369	1,6303	1,6288	D	
								1,6390		1,6310	Tl	
jaune (?) (du Brésil).								1,63321	1,62655	1,62504	a	MÜLHEIMS (loc. cit.).
						2 V 50°30'	B	1,63409	1,62740	1,62589	B	
						50°5'	C	1,63503	1,62837	1,62688	C	
						49°37'	D	1,63747	1,63077	1,62936	D	
						49°9'	E	1,64067	1,63389	1,63250	E	
								1,64114	1,63443	1,63304	b_4	
						48°32'	F	1,64313	1,63638	1,63504	F	
jaune (du Brésil).								1,6351	1.6284	1,6276	Li	OFFRET (loc. cit., p. 607).
								1,6359	1,6292	1,6284	Cd (1)	
								1,6379	1,6313	1,6306	D	
								1,6404	1,6337	1,6330	Cd 2	
								1,6421	1,6355	1,6348	Cd 4	
								1,6441	1,6375	1,6368	Cd 5	
								[Moy. $t = 19°$]				
incolore (d'Utah).						2 V 67°18'	D	1,6148	1,6075		rouge	ALLING [Amer. J. of Sc. (3° s.), t. XXXIII, p. 146; 1887].
								1,6176	1,6104	1,6072	D	
incolore (du Damaraland).						2 E 120°43'	Li			1,6033	Li	HINTZE (Gr. Zeits., t. XV, p. 507; 1889).
						120°30'	D			1,6064	D	
						120°21'	Tl			1,6089	Tl	
[de Minó (Japon)].						2 V 62°24'	Sr ($\lambda=641$)	1,6162	1,6142	1,6113	Sr ($\lambda=641$)	TADASU HIKI (Journ. Coll. of Sc., Imp. Univ. Japan. Tokyo, t. IX, p. 69; 1895).
						62°52'	D	1,6233	1,6178	1,6134	D	
Tourmaline. [mélange de $H^8Na^4Al^{16}B^6Si^{12}O^{65}$ et $H^6(MgFe)^{12}Al^{18}B^6Si^{12}O^{63}$] incolore (de l'île d'Elbe).	R	0,477	—					1,6479	1,6262		vert	HEUSSER (Pogg. Ann., t. LXXXVII, p. 454; 1852).
								1,6366	1,6193		D	DES CLOIZEAUX (Man. de Minér., t. I, p. 506; 1862).
								1,6397	1,6208		D	MIKLUCHO-MACLAY in Rosenbusch [Mikr. Physiog. (3° éd.), p. 419; 1892].
								1,6386	1,6202		D	ZIMÁNYI (Gr. Zeits., t. XXII, p. 334; 1894).
bleue.								1,6435	1,6222		rouge	DE SÉNARMONT (Ann. du Bur. des Long. 1856).
vert bleuâtre.								1,6415	1,6230		rouge	
verte.								1,6408	1,6203		rouge	
verte et bleue.								1,6444	1,6240		rouge	DES CLOIZEAUX (loc. cit.).
bleue.								1,6530	1,6312		D	SCHWEBEL (Gr. Zeits., t. VII, p. 158; 1883).
								1,6564	1,6343		Tl	
verte (de Sibérie).								1,6425	1,6220		D	PULFRICH (Wied. Ann., t. XXX, p. 501; 1887).
vert foncé (du Brésil).								1,6424	1,6222		D	ZIMÁNYI (loc. cit.).
verte (de la Vilate).									1,6234		Li	LACROIX (Minér. de la France, t. I, p. 80; 1893).
								1,6498	1,6261		D	
rouge (de Madagascar).								1,6616	1,6507		Li	
								1,6650	1,6536		D	
jaune (de Madagascar).								1,6346	1,6203		Li	
								1,6377	1,6231		D	

NOM ET FORMULE.	SYSTÈME cristallin.	PARAMÈTRES.	SIGNE OPTIQUE.	BISSECTRICES aiguë.	BISSECTRICES obtuse.	ANGLE des axes.	RAIE ou couleur.	n_g	n_m	n_p	RAIE ou couleur.	OBSERVATEURS.
brun rougeâtre (de Carinthie).								1,6345		1,6124	D	PULFRICH (loc. cit.).
								1,6374		1,6146	Tl	
brun foncé.							.	1,6429		1,6190	D	ZIMÁNYI (loc. cit.).
noire (du Tyrol).								1,6429		1,6195	D	
verte.								1,6420		1,6217	B	EHLERS (N. Jahrb. f. Min. Beil.-B., XI, p. 285; 1897).
								1,6424		1,6220	Li	
								1,6429		1,6225	C	
								1,6443		1,6239	$\lambda=623$	
								1,6461		1,6256	D	
								1,6469		1,6264	$\lambda=574$	
								1,6478		1,6273	$\lambda=559$	
								1,6500		1,6293	E	
								1,6516		1,6308	$\lambda=506$	
								1,6533		1,6325	F	
T. pluricolores de Schaitanka. [Cristal I, rose]								1,6277		1,6111	rouge	JENOFEJEW (Kryst. Unters. 1870. Saint-Pétersbourg).
								1,6334		1,6156	D	
								1,6348		1,6185	vert	
								1,6385		1,6243	bleu	
Cristal II — rose.								1,6307		1,6140	rouge	
								1,6339		1,6172	D	
								1,6362		1,6193	vert	
								1,6434		1,6260	bleu	
Cristal II — rouge foncé.								1,6371		1,6161	rouge	
								1,6409		1,6196	D	
								1,6439		1,6219	vert	
										1,6296	bleu	
Cristal III — rose.								1,6353		1,6120	rouge	
								1,6403		1,6167	D	
								1,6426		1,6187	vert	
Cristal III — bleu foncé.								1,6425		1,6195	rouge	
								1,6460		1,6227	D	
								1,6491		1,6257	vert	
										1,6316	bleu	
Cristal III — brun.								1,6471		1,6208	rouge	
								1,6503		1,6251	D	
								1,6558		1,6282	vert	
										1,6350	bleu	
Cristal IV — jaunâtre.								1,6347		1,6151	rouge	
								1,6382		1,6185	D	
								1,6406		1,6208	vert	
								1,6478		1,6281	bleu	
Cristal IV — couleur cannelle.								1,6432		1,6171	rouge	
								1,6453		1,6205	D	
								1,6487		1,6228	vert	
Cristal IV — couleur cannelle.								1,6405		1,6180	rouge	
								1,6438		1,6213	D	
								1,6467		1,6230	vert	
										1,6310	bleu	
Cristal V, rouge brun.								1,6317		1,6150	rouge	
								1,6350		1,6183	D	
								1,6383		1,6210	vert	
								1,6415		1,6247	bleu	
T. de l'Ile d'Elbe. I. Unicolores. incolore. (Voir la suite au verso.)								1,6411		1,6190	Li	G. D'ACHIARDI (Atti d. Soc. Tosc. d. Sc. nat., Vol. XV; 1895).
								1,6445		1,6222	D	
								1,6480		1,6259	Tl	

NOM ET FORMULE.	SYSTÈME cristallin.	PARAMÈTRES.	SIGNE OPTIQUE.	BISSECTRICES aiguë.	BISSECTRICES obtuse.	ANGLE des axes.	RAIE ou couleur.	n_g	n_m	n_p	RAIE ou couleur.	OBSERVATEURS.
id.								1,6407		1,6211	Li	G. D'ACHIARDI (Atti d. Soc. Tosc. d. Sc. nat., Vol. XV; 1895).
								1,6441		1,6242	D	
								1,6473		1,6270	Tl	
id								1,6397		1,6189	Li	
								1,6426		1,6225	D	
								1,6455		1,6254	Tl	
rose clair. [moy. de 2 cristaux]								1,6383		1,6195	Li	
								1,6415		1,6223	D	
								1,6449		1,6253	Tl	
rose.								1,6401		1,6189	Li	
								1,6440		1,6229	D	
								1,6473		1,6265	Tl	
id.								1,6388		1,6189	Li	
								1,6421		1,6221	D	
								1,6450		1,6249	Tl	
id.								1,6375		1,6184	Li	
								1,6415		1,6220	D	
								1.6449		1,6254	Tl	
rose foncé.								1,6377		1,6178	Li	
								1,6420		1,6221	D	
								1,6460		1,6260	Tl	
jaune verdâtre.								1,6417		1,6212	Li	
								1,6442		1,6230	D	
								1,6488		1,6269	Tl	
jaune vert.								1,6460		1,6246	D	

NOM ET FORMULE.	SYSTÈME cristallin.	PARAMÈTRES.	SIGNE OPTIQUE.	BISSECTRICES aiguë.	BISSECTRICES obtuse.	ANGLE des axes.	RAIE ou couleur.	n_g	n_m	n_p	RAIE ou couleur.	OBSERVATEURS.
II. Pluricolores.												
Cristal — incolore.								1,6390		1,6191	Li	
								1,6424		1,6222	D	
								1,6457		1,6250	Tl	
Cristal — rose.								1,6396		1,6200	Li	
								1,6426		1,6231	D	
								1,6460		1,6263	Tl	
Cristal — incolore.								1,6393		1,6198	Li	
								1,6422		1,6225	D	
								1,6460		1,6253	Tl	
Cristal — rose.								1,6421		1,6223	D	
								1,6458		1,6249	Tl	
jaune vert.								1,6473		1,6226	D	
								1,6507		1,6262	Tl	
Cristal — rose clair.								1,6380		1,6190	Li	
								1,6415		1,6223	D	
								1,6443		1,6251	Tl	
jaune vert.								1,6480		1,6233	D	
Cristal — rose verdâtre.								1,6414		1,6198	Li	
								1,6450		1,6226	D	
								1,6478		1,6259	Tl	
jaune vert.								1,6449		1,6203	Li	
								1,6480		1,6234	D	
								1,6515		1,6267	Tl	
Tourm. chromifère (de l'Oural).								1,6579		1,62407	Li	COSSA et ARZRUNI (Gr. Zeits., t. VII, p. 11; 1883).
										1,63733	D	
								1,6870		1,64075	Tl	

Trémolite. *Voir* **Amphiboles II B.**

NOM ET FORMULE.	SYSTÈME cristallin.	PARAMÈTRES.	SIGNE OPTIQUE.	BISSECTRICES aiguë.	BISSECTRICES obtuse.	ANGLE des axes.	RAIE ou couleur.	n_g	n_m	n_p	RAIE ou couleur.	OBSERVATEURS.
Tridymite. SiO^2.	O	0,581 1,104	+	c	b	2 E 66° env.		1,479	1,477 $\frac{1}{2}(n_m + n_p)$		D	MALLARD (*Bull. Soc. Minér.*, t. XIII, p. 169; 1890).
Trimérite. $Mn^2SiO^4 + Gl^2SiO^4$.	Tr	0,57735 0,54248 $\alpha = \beta = \gamma$ $= 90°$	−	c = 0" (app.) [plan des axes, 20° avec *l* (110)]		2 V 83°29' $\rho = \upsilon$		1,7220 1,7253 1,7290	1,7173 1,7202 1,7254	1,7119 1,7148 1,7196	*Li* D *Tl*	BRÜGGER *in* FLINK (*Gr. Zeits.*, t. XVIII, p. 373; 1891).
Triphane. $Li^2Al^2Si^4O^{12}$ (du Brésil).	M	1,124 0,635 $\beta = 110°20'$	+	c 26°	c 116°	2 V 57"	D	1,676	1,666	1,660	D	MICHEL LÉVY et LACROIX (*Minér. des roches*, p. 266; 1888).
(d'Alexander Co) [Hiddénite].								1,677	1,669	1,651	jaune	DES CLOIZEAUX *in* HIDDEN (*Amer. J. of Sc.*, t. XXXII, p. 204; 1886).
			−			2 H 64°47' 65°58' 65° 4' [naphtaline bromée.]	rouge D bleu					GREIM (*N. Jahrb. f. Min.*, 1889, I, p. 252).
Triphyline. $PO^4[Mn\,Fe]\,Li$ [de Rabenstein (Bav.)]. 0,75 Fe 0,25 Mn.	O	0,435 0,475	−	c	b	2 V 60°0'	D		1,702		D	PENFIELD et PRATT [*Amer. J. of Sc.* (3ᵉ s.), t. L, p. 387; 1895]. [*E. Dana* et *Brush* (*Amer. J. of Sc.* (3ᵉ s.), t. XXXV, 1888).]
[de Grafton (New-Hampshire)]. 0,58 Fe 0,42 Mn.			+	b b b	c ? a	2 V 15" 3' 0 21"53'	*Li* D *Tl*		1,688		D	
[de Branchville (Connecticut)]. I. 0,30 Fe 0,70 Mn.			+	b	a	2 V 56°4'	D		1,682		D	
Id. II. 0,21 Fe 0,79 Mn.			+	b	a	2 V 62°54'	D		1,679		D	
Id. III. 0,09 Fe 0,91 Mn.			+	b	a	2 V 65"13'	D		1,675		D	
Triplite. $FeMn\,PO^4Cl$.	M	?	+	c 42°10' 41°53'	c 132°10' 131°53'	2 H 96"15' 95"27' 95°20'	rouge jaune vert	$\left[\begin{array}{c} n_{II}\,1{,}466 \\ 1{,}468 \\ 1{,}4705 \end{array}\right]$				DES CLOIZEAUX (*Sav. étr.*, t. XVIII, p. 691; 1868).

Trona. *Voir* **Carbonate de sodium (sesqui-).**

NOM ET FORMULE.	SYSTÈME cristallin.	PARAMÈTRES.	SIGNE OPTIQUE.	BISSECTRICES aiguë.	BISSECTRICES obtuse.	ANGLE des axes.	RAIE ou couleur.	n_g	n_m	n_p	RAIE ou couleur.	OBSERVATEURS.
Uranite. $H^{48}Ca^3U^{12}P^6O^{66}$ (Cornwall).	O	0,9876 1,426	−	c	a	2 E 110° $\rho > \upsilon$			1,572		rouge	DES CLOIZEAUX [*Ann. des Mines* (5ᵉ s.), t. XIV, p. 378; 1858].
Id. (Marmagne).						2 V 30°		1,577	1,575	1,553	D	MICHEL LÉVY et LACROIX (*Minér. des Roches*, p. 157; 1888).

Urao. *Voir* **Carbonate de sodium (sesqui-).**

NOM ET FORMULE.	SYSTÈME cristallin.	PARAMÈTRES.	SIGNE OPTIQUE.	BISSECTRICES aiguë.	BISSECTRICES obtuse.	ANGLE des axes.	RAIE ou couleur.	n_g	n_m	n_p	RAIE ou couleur.	OBSERVATEURS.
Valentinite. Sb^2O^3	O	0,394 1,414	−	b b	a c	0"	rouge jaune bleu					DES CLOIZEAUX (*Sav. étr.*, t. XVIII, p. 568; 1867).
Variscite. $Al^2P^2O^8 + 4H^2O$	O	0,648 ?	−	a	c	2 E 96°	D					BERTRAND (*Bull. Soc. Minér.*, t. V, p. 254; 1882).
Villarsite. $H^2Mg^4Si^2O^9$	O	0,5758 0,4731	+	c	b	2 H 101°56' 102°26'	rouge bleu	$\left[\begin{array}{c} n_{II}\,1{,}466 \\ 1{,}478 \end{array}\right]$				DES CLOIZEAUX (*Sav. étr.*, t. XVIII, p. 696; 1867).

NOM ET FORMULE.	SYSTÈME cristallin.	PARAMÈTRES.	SIGNE OPTIQUE.	BISSECTRICES aiguë.	BISSECTRICES obtuse.	ANGLE des axes.	RAIE ou couleur.	n_g	n_m	n_p	RAIE ou couleur.	OBSERVATEURS.
Vivianite. $H^2Fe^3P^2O^{16}$	M	0,747 0,653 $\beta = 104°18'$	+	c 61°22' 61°28 61°36'	b	2 V 73° 4' 73°10' 73°26'	rouge jaune bleu		1,590 1,592 1,604			Des Cloizeaux (*Sav. étr.*, t. XVIII, p 696; 1867).
Wagnérite. Mg^2PO^4Fl (de Bamle)	M	0,957 0,753 $\beta = 108°7'$	$+$ c 0° app.	c 90"	2 E 44°48' 43° 8'	rouge bleu	1,582	1,570	1,569	D	Des Cloizeaux (*Sav. étr.*, t. XVIII, p. 697; 1867). Michel Lévy et Lacroix (*Minér. des roches*, p. 290; 1888) (*indices*).
Id. var. *Kjerulfine*.				c 158°30'	c 68°30'	2 E 60°21' 59°30' 58°23'	*Li* D *Tl*			1,5313		Brögger (*Gr. Zeits.*, t. III, p. 477; 1879).
Wapplérite. $[AsO^4(CaMg)H]^2 + 7H^2O.$	T	0,9091 0,2640 $\alpha = 90°14'$ $\beta = 95°20'$ $\gamma = 90°11'$	—	un peu inclinée sur b [pl. des axes 110°30' avec c]	"	2 E 55° app. (dispersion tournante)						Schrauf (*Gr. Zeits.*, t. IV, p. 281; 1880).
Warwickite. $Mg^6FeBi^6Ti^2O^{20}$	O	0,977 ?	+	a	c	2 E 125° app.						Lacroix (*Bull. Soc. Minér.*, t. IX, p. 74; 1886).
Wavellite. $H^{24}Al^6P^4O^{31}$ (de Donnegal).	O	0,5050 0,3752	+	c	b	2 V 72° 1' 71°48' 71°14'	rouge jaune bleu		1,524 1,526 1,536		rouge jaune bleu	Des Cloizeaux (*Sav. étr.*, t. XVIII, p. 614; 1867).

Wernérite. *Voir* **Scapolite.**

NOM ET FORMULE.	SYSTÈME cristallin.	PARAMÈTRES.	SIGNE OPTIQUE.	BISSECTRICES aiguë.	BISSECTRICES obtuse.	ANGLE des axes.	RAIE ou couleur.	n_g	n_m	n_p	RAIE ou couleur.	OBSERVATEURS.
Withérite. CO^3Ba	O	0,6032 0,7302	—	c	a	2 E 26°30'	blanc					Des Cloizeaux (*Man. de Minér.*, t. II, p. 77; 1874).
						2 E 26°24'	D	1,677	1,676	1,529	D	Mallard (*Bull. Soc. Minér.*, t. XVIII, p. 8; 1895).
Wöhlérite. D. $9[SiO^3(CaNa^2)]3[ZrO^3(CaNa^2)]$ $+ Nb^2O^6(CaNa^2)$ (de Langesundfjord)	M	1,055 0,709 $\beta = 109°15'$	—	c 135° app.	b	2 V 77" à 72" $\rho < \upsilon$		1,726	1,716	1,700	D	Des Cloizeaux (*Ann. de Ch. et Phys.* (4°s.), t. XIII, p. 433; 1868) (*axes*). Michel Lévy et Lacroix (*Minér. des Roches*, p. 394; 1888) (*indices*).
				c 136°45'	b	2 V 78°18' 78°37' 78°49'	*Li* D *Tl*					Brögger [*Gr. Zeits.*, t. XVI (2° P.), p. 359; 1890].
Wollastonite. SiO^3Ca	M	0,966 1,114 $\beta = 110°12'$	—	c 78° app.	c 168°	2 E 70°40' 69° 0' 68°24'	rouge vert violet					Des Cloizeaux (*Man. de Minér.*, t. I, p. 50; 1862).
(d'Oravicza).						2 V 40"		1,635	1,633	1,621	D	Michel Lévy et Lacroix (*Minér. des Roches*, p. 271; 1888).
(de Pargas).								1,634	1,632	1,619	D	Mallard (*Bull. Soc. Minér.*, t. XI, p. 303; 1888).
(de Csiklowa).								1,6325	1,6307	1,6177	D	Zimányi (*Gr. Zeits.*, t. XXII, p. 352; 1894).
Wulfénite. MoO^4Pb	Q	1,574	—						2,402	2,304	rouge moy.	Des Cloizeaux (*Ann. des Mines* (5° série), t. XIV, p. 354; 1855 .
Xanthoconite. [= Rittingérite]. Ag^4AsS^3	M	1,9187 1,0152 $\beta = 91°13'$	—	b	c 0° app.	2 E 125° app.						Miers (*Gr. Zeits.*, t. XXII, p. 411; 1894).

NOM ET FORMULE.	SYSTÈME cristallin.	PARAMÈTRES.	SIGNE OPTIQUE.	BISSECTRICES aiguë.	BISSECTRICES obtuse.	ANGLE des axes.	RAIE ou couleur.	n_g	n_m	n_p	RAIE ou couleur.	OBSERVATEURS.
Xénotime. $P^2O^8Y^3$ [de Dattas (Brésil)].	Q	0,6183	+					1,81	1,72		D	DES CLOIZEAUX (*Man. de Minér.*, t. II, p. 451; 1893).
Zircon. SiO^2ZrO^2 *Hyacinthe* (de Ceylan).	Q	0,9056	+					1,97	1,92		rouge	DE SENARMONT (*Annu. du Bur. des Long.* 1856).
								1,9682	1,9239		D	SANGER *in* ROSENBUSCH (*Mikrosk. Physiogr.* (3ᵉ éd.), p. 351; 1892).
(Z. de Miask).				.				1,9931	1,9213		D	
Zoïsite. $Ca^4Al^6Si^9O^{36}$ (de Bavière).	O	0,622 0,367	+	a	c	2 E 43° 51° 67°	rouge vert bleu		1,70		rouge	DES CLOIZEAUX (*Man. de Minér.*, t. I, p. 239; 1862).
(des États-Unis).			+	a	b	2 E 96° env,	rouge		1,69		rouge	Id. (*Sav. étr.*, t. XVIII, p. 617; 1867).
(de Carinthie).								1,702	1,696	1,696	D	MICHEL LÉVY et LACROIX (*Minér. des Roches*, p. 183; 1888).
(de Ducktown).								1,7058	1,7025	1,7002	D	OSANN *in* ROSENBUSCH (*Mikrosk. Physiog.* (3ᵉéd.), p. 485; 1892).
(du Tyrol).								1,705	1,700	1,700	D	ZIMÁNYI (*Gr. Zeits.*, t. XXII, p. 340; 1894].
(de Zermatt).			+	a	c	2 E 90° env. $v > \rho$		1,7068	1,7002	1,6973	D	WEINSCHENK (*Gr. Zeits.*, t. XXVI, p. 171; 1896).
Id.			+	a	b	2 E 50° env. $\rho > v$						

B. — SUBSTANCES INORGANIQUES ARTIFICIELLES.

NOM ET FORMULE.	SYSTÈME cristallin.	PARAMÈTRES.	SIGNE OPTIQUE.	DISSECTRICES		ANGLE des axes.	RAIE ou couleur.	INDICES PRINCIPAUX.			RAIE ou couleur.	OBSERVATEURS.
				aiguë.	obtuse.			$n_{g'}$	$n_{m'}$	$n_{p'}$		
Alun d'aluminium et ammonium. $SO^4(AzH^4)^2 + (SO^4)^3Al^2 + 24H^2O$	C								1,4585		B	Grailich (*Kryst.-opt. Unters.*, p. 137; Wien, 1858).
									1,4597		C	
									1,4624		D	
									1,4656		E	
									1,4683		F	
									1,4723		G	
									1,45509		a	Ch. Soret [*Arch. de Gen.* (3ᵉ Pér.), t. XII, p. 569; 1884].
									1,45599		B	
									1,45693		C	
									1,45939		D	
									1,46234		E	
									1,46288		b	
									1,46481		F	
									1,46923		G	

NOM ET FORMULE.	SYSTÈME cristallin.	PARAMÈTRES.	SIGNE OPTIQUE.	BISSECTRICES aiguë	BISSECTRICES obtuse	ANGLE des axes.	RAIE ou couleur.	INDICES PRINCIPAUX. n_g	n_m	n_p	RAIE ou couleur.	OBSERVATEURS.
									1,45935		D	BOREL [Arch. de Gen. (3ᵉ Pér.), t. XXXIV, p. 155; 1895].
									1,47799		Cd 9	
									1,48043		10	
									1,48180		11	
									1,48500		12	
									1,50096		17	
									1,50943		18	
									1,52684		23	
									1,53106		24	
									1,53782		25	
									1,54349		26	
									$[t = 19°]$			
Alun d'aluminium, d'ammonium et de potassium. $SO^4(0,36K + 0,64AzH^4)^2 + (SO^4)^3Al^2 + 24H^2O$	C								1,45463		a	Ch. SORET [Arch. de Gen. (3ᵉ Pér.), t. XII, p. 577; 1884].
									1,45527		B	
									1,45630		C	
									1,45862		D	
									1,46168		E	
									1,46229		b	
									1,46420		F	
									1,46854		G	
Alun d'aluminium et césium. $SO^4Cs^2 + (SO^4)^3Al^2 + 24H^2O$	C								1,45437		a	Id., t. XIII, p. 7; 1885.
									1,45517		B	
									1,45618		C	
									1,45856		D	
									1,46141		E	
									1,46203		b	
									1,46386		F	
									1,46821		G	

Alun d'aluminium et potassium. *Voir* Table XI (VI), p. 447.

NOM ET FORMULE.	SYSTÈME cristallin.	PARAMÈTRES.	SIGNE OPTIQUE.	BISSECTRICES aiguë	BISSECTRICES obtuse	ANGLE des axes.	RAIE ou couleur.	INDICES PRINCIPAUX. n_g	n_m	n_p	RAIE ou couleur.	OBSERVATEURS.
Alun d'aluminium et rubidium. $SO^4Rb^2 + (SO^4)^3Al^2 + 24H^2O$	C								1,45232		a	Id., t. XIII, p. 5; 1885.
									1,45328		B	
									1,45417		C	
									1,45660		D	
									1,45955		E	
									1,45999		b	
									1,46192		F	
									1,46618		G	
									1,45643		D	ERDMAN (Arch. d. Pharm., t. CCXXXII, p. 3; 1891).
									$[t = 22]$			
Alun d'aluminium et sodium. $SO^4Na^2 + (SO^4)^3Al^2 + 24H^2O$	C								1,43492		a	Ch. SORET [Arch. de Gen. (3ᵉ Pér.), t. XIII, p. 9; 1885].
									1,43563		B	
									1,43653		C	
									1,43884		D	
									1,44185		E	
									1,44231		b	
									1,44412		F	
									1,44804		G	
Alun d'aluminium et thallium. $SO^4Tl^2 + (SO^4)^3Al^2 + 24H^2O$	C								1,49226		a	Id., t. XII, p. 578.
									1,49317		B	
									1,49443		C	
									1,49748		D	
									1,50128		E	
									1,50209		b	
									1,50463		F	
									1,51076		G	

NOM ET FORMULE.	SYSTÈME cristallin.	PARAMÈTRES.	SIGNE OPTIQUE.	BISSECTRICES aiguë.	BISSECTRICES obtuse.	ANGLE des axes.	RAIE ou couleur.	$n_g.$	$n_m.$	$n_p.$	RAIE ou couleur.	OBSERVATEURS.
Alun de chrome et ammonium. $SO^4(AzH^4)^2 + (SO^4)^3Cr^2 + 24H^2O$	C								1,47911		a	Ch. Soret [*Arch. de Gen.* (3ᵉ Pér.), t. XIII, p. 15; 1885].
									1,48014		B	
									1,48125		C	
									1,48418		D	
									1,48744		E	
									1,48794		b	
									1,49040		F	
									1,49594		G	
Alun de chrome et césium. $SO^4Cs^2 + (SO^4)^3Cr^2 + 24H^2O$	C								1,47627		a	*Id.*, t. XX, p. 517; 1888.
									1,47732		B	
									1,47836		C	
									1,48100		D	
									1,48434		E	
									1,48491		b	
									1,48723		F	
									1,49280		G	
Alun de chrome et potassium. $SO^4K^2 + (SO^4)^3Cr^2 + 24H^2O$	C								1,47642		a	*Id.*, t. XIII, p. 16. [*F. Kohlrausch* (*Wied. Ann.*, t. IV; 1878).]
									1,47738		B	
									1,47865		C	
									1,48137		D	
									1,48459		E	
									1,48513		b	
									1,48753		F	
									1,49309		G	
Alun de chrome et rubidium. $SO^4Rb^2 + (SO^4)^3Cr^2 + 24H^2O$	C								1,47660		a	*Id.*, t. XIII, p. 18.
									1,47756		B	
									1,47868		C	
									1,48151		D	
									1,48486		E	
									1,48522		b	
									1,48775		F	
									1,49323		G	
Alun de chrome et thallium. $SO^4Tl^2 + (SO^4)^3Cr^2 + 24H^2O$	C								1,51692		a	*Id.*, t. XIII, p. 19.
									1,51798		B	
									1,51923		C	
									1,52280		D	
									1,52704		E	
									1,52787		b	
									1,53082		F	
									1,53808		G	
Alun de fer et ammonium. $SO^4(AzH^4)^2 + (SO^4)^3Fe + 24H^2O$	C								1,4821		C	Topsöe et Christiansen [*Ann. de Ch. et Phys.* (5ᵉ s.), t. I, p. 25; 1874].
									1,4854		D	
									1,4934		F	
									1,47927		a	Ch. Soret (*loc. cit.*, t. XIII, p. 21).
									1,48029		B	
									1,48150		C	
									1,48482		D	
									1,48921		E	
									1,48993		b	
									1,49286		F	
									1,49980		G	

NOM ET FORMULE.	SYSTÈME cristallin.	PARAMÈTRES.	SIGNE OPTIQUE.	BISSECTRICES aiguë.	BISSECTRICES obtuse.	ANGLE des axes.	RAIE ou couleur.	n_g	n_m	n_p	RAIE ou couleur.	OBSERVATEURS.
Alun de fer et césium. $SO^4Cs^2 + (SO^4)^3Fe^2 + 24H^2O$	C								1,47825		a	Ch. Soret (*loc. cit.*. t. XIII, p. 25).
									1,47921		B	
									1,48042		C	
									1,48378		D	
									1,48797		E	
									1,48867		b	
									1,49136		F	
									1,49838		G	
Alun de fer et potassium. $SO^4K^2 + (SO^4)^3Fe + 24H^2O$	C								1,4783		C	Topsöe et Christiansen [*Ann. de Ch. et Ph.* (5ᵉ s.), t. I, p. 24; 1874].
									1,4817		D	
									1,4893		F	
									1,5039		G	
									[$t = 5°$ à $6°$]			
									1,47639		a	Ch. Soret (*loc. cit.*, t. XIII, p. 23).
									1,47706		B	
									1,47837		C	
									1,48169		D	
									1,48580		E	
									1,48670		b	
									1,48939		F	
									1,49605		G	
Alun de fer et rubidium. $SO^4Rb^2 + (SO^4)^3Fe^2 + 24H^2O$	C								1,47700		a	Id., t. XIII, p. 24. [*Craw* (*Zeits. f. physik. Ch.*, t. XIX, p. 276; 1896).]
									1,47770		B	
									1,47894		C	
									1,48234		D	
									1,48654		E	
									1,48712		b	
									1,49003		F	
									1,49700		G	
									1,48225 [$t = 21°$]		D	Erdmann (*Arch. d. Pharm.*, t. CCXXXII, p. 3; 1894).
Alun de fer et thallium. $SO^4Tl^2 + (SO^4)^3Fe^2 + 24H^2O$	C								1,51674		a	Ch. Soret (*loc. cit.*. t. XIII, p. 27; 1885).
									1,51790		B	
									1,51943		C	
									1,52365		D	
									1,52859		E	
									1,52946		b	
									1,53284		F	
									1,54112		G	
Alun de gallium et ammonium. $SO^4(AzH^4)^2 + (SO^4)^3Ga^2 + 24H^2O$	C								1,46390		a	Id., t. XX, p. 517; 1888.
									1,46485		B	
									1,46575		C	
									1,46835		D	
									1,47146		E	
									1,47204		b	
									1,47412		F	
									1,47864		G	

NOM ET FORMULE.	SYSTÈME cristallin.	PARAMÈTRES.	SIGNE OPTIQUE.	BISSECTRICES aiguë.	obtuse.	ANGLE des axes.	RAIE ou couleur.	INDICES PRINCIPAUX. n_g.	n_m.	n_p.	RAIE ou couleur.	OBSERVATEURS.
Alun de gallium et césium. $SO^4Cs^2+(SO^4)^3Ga^2+24H^2O$	C								1,46047		a	Ch. Soret (*loc. cit.*, t. XX; p. 517; 1888).
									1,46146		B	
									1,46243		C	
									1,46495		D	
									1,46785		E	
									1,46841		b	
									1,47034		F	
									1,47481		G	
Alun de gallium et potassium. $SO^4K^2+(SO^4)^3Ga^2+24H^2O$	C								1,46118		a	*Id.*
									1,46195		B	
									1,46296		C	
									1,46528		D	
									1,46842		E	
									1,46904		b	
									1,47093		F	
									1,47548		G	
Alun de gallium et rubidium. $SO^4Rb^2+(SO^4)^3Ga^2+24H^2O$	C								1,46152		a	*Id.*
									1,46238		B	
									1,46332		C	
									1,46579		D	
									1,46890		E	
									1,46930		b	
									1,47126		F	
									1,47581		G	
Alun de gallium et thallium. $SO^4Tl^2+(SO^4)^3Ga^2+24H^2O$	C								1,50112		a	*Id.*
									1,50228		B	
									1,50349		C	
									1,50665		D	
									1,51057		E	
									1,51131		b	
									1,51387		F	
									1,52007		G	
Alun d'indium et ammonium. $SO^4(AzH^4)^2+(SO^4)^3In^2+24H^2O$	C								1,46193		a	*Id.*, t. XIII, p. 13.
									1,46259		B	
									1,46352		C	
									1,46636		D	
									1,46953		E	
									1,47015		b	
									1,47234		F	
									1,47750		G	
Alun d'indium et césium. $SO^4Cs^2+(SO^4)^3In^2+24H^2O$	C								1,46091		a	*Id.*
									1,46170		B	
									1,46283		C	
									1,46522		D	
									1,46842		E	
									1,46897		b	
									1,47105		F	
									1,47562		G	
Alun d'indium et rubidium. $SO^4Rb^2+(SO^4)^3In^2+24H^2O$	C								1,45942		a	*Id.*, t. XX, p. 517; 1888.
									1,46024		B	
									1,46126		C	
									1,46381		D	
									1,46694		E	
									1,46751		b	
									1,46955		F	
									1,47402		G	

Aluns séléniés. *Voir* **Séléniates.**

NOM ET FORMULE.	SYSTÈME cristallin.	PARAMÈTRES.	SIGNE OPTIQUE.	BISSECTRICES aiguë.	BISSECTRICES obtuse.	ANGLE des axes.	RAIE ou couleur.	n_g	n_m	n_p	RAIE ou couleur.	OBSERVATEURS.
Amidosulfonique (acide). $AzH^2SO^2.OH$	O	0,9948 1,1487		c	a	2E 85° (app.)	D					Fock (*Gr. Zeits.*, t. XIV, p. 531; 1888).
Arséniate disodique à 12H²O $AsO^4Na^2H + 12H^2O$	M	0,5717 0,8074 $\beta = 121°49'$	−	c 179° (disp. faible)	b	2V 65°13'	Li à Tl	1,4480 1,4513 1,4545	1,4462 1,44955 1,4527	1,4420 1,4453 1,4482	Li D Tl	Dufet (*Bull. Soc. Minér.*, t. X, p. 90; 1887).
Arséniate disodique à 7H²O $AsO^4Na^2H + 7H^2O$	M	0,8134 1,1002 $\beta = 97°13'$	+	c 115°	b	2V 57°32' 57° 7' 56°43'	Li D Tl	1,4746 1,4782 1,4814	1,4623 1,4658 1,4689	1,4587 1,4622 1,4654	Li D Tl	Id., p. 95.
Arséniate monoammonique. $AsO^4(AzH^4)H^2$	Q	0,715	−						1,5721 1,5766 1,5858	1,5186 1,5217 1,5296	C D F	Topsoë et Christiansen [*Ann. de Ch. et Phys.* (5° série), t. I, p. 30; 1874).
Arséniate monopotassique. AsO^4KH^2	Q	0,666	−						1,5632 1,5674 1,5762	1,5146 1,5179 1,5252	C D F	Id., p. 31.
Arséniate monosodique à 2H²O. $AsO^4NaH^2 + 2H^2O$	O	0,9177 1,6040	+	c	a	2V 88°42' 88°50' 88°57'	Li D Tl	1,5255	1,5021	1,4794	D	Dufet (*Bull. Soc. Minér.*, t. X, p. 97; 1887).
Arséniate monosodique à H²O. $AsO^4NaH^2 + H^2O$	O	0,81655 0,4983	−	c	a	2V 67°15' 67°57' 68°33'	Li D Tl	1,5563 1,5607 1,5647	1,5494 1,5535 1,5573	1,5341 1,5382 1,5418	Li D Tl	Id., p. 98.
Arséniate trisodique. $AsO^4Na^3 + 12H^2O$	H	?	+					1,4630 1,4669 1,4704 1,4662		1,4553 1,4589 1,4624 1,4567	Li D Tl D	Baker (*J. of chem. Soc.*, t. XLVII, p. 353; 1885). Dufet (*Bull. Soc. Minér.*, t. X, p. 90; 1887).

Arsénieux (acide). *Voir* **Arsénolite** *et* **Claudétite.**

NOM ET FORMULE.	SYSTÈME cristallin.	PARAMÈTRES.	SIGNE OPTIQUE.	BISSECTRICES aiguë.	BISSECTRICES obtuse.	ANGLE des axes.	RAIE ou couleur.	n_g	n_m	n_p	RAIE ou couleur.	OBSERVATEURS.
Arsénomolybdate de cuivre. $CuH^4(AsO^4)^2.6MoO^3 + 15H^2O$	O	0,788 ?	+	c	b	2E 50° env. $\rho < \upsilon$	blanc					Scheibe (*Zeit. f. Naturwiss Halle*, t. LXII, p. 481; 1889).
Arsénomolybdate de lithium. $3Li^2O.3H^2O.$ $As^2O^5.18MoO^3 + 31H^2O$	M	1,2982 0,8381 $\beta = 101°28'$	+	c 86°	b	2H 63°11' 62°44' $(n_H = 1,7782)$	Li D					Id.
Azotate d'ammonium. AzO^3AzH^4	O	0,5834 0,736	−	b	a	2E 59°30' $\rho = \upsilon$	blanc					Von Lang (*Sitzb. Ak. Wien*, t. XXXI, p. 101; 1858).
Azotate d'ammonium et cérium (*céreux*). $4AzO^3AzH^4 + (AzO^3)^6Ce^2 + 8H^2O$	M	" " $\beta = 113°$	−	c 170°	b	2E 27°18' 30°39'	rouge violet					Des Cloizeaux [*Ann. des Mines*, (5° s.), t. XIV, p. 403; 1858].
Azotate d'ammonium et cérium (*cérique*). $2(AzO^3AzH^4) + (AzO^3)^4Ce$	M	1,1685 1,888 $\beta = 90°21'$	+	b	c 157°37' c 157°13' c 156°½ (env.)	2E 108° 3' 109°15' 112°35'	rouge jaune vert					Des Cloizeaux (*Sav. étr.*, t. XVIII, p. 630; 1867).

NOM ET FORMULE.	SYSTÈME cristallin.	PARAMÈTRES.	SIGNE OPTIQUE.	BISSECTRICES aiguë.	BISSECTRICES obtuse.	ANGLE des axes.	RAIE ou couleur.	n_g	n_m	n_p	RAIE ou couleur.	OBSERVATEURS.
Azotate d'ammonium et lanthane. $(4\,AzO^3AzH^4 + (AzO^3)^6La^2) + 8H^2O$	M	1,248 2,134 $\beta = 112°50'$	−	c 170"	c 80°	2 E 8" à 10" $\rho > \upsilon$ (diminue rapidement avec t).						Des Cloizeaux [Ann. des Mines (5° s.), t. XIV, p. 402; 1858].
Azotate d'argent. AzO^3Ag	O	0,943 1,3697	+	c	b	2 E 126°37' 133°50' [$t = 14°$]	rouge bleu					Des Cloizeaux (Sav. étr., t. XVIII, p. 551; 1867). [Von Lang (Sitzb. Ak. Wien, t. XXXI, p. 102; 1858).]
Azotate d'argent et potassium. $AzO^3Ag + AzO^3K$	M	0,8200 0,6963 $\beta = 97°47'$	−	c 115"	c 25° b b	2 E 8°34' 3°44' 9°54'	Li D Tl					Friedländer (Gr. Zeits., t. III, p. 215; 1879).
Azotate de baryum. $(AzO^3)^2Ba$	C							1,5665 1,5711 1,5825 1,5716			C D F D	Topsöe et Christiansen [Ann. de Ch. et Phys. (5° s.), t. I, p. 24; 1874]. Fock (Gr. Zeits., t. IV, p. 583; 1880).
Azotate de plomb. $(AzO^3)^2Pb$	C							1,7860 [$t = 15°$] 1,7730 1,7820 1,8065			D C D F	Hoëk et Oudemans (Rech. astr. de l'Obs. d'Utrecht, 1864). Topsöe et Christiansen [Ann. de Ch. et Phys. (5° s.), t. I, p. 23; 1874].
Azotate de potassium. AzO^3K	O	0,591 0,701	−	c	b	2 E 6°15' 8°45' 2 E 7° 5'	rouge bleu D	1,4994 1,5064 1,5135 1,5046	1,4988 1,5056 1,5124 1,5031	1,3328 1,3346 1,3365 1,3327	B D E D	Schrauf (Sitzb. Akad. Wien, t. XLI, p. 789; 1860) (indices). Grailich et Lang (Sitzb. Akad. Wien, t. XXXVII, p. 41; 1857) (axes). F. Kohlrausch (Wied. Ann., t. IV, p. 30; 1878).
Azotate de sodium. AzO^3Na	R	0,8276	−					1,5793 1,5874 1,5954 [$t = 13°$ à $14°$] 1,5852 1,5854 [$t = 23°$]		1,3346 1,3361 1,3374 1,3348 1,3369	B D E· D D	Schrauf (Sitzb. Akad. Wien, t. XLI, p. 784; 1860). Cornu [Ann. Éc. Norm. sup. (2° s.), t. III, p. 45; 1874]. F. Kohlrausch (Wied. Ann., t. IV, p. 28; 1878).
Azotate de strontium. $(AzO^3)^2Sr$	C							1,5667 1,5665			D D	Fock (Gr. Zeits., t. IV, p. 583; 1880). Craw (Zeits. f. physik. Ch., t. XIX, p. 276; 1896).
Id. hydraté. $(AzO^3)^2Sr + 4H^2O$	M	0,6547 0,8976 $\beta = 91°10'$	−	c 168"½	c 78"½	2 E 31"10' 30"40'	rouge violet					Des Cloizeaux [Ann. des Mines (5° s.), t. XIV, p. 401; 1858].
Azotate de thallium. AzO^3Tl	O	0,511 0,651	−	c	a	2 E 111"16' 114"59'	rouge bleu					Des Cloizeaux [Ann. de Ch. et Phys. (4° s.), t. XVII, p. 317; 1869].
Azotate d'uranyle. $(AzO^3)^2UO^2 + 6H^2O$	O	0,8737 0,6088	+	c	a	2 E 68"15' 69"15'	rouge bleu	1,4950 1,4967 1,4991 1,5023			rouge jaune vert bleu	Von Lang (Sitzb. Ak. Wien, t. XXXI, p. 120; 1858).

NOM ET FORMULE.	SYSTÈME cristallin.	PARAMÈTRES.	SIGNE OPTIQUE.	DISSECTRICES aiguë.	DISSECTRICES obtuse.	ANGLE des axes.	RAIE ou couleur.	INDICES PRINCIPAUX. n_g	n_m	n_p	RAIE ou couleur.	OBSERVATEURS.
Azotite de baryum et potassium. $(AzO^2)^2Ba,\ 2AzO^2K$	O	0,5832 ?		c	a	2 E 40" app.	D					Fock (*Gr. Zeits.*, t. XVII, p. 182. 1890).
Azotite de ruthénium nitrosé et de sodium. $(RuAzO)^2O^3(Az^2O^3)^2.$ $4AzO^2Na + 4H^2O$	M	1,5086 1,0218 $\beta = 93°47'$	+	c 95 53' c 95°42' c 95"30'	c 5"53' c 5"42' c 5°30'	2 V 24"50' 25"14' 25"37'	Li D Tl	1,7162	1,5847 1,5943 1,6041	1,5888	Li D Tl	Dufet (*Bull. Soc. Minér.* t. XV, p. 218; 1892).
Bioxyde de manganèse hydraté.	?								1,801 1,862 1,944		C D E	Wernicke (*Pogg. Ann.*, t. 139; p. 146; 1870).
Bioxyde de plomb hydraté.	?								1,802 2,010 2,229		B C D	*Id.*, p. 146.
Borate d'aluminium. $B^2O^{12}Al^6$	O	0,974 0,679	+	c	a	2 V 87°5'	D	1,623	1,603	1,586	D	Mallard [*Ann. d. Mines*, (8ᵉ série), t. XI, p. 441; 1887].
Borate d'ammonium. $B^6O^8AzH^4 + 4H^2O$	O	0,9827 0,8101	+	b	c	2 E 46°30' 48"24'	rouge bleu					Grailich et von Lang [*Sitzb. Ak. Wien*, t. XXVII (II), p. 36; 1857]. Von Lang [*Id.*, t. XLV (II), p. 121] 1862) [*orient. opt.*].
Borate de calcium. B^2O^4Ca	O	0,539 0,372	−	a	b	2 E 90°24'	D	1,682	1,656	1,540	D	Mallard (*Bull. Soc. Minér.* t. XV, p. 17; 1892).
Borate de magnésium. $B^2O^6Mg^3$	O	0,6412 0,5494	+	c	a	2 E 43°18' $\rho > v$	D	1,6748	1,6537	1,6527	D	Mallard [*Ann. des Mines* (8ᵉ série), t. XI, p. 450; 1887].
Borate de manganèse. $B^2O^5Mn^2$	T	1,837 2,022 $\alpha = 87°54'$ $\beta = 56° 2'$ $\gamma = 103°34'$	−	63°,0 avec norm. à t (110) 27°,43 avec norm. à p (001) 29°,11 avec norm. à h' (100)		2 V 55"47'	D	1,776	1,738	1,617	D	Mallard [*Ann. des Mines* (8ᵉ série), t. XI, p. 448; 1887]. [Formule rectifiée par Le Chatelier (*C. R.*, t. CXIII; 1891).]
Borate de sodium. (*Borax*). $B^4O^7Na^2 + 10H^2O$	M	1,0995 0,5629 $\beta = 106°35'$	−	b	c 123"10' c 125"10' (de Senarmont)	2 E 58"59'	rouge D violet	1,473	1,470	1,447	D	Des Cloizeaux (*Sav. étr.*, t. XVIII, p. 633; 1867). [*Murmann et Rotter* (*Sitzb. Akad. Wien*, t. XXXIV; 1859).]
						2 V 39°52' 39°56'	Li D	1,4686 1,4715	1,4657 1,4686	1,4442 1,4468	Li D	Tschermak [*Sitzb. Ak. Wien*, t. LVII (II), p. 641; 1868].
						2 E 59" 0'	D	1,4712	1,4682 $t = 23°$	1,4463	D	F. Kohlrausch (*Wied. Ann.*, t. IV, p. 30; 1878).
				b	c124°55'5 125" 6' 126" 126"51'5 127°48'5	2 V 39°54' 39"49' 39°21' 38"45' 37"57'	Li C D Tl F	1,4695 1,4699 1,4724 1,4748 1,4778	1,4665 1,4669 1,4694 1,4719 1,4750	1,4441 1,4445 1,4467 1,4491 1,4517	Li C D Tl F	Dufet (*Bull. Soc. Minér.*, t. X, p. 218; 1887).

NOM ET FORMULE.	SYSTÈME cristallin.	PARAMÈTRES.	SIGNE OPTIQUE.	BISSECTRICES aiguë.	BISSECTRICES obtuse.	ANGLE des axes.	RAIE ou couleur.	n_g	n_m	n_p	RAIE ou couleur.	OBSERVATEURS.
Id. (*fondu*). $B^4O^7Na^2$	am.								1,5139? 1,5147 1,5219 (Moy.) [$t=16°$]		C D F	Benson et Carleton Williams (*Ber. d. D. ch. Ges.*, t. XIV, p. 2552; 1881).
Borique (acide). (*fondu*). B^2O^3	um.								1,46233 1,46365 1,46942 (Moy.) [$t=15°$]		C D F	*Id.*
Borique (acide) hydraté. $B^2O^3+3H^2O = B(OH)^3$	T	0,5771 0,5282 $\alpha=104°17'$ $\beta=92°33'$ $\gamma=89°42'$	−	pr. perp. à la base.	pr. parall. à la base. [plan des axes pr. parallèle à b].	2E 10° à 12° $\rho=v$	blanc				•	Des Cloizeaux (*Sav. étr.*, t. XVIII, p. 704; 1867).
Bromate de magnésium. $(BrO^3)^2Mg + 6H^2O$	C								1,5139		D	Ortlopp (*Zeits. f. physik. Ch.*, t. XIX, p. 211; 1896).
Bromate de sodium. BrO^3Na	C								1,5943		D	Craw (*Zeits. f. physik. Ch.*, t. XIX, p. 276; 1896).
Bromate de zinc. $(BrO^3)^2Zn + 6H^2O$	C								1,5452		D	Ortloff (*Zeits. f. physik. Ch.*, t. XIX, p. 211; 1896).
Bromure d'argent. (*fondu*) $AgBr$ (I. Par le prisme). (II. Par les couleurs d'interférence).	C								(I). 2,2331 2,2533 2,3140	(II). 2,261 2,303 2,360	C D F G	Wernicke (*Pogg. Ann.*, t. CXLII, p. 571; 1871).
Bromure de baryum et cadmium. $BaBr^2.CdBr^2 + 4H^2O$	T	0,856 0,507 $\alpha=90°50'$ $\beta=106°20'$ $\gamma=89°10'$	−−	presque normale à $t(110)$.		2V 70°13'			1,693 1,702		rouge jaune	Murmann et Rotter (*Sitzb. Ak. Wien*, t. XXXIV, p. 187; 1859).
Bromure de cadmium. $CdBr^2 + 4H^2O$	O	0,595 ?	−	b	c	2E 143°41' $\rho < v$						Von Lang (*Sitzb. Akad. Wien*, t. XXXI, p. 89; 1858).
Bromure de césium et mercure. Cs^2HgBr^4	O	0,5706 1,4715		b	c	2H 85°23' 80°12' dans la naphtaline bromée.	Li D					Penfield (*Amer. J. of Sc.*, t. XLIV, p. 311; 1892).
Bromure de potassium. KBr	C								1,5546 1,5593 1,5715 1,5814		C D F H_γ	Topsöe et Christiansen (*Ann. de Ch. et Phys.* (5e s.), t. I, p. 21; 1874).
Bromure de potassium et tellure. $(KBr)^2TeBr^4 + 3H^2O$	O	0,6711 0,9415	−	c	b	2E 50° app. $\rho > v$						Grailich et von Lang (*Sitzb. Ak. Wien*, t. XXVII, p. 18; 1857).
Bromure de rubidium. $RbBr$	C								1,5533		D	Craw (*Zeits. f. physik. Ch.*, t. XIX, p. 276; 1896).
-Carbonate d'ammonium (bi-) $CO^3H(AzH^4)$	O	0,6724 0,4000	−	a	c	2E 66°35' 66°41'	rouge violet					Des Cloizeaux [*Ann. des Mines* (5e s.), t. XI, p. 331; 1857].
						2E 66°10'	D	1,5545	1,5358	1,4227	D	Von Lang [*Sitzb. Ak. Wien*, t. XLV (II), p. 111; 1862].
Carbonate de lithium. CO^3Li^2	M	1,672 1,244 $\beta=114°25'$	−	c 0°	b	2E 24°	D	1,572	1,567	1,428	D	Mallard (*Bull. Soc. Minér.*, t. XV, p. 21; 1892).

NOM ET FORMULE.	SYSTÈME cristallin.	PARAMÈTRES.	SIGNE OPTIQUE.	BISSECTRICES aiguë.	BISSECTRICES obtuse.	ANGLE des axes.	RAIE ou couleur.	n_g	n_m	n_p	RAIE ou couleur.	OBSERVATEURS.
Carbonate de magnésium hydraté. $CO^3Mg + 3H^2O$	O	0,645 0,457	—	a	b	2 V 53° 5' ρ < ν	D	1,526	1,501	1,495	D	Genth et Penfield (Gr. Zeits., t. XVII, p. 564; 1890).
Carbonate de sodium. $CO^3Na^2 + 10H^2O$	M	1,4828 1,4001 β = 121°8'	—	b	c 41° 8'	2 E 112°48' 112°42' [l = 14°]	rouge jaune					Des Cloizeaux (Man. de Min., t. II, p. 168; 1874).
Carbonate de sodium (sesqui-). [Urao, Trona]. $C^3O^8Na^4 + 3H^2O$	M	2,277 1,804 β = 93°36'	—	b	c 40°35'	2 V 76°32' 76°47' 2 V 76°16'	rouge bleu D		1,500 1,514 1,5073		rouge bleu D	Des Cloizeaux (Sav. étr., t. XVIII, p. 693; 1867). Von Zepharovich (Gr. Zeits., t. XIII, p. 138; 1888).
Carbonate de thallium. CO^3Tl^2	M	1,3956 1,9586 β = 94°47'	—	c 5°	b	2 E 109°13' 119° 2'	rouge bleu					Des Cloizeaux [Ann. de Ch. et Phys. (4e s.), t. XVII, p. 319; 1869].
Carbure de silicium. C Si (Carborindon).	Q	1,224(?)	+					2,832		2,786	D	Becke (Gr. Zeits., t. XXIV, p. 542; 1895).
Chlorate de baryum. $(ClO^3)^2Ba + H^2O$	M	1,1446 1,2048 β = 95° 0'	+	c 156°10'	c 66°10'	2 E 86°57' 87°11' 2 V 55°30'	rouge bleu D	 1,635	 1,577	 1,5622	D	Des Cloizeaux (Sav. étr., t. XVIII, p. 636; 1867). Eakle (Gr. Zeits., t. XXVI, p. 587; 1896).
Chlorate de sodium. ClO^3Na (Voir Table XV, pour variation d'indice par la température).	C								1,5163 [l = 14°]		D	Hoëk et Oudemans (Rech. astron. de l'Obs. d'Utrecht, 1864).
									1,5145		D	F. Kohlrausch (Wied. Ann., t. IV, p. 28; 1878).
Chlorhydrate de chlorure de ruthénammonium nitrosé. $RuAzO(AzH^3)^4OHCl^2.HCl + H^2O$	M	0,7615 0,8804 β = 99°48'	—	c 135°40'	c 45°40'	2 V 56°20' ρ < ν	D		1,6548			Dufet (Bull. Soc. Minér., t. XIV, p. 213; 1891).
Chlorobromure de césium et mercure. $CsHg^5ClBr^{10}$	M	0,7111 0,4561 β = 94°31'		c 150°½	c 60°½	2 E 0° 15° à 20°	rouge bleu					Penfield (Amer. Journ. of Sc., t. XLIV, p. 311; 1892).
Chlorostannate de magnésium. $SnCl^4.MgCl^2 + 6H^2O$	R	0,508	+					1,583 1,597	1,5715 1,5885		C D	Topsøe et Christiansen [Ann. de Ch. et Phys. (5e s.), t. I, p. 29; 1874].

Chlorate de sodium — indices principaux :

(I).	(II).	RAIE.	OBSERVATEURS.
1,51097		a	(I) Dussaud (Arch. de Genève, 3e Pér., t. XXVII, p. 534; 1892).
1,51163		B	(II) Borel (Id., t. XXXIV, p. 151; 1895).
1,51267		C	
1,51510	1,51523	D	
1,51933		b	
1,52161		F	
1,53883	1,53917	Cd 9	
1,54242	1,54278	Cd 10	
1,54421	1,54452	Cd 11	
1,54700	1,54931	Cd 12	
1,57203	1,57271	Cd 14	
1,58500	1,58607	Cd 18	
	1,61586	Cd 23	
[l = 23°]	[l = 19°]		

NOM ET FORMULE.	SYSTÈME cristallin.	PARAMÈTRES.	SIGNE OPTIQUE.	BISSECTRICES aiguë.	BISSECTRICES obtuse.	ANGLE des axes.	RAIE ou couleur.	n_g	n_m	n_p	RAIE ou couleur.	OBSERVATEURS.
Chlorostannate de potassium. SnCl⁴.KCl	C							1,6517 1,6574 1,6717			C D F	Id., p. 22.
Chlorure d'ammonium. AzH⁴Cl	C							1,6326 1,6366 1,6422 1,6464 1,6533 1,6513			B C D E F G	Grailich (Krist.-opt. Unters., p. 76. Wien, 1858).
Chlorure d'ammonium et Hyposulfate d'am. *Voir* **Hyposulfate**.												
Chlorure d'ammonium et cadmium. (AzH⁴Cl)⁴CdCl²	R	0,61 (?)	+					1,5961 1,6042 1,6114	1,5958 1,6038 1,6110 $[t = 14°]$		B D E	Schrauf (*Sitzb. Ak. Wien*, t. XLI, p. 783; 1860).
Chlorure d'ammonium et cuivre. (AzH⁴Cl)²CuCl²+2H²O	Q	0,7395	—					1,744	1,724		jaune	De Sénarmont [*Ann. de Ch. et Phys.* (3ᵉ s.), t. XXXIII, p. 403; 1851].
Chlorure d'ammonium et mercure. (AzH⁴Cl)²HgCl²+H²O	O	0,71 0,77	+	*b*	*a*	2E 78°24' ρ < ν	blanc					Grailich et von Lang (*Sitzb. Ak. Wien*, t. XXVII, p. 15; 1857).
Chlorure d'ammonium et zinc. (AzH⁴Cl)²ZnCl²	O	0,7813 0,6924	+	*a*	*b*	2E 50°(app.) ρ < ν						Von Lang [*Sitzb. Ak. Wien*, t. XLX (II), p. 104; 1862].
Chlorure d'argent. AgCl (*fondu*) [I. Par le prisme]. [II. Par les couleurs d'interférence].	C							(I). 2,0462 2,0611 2,1309· 2,0958 2,071	(II). 2,071 2,101 2,135 ?		C D F H_γ D	Wernicke (*Pogg. Ann.*, t. CXLII, p. 640; 1871). Des Cloizeaux (*Bull. Soc. Minér.*, t. V, p. 142; 1882).
Chlorure de baryum. BaCl²+2H²O	M	0,6176 0,6548 β = 91°5'	+	c 173° 5'	c 83° 5'	2V 84°50' 84°20'	rouge jaune	1,657 1,660	1,641 1,646	1,628 1,635	rouge jaune	Wyrouboff (*Bull. Soc. Minér.*, t. IX, p. 266; 1886) (*axes*). Des Cloizeaux (*Sav. étr.*, t. XVIII, p. 559; 1867) (*indices*).
Chlorure de baryum et cadmium. BaCl².CdCl²+4H²O	T	0,856 0,507 α = 90°51' β = 106°21' γ = 89°12'	—	presque normale à t (110).		2V 61° 1' ρ < ν			1,641 1,651 1,660 1,664			Murmann et Rotter (*Sitzb. Ak. Wien*, t. XXXIV, p. 186; 1859).
Chlorure de cadmium. CdCl²+2H²O	M	0,4181 ? β = 91°27'		c 100° (app.)	c 10°	2E 40°	D					Fock (*Gr. Zeits.*, t. XIX, p. 452; 1891).
Chlorure de cadmium et cobalt. (CdCl²)²CoCl²+12H²O	O	0,913 0,343	+	c	b	2E 136°20' ρ > ν	blanc					Grailich et von Lang (*Sitzb. Ak. Wien*, t. XXVII, p. 13; 1857).
Chlorure de cadmium et magnésium. (CdCl²)²MgCl²+12H²O	O	0,913 0,304	+	c	b	? très grand ρ > ν		1,5769	1,5331		D	Grailich (*Kryst.-opt. Unters.* Wien, 1858, p. 93).

NOM ET FORMULE.	SYSTÈME cristallin.	PARAMÈTRES.	SIGNE OPTIQUE.	DISSECTRICES aiguë.	DISSECTRICES obtuse.	ANGLE des axes.	RAIE ou couleur.	n_g	n_m	n_p	RAIE ou couleur.	OBSERVATEURS.
Chlorure de cadmium et potassium. $CdCl^2.4KCl$	R	0,615	+					1,5842 1,5907 1,5966	1,5841 1,5906 1,5965 $[t=13°]$		B D E	SCHRAUF (Sitzb. Ak. Wien, t. XLI, p. 781; 1860).
Chlorure de calcium. $CaCl^2 + 6H^2O$	H	0,51(?)	—					1,417	1,393		jaune	GROTH (Pogg. Ann., t. CXXXV, p. 662; 1868).
Chlorure de césium et thallium. $Cs^2Tl^2Cl^9$	H	0,8257						1,772 1,784 1,792	1,762 1,774 1,786		Li D Tl	PRATT (Zeits. f. anorg. Ch., t. IX, p. 24; 1895).
Chlorure de cuivre. $CuCl^2 + 2H^2O$	O	0,9179 0,4627	+	a	b	2 V 80° 2' 80°40'	rouge jaune		1,681 1,685		rouge jaune	DES CLOIZEAUX (Sav. étr., t. XVIII, p. 560; 1867).
Chlorure de cuivre et potassium. $CuCl^2.2KCl + 2H^2O$	Q	0,7531	—					1,6311 1,6365 1,6468 1,6549 1,6642	1,6070 1,6148 1,6227 1,6287 1,6388		B D E F G	GRAILICH (Kryst.-opt. Unters. Wien, 1858, p. 86).
Chlorure de mercure (sous-). Calomel. Hg^2Cl^2	Q	1,7414	+					2,60 2,6006 2,6559 2,7129	1,96 1,95560 1,97325 1,99085		rouge Li D Tl	DE SENARMONT (Annu. du Bur. des Long.; 1856). DUFET (Bull. Soc. Minér., t. XXI, p. 92; 1898).
Chlorure de mercure et potassium. $HgCl^2.2KCl + H^2O$	O	0,7142 0,775	—	a	b	2 H 91° $\rho > \upsilon$ $[n_n = 1,47]$	blanc					GRAILICH et VON LANG (Sitzb. Ak. Wien, t. XXVII, p. 15; 1857).

Chlorure de mercure et Dichromate d'ammonium. *Voir* Dichromate.

NOM ET FORMULE.	SYSTÈME cristallin.	PARAMÈTRES.	SIGNE OPTIQUE.	DISSECTRICES aiguë.	DISSECTRICES obtuse.	ANGLE des axes.	RAIE ou couleur.	n_g	n_m	n_p	RAIE ou couleur.	OBSERVATEURS.
Chlorure de plomb. $PbCl^2$ (Cotunnite artif.).	O	0,5013 0,8423	+	a	b	2 V 66°12'	D	 2,25965	2,1922 2,21723	2,1788 2,19924	D Lì	STÖBER [Bull. Ac. Sc. Belg., (3ᵉ s.), t. XXX, p. 358; 1892].

Chlorure de potassium. *Voir* **Sylvine.** [Table XI (V), p. 445].

NOM ET FORMULE.	SYSTÈME cristallin.	PARAMÈTRES.	SIGNE OPTIQUE.	DISSECTRICES aiguë.	DISSECTRICES obtuse.	ANGLE des axes.	RAIE ou couleur.	n_g	n_m	n_p	RAIE ou couleur.	OBSERVATEURS.
Chlorure de rubidium. $RbCl$	C							1,4928			D	CRAW (Zeits. f. physik. Ch., t. XIX, p. 276; 1896).

Chlorure de sodium. *Voir* **Sel gemme.** [Table XI (IV), p. 440].

Chromate (**Bi-**) de.... *Voir* **Dichromate.**

NOM ET FORMULE.	SYSTÈME cristallin.	PARAMÈTRES.	SIGNE OPTIQUE.	DISSECTRICES aiguë.	DISSECTRICES obtuse.	ANGLE des axes.	RAIE ou couleur.	n_g	n_m	n_p	RAIE ou couleur.	OBSERVATEURS.
Chromate d'ammonium. $CrO^4(AzH^4)^2$	O	0,5088 0,711	—	b	c	2 E 122°58'	rouge					WYROUBOFF (Bull. Soc. Minér., t. II, p. 174; 1879).
Chromate d'ammonium et sulfate de sodium. $CrO^4(AzH^4)^2.SO^4Na^2 + 4H^2O$	O	0,4780 0,6437	—	b	c	2 V 83°52' 70°56'	rouge vert					Id., p. 177.
Chromate de calcium. $CrO^4Ca + H^2O$	O	0,9977 0,7995	—	a	c	2 H 105°						Id., t. XIV, p. 205; 1891.
Chromate de calcium et potassium. $(CrO^4)^2K^2Ca + 2H^2O$	T	0,6591 0,4383 $\alpha = 78°16'$ $\beta = 101° 3'$ $\gamma = 83° 8'$	—	b 90° [pl. des axes 19° avec l'axe b, et perp. à $(\bar{1}01)$].	''	2 H 123° $\rho < \upsilon$	rouge					Id., p. 263; 1891.

NOM ET FORMULE.	SYSTÈME cristallin.	PARAMÈTRES.	SIGNE OPTIQUE.	BISSECTRICES aiguë.	BISSECTRICES obtuse.	ANGLE des axes.	RAIE ou couleur.	n_g	n_m	n_p	RAIE ou couleur.	OBSERVATEURS.
Chromate de magnésium. $CrO^4Mg + 7H^2O$	O	0,9901 0,5735	−	b	a	2V 75°28' ρ<ν	D	1,5633 1,5680	1,5415 1,5500	1,5131 1,5211	C D	Topsöe et Christiansen [Ann. de Ch. et de Phys., (5ᵉ s.), t. I, p. 56; 1874].
Chromate de magnésium et potassium. $(CrO^4)^2K^2Mg + 2H^2O$	T	0,6551 0,4326 α = 84°35' β = 102°44' γ = 86°38'	−	presque pp. à la base. [pl. des axes presque perp. à 110].		2E 149" ρ<ν						Wyrouboff (Bull. Soc. Minér., t. XIV, p. 463; 1891).
Chromate de potassium. CrO^4K^2	O	0,5695 0,7297	−	b	c	2V 49°32'	jaune		1,722		jaune	De Senarmont [Ann. de Ch. et de Phys., (3ᵉ s.), t. XXXIII, p. 411; 1851].
						2V 51°40'	D		1,7131 1,7254 1,7703		C D F	Topsöe et Christiansen [Ann. de Ch. et de Phys., (5ᵉ s.), t. I, p. 51; 1874].
								1,7305	1,722	1,6873	rouge	Mallard (Bull. Soc. Minér., t. III, p. 10; 1880).
Chromate de rubidium. CrO^4Rb^2	O	0,5665 0,749	−	c	a	2H 73°46' 76° 5'	rouge vert					Wyrouboff (Bull. Soc. Minér., t. IV, p. 129; 1881).
Chromate de sodium à 4H²O. $CrO^4Na^2 + 4H^2O$	M	1,1061 1,0866 β = 104°53'	+	c 94°32' c 97° 4'	c 4"32' c 7° 4'	2E 16°10' 36°22'	rouge vert					Id., t. III, p. 78; 1880.
Chromate de sodium à 10H²O. $CrO^4Na^2 + 10H^2O$	M	1,1127 1,2496 β = 107°43'	+	c 98° (app.)	c 8°	2V 83°56' 82°20'	rouge vert					Id., t. III, p. 79.
Dichromate d'ammonium et chlorure de mercure. $Cr^2O^7(AzH^4)^2 + HgCl^2$	M	1,270 0,983 β = 95°57'	+	c 29°14'	c 119°14'	2V 88°10'						Id., t. III, p. 144.
Dichromate de potassium. $Cr^2O^7K^2$	T	1,0116 1,8145 α = 98°0 β = 96°3 γ = 90°51',5	+	c 19°17' a 82°39'5 b 111°48'	c 76°24' a 89°32' b 21°55'	2V 52°24'5 51°53'	Li D	1,8197	1,72095 1,7380	1,7202	Li D	Dufet (Bull. Soc. Minér., t. XIII, p. 311; 1890).
Dichromate de rubidium. $Cr^2O^7Rb^2$ (1ʳᵉ forme)	M	0,596 0,339 β = 92°52'	−	b	c 138°	2V 83°16'	rouge					Wyrouboff (Bull. Soc. Minér., t. IV, p. 124; 1881 et t. XIII, p. 306; 1890).
(2ᵉ forme)	T	0,9858 1,7574 α = 89° β = 98°36' γ = 93°52'	+	20° avec normale à p(001) en avant. pl. des axes pp. à (001), 160° avec l'axe b et 66°8 avec l'axe a.		2E 107°42' ρ<ν						Id., t. XIII, p. 305.
Dichromate de sodium. $Cr^2O^7Na^2 + 2H^2O$	M	0,5912 0,5698 β = 94°55'	+	c 82°	b	2V 83°42' ρ>ν	D	1,7510	1,6994	1,6610	D	Dufet in Wyrouboff (Bull. Soc. Minér., t. XIV, p. 79; 1891).
Dichromate de strontium. $Cr^2O^7Sr + 3H^2O$	M	0,6023 0,5460 β = 92°32'	+	c 78° 8'	c 168° 8'	2V 20°28' ρ<ν	D	1,812	1,7174	1,7146	D	Id.
Fluoarséniate de sodium. $2(Na^2AsO^4NaFl) + 19H^2O$	C								1,4657 1,4693 1,4726		Li D Tl	Baker (J. of chem. Soc., t. XLVII, p. 353; 1885).

NOM ET FORMULE.	SYSTÈME cristallin.	PARAMÈTRES.	SIGNE OPTIQUE.	BISSECTRICES aiguë.	BISSECTRICES obtuse.	ANGLE des axes.	RAIE ou couleur.	$n_g.$	$n_m.$	$n_p.$	RAIE ou couleur.	OBSERVATEURS.
Fluophosphate de sodium. $2(Na^2PO^4NaFl)+19H^2O$	C								1,4489 1,4519 1,4545		Li D Tl	Id.
Fluosilicate d'ammonium. $SiFl^4.2AzH^4Fl$	C								1,3682 1,3696 1,3723		C D F	Topsoë et Christiansen [Ann. de Chim. et Phys. (5e s.), t. I, p. 22; 1874].
Fluosilicate de cobalt. $SiFl^4.CoFl^2+6H^2O$	R	0,521	+					1,3972	1,3817		C	Id., p. 28.
Fluosilicate de cuivre. $SiFl^4.CuFl^2+6H^2O$	R	0,5394	−						1,4074 1,4092 1,4138	1,4062 1,4080 1,4124	C D F	Id., p. 29.
Fluosilicate de magnésium. $SiFl^4.MgFl^2+6H^2O$	R	0,5174	+					1,3587 1,3602 1,3634	1,3427 1,3439 1,3473		C D F	Id., p. 25.
Fluosilicate de manganèse. $SiFl^4.MnFl^2+6H^2O$	R	0,5044	+					1,3721 1,3742 1,3774	1,3552 1,3570 1,3605		C D F	Id., p. 26.
Fluosilicate de nickel. $SiFl^4.NiFl^2+6H^2O$	R	0,5136	+					1,4036 1,4066 1,4105	1,3876 1,3910 1,3950		C D F	Id., p. 27.
Fluosilicate de zinc. $SiFl^4.ZnFl^2+6H^2O$	R	0,5173	+					1,3938 1,3956 1,3992	1,3808 1,3824 1,3860		C D F	Id., p. 28.
Fluovanadate de sodium. $2(Na^3VO^4.NaFl)+19H^2O$	C								1,5171 1,5230 1,5284		Li D Tl	Baker (J. of chem. Soc., t. XLVII, p. 353; 1885).
Glace. H^2O	H	?	+					1,307 1,314 1,321	1,306 1,312 1,317		rouge vert violet extr.	Reusch (Pogg. Ann., t. CXXI, p. 573; 1864). [Bravais (Ann. de Chim. et Phys., t. XXI, p. 361; 1847).]
								1,3040 1,3133 1,3163 $[t = 4°\ moy.]$.	1,2974 1,3083 1,3107		Li D Tl	Meyer (Wied. Ann., t. XXXI, p. 321; 1887).
								1,30626 1,30710 1,30775 1,30802 1,30861 1,31041 1,31242 1,31276 1,31473	1,30496 1,30580 1,30645 1,30669 1,30715 1,30911 1,31098 1,31140 1,31335		A a B Li C D Tl E F	Pulfrich (Wied. Ann., t. XXXIV, p. 339; 1888).
Glucine. GlO	H	1,6305	+					1,733	1,719		D	Mallard [Ann. des Mines (8e s.), t. XI, p. 432; 1887].
Hypophosphate dipotassique à 2H²O. $P^2O^6H^2K^2+2H^2O$	M	0,7451 0,7976 $\beta = 98°29'$	− c 143°30'		b	2V 36"12'	D	1,5363	1,5314	1,4893	D	Dufet (Bull. Soc. Minér., t. XIV, p. 217; 1891).

NOM ET FORMULE.	SYSTÈME cristallin.	PARAMÈTRES.	SIGNE OPTIQUE.	BISSECTRICES aiguë.	BISSECTRICES obtuse.	ANGLE des axes.	RAIE ou couleur.	n_g	n_m	n_p	RAIE ou couleur.	OBSERVATEURS.
Id. à $3H^2O$. $P^2O^7H^2K^2 + 3H^2O$	O	0,9917 0,9008	−	c	b	2 V 61°48′	D	1,4870	1,4843	1,4768	D	Id., p. 221.
Hypophosphate disodique. $P^2O^6H^2Na^2 + 6H^2O$	M	2,0126 2,0377 β = 126°47′	+	c 34"50′5 35"17′ 35°41′ 36"20′	c 124"50′5 125°17′ 125°41′ 126"20′	2 V 55°36′5 57°20′ 58°10′ 58°53′	Li D Tl F	1,5006 1,5041 1,5074	1,4861 1,4897 1,4927	1,4822 1,4855 1,4883	Li D Tl	Dufet (Bull. Soc. Minér., t. X, p. 109; 1887).
Hypophosphate tétrasodique. $P^2O^6Na^4 + 10H^2O$	M	1,2240 1,9077 β = 100°16′	+	c 70°23′ 70°28′ 70°39′	c 160°23′ 160°28′ 160°39′	2 V 48°58′ 48°56′ 48°53′	Li D Tl	1,5036	1,4789 1,4822 1,4852	1,4777	Li D Tl	Id., p. 104.
Hypophosphate trisodique. $P^2O^6HNa^3 + 9H^2O$	M	1,4848 1,4638 β = 102°2′	−	c 11°49′ 11°0′ 10°12′	b	2 V 82°2′ 82°0′ 81°56′	Li D Tl	1,4769 1,4804 1,4836	1,4705 1,4738 1,4769	1,4622 1,4653 1,4682	Li D Tl	Id., p. 107.
Hyposulfate d'ammonium et chlorure d'ammonium. $H(AzH^4)^2S^2O^6Cl$	O	0,9827 0,9612		c	b	2 E 40° ρ < ν	blanc					Fock et Klüss (Ber. d. D. ch. Ges., t. XXIV, p. 3018; 1891).
Hyposulfate d'argent. $S^2O^6Ag^2 + 2H^2O$	O	0,985 0,580	−	b	a	2 V 33°21′ 28°6′	C F	1,6601 1,6770	1,6573 1,6748	1,6272 1,6404	C F	Topsöe et Christiansen [Ann. de Ch. et Phys. (5e s.), t. I, p. 44; 1874].
Hyposulfate de baryum à $2H^2O$. $S^2O^6Ba + 2H^2O$	M	0,9338 1,313 β = 91°10′	+	c 166"46′	c 76"46′	2 V 83°18′ 84°33′ 87°28′	rouge D vert	1,6055 1,6072 1,6090	1,5935 1,5951 1,5976	1,5848 1,5860 1,5881	rouge D vert	Brio [Sitzb. Ak. Wien, t. LV (II), p. 145; 1867].
Id. à $4H^2O$. $S^2O^6Ba + 4H^2O$	M	1,2215 1,1272 β = 94"16′	+	b	c ·135°	2 V 87°20′ 89"42′	vert rouge		1,532			Wyrouboff (Bull. Soc. Minér., t. VIII, p. 84; 1885).
Hyposulfate de calcium. $S^2O^6Ca + 4H^2O$	H	1,500	−						1,5468 1,5496 1,5573		C D F	Topsöe et Christiansen [Ann. de Ch. et Phys. (5e s.), t. I, p. 35; 1874].
Hyposulfate de cérium à H^2O. $S^2O^6Ce + H^2O$	T	0,5807 1,203 α = 89°25′ β = 96°9′ γ = 96°18′	−	presque norm. à (010) plan des axes pr. parallèle à (001)		2 H 45°30′ 46°30′ 48°	Li D Tl					Wyrouboff (Bull. Soc. Minér., t. XIV, p. 97; 1891).
Id. à $5H^2O$. $S^2O^6Ce + 5H^2O$	T	0,5917 1,1912 α = 81°26′ β = 105°21′ γ = 86°38′	−	[axes visibles dans 001; la trace du plan des axes fait 20° avec l'axe a)]		2 V 88°52′ ρ > ν			1,507		D	Id., p. 95.
Hyposulfate de lithium. $S^2O^6Li^2 + 2H^2O$	O	0,9657 0,578	+	a	b	2 V 78°16′	D	1,5763 1,5788 1,5887	1,5565 1,5602 1,5680	1,5462 1,5487 1,5548	C D F	Topsöe et Christiansen [Ann. de Ch. et Phys. (5e s), t. I, p. 42; 1874].
Hyposulfate de plomb. $S^2O^6Pb + 4H^2O$	H	1,516	+					1,6492 1,6531 1,6666		1,6295 1,6351 1,6481	C D F	Id., p. 37.
Hyposulfate de potassium. $S^2O^6K^2$	H	0,6466	+					1,5119 1,5153 1,5239		1,4532 1,4550 1,4595	C D F	Id., p. 34.

NOM ET FORMULE.	SYSTÈME cristallin.	PARAMÈTRES.	SIGNE OPTIQUE.	DISSECTRICES aiguë.	DISSECTRICES obtuse.	ANGLE des axes.	RAIE ou couleur.	n_g	n_m	n_p	RAIE ou couleur.	OBSERVATEURS.
Hyposulfate de rubidium. $S^2O^6Rb^2$	H	0,6307	+					1,5041 1,5078 1,5167	1,4556 1,4574 1,4623		C D F	Id., p. 34.
Hyposulfate de sodium. $S^2O^6Na^2 + 2H^2O$	O	0,989 0,594	±	a	b	2 V 73°26' 75°16' 76°29'	rouge jaune vert	1,5158 1,5185 1,5212	1,4927 1,4953 1,4978	1,4803 1,4820 1,4838	rouge jaune vert	Von Lang (Sitzb. Ak. Wien, t. XXXVII, p. 379; 1859).
						2 V 73°28' 74°46' 77°36'	rouge jaune bleu		1,487 1,490 1,495	1,481 1,484 1,487	rouge jaune bleu	Des Cloizeaux (Sav. étr., t. XVIII, p. 578; 1867).
Hyposulfate de strontium. $S^2O^6Sr + 4H^2O$	H	1,5024	−					1,5266 1,5296 1,5371	1,5232 1,5252 1,5312		C D F	Topsöe et Christiansen [Ann. de Ch. et Phys. (5e s.), t. I, p. 36; 1874].
								1,5293	1,5252		D	Fock (Gr. Zeits., t. IV, p. 598; 1880).
Hyposulfate de thallium. $S^2O^6Tl^2$	M	0,9292 0,3986 β = 96°58'		c 20"	b	2E 40°(env.) ρ > ʋ	D					Fock (Gr. Zeits., t. VI, p. 162; 1882).
Hyposulfite d'ammonium et cadmium. $3[S^2O^3(AzH^4)^2] + S^2O^3Cd + H^2O$	O	0,4317 0,4187		a	b	2H 30" ρ > ʋ (dans le verre)	D					Fock (Ber. d. D. ch. Ges., t. XXIII, p. 1766; 1890).
Hyposulfite d'argent et sodium. $S^2O^3NaAg + H^2O$	M	0,6324 0,5716 β = 90°37'	+ −	b	b c±61°34'	2 V 89°49' 87°59'	Li D					Schmidt (Földtani Közlöny; 1893, t. XXIII, p. 97).
Hyposulfite de cadmium et sodium. $S^2O^3Na^2 + S^2O^3Cd + 16H^2O$	M	1,136 0,3492 β = 103°35'		b	c 127°	2H 71° (dans le verre)	D					Fock (Ber. d. D. ch. Ges., t. XXIII, p. 1756; 1890).
Hyposulfite de magnésium. $S^2O^3Mg + 6H^2O$	O	0,7674 0,7294		c	a	2E 40° (app.) ρ > ʋ	D					Fock et Klüss (Ber. d. D. ch. Ges., t. XXII, p. 3312; 1889).
Hyposulfite de potassium. $3S^2O^3K^2 + 5H^2O$	O	0,8229 1,4372		c	a	2E 18° ρ > ʋ	D					Id., p. 3098.
Hyposulfite de sodium. $S^2O^3Na^2 + 5H^2O$	M	0,7016 0,549 β = 103°58'	+	b	c 139° 137°		rouge violet					de Senarmont [Ann. de Chim. et Phys. (3e s.), t. XLI, p. 337; 1854].
						2E 154° 1' 154°14' 155°57' [t = 12°]	rouge jaune bleu					Des Cloizeaux (Sav. étr. t. XVIII, p. 650; 1887).
					b	c138°57'5 138°30' 138° 7'5 137°42' 2 V 80°47'50" 80°40' 80°33' 80°24'20"	Li D Tl F	1,5311 1,5360 1,5405	1,5038 1,5079 1,5117	1,4849 1,4886 1,4919	Li D Tl	Dufet (Bull. Soc. Minér., t. X, p. 226; 1887).
Hyposulfite de strontium. $S^2O^3Sr + 5H^2O$	M	1,2946 2,5846 β = 107°32'	+	c 28°35'	b	2H 84°57' 85° 1' 85°22'	rouge jaune bleu	[n_g = 1,466 1,468 1,478]				Des Cloizeaux (Sav. étr. t. XVIII, p. 652; 1867).
Iodure d'ammonium. AzH^4I	C							1,6938 1,7031 1,7269			C D F	Topsöe et Christiansen [Ann. de Chim. et Phys. (5e s.), t. I, p. 21; 1874].

NOM ET FORMULE.	SYSTÈME cristallin.	PARAMÈTRES.	SIGNE OPTIQUE.	BISSECTRICES aiguë.	BISSECTRICES obtuse.	ANGLE des axes.	RAIE ou couleur.	INDICES PRINCIPAUX n_g	INDICES PRINCIPAUX n_m	INDICES PRINCIPAUX n_p	RAIE ou couleur.	OBSERVATEURS.
Iodure d'argent. AgI	H	0,8196	+							2,23	jaune	DES CLOIZEAUX in FIZEAU (C. R., t. LXIV, p. 316; 1867).
Id. fondu. [I. par un prisme]. [II. par les couleurs d'inter- férence].	am.							11. 2,1531 2,1816 2,2787 2,405	II. 2,202 2,267 2,409		C D F { violet { extr.	WERNICKE (Pogg. Ann., t. CXLII, p. 560; 1871). [Kundt (Wied. Ann., t. XXXIV; 1888).]
Iodure de potassium. KI	C							1,6584 1,6666 1,6871			C D F	TOPSOË et CHRISTIANSEN [Ann. de Chim. et Phys. (5e s.), t. I, p. 21; 1874].
Iodure de rubidium. RbI	C							1,6262			D	ERDMANN (Arch. d. Pharm. t. CCXXXII; p. 3; 1894).
Molybdate d'ammonium. $Mo^7O^{24}(AzH^4)^6 + 4H^2O$	M	0,6297 0,2936 $\beta = 91°12'$	−	c 118°31' 118°50'	c 28°31' c 28°50'	2H 91°31' 91°52' 92°50'	rouge jaune bleu	$n_H = 1,466$ 1,468 1,478	rouge jaune bleu			DES CLOIZEAUX (Sav. étr., t. XVIII, p. 658; 1867).
Molybdate de sodium. $Mo^7O^{24}Na^6 + 22H^2O$	M	2,093 2,024 $\beta = 103°25'$	+	c 84°56' 84°35' 83°5'	b	2V 84°16' 84°6' 83°24'	rouge jaune bleu		1,622 1,627 1,646		rouge jaune bleu	Id., p. 659.
Molybdique (acide). MoO^3	O	0,825 0,861	+	c	a	2H$_0$ 117°15' 119°23' 127°	rouge jaune bleu					Id., p. 535.
Métatungstate de baryum. $4TuO^3.BaO + 9\frac{1}{2}H^2O$	O	0,9962 1,507	+	c	b	2E 27°	D					WYROUBOFF (Bull. Soc. Minér., t. XV, p. 80; 1892).
Métatungstate de calcium. $4TuO^3.CaO + 10H^2O$	T	1,007 1,3694 $\alpha = 91°2'$ $\beta = 93°0'$ $\gamma = 90°16'$	−	33° avec norm. à 001 plan des axes normal à (001), 78° avec l'arête (001)(110)		2E 115° ρ > v	D					Id., p. 90.
Métatungstate de cobalt. $4TuO^3.CoO + 9\frac{1}{2}H^2O$	O	0,9878 1,3764	+	c	b	2E 47°	D					Id., p. 81.
Métatungstate de didyme. $4TuO^3.DiO + 9H^2O$	O	0,9736 1,2952	+	c	b	2H 94° (huile)	D					Id., p. 77.
Métatungstate de magnésium. $4TuO^3.MgO + 8H^2O$	M	0,6763 0,7792 $\beta = 106°43'$	+	b	c 114°	2V 77°50' ρ < v	D		1,74		D	Id., p. 72.
Métatungstate de nickel. $4TuO^3.NiO + 8H^2O$	M	0,6555 0,7464 $\beta = 106°22'$	+	b	c 116°30'	2H 132° (app.) ρ > v,	D					Id., p. 75.
Métatungstate de strontium. $4TuO^3.SrO + 8H^2O$	M	1,0556 0,7999 $\beta = 90°21'$	−	c 10° (app.)	c 100°	2E 93°40' ρ < v	D					Id., p. 70.
Métatungstate de zinc. $4TuO^3.ZnO + 8H^2O$	M	0,6626 0,7557 $\beta = 105°57'$	+	b	c 119°	2H 123° (app.) ρ > v	D					Id., p. 74.

NOM ET FORMULE.	SYSTÈME cristallin.	PARAMÈTRES.	SIGNE OPTIQUE.	BISSECTRICES aiguë.	BISSECTRICES obtuse.	ANGLE des axes.	RAIE ou couleur.	n_g	n_m	n_p	RAIE ou couleur.	OBSERVATEURS.
Oxyde de cuivre. Cu O	am.								2,63 2,84 3,18		rouge blanc bleu	Kundt (*Wied. Ann.*, t. XXXIV, p. 469; 1888).
Oxyde de nickel. Ni O	am.								2,18 2,23 2,39		rouge blanc bleu	*Id.*

Oxyde (sous-) de cuivre. *Voir* **Cuprite.**

NOM ET FORMULE.	SYSTÈME cristallin.	PARAMÈTRES.	SIGNE OPTIQUE.	BISSECTRICES aiguë.	BISSECTRICES obtuse.	ANGLE des axes.	RAIE ou couleur.	n_g	n_m	n_p	RAIE ou couleur.	OBSERVATEURS.
Oxyfluohypomolybdate d'ammonium. $MoO\,Fl^3.\,2\,Az\,H^4\,Fl$	O	0,8429 1,0200	—	b	c	2 V 89°38'	jaune					E. Scacchi (*Atti dei Lincei Mem.*, t. IV, p. 489; 1887).
Oxyfluohypomolybdate de potassium. $MoO\,Fl^3.\,2\,K\,Fl + H^2O$	M	0,99975 1,03200 $\beta = 99°4'$	—	c 9° (app.)	c 99° (app.)	2 E 33°10' 33°41' 34°10'	rouge jaune vert					*Id.*
Oxyfluomolybdate d'ammonium. $MoO^2Fl^2 + 2\,Az\,H^4\,Fl$	O	0,8413 1,0164	—	b	c	2 V 78°26' 77°44' 76°55'	rouge jaune vert					E. Scacchi (*R. C. dei Lincei*, t. II, 1ᵉʳ sem., p. 331; 1886).
Oxyfluomolybdate de potassium. $MoO^2Fl^2.\,2\,K\,Fl + H^2O$	M	1,0006 0,9994 $\beta = 103°29'$	+	c 13°30'	c 103°30'	2 H 64°21' 64°34' 64°41'	rouge jaune vert					E. Scacchi (*Atti dei Lincei Mem.*, t. IV, p. 489; 1887).
Oxyfluotungstate de potassium. $TuO^2Fl^2.\,2\,K\,Fl + H^2O$	M	1,0019 1,0481 $\beta = 98°47'$	+	c 8°	c 98°	2 H 72°31' 71°53' 71°19'	rouge jaune vert					*Id.*
Perchlorate d'ammonium. $ClO^4(Az\,H^4)$	O	0,7926 0,6410	+	b	a	2 E 111°41' 113°23'	rouge bleu					Groth (*Pogg. Ann.*, t. CXXXV, p. 665; 1868).
Permolybdate d'ammonium. $MoO^4(Az\,H^4) + 2\,H^2O$	M	1,4682 1,0259 $\beta = 105°46'$	+	c 165°	c 75°	2 H 35°48' $[n_{II} = 1,465]$	D					Dufet (*Bull. Soc. Minér.*, t. XIV, p. 215; 1891).
Persulfate d'ammonium. $SO^4(Az\,H^4)$	M	1,3001 1,1885 $\beta = 103°49'$		c 176°	c 86°	2 E 70° (app.)						Fock (*Gr. Zeits.*, t. XXII, p. 31; 1894).

Phosphate (ortho-) ammoniaco-magnésien. *Voir* **Struvite.**

NOM ET FORMULE.	SYSTÈME cristallin.	PARAMÈTRES.	SIGNE OPTIQUE.	BISSECTRICES aiguë.	BISSECTRICES obtuse.	ANGLE des axes.	RAIE ou couleur.	n_g	n_m	n_p	RAIE ou couleur.	OBSERVATEURS.
Phosphate (ortho-) diargentique. PO^4Ag^2H	H	0,7297	—					1,8036	1,7983		D	Dufet (*Bull. Soc. Minér.*, t. IX, p. 36; 1886).
Phosphate (ortho-) dimanganeux. $PO^4MnH + 3\,H^2O$	O	0,911 0,938	+	a	b	2 E 118°27' 119°20'	rouge bleu					Des Cloizeaux (*Sav. étr.*, t. XVIII, p. 594; 1867).
Phosphate (ortho-) disodique à 12 H²O. $PO^4Na^2H + 12\,H^2O$	M	0,5750 0,8144 $\beta = 121°24'$	—	c 149°59' 149°24' 149° 2' 148°45'	c 59°59' 59°24' 59° 2' 58°45'	2 V 54°41' 56°43' 58°14' 59°33'	Li D Tl F	1,4341 1,4373 1,4402	1,4330 1,4361 1,4389	1,4290 1,4321 1,4348	Li D Tl	Dufet (*Bull. Soc. Minér.*, t. X, p. 81 et 228; 1887).

NOM ET FORMULE.	SYSTÈME cristallin.	PARAMÈTRES.	SIGNE OPTIQUE.	BISSECTRICES aiguë.	BISSECTRICES obtuse.	ANGLE des axes.	RAIE ou couleur.	INDICES PRINCIPAUX. n_g.	INDICES PRINCIPAUX. n_m.	INDICES PRINCIPAUX. n_p.	RAIE ou couleur.	OBSERVATEURS.
Phosphate (ortho-) disodique à $7H^2O$. $PO^4Na^2H + 7H^2O$	M	0,83105 1,10165 $\beta = 96°57'$	+	c 108°	b	2V 39°33' 38°50' 37°59' [t = 20°] $\frac{dV}{dt} = +2'$	*Li* D *Tl*	1,4497 1,4526 1,4552	1,4395 1,4424 1,4449	1,4382 1,44115 1,4437	*Li* D *Tl*	*Id.*, p. 82.
Phosphate (ortho-) dithalleux. $2(PO^4Tl^2H) + H^2O$	O	0,9314 0,7818	+	c	a	2E 149°35' 145° 2'	rouge bleu					Des Cloizeaux [*Ann. de Chim. et Phys.* (4e s.), t. XVII, p. 323; 1869].
Phosphate (ortho-) monoammonique. $PO^4(AzH^4)H^2$	Q	0,7124	—					1,5212 1,5246 1,5314 1,5372		1,4768 1,4792 1,4847 1,4894	C D F H_γ	Topsoë et Christiansen [*Ann. de Chim. et Phys.* (5e s.), t. I, p. 32; 1874].
Phosphate (ortho-) monopotassique. PO^4KH^2	Q	0,664	—					1,5064 1,5095 1,5154		1,4664 1,4684 1,4734	C D F	*Id.*, p. 33.
Phosphate (ortho-) monosodique à $2H^2O$. $PO^4NaH^2 + 2H^2O$	O	0,9148 1,5615	—	a	c	2V 82°35' ρ = v	D	1,4782 1,48145 1,4843	1,4600 1,4629 1,4655	1,4376 1,44005 1,4423	*Li* D *Tl*	Dufet (*Bull. Soc. Minér.*, t. X, p. 86; 1887).
Phosphate (ortho-) monosodique à H^2O. $PO^4NaH^2 + H^2O$	O	0,9336 0,9651	—	a	c	2V 29° 0' 29°22' 29°48' [t = 21°] $\frac{dV}{dt} = +3',14$	*Li* D *Tl*	1,4841 1,4873 1,4902	1,4821 1,4852 1,4881	1,4527 1,4557 1,4583	*Li* D *Tl*	*Id.* p. 88.
Phosphate (ortho-) monothalleux. PO^4TlH^2	M	3,175 1,458 $\beta = 91°44'$	—	c 43°½ (app.)	b	2E 66°10' 96°53'	rouge bleu					Des Cloizeaux [*Ann. de Chim. et Phys.* (4e s.), t. XVII, p. 323; 1869].
Phosphate (ortho-) trisodique. $PO^4Na^3.12H^2O$.	H	?	+					1,4524		1,4458	D	Dufet (*Bull. Soc. Minér.*, t. X, p. 79; 1887).
Phosphite disodique. $PO^3Na^2 + 5H^2O$	O	0,6998 0,7813	+	a	b	2V 43°16' 44° 7' 44°45'	*Li* D *Tl*		1,4434		D	*Id.*, t. XIII, p. 220; 1891.
Phosphite mono-ammonique. $HPO^3(AzH^4)H$	M	0,7616 0,9618 $\beta = 103°7'$	·	c 67°	c 157°	2H 13°50' [$n_H = 1,465$]	D					*Id.*, t. XIV, p. 210; 1892.
Phosphite mono-potassique. HPO^3KH	M	1,3913 1,7197 $\beta = 101°50'$		c 52°	c 142°	2V 36°14'	D					*Id.*, p. 209.
Phosphite monosodique. $(HPO^3NaH)^2 + 5H^2O$	M	1,2017 0,7964 $\beta = 109°53'$	+	c 125°24' 125°27' 125°30'	c 35°24' 35°27' 35°30'	2V 77°36',5 77°38' 77°40',5	*Li* D *Tl*	1,4493	1,4281 1,4309 1,4334	1,4193	*Li* D *Tl*	*Id.*, t. XII, p. 479; 1889.

NOM ET FORMULE.	SYSTÈME cristallin.	PARAMÈTRES.	SIGNE OPTIQUE.	BISSECTRICES aiguë.	BISSECTRICES obtuse.	ANGLE des axes.	RAIE ou couleur.	n_g	n_m	n_p	RAIE ou couleur.	OBSERVATEURS.
Phosphore. P	C							2,1059 2,1442 2,3097 $[t=25°]$			A D violet extr.	Gladstone et Dale [Philos. Mag. (4ᵉ s.), t. XVIII. p. 3o; 1859].
								2,09300 2,15831 2,19885 $[t=29°,2]$			C F H_γ	Damien [Ann. Éc. Norm. sup. (2ᵉ s.), t. X, p. 271; 1881].
Phosphosilicate de calcium. $P^2O^8Ca^3 + SiO^4Ca^2$	O	0,6598 1,6003	−	a	c	2H 112° $\rho > \upsilon$						Carnot et Richard (Bull. Soc. Minér., t. VI, p. 240; 1883).
Platodibromonitrite de potassium. $Pt(AzO^2)^2Br^2K^2 + H^2O$	T	0,9920 1,3170 $\alpha = 90°58'$ $\beta = 91°42'$ $\gamma = 91°10'$	+	42°7' avec norm. à (001) 32°27' avec norm. à ($\overline{2}$01).	47°54' avec norm. à (001) 63°10' avec norm. à (20$\overline{1}$) plan des axes presque normal à (001).	2V 72°21'	D	1,757	1,6684	1,626	D	Dufet (Bull. Soc. Minér., t. XV, p. 208; 1892).
Platodiiodonitrite de potassium. $Pt(AzO^2)^2I^2K^2 + 2H^2O$	Q	0,5891	+					1,7909		1,6527	D	Id., p. 213.
Pyrophosphate disodique. $P^2O^7Na^2H^2 + 6H^2O$	M	2,0260 2,0492 $\beta = 123°19'$	−	c 137°½	b	2V 15°13' 31°56' 36°10' 43°55' $[t=20°]$ $\left[\frac{dV}{dt}=-7',0\right]$	Li D Tl $\lambda=423$	1,4617 1,4649 1,4677	1,4616 1,4645 1,4672	1,4573 1,4599 1,4623	Li D Tl	Id., t. X, p. 102; 1887.
Pyrophosphate tétrasodique. $P^2O^7Na^4 + 10H^2O$	M	1,2873 1,8952 $\beta = 98°16'$	+	c 52°	b	2V 60°29' $\rho > \upsilon$ $[t=20°]$ $\left[\frac{dV}{dt}=-5',9\right]$	D	1,4575 1,4604 1,4629	1,4496 1,4525 1,4551	1,4470 1,4499 1,4526	Li D Tl	Id., p. 100.
Pyrophosphate tétrathalleux. $P^2O^7Tl^4$	M	1,4274 1,2921 $\beta = 114°0'$	−	c 87°15' 86°57' 86°44'	b b b	2E 125°48' 112°30' 89°47' 52°34'	rouge jaune vert bleu					Des Cloizeaux [Ann. de Ch. et Phys. (4ᵉ s.), t XVII, p. 325; 1869].
Id. hydraté. $P^2O^7Tl^4 + 2H^2O$	M	2,1022 1,9217 $\beta = 115°57'$	−	c 47°40' 47°11'	b b	2E 102°38' 107° 2'	rouge bleu				D	Id., p. 327.
Pyrosulfite d'ammonium. $S^2O^5(AzH^4)^2$	O	0,3939 0,4770		a	b	2E(verre) 57° $\rho > \upsilon$	D					Fock et Klüss (Ber. d. D. ch. Ges., t. XXIII, p. 3149; 1890).
Séléniate d'aluminium et potassium. $SeO^4K^2 + (SeO^4)^3Al^2 + 24H^2O$	C							1,4773 1,4801 1,4868			C D F	Topsoë et Christiansen [Ann. de Ch. et Phys. (5ᵉ s.), t. I, p. 24; 1874].

NOM ET FORMULE.	SYSTÈME cristallin.	PARAMÈTRES.	SIGNE OPTIQUE.	DISSECTRICES aiguë.	DISSECTRICES obtuse.	ANGLE des axes.	RAIE ou couleur.	n_g.	n_m.	n_p.	RAIE ou couleur.	OBSERVATEURS.
Séléniate d'ammonium. $ScO^4(AzH^4)^2$ (1ʳᵉ forme).	O	0,5335 0,7499	—	c	a	2 E 78°35' 81°10' 84°25' 87°40'	rouge jaune vert bleu					Von Lang [*Sitzb. Ak. Wien*, t. LXV (II), p. 109; 1861].
Id. (2ᵉ forme).	M	1,2065 1,9013 $\beta = 115°33'$		c 3°19'	b	2 E 55°50'						Topsoë [*Id.*, t. LXV (II), p. 19; 1872].
Séléniate d'ammonium et cadmium. $(ScO^4)^2Cd(AzH^4)^2 + 2H^2O$	T	0,7277 0,4418 $\alpha = 80°\ 1'$ $\beta = 106°\ 9'$ $\gamma = 91°34'$	—	19° avec norm. à $(\bar{1}01)$. [pl. des axes 11° avec norm. à $(\bar{1}01)$ pp. à l'arête $(\bar{1}01)$ $(\bar{1}30)$.	″	2 E 140° $\rho < \upsilon$						Wyrouboff (*Bull. Soc. Minér.*, t. XIV, p. 262; 1891).
Séléniate d'ammonium et cobalt. $(SeO^4)^2CO(AzH^4)^2 + 6H^2O$	M	0,7414 0,5077 $\beta = 106°23'$	+	c 92°41'	c 2°41'	2 V 82° 1'	D	1,5396	1,5280 1,5311 1,5392 1,5455	1,5246	C D F H_γ	Topsoë et Christiansen [*Ann. de Ch. et Phys.* (5ᵉ s.), t. I, p. 78; 1874].
Séléniate d'ammonium et cuivre. $(SeO^4)^2Cu(AzH^4)^2 + 6H^2O$	M	0,7488 0,5126 $\beta = 105°32',5$	—	c 12°21'	c 102°21'	2 V 55°24'	D	1,5395	1,5317 1,5355 1,5437	1,5213	C D F	*Id.*, p. 84.
Séléniate d'ammonium et fer. $(SeO^4)^2Fe(AzH^4)^2 + 6H^2O$	M	0,7405 0,5012 $\beta = 106°13'$	+	c 96°50'	c 6°50'	2 V 76°48'	D	1,5339 1,5356 1,5436	1,5226 1,5260 1,5334	1,5177 1,5201 1,5263	C D F	*Id.*, p. 83.
Séléniate d'ammonium et magnésium. $(ScO^4)^2Mg(AzH^4)^2 + 6H^2O$	M	0,7414 0,4968 $\beta = 106°37'$	+	c 89°30'	c 179°30'	2 V 53°44'	D	1,5150	1,5046 1,5075 1,5146	1,5056	C D F	*Id.*, p. 73.
Séléniate d'ammonium et nickel. $(ScO^4)^2Ni(AzH^4)^2 + 6H^2O$	M	0,7378 0,5042 $\beta = 106°19'$	+	c 89°25'	c 179°25'	2 V 86°14'	D	1,5466	1,5334 1,5372 1,5441	1,5291	C D F	*Id.*, p. 81.
Séléniate d'ammonium et zinc. $(ScO^4)^2Zn(AzH^4)^2 + 6H^2O$	M	0,7416 0,5062 $\beta = 106°11'$	+	c 93° 7'	c 3° 7'	2 V 81°22'	D	1,5372	1,5252 1,5292 1,5366	1,5233	C D F	*Id.*, p. 76.
Séléniate de baryum. ScO^4Ba	O	0,8177 1,3290	+	a	c	2 E 58°48' $\rho < \upsilon$						Michel (*Bull. Soc. Minér.*, t. XI, p. 184; 1888).
Séléniate de cadmium. $ScO^4Cd + 2H^2O$	O	0,9753 0,8764	—	a	b	2 H₀ 131°2' $n_B = 1,469$	D					Topsoë et Christiansen (*loc. cit.*, p. 62).
Séléniate de cadmium et potassium. $(ScO^4)^2CdK^2 + 2H^2O$	T	0,7239 0,4614 $\alpha = 84°46'$ $\beta = 101°55'$ $\gamma = 86°28'$	—	b 90° [plan des axes 10° avec l'axe b et 25° avec un plan norm. à (101)]		2 E 47° $\rho < \upsilon$						Wyrouboff (*Bull. Soc. Minér.*, t. XIV, p. 262; 1891).
Séléniate de césium. ScO^4Cs^2 [*Voir* Table XV pour var. d'iod. par la tempér.]	O	0,5700 0,7424	—	b	a	2 E 135° 0' 134°40' 132°40' 130°40' 128°20' $[t = 16°$ à 19°]	Li C D Tl F	1,5964 1,5969 1,6003 1,6038 1,6084 1,6152	1,5960 1,5965 1,5999 1,6034 1,6080 1,6148	1,5950 1,5955 1,5989 1,6024 1,6070 1,6138	Li C D Tl F G	Tutton (*J. of chem. Soc.*, t. LXXI, p. 889; 1897).

NOM ET FORMULE.	SYSTÈME cristallin.	PARAMÈTRES.	SIGNE OPTIQUE.	BISSECTRICES aiguë.	BISSECTRICES obtuse.	ANGLE des axes.	RAIE ou couleur.	n_g	n_m	n_p	RAIE ou couleur.	OBSERVATEURS.
Séléniate de cobalt. $ScO^4Co + 6H^2O$	M	1,371 1,6815 $\beta = 98°14'$	−	c 145° 4'	c 55° 4'	2 V 7°13'	D	 1,5227	1,5183 1,5225		C D	Topsoë et Christiansen (*loc. cit.*, p. 72).
Séléniate de cobalt et potassium. $(ScO^4)^2CoK^2 + 6H^2O$	M	0,7379 0,5036 $\beta = 104°10'$	+	c 100°45'	c 10°45'	2 V 63°52'	D	 1,5356	1,5162 1,5195 1,5270	 1,5135	C D F	*Id.*, p. 79.
Séléniate de cuivre et potassium. $(ScO^4)^2CuK^2 + 6H^2O$	M	0,7489 0,5230 $\beta = 103°19'$	−−	c 10°53'	c 100°53'	2 V 88°12'	D	 1,5387	1,5203 1,5235 1,5320	 1,5096	C D F	*Id.*, p 86.
Séléniate d'erbium. $(ScO^4)^3Er^2 + 9H^2O$	O	0,930 0,4807	+	c	a	2 E 109°30' $\rho < \upsilon$						Topsoë (*Bih. t. Sv. Vet. Akad. Handl.*, t. II, n° 5; 1874).
Séléniate de glucinium. $ScO^4Gl + 4H^2O$	O	0,9402 1,0414	−	a	c	2 V 26°48'	D	1,4992 1,5027 1,5101	1,4973 1,5007 1,5084	1,4637 1,4664 1,4725	C D F	Topsoë et Christiansen (*loc. cit.*, p. 53).
Séléniate de magnésium. $ScO^4Mg + 6H^2O$	M	1,385 1,685 $\beta = 98°32'$	−	c 152°56'	c 62°56'	2 V 28°12' $\rho > \upsilon$	D	 1,4911	1,4864 1,4892 1,4965	 1,4856	C D F	*Id.*, p. 70.
Séléniate de magnésium et potassium. $(ScO^4)^2MgK^2 + 6H^2O$	M	0,7447 0,5014 $\beta = 104°16'$	+	c 102°16'	c 12°16'	2 V 40°22'	D	 1,5120	1,4942 1,4970 1,5039	 1,4950	C D F	*Id.*, p. 75.
Séléniate de manganèse. $ScO^4Mn + 2H^2O$	O	0,996 0,8847	−	a	b	2 H$_o$ 139°30' $n_u = 1,469$	D					*Id.* p. 63.
Séléniate de manganèse et potassium. $(ScO^4)^2MnK^2 + 2H^2O$	T	0,6911 0,4430 $\alpha = 84°34'$ $\beta = 101°58'$ $\gamma = 86°30'$	−	b 90° [plan des axes 42° avec un plan norm. à (101) en arrière)].	b 0°	2 E 61° $\rho < \upsilon$						Wyrouboff (*Bull. Soc. Minér.*, t. XIV, p. 262; 1891).
Séléniate de nickel. $ScO^4Ni + 6H^2O$	Q	1,8364	−					1,5357 1,5393 1,5473 1,5539	1,5089 1,5125 1,5196 1,5258		C D F H_γ	Topsoë et Christiansen (*loc. cit.*, p. 38).
Séléniate de nickel et potassium. $(ScO^4)^2NiK^2 + 6H^2O$	M	0,7450 0,5060 $\beta = 104°53'$	+	c 97°56'	c 7°56'	2 V 72°56'	D	 1,5339	1,5207 1,5248 1,5315	 1,5199	C D F	*Id.*, p. 82.
Séléniate de potassium. SeO^4K^2 [*Voir* Table XV pour var. d'ind. par la tempér.]	O	0,5731 0,7319	+	c	b	2 V 76°40'	D	1,5422 1,5450 1,5523	1,5373 1,5402 1,5475	1,5323 1,5353 1,5417	C D F	*Id.*, p. 49.
						2 E 145°12' 145°29' 146°53' 148°36' 150°13' [$t = 16°$ à 19°]	Li C D Tl F	1,5413 1,5418 1,5446 1,5478 1,5518 1,5576	1,5357 1,5362 1,5390 1,5421 1,5460 1,5517	1,5320 1,5325 1,5352 1,5383 1,5421 1,5478	Li C D Tl F G	Tutton (*J. of chem. Soc.*, t. LXXI, p. 877; 1897).
Séléniate de potassium et zinc. $(ScO^4)^2ZnK^2 + 6H^2O$	M	0,7441 0,5075 $\beta = 104°14'$	+	c 102°33'	c 12°33'	2 V 66° 8'	D	 1,5327	1,5148 1,5177 1,5242 1,5308	 1,5115	C D F H_γ	Topsoë et Christiansen (*loc. cit.*, p. 77).

NOM ET FORMULE.	SYSTÈME cristallin.	PARAMÈTRES.	SIGNE OPTIQUE.	BISSECTRICES aiguë.	BISSECTRICES obtuse.	ANGLE des axes.	RAIE ou couleur.	n_g	n_m	n_p	RAIE ou couleur.	OBSERVATEURS.
Id. $(SeO^4)^2 Zn K^2 + 2H^2O$	T	0,7060 0,4335 $\alpha = 83°52'$ $\beta = 99°41'$ $\gamma = 84°46'$	−	10° avec norm. à (101). vers 010 [plan des axes 11° avec l'axe b en arrière].	//	2 E 102° $\rho > \upsilon$						Wynouboff (*Bull. Soc. Minér.*, t. XIV, p. 262; 1891).
Séléniate de rubidium. $SeO^4 Rb^2$ [*Voir* Table XV pour var. d'ind. par la tempér.]	O	0,5708 0,7386	+	c	b	2 E 120°25' 120°34' 121°20' 122° 3' 122°49' [$t = 16°$ à $19°$]	Li C D Tl F	1,5549 1,5554 1,5582 1,5615 1,5655 1,5715	1,5504 1,5509 1,5537 1,5570 1,5609 1,5668	1,5482 1,5487 1,5515 1,5547 1,5586 1,5646	Li C D Tl F G	Tutton (*J. of chem. Soc.*, t. LXXI, p. 882; 1897).
Séléniate de strontium. $SeO^4 Sr$	O	0,7816 1,2753	+	a	c	2 E 88° (app.) $\rho < \upsilon$						L. Michel (*Bull. Soc. Minér.*, t. XI, p. 185; 1888).
Séléniate d'yttrium. $(SeO^4)^3 Y^2 + 9H^2O$	O	0,9358 0,4829	+	c	a	2 E 123° 0' (app.) $\rho < \upsilon$						Topsöe (*Bih. t. Sv. Vet. Akad. Handl.*, t. II, n° 5; 1874).
Séléniate de zinc. $SeO^4 Zn + 6H^2O$	Q	1,895	−					1,5255 1,5291 1,5367 1,5427		1,5004 1,5039 1,5108 1,5165	C D E H_γ	Topsöe et Christiansen (*loc. cit.*, p. 38).
Sélénium (fondu). Se	am.								2,653 2,691 2,730 2,786 2,857 2,98		A a B C x(628) D	Sirks (*Pogg. Ann.*, t. CXLIII, p. 436; 1871). [*Jamin* (*Ann. de Chim. et Phys.*, 3° s., t. XXIX; 1850).]
									2,655		B	H. Becquerel [*Ann. de Ch. et Phys.* (5° s.), t. XII, p. 31; 1877].
Silicate d'aluminium et potassium. $K^2 Al^2 Si^2 O^9$	O	?	−	c	?	2 V 40°						Duboin (*Bull. Soc. Minér.*, t. XV, p. 193; 1892).
Silicate d'aluminium et sodium (hydraté). $Na^{12} Al^{10} Si^{15} O^{60} + 6H^2O$	O	0,645 1,898	−	b	c	2 V 88° (app)						G. Friedel (*Bull. Soc. Minér.*, t. XIX, p. 8; 1896).
Silicate de baryum hydraté. $SiO^3 Ba + 6H^2O$	O	0,8837 0,3774	−	c	b	2 E 58°41' 66°22'	rouge bleu					Pisani (*C. R.*, t. LXXXIII, p. 1056; 1876).
		id.				2 E 56°30' 72°10'	rouge bleu					Cossa et La Valle (*Accad. dei Lincei*; Trans. VIII, p. 299; 1884).

Silicophosphate de calcium. *Voir* Phosphosilicate de calcium.

NOM ET FORMULE.	SYSTÈME cristallin.	PARAMÈTRES.	SIGNE OPTIQUE.	BISSECTRICES aiguë.	BISSECTRICES obtuse.	ANGLE des axes.	RAIE ou couleur.	n_g	n_m	n_p	RAIE ou couleur.	OBSERVATEURS.
Silicotungstate de baryum. $12 TuO^3.SiO^2.2BaO + 16H^2O$	M	1,7987 1,5440 $\beta = 103°53'$	−	b	c 166°	2 V 78°44' $\rho < \upsilon$	D		1,816		D	Wynouboff (*Bull. Soc. Minér.*, t. XIX, p. 279; 1896).
Silicotungstate de calcium et azotate de calcium. $12 TuO^3.SiO^2.2CaO$ $+ (AzO^3)^2 Ca + 15H^2O$.	M	0,9036 1,1820 $\beta = 94°52'$	+	c 10°	c 100°	2 H 94°	D					*Id.*, p. 271.

NOM ET FORMULE.	SYSTÈME cristallin.	PARAMÈTRES.	SIGNE OPTIQUE.	BISSECTRICES aiguë.	BISSECTRICES obtuse.	ANGLE des axes.	RAIE ou couleur.	n_g	n_m	n_p	RAIE ou couleur.	OBSERVATEURS.
Silicotungstate de cérium. $[12\,Tu\,O^3.Si\,O^2]^2 Ce^2O^3.H^2O + 3\frac{1}{2}H^2O$	T	0,3922 0,4195 $\alpha = 90°43'$ $\beta = 92°20'$ $\gamma = 84°38'$	−	[plan des axes parall. à c et presque perp. à g^1 (010)]		2 H 56° $\rho < \nu$	D					Wyrouboff (*Bull. Soc. Minér.*, t. XIX, p. 293; 1896).
Silicotungstate de cobalt. $12\,Tu\,O^3.Si\,O^2.2\,CoO + 18H^2O$	T	0,4067 0,4055 $\alpha = 87°9'$ $\beta = 91°8'$ $\gamma = 89°23'$	−	12° avec norm. à g^1 vers c [pl. des axes 10° avec norm. à g^1, 32° avec a, 59° avec c]		2 E 92°50' $\rho > \nu$	D					*Id.*, p 312.
Silicotungstate de didyme. $[12\,Tu\,O^3.Si\,O^2]^2 Di^2O^3.H^2O + 34\,H^2O$	T	0,4003 0,4262 $\alpha = 89°58'$ $\beta = 92°48'$ $\gamma = 83°20'$	−	[plan des axes parall. à c et presque perp. à g^1 (010)]		2 H 52° $\rho < \nu$	D					*Id.*, p. 299.
Silicotungstate de lanthane. $[12\,Tu\,O^3.Si\,O^2]^2 La^2O^3.H^2O + 34\,H^2O$	T	0,4081 0,4420 $\alpha = 89°34'$ $\beta = 93°8'$ $\gamma = 84°29'$	−	[plan des axes parall. à c et presque perp. à g^1 (010)]		2 H 46°40' $\rho < \nu$	D					*Id.*, p. 295.
Silicotungstate de lithium. $12\,Tu\,O^3.Si\,O^2.2\,Li^2O + 14\,H^2O$	T	1,1642 0,9681 $\alpha = 90°$ $\beta = 94°20'$ $\gamma = 86°26'$	+	[plan des axes 79° avec b]		$2\,H_a$ 100° (app.)						*Id.*, p. 264.
Silicotungstate de magnésium. $12\,Tu\,O^3.Si\,O^2.2\,MgO + 18\,H^2O$	T	0,4068 0,4021 $\alpha = 86°50'$ $\beta = 90°35'$ $\gamma = 90°11'$	−	18° avec norm. à g^1, vers c. [pl. des axes 16° avec norm. à g^1, 26°30' avec a et 64°36' avec c].		2 E 71°40' $\rho < \nu$	D					*Id.*, p. 308.
Silicotungstate de manganèse. $12\,Tu\,O^3.Si\,O^2.2\,MnO + 18\,H^2O$	T	0,4018 0,4088 $\alpha = 87°0'$ $\beta = 90°41'$ $\gamma = 91°0'$	−	10° avec norm. à g^1 vers c. [pl. des axes 5°30' avec norm. à g^1, 35° avec a et 55°41' avec c].		2 E 91°30' $\rho < \nu$	D					*Id.*, p. 310.
Silicotungstate de nickel. $12\,Tu\,O^3.Si\,O^2.2\,NiO + 18\,H^2O$	T	0,4054 0,4166 $\alpha = 86°48'$ $\beta = 91°6'$ $\gamma = 89°32'$	−	10° (env.) avec norm. à g^1 vers c. [pl. des axes 18° avec norm. à g^1, 38° avec a, 53°6' avec c].		2 E 97°28' $\rho < \nu$	D					*Id.*, p. 314.
Silicotungstate de potassium (*acide*). $(12\,Tu\,O^3.Si\,O^2)^2 3\,K^2O.H^2O + 29\,H^2O$	M	1,2148 0,8489 $\beta = 102°16'$	−	c 146°	b	2 E 61°36' $\rho > \nu$	D					*Id.*, p. 253.

NOM ET FORMULE.	SYSTÈME cristallin.	PARAMÈTRES.	SIGNE OPTIQUE.	BISSECTRICES aiguë.	BISSECTRICES obtuse.	ANGLE des axes.	RAIE ou couleur.	n_g	n_m	n_p	RAIE ou couleur.	OBSERVATEURS.
Silicotungstate de potassium (*neutre*). $12\,TuO^3.SiO^2.2K^2O + 15H^2O$	M	1,4715 1,9939 $\beta = 102°54'$	+	c 84°10'	c 174°10'	$2\,H_0$ 120°	D					WYROUBOFF (*Bull. Soc. Minér.*, t. XIX, p. 251; 1896).
Silicotungstate de sodium (*acide*). $12\,TuO^3.SiO^2.Na^2O.H^2O + 16H^2O$	T	1,0748 0,9521 $\alpha = 89°\,6'$ $\beta = 95°50'$ $\gamma = 85°17'$	+	c 175°44' [plan des axes perp. à l'axe b].		$2\,H$ 54°	D					*Id.*, p. 245.
Silicotungstate de sodium (*neutre*) à 20 H²O. $12\,TuO^3.SiO^2.2Na^2O + 20H^2O$	T	1,0321 0,9092 $\alpha = 94°\,2'$ $\beta = 93°32'$ $\gamma = 88°21'$	−	perp. à p(001) [plan des axes perp. à l'axe b].		$2\,H$ 54° $\rho < \nu$	D					*Id.*, p. 246.
Silicotungstate de sodium (*neutre*) à 14 H²O. $12\,TuO^3.SiO^2.2Na^2O + 14H^2O$.	T	1,6083 0,5542 $\alpha = 90°52'$ $\beta = 95°22'$ $\gamma = 83°34'$	−	24° avec norm. à h^1(100) vers o^1. [plan des axes perp. à h^1, 57° avec l'axe c].		$2\,E$ 80° $\rho > \nu$	D					*Id.*, p. 243.
Silicotungstate de sodium (*neutre*) à 13 H²O. $12\,TuO^3.SiO^2.2Na^2O + 13H^2O$.	T	1,0932 0,9102 $\alpha = 88°52'$ $\beta = 95°18'$ $\gamma = 86°37'$	+	2°44' avec norm. à (001) 91° avec norm. à (100) 82° avec norm. à (010)		$2\,H$ 94°	D					*Id.*, p. 245.
Silicotungstate de sodium et azotate de sodium. $(12\,TuO^3.SiO^2.2Na^2O)^3 + (AzO^3Na)^4 + 45H^2O$.	T	1,0057 0,8562 $\alpha = 89°35'$ $\beta = 90°20'$ $\gamma = 91°\,6'$	+	presque norm. à (001). [plan des axes perp. à l'axe b].		$2\,E$ 66°20' $\rho > \nu$	D					*Id.*, p. 248.
Silicotungstate de strontium. $12\,TuO^3.SiO^2.2SrO + 16H^2O$.	M	1,8452 1,5695 $\beta = 104°36'$	+	c 163°	b	$2\,V$ 86°50'	D		1,749		D	*Id.*, p. 277.
Silicotungstate de zinc. $12\,TuO^3.SiO^2.2ZnO + 18H^2O$.	T	0,4034 0,3911 $\alpha = 86°\,6'$ $\beta = 91°26'$ $\gamma = 91°\,5'$	−	14° avec norm. à g^1 vers c. [plan des axes 12° avec norm. à g^1, 37° avec a et 54°26' avec c.		$2\,E$ 92° $\rho > \nu$	D					*Id.*, p. 319.
Sulfate acide d'ammonium. $(SO^4)^2(AzH^4)^2H$	M	1,7396 2,648 $\beta = 102°6'$	−	c 78°	b	$2\,H$ 55°35' $[n_H = 1{,}465]$ app.	rouge					WYROUBOFF (*Bull. Soc. Minér.*, t. III, p. 208; 1880).

NOM ET FORMULE.	SYSTÈME cristallin.	PARAMÈTRES.	SIGNE OPTIQUE.	BISSECTRICES aiguë.	BISSECTRICES obtuse.	ANGLE des axes.	RAIE ou couleur.	INDICES PRINCIPAUX $n_{g'}$	$n_{m'}$	$n_{p'}$	RAIE ou couleur.	OBSERVATEURS.
Sulfate acide de potassium. SO^4KH	O	0,5169 0,4451	+	c	a	2E 81"20' ρ < ν						Von Lang (*Sitzb. Akad. Wien*, t. XXXI, p. 95; 1858).
Id. (2ᵉ forme).	M	0,4578 1,4740 β = 102°5'	+ c	29°	b	2H 39° 5' 37"50' [$n_u = 1,46$ à 1,47]	rouge vert					Wyrouboff (*Bull. Soc. Minér.*, t. VII, p. 6; 1884).
Sulfate d'aluminium et sodium. $(SO^4)^2NaAl + 11\frac{1}{2}H^2O$	M	2,5060 0,9125 β = 109°1'		b	c 143°	2E 81°½	blanc					Ch. Soret (*Arch. de Genève* (3ᵉ Pér.), t. XI, p. 62; 1884).
Sulfate d'ammonium. $SO^4(AzH^4)^2$	O	0,5643 0,731	+	a	c	2E 87°44' 88°47'	rouge bleu	1,5289 1,5332 1,5397	1,5200 1,5232 1,5303	1,5177 1,5208 1,5280	Li D bleu	Des Cloizeaux (*Sav. étr.*, t. XVIII, p. 606; 1867) (*axes*). Erofejeff [*Sitzb. Akad. Wien*, t. LV (II), p. 543; 1867] (*indices*).
Sulfate d'ammonium et cérium. $3SO^4Ce+SO^4(AzH^4)^2+8H^2O$	M	0,3501 0,4627 β = 96°26'	+	b	?	2V 89°24' ρ < ν	D					Wyrouboff (*Bull. Soc. Minér.*, t. XIV, p. 85; 1891).
Sulfate d'ammonium et cobalt. $(SO^4)^2Co(AzH^4)^2+6H^2O$	M	0,7392 0,4985 β = 106°56'	+ c 95°56'	c	c 5°56'	2V 81°39' ρ > ν		1,501	1,492 1,494 1,497	1,489	rouge jaune vert	Murmann et Rotter (*Sitzb. Akad. Wien*, t. XXXIV, p. 164; 1859). [de Sénarmont (*Ann. de Ch. et de Phys.* (3ᵉ s.), t. XXXIII; 1851).]
								1,4993 1,4998 1,5011 1,5024 1,5031 1,5039 1,5056 1,5072 1,5090	1,4924 1,4929 1,4941 1,4955 1,4961 1,4967 1,4984 1,5000 1,5023	1,4876 1,4880 1,4890 1,4904 1,4912 1,4919 1,4941 1,4959 1,4981	Li C λ=623 D λ=574 λ=559 E λ=506 F	Ehlers (*N. Jahrb. f. Min.* Beil.-B. XI, p. 314; 1897).
Sulfate d'ammonium et cuivre. $(SO^4)^2Cu(AzH^4)^2+6H^2O$	M	0,7433 0,4338 β = 106°6'	− c 18°39'		c 108°39'	2V 71°21' ρ > ν			1,494 1,497 1,500 1,502		rouge jaune vert bleu	Murmann et Rotter (*loc. cit.*, p. 172).
Sulfate d'ammonium et fer. $(SO^4)^2Fe(AzH^4)^2+6H^2O$	M	0,7466 0,4950 β = 106°48'	+ c 99°43'	c	c 9°43'	2V 76°52' ρ < ν			1,487 1,490 1,492		rouge jaune vert	Id., p. 155.
Sulfate d'ammonium et lithium. $SO^4(AzH^4)Li$.	O	0,5773 0,9612	+	c	b	2E 63°30' 61°32'	rouge vert					Wyrouboff (*Bull. Soc. Minér.*, t. III, p. 200; 1880).
Id. (deuxième forme).	O	0,5981 0,5832	+	a	c	2V 36°32' 49" 4'	rouge vert		1,437			Id., t. V, p. 39; 1882.

NOM ET FORMULE.	SYSTÈME cristallin.	PARAMÈTRES.	SIGNE OPTIQUE.	BISSECTRICES aiguë.	BISSECTRICES obtuse.	ANGLE des axes.	RAIE ou couleur.	n_g	n_m	n_p	RAIE ou couleur.	OBSERVATEURS.
Sulfate d'ammonium et magnésium. $(SO^4)^2Mg(AzH^4)^2+6H^2O.$	M	0,7438 0,4861 $\beta = 107°6'$	+	entre rouge et bleu 21'		2 V 50°27' 50°14' 49°47' 48°54'	rouge jaune vert bleu		1,4677 1,4737 1,4787 1,4846		rouge jaune vert bleu	Heussen (*Pogg. Ann.,* t. XCI, p. 506; 1854). [*de Senarmont (Ann. de Ch. et de Phys.* (3° s.), t. XXXIII; 1851).]
				c 95°	c 5°	2 V 50°22'			1,469 1,471 1,473 1,475		rouge jaune vert violet	Murmann et Rotter (*Sitzb. Akad. Wien,* t. XXXIV, p. 148; 1859).
				c 95°55'	c 5°55'	2 V 50°40' $\rho < \upsilon$	D	1,4751 1,4791 1,4837	1,4707 1,4728 1,4787	1,4698 1,4717 1,4774	C D F	Topsöe et Christiansen [*Ann. de Ch. et de Phys.* (5° s.), t. I., p. 87; 1874].
Sulfate d'ammonium et manganèse. $(SO^4)^5Mn(AzH^4)^2+6H^2O.$	M	0,736 0,497 $\beta = 107°2'$	+	c 98°36'	c 8°36'	2 V 69°9' $\rho < \upsilon$			1,482 1,484 1,485		rouge jaune vert	Murmann et Rotter (*Sitzb. Akad. Wien,* t. XXXIV, p. 150; 1859). [*Graillich (Kr. Unters.,* p. 141; 1858. Wien).]
Sulfate d'ammonium et nickel. $(SO^4)^2Ni(AzH^4)^2+6H^2O.$	M	0,7370 0,5032 $\beta = 107°4'$	+	c 96°6'	c 6°6'	2 V 86°26' $\rho > \upsilon$		1,508	1,498	1,489	jaune	Id., p. 160. [*de Senarmont (Ann. de Ch. et de Phys.* (3° s.), t. XXXIII; 1851).]
Sulfate d'ammonium et sodium. $SO^4Na(AzH^4)+4H^2O.$	O	0,4859 0,3166	−	a	b	2 E 62°½ 64°½ 66°½ 69°	rouge jaune vert bleu					Von Lang [*Sitzb. Akad. Wien,* t. XLV(II), p. 108; 1861].
Sulfate d'ammonium et zinc. $(SO^4)^2Zn(AzH^4)^2+6H^2O.$	M	0,7375 0,5009 $\beta = 106°41'$	+	c 98°8'	c 8°8'	2 V 78°35'		1,501	1,490 1,492 1,495	1,486	rouge jaune vert	Murmann et Rotter (*loc. cit.,* p. 168). [*de Senarmont (loc. cit.).*]
						2 V 79°12' 79°43'	rouge jaune	1,4957 1,4962 1,4971 1,4996 1,5035 1,5056 1,5103	1,4888 1,4897 1,4904 1,4934 1,4972 1,4993 1,5041	1,4854 1,4858 1,4862 1,4890 1,4926 1,4946 1,4987	a B C D b F G	Perrot [*Arch. de Genève* (3° Pér.), t. XXV, p. 54; 1891].
Sulfate de cadmium à 8/3 H²O. $3SO^4Cd+8H^2O.$	M	0,7992 0,69 $\beta = 117°58'$	−	b	c 76°14' c 77°3'	2 V 87°57' 88°9' 88°23'	rouge jaune bleu		1,563 1,565 1,576		rouge jaune bleu	Des Cloizeaux (*Sav. étr.,* t. XVIII, p. 681; 1867).
Sulfate de cadmium à H²O. $SO^4Cd+H^2O.$	M	0,5488 1,718 $\beta = 90°13'$	−	c 75°	c 165°	2 H 65°30' $\rho > \upsilon$ $(n_H = 1,47)$						Wyrouboff (*Bull. Soc. Minér.,* t. XI, p. 275; 1888).
Sulfate de cadmium et césium $(SO^4)^2CdCs^2+6H^2O$	M	0,7259 0,4906 $\beta = 107°11'$	+	c 116°56'	c 26°56'	2 V 68°4' 68°2' 67°53' 67°44' 67°28'	Li C D Tl F	1,5034 1,5038 1,5062 1,5088 1,5123 1,5172	1,4972 1,4976 1,5000 1,5026 1,5058 1,5106	1,4947 1,4951 1,4975 1,5000 1,5033 1,5081	Li C D Tl F H_γ	Tutton (*J. of chem. Soc.,* t. LXIX, p. 451; 1896).
Sulfate de cadmium et potassium à 4H²O. $(SO^4)^2CdK^2+4H^2O$	M	1,0894 1,2365 $\beta = 102°59'$	+	c 20°44'	c 100°44'	2 E 43°24' $\rho > \upsilon$						Wyrouboff (*Bull. Soc. Minér.,* t. XIV, p. 236; 1891).

NOM ET FORMULE.	SYSTÈME cristallin.	PARAMÈTRES.	SIGNE OPTIQUE.	BISSECTRICES aiguë.	BISSECTRICES obtuse.	ANGLE des axes.	RAIE ou couleur.	n_g	n_m	n_p	RAIE ou couleur.	OBSERVATEURS.
Sulfate de cadmium et potassium à 2H²O. (SO⁴)²CdK²+2H²O	T	0,7967 0,4242 α = 89°25' β = 109°22' γ = 88°26'	−	24° en av. avec norm. à (ī01). [pl. des axes pr. norm. à l'arête (ī01)(110); 10° avec plan norm. à ī01]		2E 122°50' ρ > ν						Id., p. 261.
Sulfate de cadmium et rubidium. (SO⁴)²CdRb²+6H²O	M	0,7346 0,4931 β = 105°53'	+	c 105°53'	c 15°53'	2V 72°7'	D		1,4811	1,4757	a	Perrot [Arch. de Gen. (3ᵉ Pér.), t. XXIX, p. 128; 1893].
										1,4761	B	
										1,4773	C	
									1,4952	1,4851	1,4800	D	
										1,4888	1,4835	b	
										1,4908	1,4856	F	
											1,4896	G	
							2V 72°20'	Li	1,4919	1,4820	1,4773	Li	Tutton (J. of chem. Soc., t. LXIX, p. 445; 1896).
							72°21'	C	1,4923	1,4824	1,4777	C	
							72°26'	D	1,4948	1,4848	1,4798	D	
							72°31'	Tl	1,4972	1,4872	1,4823	Tl	
							72°37'	F	1,5007	1,4905	1,4856	F	
									1,5061	1,4955	1,4906	Hγ	
Sulfate de cérium. (SO⁴)³Ce²+8H²O	O	0,9609 0,8749	−	b	a	2E 128°14' / 128°8' / 127°54'	rouge jaune bleu					Des Cloizeaux (Sav. étr., t. XVIII, p. 606; 1867).
Sulfate de cérium. (SO⁴)³Ce²+xH²O	M	1,4363 ? β = 100°22'	−	b	c 33°24'	2E 120°40' / 122°58'	rouge bleu					Id., p. 682.
Sulfate de cérium (céroso-cérique). (SO⁴)³Ce².2(SO⁴)²Ce+25H²O	H	2,3538	−					1,564 à 1,569		1,560 à 1,565	rouge	Id. [Ann. des Mines (5ᵉ s.), t. XIV, p. 352; 1858].
Sulfate de césium. SO⁴Cs² [Voir Table XV pour var. d'indice par la tempér.]	O	0,5712 0,7531	−	c	a	2V 65°5'	Li	1,5633	1,5615	1,5569	Li	Tutton (J. of chem. Soc., t. LXV, p. 676; 1894). [Von Lang (Sitzb. Ak. Wien, t. LV, II, p. 415; 1867).]
						65°8'	C	1,5637	1,5619	1,5573	C	
						65°20'	D	1,5662	1,5644	1,5598	D	
						65°30'	Tl	1,5690	1,5672	1,5624	Tl	
						66°0'	F	1,5725	1,5706	1,5660	F	
								1,5775	1,5756	1,5705	Hγ	
						[t = 20°]			[t = 18°2]			
Sulfate de césium et cobalt. (SO⁴)²CoCs²+6H²O	M	0,7270 0,4968 β = 107°8'	+	c 116°8'	c 26°8'	2V 81°42'	Li	1,5102	1,5057	1,5028	Li	Tutton (J. of chem. Soc., t. LXIX, p. 428; 1896).
						81°40'	C	1,5106	1,5061	1,5032	C	
						81°34'	D	1,5132	1,5085	1,5057	D	
						81°29'	Tl	1,5156	1,5110	1,5079	Tl	
						81°22'	F	1,5187	1,5142	1,5112	F	
								1,5237	1,5188	1,5159	Hγ	
Sulfate de césium et cuivre. (SO⁴)²CuCs²+6H²O	M	0,7429 0,4946 β = 106°10'	+	c 132°57'	c 42°57'	2V 43°6'	Li	1,5122	1,5032	1,5017	Li	Id., p. 441.
						43°9'	C	1,5126	1,5036	1,5021	C	
						43°24'	D	1,5153	1,5061	1,5048	D	
						43°40'	Tl	1,5180	1,5089	1,5074	Tl	
						44°3'	F	1,5216	1,5123	1,5108	F	
								1,5266	1,5174	1,5159	Hγ	

NOM ET FORMULE.	SYSTÈME cristallin.	PARAMÈTRES.	SIGNE OPTIQUE.	BISSECTRICES aiguë.	BISSECTRICES obtuse.	ANGLE des axes.	RAIE ou couleur.	n_g	n_m	n_p	RAIE ou couleur.	OBSERVATEURS.
Sulfate de césium et fer. $(SO^4)^2 Fe Cs^2 + 6H^2O$	M	0,7261 0,4953 $\beta = 106°52'$	+	c 118°17'	c 28°17'	2 V 75°2'	Li	1,5065	1,5007	1,4976	Li	Tutton (J. of chem. Soc., t. LXIX, p. 294; 1896).
						75°0'	C	1,5069	1,5011	1,4980	C	
						74°51'	D	1,5094	1,5035	1,5003	D	
						74°42'	Tl	1,5121	1,5061	1,5028	Tl	
						74°31'	F	1,5153	1,5093	1,5061	F	
								1,5198	1,5137	1,5105	Hγ	
Sulfate de césium et magnésium. $(SO^4)^2 Mg Cs^2 + 6H^2O$	M	0,7279 0,4946 $\beta = 107°6'$	+	c 136°4' [augm. de 20' entre Li et F]	c 46°43' ? b	2 V 18°10'	Li	1,4888	1,4830	1,4828	Li	Id., p. 365.
						18°0'	C	1,4892	1,4834	1,4832	C	
						16°25'	D	1,4916	1,4858	1,4857	D	
						14°20'	Tl	1,4940	1,4881	1,4880	Tl	
						11°15'	F	1,4970	1,4912	1,4912	F	
						0°	λ=450	1,5015	1,4957	1,4956	Hγ	
						7°0'	Hγ					
Sulfate de césium et manganèse. $(SO^4)^2 Mn Cs^2 + 6H^2O$	M	0,7274 0,4913 $\beta = 107°7'$	+	c 115°27'	c 25°27'	2 V 60°10'	Li	1,4995	1,4936	1,4918	Li	Id., p. 403.
						60°7'	C	1,4999	1,4940	1,4922	C	
						59°57'	D	1,5025	1,4966	1,4946	D	
						59°46'	Tl	1,5051	1,4991	1,4972	Tl	
						59°28'	F	1,5083	1,5022	1,5003	F	
								1,5129	1,5066	1,5046	Hγ	
Sulfate de césium et nickel. $(SO^4)^2 Ni Cs^2 + 6H^2O$	M	0,7270 0,4984 $\beta = 107°2'$	−	c 24°7'	c 114°7'	2 V 87°15'	Li	1,5133	1,5100	1,5061	Li	Id., p. 415.
						87°17'	C	1,5137	1,5104	1,5065	C	
						87°21'	D	1,5162	1,5129	1,5087	D	
						87°29'	Tl	1,5189	1,5154	1,5112	Tl	
						87°40'	F	1,5221	1,5187	1,5146	F	
								1,5266	1,5235	1,5192	Hγ	
Sulfate de césium et zinc. $(SO^4)^2 Zn Cs^2 + 6H^2O$	M	0,7274 0,4960 $\beta = 107°1'$	+	c 120°16'	c 30°16'	2 V 77°22'	blanc	1,5052	1,5008	1,4984	a	Perrot [Arch. de Genève (3e Pér.), t. XXV, p. 51; 1891].
								1,5061	1,5017	1,4989	B	
								1,5070	1,5025	1,4997	C	
								1,5095	1,5049	1,5020	D	
								1,5134	1,5087	1,5059	b	
								1,5154	1,5107	1,5080	F	
								1,5203	1,5149	1,5126	G	
						2 V 74°30'	Li	1,5064	1,5020	1,4994	Li	Tutton (J. of chem. Soc., t. LXIX, p. 383; 1896).
						74°27'	C	1,5068	1,5024	1,4998	C	
						74°11'	D	1,5093	1,5048	1,5022	D	
						73°52'	Tl	1,5119	1,5073	1,5047	Tl	
						73°31'	F	1,5152	1,5104	1,5079	F	
								1,5199	1,5151	1,5125	Hγ	
Sulfate de cobalt à 6 H²O. $SO^4 Co + 6H^2O$	M	1,3957 1,6981 $\beta = 98°41'$	−	c 154°5'	c 64°5'	2 E 11°45' ρ > υ						Wyrouboff (Bull. Soc. Minér., t. XII, p. 374; 1889).
Sulfate de cobalt et potassium. $(SO^4)^2 Co K^2 + 6H^2O$	M	0,7404 0,5037 $\beta = 104°55'$	+	c 99°54'	c 9°54'	2 V 66°56' ρ > υ		1,482			rouge	Murmann et Rotter (Sitzb. Akad. Wien, t. XXXIV, p. 162; 1859). [de Senarmont (Ann. de Ch. et Phys. (3e s.), t. XXXIII; 1851).]
								1,487			jaune	
								1,490			vert	
					c 100°5'	c 10°5'	2 V 68°38'	Li	1,4973	1,4838	1,4780	Li	Tutton (J. of chem. Soc., t. LXIX, p. 419; 1896).
						68°39'	C	1,4977	1,4842	1,4784	C	
						68°41'	D	1,5004	1,4865	1,4807	D	
						68°44'	Tl	1,5028	1,4889	1,4830	Tl	
						68°48'	F	1,5059	1,4919	1,4861	F	
								1,5105	1,4961	1,4904	Hγ	

(Voir la suite au verso.)

NOM ET FORMULE.	SYSTÈME cristallin.	PARAMÈTRES.	SIGNE OPTIQUE.	BISSECTRICES aiguë.	BISSECTRICES obtuse.	ANGLE des axes.	RAIE ou couleur.	n_g	n_m	n_p	RAIE ou couleur.	OBSERVATEURS.
								1,4956	1,4817	1,4766	B	Ehlers (*N. Jahrb. f. Min. Beil.-B.* XI, p. 306; 1897).
								1,4962	1,4823	1,4770	*Li*	
								1,4968	1,4829	1,4774	C	
								1,4983	1,4842	1,4784	λ=623	
								1,4999	1,4858	1,4797	D	
								1,5016	1,4875	1,4812	λ=559	
								1,5037	1,4897	1,4832	E	
								1,5054	1,4924	1,4847	λ=506	
Sulfate de cobalt et rubidium. $(SO^4)^2 Co\,Rb^2 + 6H^2O$	M	0,7391 0,5011 β = 106°1'	+	c 101°16'	c 11°16'	2V 75° 5'	D	1,4969	1,4873	1,4821	*a*	Pernot [*Arch. de Genève* (3ᵉ Pér.), t. XXIX, p. 40; 1893].
								1,4978	1,4883	1,4827	B	
								1,4985	1,4890	1,4834	C	
								1,5012	1,4916	1,4860	D	
								1,5048	1,4953	1,4892	*b*	
								1,5069	1,4970	1,4912	F	
								1,5116	1,5015	1,4951	G	
						2V 75°15'	*Li*	1,4985	1,4889	1,4833	*Li*	Tutton (*J. of chem. Soc.*, t. LXIX, p. 424; 1896).
						75°14'	C	1,4989	1,4893	1,4837	C	
						75°11'	D	1,5014	1,4916	1,4859	D	
						75° 8'	*Tl*	1,5038	1,4940	1,4882	*Tl*	
						75° 3'	F	1,5068	1,4968	1,4910	F	
								1,5114	1,5011	1,4954	H_γ	
Sulfate de cuivre. $SO^4 Cu + 5H^2O$	T	0,5261 0,5623 α = 112°48' β = 106°49' γ = 92°57'	−	a 83°12' b 42° 6' c 76°43' [Angles des bissectrices avec les parties positives des axes.] *Calculé d'après Pape.*	a 123°16' b 117°58' c 19°30'	2V 56°2',5	D	1,5462	1,5394	1,5159	D	Pape (*Pogg. Ann.*, Ergb. VI, p. 35; 1874).
								1,5500		1,5198	E	
								1,5535		1,5231	F	
								1,5598		1,5287	G	
								[$t = 19°$]				
						2E 93°1'	D	1,5433	1,5368	1,5140	D	F. Kohlrausch (*Wied. Ann.*, t. IV, p. 30; 1878).
								[$t = 23°$]				
								1,54345	1,53684	1,51408	D	Lavenir (*Bull. Soc. Minér.*, t. XIV, p. 116; 1891).
Sulfate de cuivre et potassium. $(SO^4)^2 Cu\,K^2 + 6H^2O$	M	0,7490 0,5088 β = 104°28'	+	c 109°51'	c 19°51'	2V 48°53' ρ < υ			1,489		rouge	Murmann et Rotter (*Sitzb. Akad. Wien*, t. XXXIV, p. 170; 1859).
									1,491		jaune	
									1,493		vert	
									1,498		bleu	
				c 108°33'	c 18°33'	2V 46° 1'	*Li*	1,4990	1,4834	1,4807	*Li*	Tutton (*J. of chem. Soc.*, t. LXIX, p. 431; 1896).
						46° 6'	C	1,4994	1,4838	1,4811	C	
						46°32'	D	1,5020	1,4864	1,4836	D	
						47° 0'	*Tl*	1,5047	1,4889	1,4861	*Tl*	
						47°33'	F	1,5081	1,4922	1,4893	F	
								1,5134	1,4975	1,4944	H_γ	
Sulfate de cuivre et rubidium. $(SO^4)^2 Cu\,Rb^2 + 6H^2O$	M	0,7490 0,5029 β = 105°18'	+	c 117°18'	27°18'	2V 45° 0'	D	1,4989	1,4859	1,4844	*a*	Pernot [*Arch. de Genève* (3ᵉ Pér.), t. XXIX, p. 125; 1893].
								1,4995	1,4871	1,4850	B	
								1,5008	1,4880	1,4859	C	
								1,5032	1,4906	1,4885	D	
								1,5072	1,4944	1,4921	*b*	
								1,5095	1,4968	1,4944	F	
								1,5139	1,5012	1,4989	G	
				c 116°28'	c 26°28'	2V 44°26'	*Li*	1,5007	1,4878	1,4858	*Li*	Tutton (*loc. cit.*), p. 437.
						44°29'	C	1,5011	1,4882	1,4862	C	
						44°42'	D	1,5036	1,4906	1,4886	D	
						44°57'	*Tl*	1,5064	1,4933	1,4912	*Tl*	
						45°15'	F	1,5098	1,4966	1,4943	F	
								1,5148	1,5013	1,4991	H_γ	

NOM ET FORMULE.	SYSTÈME cristallin.	PARAMÈTRES.	SIGNE OPTIQUE.	BISSECTRICES aiguë.	BISSECTRICES obtuse.	ANGLE des axes.	RAIE ou couleur.	n_g	n_m	n_p	RAIE ou couleur.	OBSERVATEURS.
Sulfate de didyme. $(SO^4)^3 Di^2 + 8\,H^2O$	M	2,9686 2,0065 β = 118°8'	+	b	c 26° (app.)	2 V 86°19' 86°23' 86°42'	rouge jaune bleu		1,551 1,553 1,566		rouge jaune bleu	Des Cloizeaux (Sav. étr., t. XVIII, p. 682; 1867).
						2 V 84°10' [t = 25°]		1,5592	1,5479	1,5392	D	H. Becquerel [Ann. de Ch. et Phys. (6e s.), t. XIV, p. 210; 1888].
Sulfate de fer. $(SO^4)Fe + 7\,H^2O$	M	1,1828 1,5427 β = 104°16'	+	c 119° 5'	c 29° 5'	2 V 86°21' 86°13' 85°54'	rouge jaune bleu		1,469 1,470 1,478		rouge jaune bleu	Des Cloizeaux (Sav. étr., t. XVIII, p. 684; 1867).
				c 117°32'	27°32'	2 V 85°31' 85°27' 85°23'	rouge jaune vert	1,4824 1,4856 1,4928	1,4748 1,4782 1,4861	1,4681 1,4713 1,4794	Li D verre bleu	Enoffjeff [Sitzb. Akad. Wien, t. LVI (II), p. 63; 1867].
Sulfate de fer et potassium. $(SO^4)^2 Fe K^2 + 6\,H^2O$	M	0,7377 0,5020 β = 104°32'	+	c 101°46'	c 11°46'	2 V 68° 4'			1,478 1,480 1,484 1,489		rouge jaune vert violet	Murmann et Rotter (Sitzb. Akad. Wien, t. XXXIV, p. 153; 1859).
				c 100°48'	c 10°48'	2 V 67°18'	D	1,4947 1,4973 1,5041	1,4806 1,4832 1,4890	1,4751 1,4775 1,4833	C D F	Topsöe et Christiansen [Ann. de Chim. et Phys. (5e s.), t. I, p. 90; 1874].
				c 101°57'	c 11°57'	2 V 67° 1' 67° 2' 67° 7' 67°12' 67°19'	Li C D Tl F	1,4941 1,4945 1,4969 1,4995 1,5028 1,5071	1,4795 1,4799 1,4821 1,4847 1,4877 1,4920	1,4731 1,4735 1,4759 1,4782 1,4811 1,4852	Li C D Tl F H_γ	Tutton (J. of Chem. Soc., t. LXIX, p. 387; 1896).
Id. à 2H²O. $(SO^4)^2 Fe K^2 + 2\,H^2O$	T	0,7113 0,4501 α = 85°16' β = 102°18' γ = 86°48'	−	b 90° [plan des axes parall. à b; 42° en arrière avec plan norm. à (101).]		2 E 96° p < v						Wyrouboff [Bull. Soc. Minér., t. XIV, p. 261; 1891].
Sulfate de fer et rubidium. $(SO^4)^2 Fe Rb^2 + 6\,H^2O$	M	0,7377 0,5004 β = 105°44'	+	c 107°14'	c 17°14'	2 V 73° 2'	D	1,4934 1,4942 1,4953 1,4978 1,5016 1,5036 1,5088	1,4830 1,4836 1,4847 1,4870 1,4906 1,4926 1,4978	1,4772 1,4780 1,4791 1,4812 1,4849 1,4868 1,4917	a B C D b F G	Perrot [Arch. de Genève (3e Pér.), t. XXIX, p. 49; 1893].
				c 107° 9'	c 17° 9'	2 V 73°24' 73°23' 73°21' 73°18' 73°13'	Li C D Tl F	1,4949 1,4953 1,4977 1,5003 1,5034 1,5080	1,4847 1,4851 1,4874 1,4898 1,4929 1,4973	1,4789 1,4793 1,4815 1,4839 1,4870 1,4916	Li C D Tl F H_γ	Tutton (loc. cit., p. 391).
Sulfate de glucinium. $SO^4 Gl + 4\,H^2O$	Q	0,669	−					1,4691 1,4720 1,4779	1,4374 1,4395 1,4450		C D F	Topsöe et Christiansen [Ann. de Ch. et Phys. (5e s.), t. I, p. 40; 1874].
								1,4686 1,4714 1,4769	1,4299 1,4322 1,4367		C D F	Wulf (Gr. Zeits., t. XVII, p. 593; 1890).
Sulfate de lanthane. $SO^4 La + 4\,H^2O$	H	0,743	+					1,569	1,564		rouge	Des Cloizeaux (Ann. des Mines (5e s.), t. XIV, p. 347; 1858).

NOM ET FORMULE.	SYSTÈME cristallin.	PARAMÈTRES.	SIGNE OPTIQUE.	DISSECTRICES aiguë	DISSECTRICES obtuse	ANGLE des axes.	RAIE ou couleur.	n_g	n_m	n_p	RAIE ou couleur.	OBSERVATEURS.
Sulfate de lithium. SO^4Li^2	M	1,0038 1,380 $\beta = 92°8'$	−	c 149° 3'	b	2 V 72°58' $\rho > \upsilon$	D		1,465		D	Wyrouboff (*Bull. Soc. Minér.*, t. XIII, p. 317; 1890).
Sulfate de lithium et potassium. SO^4LiK	Q	0,597	−					1,4703 1,4721 1,4762	1,4697 1,4715 1,4759		C D F	Wulf (*Gr. Zeits.*, t. XVII, p. 596; 1890) (*indices*). Wyrouboff (*Bull. Soc. Minér.*, t. XIII, p. 225) (*signe*).
Sulfate de magnésium à 7 H²O. $SO^4Mg + 7H^2O$	O	0,9876 0,5713	−	b	a	2 V 51°25'	D	1,4583 1,4608 1,4657	1,4530 1,4554 1,4607	1,4305 1,4325 1,4374	C D F	Topsöe et Christiansen [*Ann. de Ch. et Phys.* (5ᵉ s.), t. I, p. 57; 1874].
						2 E 78" 6'	D	1,4612	1,4553	1,4324	D	F. Kohlrausch (*Wied. Ann.*, t. IV, p. 30; 1878).
						2 V 51"25'		1,46083	1,45529	1,43207	D	Dufet (*Bull. Soc. Minér.*, t. III, p. 180; 1880).
								1,4602	1,4549	1,4319	D	Fock (*Gr. Zeits.*, t. IV, p. 583; 1880).
(*Voir Table XV pour variat. d'ind. par la tempér.*)								1,45676 1,45725 1,45844 1,46108 {1,46072} 1,46456 1,46663 1,46943	1,45182 1,45226 1,45321 1,45554 {1,45525} 1,45905 1,46111 1,46426	1,42947 1,42991 1,43067 1,43284 {1,43226} 1,43603 1,43776 1,44000	a B C D b F G	Borel [*Arch. de Gen.* (3ᵉ Pér.), t. XXXIV, p. 234 et 248; 1895]. Obs. faites par réflexion totale pour le spectre visible et par le prisme pour le spectre ultra-violet (obs. entre {{ }}).
								1,47937 1,48195 1,48321 1,48660 1,50226 1,51091 1,52838 1,53262	1,47356 1,47618 1,47739 1,48074 1,49631 1,50489 1,52229 1,52656 [t = 20°]	1,44916 1,45158 1,45275 1,45591 1,47046 1,47863 1,49501 1,49904	Cd 9 Cd 10 Cd 11 Cd 12 Cd 17 Cd 18 Cd 23 Cd 24	
Id. à 6H²O. $SO^4Mg + 6H^2O$	M	1,404 1,6623 $\beta = 98°34'$	−	c 155°	c 65"	2 E 41"40' (app.)						Wyrouboff (*Bull. Soc. Minér.*, t. XII, p. 75; 1889).
Id. à 5H²O. $SO^4Mg + 5H^2O$	T	0,6021 0,5604 $\alpha = 94°31'$ $\beta = 108°58'$ $\gamma = 75°5'$	−	presque norm. à (010).		2 V 45° 8' $\rho < \upsilon$	blanc					Id., p. 372.
Id. à 4H²O. $SO^4Mg + 4H^2O$	M	? $\beta = 90°11'$	+	b	c 81°	2 E 77°40' $\rho > \upsilon$						Id., p. 75.
Sulfate de magnésium et potassium. $(SO^4)^2MgK^2 + 6H^2O.$	M	0,7413 0,4993 $\beta = 104°48'$	+	c 103°48'	c 13"48'	2 V 48°21' $\rho < \upsilon$			1,468 1,470 1,474 1,476		rouge jaune vert bleu	Murmann et Rotter (*Sitzb. Akad. Wien*, t. XXXIV, p. 144; 1859).
				c 104°25'	c 14"25'	2 V 48" 1'	D	1,4743 1,4768 1,4827	1,4610 1,4633 1,4682	1,4582 1,4602 1,4649	C D F	Topsöe et Christiansen [*Ann. de Ch. et Phys.* (5ᵉ s.), t. I, p. 88; 1874].
				c 103"38'	c 13"38'	2 V 48° 0' 47"59' 47°54' 47"48' 47"40'	Li C D Tl F	1,4727 1,4731 1,4755 1,4778 1,4810 1,4853	1,4603 1,4607 1,4629 1,4652 1,4678 1,4720	1,4581 1,4585 1,4607 1,4631 1,4658 1,4699	Li C D Tl F H_γ	Tutton (*J. of chem. Soc.*, t. LXIX, p. 355; 1896).

NOM ET FORMULE.	SYSTÈME cristallin.	PARAMÈTRES.	SIGNE OPTIQUE.	BISSECTRICES aiguë.	BISSECTRICES obtuse.	ANGLE des axes.	RAIE ou couleur.	n_g	n_m	n_p	RAIE ou couleur.	OBSERVATEURS.
Sulfate de magnésium et rubidium. $(SO^4)^2 Mg Rb^2 + 6H^2O$.	M	0,7400 0,4975 $\beta = 105°59'$	+	c 107°29'	c 17°29'	2 V 49°20'	D	1,4745 1,4752 1,4756 1,4782 1,4815 1,4833 1,4872	1,4653 1,4663 1,4667 1,4690 1,4725 1,4739 1.4777	1,4633 1,4642 1,4648 1,4670 1,4703 1,4721 1,4759	a B C D b F G	PERROT [Arch. de Genève, (3e Pér.), t. XXV, p. 61, 1893; et id., t. XXIX, p. 36; 1893].
				c 111°14'	c 21°14'	2 V 49°6' 49°2' 48°46' 48°29' 48°10'	Li C D Tl F	1,4755 1,4759 1.4779 1,4805 1,4835 1,4876	1,4664 1,4668 1,4689 1,4713 1.4743 1,4782	1,4646 1,4650 1,4672 1,4695 1,4724 1,4762	Li C D Tl F H_γ	TUTTON (loc. cit., p. 361).
Sulfate de manganèse. $SO^4Mn + 4H^2O$.	M	0,8643 0,5871 $\beta = 90°53'$	−	c 85°38' 84°8'	b b	2 E 105°58' 105°45' 104°43'	rouge jaune bleu					DES CLOIZEAUX (Sav. étr., t. XVIII, p. 685; 1867).
Sulfate de manganèse et potassium. $(SO^4)^2 Mn K^2 + 6H^2O$.	M	0,74 } 0,50 } ? $\beta = 105°$	+	c 96°	c 6°	2 V 51°6'						DE SÉNARMONT [Ann. de Ch. et Phys. (3e s.), t. XXXIII, p. 424; 1851].
Id. à 2 H²O. $(SO^4)^2 Mn K^2 + 2H^2O$.	T	0,7161 0,4482 $\alpha = 85°36'$ $\beta = 101°29'$ $\gamma = 87°50'$	−	b 90° [plan des axes parallèle à b, 30° en arrière avec plan normal à (101)].		2 E 86° $\rho < \upsilon$						WYROUBOFF (Bull. Soc. Minér., t. XIV, p. 261; 1891).
Sulfate de manganèse et rubidium. $(SO^4)^2 Mn Rb^2 + 6H^2O$.	M	0,7382 0,4950 $\beta = 107°57'$	+	c 107°17'	c 17°17'	2 V 67°38'	D	1,4870 1,4877 1,4886 1,4910 1,4947 1,4970 1,5015	1,4769 1.4777 1,4785 1,4809 1,4846 1,4864 1,4903	1,4725 1,4733 1,4741 1,4764 1,4798 1,4818 1,4861	a B C D b F G	PERROT [Arch. de Genève (3e Pér.), t. XXIX, p. 46; 1893].
				c 106°57'	c 16°57'	2 V 67°10' 67°8' 67°5' 67°1' 66°55'	Li C D Tl F	1,4880 1,4884 1,4907 1,4933 1,4965 1,5015	1,4781 1,4785 1,4807 1,4831 1,4860 1,4907	1,4741 1,4745 1,4767 1,4791 1,4821 1,4864	Li C D Tl F H_γ	TUTTON (loc. cit., p. 399).
Id. à 2 H²O. $(SO^4)^2 Mn Rb^2 + 2H^2O$.	T	0,8250 0,4412 $\alpha = 90°28'$ $\beta = 108°46'$ $\gamma = 89°26'$	−	b 90° [plan des axes 8° en arrière avec b, 19° en avant avec plan normal à ($\bar{1}$01).		2 H 102° $\rho > \upsilon$						WYROUBOFF (Bull. Soc. Minér., t. XIV, p. 261; 1891).
Sulfate de nickel. $SO^4Ni + 7H^2O$	O	0,9815 0,5656	−	b	a	2 V 42°28' $\rho > \upsilon$			1,4660 1,4672 1,4700		rouge jaune bleu	VON LANG (Sitzb. Akad. Wien, t. XXXI, p. 99; 1858).
						2 V 41°56'	D	1,4921 1,4981	1,4888 1,4949	1,4669 1,4729	D F	TOPSOË et CHRISTIANSEN [Ann. de Chim. et Phys. (5e s.), t. I, p. 61; 1874].
								1,4923	1,4893	1,4693	D	DUFET (Bull. Soc. Minér., t. I, p. 58; 1878).
Id. à 6 H²O. $SO^4Ni + 6H^2O$ (1re forme).	Q	1,9062	−					1,5078 1,5109 1,5173 1,5228	1,4844 1,4873 1,4930		C D F G'	TOPSOË et CHRISTIANSEN (loc. cit., p. 39).
								1,5099	1,4860		D	F. KOHLRAUSCH (Wied. Ann., t. IV, p. 30; 1878).

NOM ET FORMULE.	SYSTÈME cristallin.	PARAMÈTRES.	SIGNE OPTIQUE.	BISSECTRICES aiguë.	BISSECTRICES obtuse.	ANGLE des axes.	RAIE ou couleur.	n_g	n_m	n_p	RAIE ou couleur.	OBSERVATEURS.
Id. (2ᵉ forme).	M	1,3723 1,6749 β = 98°17'	−	c 153°43'	c 63°43'	2 H 19°15'						Wyrouboff (*Bull. Soc. Minér.*, t. XII, p. 374; 1889).
Sulfate de nickel et potassium. $(SO^4)^2 NiK^2 + 6H^2O$	M	0,7384 0,4965 β = 105°3'	+	c 99°37'	c 9°37'	2 V 75°36'		1,502	1,487 1,490 1,492 1,495	1,483	rouge jaune vert bleu	Murmann et Rotter (*Sitzb. Akad. Wien.* t. XXXIV, p. 157; 1859). [De Senarmont (*Ann. de Chim. et Phys.* (3ᵉ s.), t. XXXIII; 1851.)]
				c 98°42'	c 8°42'	2 V 75°21' 75°19' 75°16' 75°13' 75°9'	Li G D Tl F	1,5022 1,5026 1,5051 1,5077 1,5109 1,5153	1,4889 1,4893 1,4916 1,4941 1,4972 1,5015	1,4809 1,4813 1,4836 1,4860 1,4889 1,4933	Li C D Tl F H_γ	Tutton (*J. of chem. Soc.*, t. LXIX, p. 407; 1896).
Sulfate de nickel et rubidium. $(SO^4)^2 NiRb^2 + 6H^2O$	M	0,7350 0,5022 β = 106°3'	+	c 101°48'	c 11°48'	2 V 81°47'	D	1,5017 1,5025 1,5033 1,5058 1,5096 1,5118 1,5165	1,4927 1,4934 1,4943 1,4967 1,5001 1,5022 1,5066	1,4861 1,4865 1,4874 1,4896 1,4932 1,4951 1,4996	a B C D b F G	Perrot [*Arch. de Genève* (3ᵉ Pér.), t. XXIX, p. 44; 1893].
				c 102°38'	c 12°38'	2 V 82°5' 82°4' 82°0' 81°56' 81°48'	Li C D Tl F	1,5023 1,5027 1,5052 1,5078 1,5110 1,5156	1,4933 1,4937 1,4961 1,4987 1,5017 1,5062	1,4868 1,4872 1,4895 1,4920 1,4949 1,4996	Li C D Tl F H_γ	Tutton (*loc. cit.*, p. 411).
Sulfate de potassium. SO^4K^2 [*Voir* Table XV pour var. d'indice par la tempér.]	O	0,5727 0,7464	+	c	b	2 V 66°54'	jaune		1,494		jaune	De Senarmont [*Ann. de Chim. et Phys.* (3ᵉ s.), t. XXXIII, p. 411; 1851].
						2 E 110°15' 110°24' 110°26'	rouge vert bleu	1,4970	1,4935	1,4920	jaune	Des Cloizeaux [*Ann. des Mines* (5ᵉ s.), t. XIV, p. 359; 1858 et *Sav. étr.*, t. XVIII, p. 608; 1867].
						2 V 67°4'	D	1,4959 1,4980 1,5029	1,4928 1,4946 1,4992	1,4911 1,4932 1,4976	C D F	Topsöe et Christiansen [*Ann. de Chim. et Phys.* (5ᵉ s.), t. 1, p. 48; 1874].
						2 V 67°25' 67°24' 67°20' 67°15' 67°7' [$t = 20°$]	Li C D Tl F	1,4950 1,4954 1,4973 1,4994 1,5023 1,5052	1,4924 1,4928 1,4947 1,4967 1,4995 1,5024	1,4912 1,4916 1,4935 1,4955 1,4982 1,5012 [$t = 18°$ à $20°$]	Li C D Tl F H_γ	Tutton (*J. of chem. Soc.*, t. LXV, p. 668; 1894).
Sulfate de potassium et zinc. $(SO^4)^2 ZnK^2 + 6H^2O$	M	0,7413 0,5044 β = 104°48'	+	c 100°5'	c 10°5'	2 V 69°5'		1,489	1,480	1,476	jaune	Murmann et Rotter (*Sitzb. Akad. Wien*, t. XXXIV, p. 166; 1859).
						2 V 68°37' 68°20' 69°3'	C D F	1,4920 1,4932 1,4940 1,4967 1,5004 1,5024 1,5073	1,4794 1,4803 1,4811 1,4836 1,4869 1,4888 1,4936	1,4735 1,4744 1,4749 1,4775 1,4809 1,4825 1,4867	a B C D b F G	Perrot [*Arch. de Genève* (3ᵉ Pér.), t. XXV, p. 45; 1891].
				c 100°18'	c 10°18'	2 V 68°17' 68°16' 68°14' 68°12' 68°9'	Li C D Tl F	1,4938 1,4942 1,4969 1,4994 1,5027 1,5067	1,4805 1,4809 1,4833 1,4857 1,4889 1,4929	1,4748 1,4752 1,4775 1,4797 1,4826 1,4866	Li C D Tl F H_γ	Tutton (*J. of chem. Soc.*, t. LXIX, p. 374; 1896).

NOM ET FORMULE.	SYSTÈME cristallin.	PARAMÈTRES.	SIGNE OPTIQUE.	BISSECTRICES aiguë.	BISSECTRICES obtuse.	ANGLE des axes.	RAIE ou couleur.	n_g	n_m	n_p	RAIE ou couleur.	OBSERVATEURS.
Sulfate de rubidium. SO⁴Rb² [*Voir* Table XV pour var. d'indices et d'angle des axes par la tempér.]	O	0,5723 0,7485	+	*a*	*b*	2 E 52"40' 55" 0' 59"40' 65" 0' 70"30' 79"10' [*t* = 20°]	*Li* C D *Tl* F *H*γ	1,5120 1,5124 1,5144 1,5166 1,5194 1,5235	1,5109 1,5113 1,5133 1,5155 1,5183 1,5224	1,5108 1,5112 1,5131 1,5153 1,5181 1,5222 [*t* = 20°]	*Li* C D *Tl* F *H*γ	TUTTON (*J. of chem. Soc.*, t. LXV, p. 683; 1894). [*Von Lang* (*Sitzb. Ak. Wien*, t. LV (II), p. 414; 1867).]
Sulfate de rubidium et zinc. (SO⁴)²ZnRb²+6H²O	M	0,7373 0,5011 β = 105°53'	+	*c* 106°19'	16"19'	2 V 73"18'	D	 1,4942 1,4945 1,4975 1,5012 1,5030 1,5077	1,4845 1,4854 1,4859 1,4882 1,4919 1,4952 1,4993	1,4795 1,4804 1,4806 1,4833 1,4864 1,4883 1,4919	*a* B C D *b* F G	PERROT [*Arch. de Genève* (3° Pér.), t. XXIX, p. 36; 1893].
				c 106"43'	*c* 16°43'	2 V 73"42' 73"40' 73"30' 73"27' 73"18'	*Li* C D *Tl* F	1,4947 1,4951 1,4975 1,5001 1,5033 1,5078	1,4856 1,4860 1,4884 1,4908 1,4938 1,4980	1,4807 1,4811 1,4833 1,4857 1,4886 1,4929	*Li* C D *Tl* F *H*γ	TUTTON (*J. of chem. Soc.*, t. LXIX, p. 379; 1896).

Sulfate de sodium (anhydre). *Voir* **Thénardite.**

NOM ET FORMULE.	SYSTÈME cristallin.	PARAMÈTRES.	SIGNE OPTIQUE.	BISSECTRICES aiguë.	BISSECTRICES obtuse.	ANGLE des axes.	RAIE ou couleur.	n_g	n_m	n_p	RAIE ou couleur.	OBSERVATEURS.
Sulfate de sodium. SO⁴Na²+10H²O	M	1,116 1,238 β = 107°45'	−	*b*	*c* 30"56' 26"31'	2 E 122°48' 122°42'	rouge bleu					DES CLOIZEAUX (*Sav. étr.*, t. XVIII, p. 685; 1867).
Sulfate de tellure. 2TeO²·SO³	O	0,5265 0,7860	−	*c*	*b*	2 E 53°35' [*t* = 21°]	D					C. VRBA (*Gr. Zeits.*, t. XIX, p. 6; 1891).
Sulfate de thallium. SO⁴Tl²	O	0,5539 0,7319	+	*a*	*c*	2 H 91° 91°¾	rouge} bleu}(app.)	[$n_m = 1,466$ $n_m = 1,478$]				DES CLOIZEAUX [*Ann. de Ch. et Phys.* (4° s.), t. XVII, p. 313; 1869].
Sulfate de thallium et zinc. (SO⁴)²ZnTl²+6H²O	M	0,7406 0,4956 β = 106°21'	−	*c* 75°56' 75"57' 76° 1'	*c* 165"56' 165°57' 166° 1'	2 E 130°10' 137°45'	rouge jaune bleu	1,60896 1,61083 1,61210 1,61711 1,62498 1,62909	1,60177 1,60315 1,60458 1,60941 1,61678 1,62040	1,58654 1,58769 1,58950 1,59341 1,59999 1,60374	*a* B C D *b* F	*Id.*, p. 315 (*axes*). PERROT [*Arch. de Genève* (3° Pér.), t. XXV, p. 57; 1891] (*indices*).
Sulfate de zinc. SO⁴Zn+7H²O	O	0,9793 0,5658	−	*b*	*a*	2 V 46"14' ρ > υ	D	1,4812 1,4836 1,4897	1,4776 1,4801 1,4860	1,4544 1,4568 1,4620	C D F	TORSOË et CHRISTIANSEN [*Ann. de Ch. et de Phys.* (5° s.), t. X, p. 59; 1874]. [*De Senarmont* (*Ann. de Ch. et Phys.* (3° s.), t. XXXIII; 1851).]
						46°10'	D	1,48445	1,48010	1,45683	D	DUFET (*Bull. Soc. Minér.*, t. III, p. 180; 1880).
Id. à 6H²O. SO⁴Zn+6H²O	M	1,3847 1,6758 β = 98°12'	−	*c* 154°40'	*c* 64°40'	2 H 3°40' 1°50' 0°	rouge vert bleu					WYROUBOFF (*Bull. Soc. Minér.*, t. XII, p. 374; 1889).
Sulfate d'hydrazine. Az²H⁴.H²SO⁴	O	0,7453 0,8282	'	*a*	*b*	2 H 79° 2'	D					LIWEH (*Gr. Zeits.*, t. XVII, p. 586; 1890).
Sulfite de sodium. SO³Na²+6H²O	M	1,1048 0,765 β = 93°36"	+	*c* 112° id. id. id.	*c* 22° id. " *b*	0° [*t* = 10°C]	rouge jaune vert-bleu violet					DES CLOIZEAUX (*Ann. des Mines*, t. XIV, p. 391; 1858).

NOM ET FORMULE.	SYSTÈME cristallin.	PARAMÈTRES.	SIGNE OPTIQUE.	BISSECTRICES aiguë.	BISSECTRICES obtuse.	ANGLE des axes.	RAIE ou couleur.	n_g	n_m	n_p	RAIE ou couleur.	OBSERVATEURS.
Tellurate de potassium. TeO^4K^2	O	0,5566 0,7293	+	c	a	2 E 123° (app.)						Von Lang [*Sitzb. Ak. Wien,* t. XLV (II), p. 111; 1861].
Trichlorure de tétramin-iridium. $Ir(AzH^3)^4Cl^3 + H^2O$	R	0,6450	+					1,6666	1,6576		D	Bäckström (*Cr. Zeits.,* t. XXVIII, p. 312; 1897).
Trichromate d'ammonium. $Cr^3O^{10}(AzH^4)^2$	O	0,8446 0,8376	+	a	c	2 E 44°30' $\rho < \upsilon$	rouge					Wyrouboff (*Bull. Soc. Minér.,* t. III, p. 140; 1880).
Trichromate de rubidium. $Cr^3O^{10}Rb^2$	O	0,845 0,84	+-	a	c b	2 E 26° 6' 44°	rouge vert					Id., t. IV, p. 130; 1881.
Uranate de sodium. $U^2O^4Na^2$	O	0,559 ?	—	c	b	2 E 59° 0'						Michel (*Bull. Soc. Minér.,* t. XIII, p. 72; 1890).
Vanadate de sodium. $VO^4Na^3 + 10H^2O$ (1re forme)	C								1,5244 1,5305 1,5366		Li D Tl	Baker (*J. of chem. Soc.,* t. XLVII, p. 353; 1885).
Vanadate de sodium. $VO^4Na^3 + 10H^2O$ (2e forme)	H	?	+					1,5408 1,5475 1,5537	1,5332 1,5398 1,5460		Li D Tl	Id.
Vanadate de sodium. $VO^4Na^3 + 12H^2O$	H	?	+					1,5173 1,5232 1,5293	1,5040 1,5095 1,5150		Li D Tl	Id.

TABLE XIV.

PROPRIÉTÉS OPTIQUES DES SOLIDES ORGANIQUES.

Pour les indications générales se reporter à la Table XIII, p. 466. (*Voir* également Table VIII, p. 112.)

Pour les sels organiques, on trouvera d'abord les sels métalliques puis les éthers-sels de l'acide ; les sels d'une base organique se trouveront au nom de la base.

SOLIDES ORGANIQUES.

NOM ET FORMULE.	SYSTÈME cristallin.	PARAMÈTRES.	SIGNE OPTIQUE.	BISSECTRICES aiguë.	BISSECTRICES obtuse.	ANGLE des axes.	RAIE ou couleur.	n_g	n_m	n_p	RAIE ou couleur.	OBSERVATEURS.
Acétamide (oxalate acide d'). $(C^2O^4H^2)C^2H^5AzO$	O	$0,9369$ $0,5600$	–	c	b	2 E 45"						Wyrouboff in Topin [Ann. de Ch. et Phys. (7e s.), t. V, p. 117; 1895].
Acétamide (oxalate biacide d'). $(C^2O^4H^2)^2C^2H^5AzO$	T	$0,8451$ $0,9607$ $α = 93°34'$ $β = 97°34'$ $γ = 107°47'$	–	[axes visibles dans (111) pl. des axes 65° avec arête (111)(010)		2 E 69"20' $ρ < υ$						Id., p. 115.
Acétamide (picrate d'). $(C^6H^2(AzO^2)^3O(C^2H^5AzO)$	O	$0,4849$ $0,5184$	+	c	b	2 H 99"						Id., p. 123.
Acétamide (tartrate acide d'). $(C^4H^6O^6)C^2H^5AzO$	M	$1,0125$ $1,3986$ $β = 90°40'$	–	c 144"	c 54"	2 E 70"30'						Id., p. 119.
Acétamide (tartrate neutre d'). $C^4H^6O^6[C^2H^5AzO]^2$	O	$0,9758$ $1,4266$	–	c	a	2 H 85"36'						Id., p. 121.
p.-Acétamidophénéthol. $C^{10}H^{13}AzO^2$ $= C^6H^4{<}^{OC^2H^5(1)}_{AzH(C^2H^3O)(4)}$	M	$1,4213$ $0,8054$ $β = 109°17'$		c 109" (app.)	c 19"	2 V 62"14'	D		$1,5705$		D	Monti (Giorn. di Min. di Sansoni, t. IV, p. 241; 1894).
Acétanilide. $C^6H^5.AzH.C^2H^3O$	O	$0,8488$ $2,067$	+	c	a	2 V 88"50' 88"36' 88" 4'	Li D Tl					Bücking (Gr. Zeits., t. I, p. 304; 1877).
Acétanilidopyrotartrique (anhydride). $C^{13}H^{13}AzO^4 = ^{C^6H^5}_{CH^3.CO}{>}Az,$ $C(CH^3){<}^{CO-O}_{CH^2-CO}$	M	$0,6665$ $0,9026$ $β = 105°18'$	+	c 15" (app.)	b	2 E 84° 6' 86" 2' 87"16'	Li D Tl					Jander in Anschütz (Lieb. Ann., t. CCLXI, p. 147; 1891).
Acétate d'ammonium et uranyle. $(C^2H^3O^2)^3UO^2(AzH^4)+\frac{1}{2}H^2O$	Q	$1,4715$	+					$1,4877$ $1,4932$ $1,4987$	$1,4754$ $1,4808$ $1,4862$		B D E	Schrauf (Sitzb. Akad. Wien, t. XLI, p. 779; 1860).
Acétate de cadmium et uranyle. $(C^2H^3O^2)^4UO^2.Cd.+6H^2O$	O	$0,6289$ $0,3904$	–	c	b	2 E 57°54' 54"24'	rouge bleu					Grailich et von Lang (Sitzb. Akad. Wien, t. XXVII, p. 52; 1857).
Acétate de calcium et cuivre. $(C^2H^3O^2)Ca$ $+(C^2H^3O^2)^2Cu + 8H^2O$	Q	$1,032$	+					$1,4860$ $1,4887$ $1,478$	$1,4396$ $1,4473$ $1,436$		E F D	Grailich (Kryst.-opt. Unters. p. 157; 1858, Wien). F. Kohlrausch (Wied. Ann., t. IV. p. 30; 1878).
Acétate de cobalt. $(C^2H^3O^2)^2Co + 4H^2O$	M	$0,7181$ $0,4024$ $β = 94°43'$	–	c 126"38'	c 36"38'	2 V 30"43'			$1,538$ $1,542$ $1,546$		rouge jaune vert bleu	Murmann et Rotter (Sitzb. Akad. Wien, t. XXXIV, p. 189; 1859).

NOM ET FORMULE.	SYSTÈME cristallin.	PARAMÈTRES.	SIGNE OPTIQUE.	BISSECTRICES aiguë.	BISSECTRICES obtuse.	ANGLE des axes.	RAIE ou couleur.	INDICES PRINCIPAUX. n_g	n_m	n_p	RAIE ou couleur.	OBSERVATEURS.
Acétate de cobalt et uranyle. $(C^2H^3O^2)^6(UO^2)^2Co + 6H^2O$	O	0,8756 0,9484	—	b	a	2 E 103°38'						Grailich et von Lang (*Sitzb. Akad. Wien*, t. XXVII, p. 51; 1857).
Acétate de lithium. $C^2H^3O^2.Li + 2H^2O$	O	0,62 ?	—	a	c	2 E 134°18' 137°24'	rouge vert					Von Lang (*Sitzb. Akad. Wien*, t. XXXI, p. 106; 1858).
Acétate de lithium et uranyle (à 3 H²O). $(C^2H^3O^2)^3UO^2Li + 3H^2O$	M	1,2647 1,5894 β = 99°53'	+	c 29°	c 119°	2 E 38° 33°24'	rouge vert					Wyrouboff (*Bull. Soc. Minér.*, t. VIII, p. 120; 1885).
Id. (à 5 H²O). $(C^2H^3O^2)^3UO^2Li + 5H^2O$	M	0,9433 0,3203 β = 91°37'	—	c 12°	c 102°	2 E 65°14' ρ = υ						Id.
Acétate de magnésium. $(C^2H^3O^2)^2Mg + 4H^2O$	M	0,7128 0,4030 β = 95°37'	—	c 59°25'	c 149°25'	2 V 56°34' ρ < υ			1,488 1,491 1,493 1,495		rouge jaune vert violet	Murmann et Rotter (*Sitzb. Akad. Wien*, t. XXXIV, p. 189; 1859).
Acétate de magnésium et uranyle. $(C^2H^3O^2)^6(UO^2)^2Mg + 6H^2O$	O	0,9016 0,9920	—	a	b	2 E 100°						Von Lang (*Sitzb. Akad. Wien*, t. XXXI, p. 107; 1858).
Acétate de magnésium et uranyle. $(C^2H^3O^2)^4UO^2Mg + 6H^2O$	O	0,604 0,396	—	c	b	2 E 13° 10°30'	rouge bleu					Grailich et von Lang (*Sitzb. Akad. Wien*, t. XXVII, p. 52; 1857).
Acétate de manganèse. $(C^2H^3O^2)^2Mn + 4H^2O$	M	0,5205 1,1084 β = 94°58'	—	c 5° (app.)	b	2 H 99°41' 99°40' 99°31',5	rouge jaune bleu	$n_g = 1,466$ $n_m = 1,468$ $n_p = 1,478$				Des Cloizeaux (*Sav. étr.*, t. XVIII, p. 619; 1867).
Acétate de manganèse et uranyle. $(C^2H^3O^2)^4UO^2Mn + 6H^2O$	O	0,637 0,385	—	c	b	2 E 31° ρ > υ						Von Lang (*Sitzb. Akad. Wien*, t. XXXI, p. 108; 1858).
Acétate de plomb. $(C^2H^3O^2)^2Pb + 3H^2O$	M	2,179 2,479 β = 109°48'	+	c 55°18'	c 145°18'	2 V 83°27' 83°55' 87°24'	rouge jaune bleu			1,570 1,576 1,584	rouge jaune bleu	Des Cloizeaux (*Sav. étr.*, t. XVIII, p. 621; 1867).
Acétate de sodium. $(C^2H^3O^2)Na + 3H^2O.$	M	1,1852 0,9964 β = 111°44'	—	c 125° (app.)	b	2 E 99°30' 101°50'	rouge violet					Des Cloizeaux [*Ann. des Mines* (5e s.), t. XIV, p. 410; 1858].
Acéto-*p*-toluide (2). $C^9H^{11}AzO = CH^3.C^6H^4.AzH.C^2H^3O$ (1) (3)	M	1,2165 0,7888 β = 106°7'	+	c 16° (app.)	c 106°	2 H 106°10' ρ < υ	rouge					Paternò [*Atti d. Lincei* (3e s.), t. III, p. 292; 1870].
Id. (β).	O	0,6515 0,3289	—	a	c	2 H 84° ρ < υ	rouge					
Acétylcitrique (anhydride). $CH^2.COOH$	$C^4H^5O^3 = C(O.C^2H^3O)CO$⟍$O$	$CH^2————CO$⟋	O	0,6856 1,0023	—	c	b	2 V 71°2' ρ < υ	D		1,492		D	Tutton (*Cr. Zeits.*, t. XVII, p. 99; 1890).

Acétyldiphénylamine. *Voir* **Diphénylacétamide.**

Acétylmenthylamine. *Voir* **Menthylacétamide.**

NOM ET FORMULE.	SYSTÈME cristallin.	PARAMÈTRES.	SIGNE OPTIQUE.	BISSECTRICES aiguë.	BISSECTRICES obtuse.	ANGLE des axes.	RAIE ou couleur.	n_g	n_m	n_p	RAIE ou couleur.	OBSERVATEURS.
Aconitine. $C^{33}H^{45}AzO^{12}$	O	0,5456 0,3885	+	a	c	2 E 47° 0' 56°10' 65° 5'	Li D Tl					Tutton (*J. of chem. Soc.*, t. LIX, p. 288; 1891).
Acrylate méthylique. $C^4H^6O^2 = CH^2:CH.CO\,OCH^3$	am.								1,4700 1,4725 1,4786		C D F	Kahlbaum (*Ber. d. D. ch. Ges.*, t. XVIII, p. 2108; 1885).
Alloxanoxime. $CO(AzH.CO)^2C.AzOH + 2H^2O$	O	0,8353 1,8989		a	c	2 H 78°20'						Negri (*Riv. di Miner. et Crist. ital.*, t. I, p. 21; 1890).
Amarine (bromhydrate d'). $C^{21}H^{18}Az^2.HBr$	R	0,4171	+					1,7512 1,7566 1,7721	1,6278 1,6303 1,6385		Li D Tl	Stühlmann (*Gr. Zeits.*, t. XIII, p. 344; 1888).
Amarine (chlorhydrate d'). $C^{21}H^{18}Az^2.HCl$	R	0,4221	+					1,6928 1,7471 1,7583	1,6139 1,6230 1,6282		Li D Tl	Id., p. 342.
Amarine (sulfate d'). $(C^{21}H^{18}Az^2)^2.H^2SO^4 + 3\tfrac{1}{2}H^2O$	M	0,8537 0,8531 β=97°12',5	+	c 80°	b	2 E 60°33' 60°57' 61°52'	rouge jaune bleu					Groth (*Pogg. Ann.*, t. CXXXV, p. 657; 1868).
Ambre.	am.								1,532 [$t = 21°$] 1,54063 1,54178 1,54296 1,54618 1,55049 1,55145 1,55434		D a B C D E b_1 F	F. Kohlrausch (*Wied. Ann.*, t. IV, p. 29; 1878). Mülheims (*Gr. Zeits.*, t. XIV, p. 233; 1888).
α. Amidoéthylidènesuccinate diéthylique. $C^{10}H^{17}O^4Az =$ CH^3⟍C=C⟋$COOC^2H^5$ AzH^2⟋ ⟍$CH^2.CO\,OC^2H^5$	O	0,5150 0,6003		a	c	2 E 80°55' 83°53' 89° 2'	Li D Tl					Milch *in* Emery (*Lieb. Ann.*, t. CCLX, p. 141; 1890).
Amidohydrocinnamique (acide). *Voir* **Phénylamidopropionique** (acide).												
p-Amidophénol. $AzH^2.C^6H^4.OH$ (1) (3)	O	0,7849 0,7210	−	a	b	2 E 47°37' ρ > ν	D					Keith (*N. Jahrb. f. Min. u. s. w.*, Beil. B. VI, p. 177; 1889).
Amylène (azotylure d'). $C^5H^{10}(AzO^2)^2$	M	0,9770 1,4485 β=96°28'	+	c 172°28'	b	2 V 64°32' 62°55'	Li D		1,4985 1,5088		Li D	Krantz (*Gr. Zeits.*, t. XIV, p. 457; 1888).
Amylennitrolaniline. $C^{11}H^{16}Az^2O$ $= OH.Az:C^5H^9.AzH.C^6H^5$	O	0,7976 0,7296	+	c	b	2 V 88° 4' 88°21' 88°39'	Li D Tl		1,5832 1,5867 1,5902		Li D Tl	Id., p. 458.
Amylennitrolaniline (chlorhydrate de). $(C^{11}H^{16}Az^2O)HCl$	M	1,5685 0,7356 β=133°48'	+	c 84°	b	2 V 75°30' 75°41' 76° 5'	Li D Tl		1,5696 1,5734 1,5763		Li D Tl	Id., p. 459.

NOM ET FORMULE	SYSTÈME cristallin	PARAMÈTRES	SIGNE OPTIQUE	BISSECTRICE aiguë	BISSECTRICE obtuse	ANGLE des axes	RAIE ou couleur	n_g	n_m	n_p	RAIE ou couleur	OBSERVATEURS
Amylennitrolaniline nitrosée. $C^{11}H^{15}(AzO)Az^2O =$ $OH.Az:C^5H^8(AzO).AzH.C^6H^5$	O	0,8878 0,6832	+	c	a	2 V 83°58' 82°51' 81°53'	Li D Tl		1,5659 1,5669 1,5686		Li D Tl	Id., p. 461.
Amylennitrol-*p*-toluidine. $C^{12}H^{18}Az^2O =$ $OH.Az:C^5H^9.AzH.C^6H^4.CH^3$	M	1,8942 2,4290 $\beta = 132°41'$	−	c 120°41'	c 30°41'	2 E 73°36' 72°40' 71°44'	Li D Tl					Id., p. 463.
Amylennitrol-*p*-toluidine (chlorhydrate de). $(C^{12}H^{18}Az^2O)HCl$	M	0,5891 0,3523 $\beta = 116°49'$	+	c 168°	b	2 V 59°52' 59°26' 59°2'	Li D Tl		1,5110 1,5165 1,5214		Li D Tl	Id., p. 464.
Amylennitrol-*o*-toluidine nitrosée. $C^{12}H^{11}(AzO)Az^2O =$ $OH.Az:C^5H^8(AzO).AzH.$ $C^6H^4.CH^3$	M	0,6647 0,5986 $\beta = 128°36'$	−	c 20° (app.)	c 110°	2 H 96°38' 98°50' 101°0'	Li D Tl		$\left[\begin{matrix}n_u=1,4647\\1,4678\\1,4708\end{matrix}\right]$			Id., p. 467.
Amylennitrol-*p*-toluidine nitrosée. $C^{12}H^{11}(AzO)Az^2O$	O	0,9675 0,6847	+	c	a	2 V 78°37' 77°50' 77°13'	Li D Tl		1,5791 1,5825 1,5846		Li D Tl	Id.
Amyrilène (1). $C^{10}H^{18}$	O	0,6673 0,4049	+	a	b	2 V 72°12' $\rho > \upsilon$	D	1,6232	1,5814	1,5405	D	Bäckström (Gr. Zeits., t. XIV, p. 545; 1888).
Id. (β).	O	0,9165 0,5403	+	b	a	2 V 23°37' 22°21',5	rouge D	1,5914 1,5941	1,5675 1,5698	1,5641 1,5675	rouge D	Id., p. 549.

Anhydrobenzodiamidobenzène. *Voir* **Benzénylphénylenamidine.**

NOM ET FORMULE	SYSTÈME cristallin	PARAMÈTRES	SIGNE OPTIQUE	BISSECTRICE aiguë	BISSECTRICE obtuse	ANGLE des axes	RAIE ou couleur	n_g	n_m	n_p	RAIE ou couleur	OBSERVATEURS
(1) **Anhydrocamphoronate méthylique.** $C^{10}H^{14}O^5 = C^6H^{11}-CO\diagup{}^{/CO\diagdown O}_{\diagdown COOCH^3}$	O	0,6830 0,4473	−	b	c	2 E 120° (app.)						Fock (Gr. Zeits., t. XXV, p. 336; 1895).
Id. (β).	O	0,7692 0,4331	−	b	c	2 E 33°(app.) $\rho < \upsilon$						Id., p. 337.
Anhydrocamphoronique (acide). $C^9H^{12}O^5 = C^6H^{11}-CO\diagup{}^{/CO\diagdown O}_{\diagdown COOH}$	O	0,9689 0,8087	+	c	a	2 E 67°26' 68°4' 68°44' 2 E 76°(app.)	Li D Tl					Von Zepharovich [Sitzb. Akad. Wien, t. XCI (I), p. 107; 1885]. Fock (loc. cit., p. 334).
Anhydrocamphoronique (chlorure d'acide). $C^9H^{11}ClO^5 = C^6H^{11}-CO\diagup{}^{/CO\diagdown O}_{\diagdown COCl}$	O	0,3839 0,2801	+	a	b	2 E 75°(app.) $\rho < \upsilon$						Id., p. 335.
Anilidoisonitrosacétone. $C^9H^{10}Az^2O$ $= CH^3 - C - CH : AzOH$ $Az.C^6H^5$	O	0,7504 0,5627	−	c	b	2 E 35°10' 41°40' 45°40'	Li D Tl					Tutton (Gr. Zeits., t. XIX, p. 182; 1891).
(1) **Anilido-*i*-propylglutarique (acide).** $C^{14}H^{19}AzO^3$	O	0,9440 2,6931	+	c	a	2 E 117°20'						Boeris *in* Angeli et Rimini [Gazz. chim. ital., t. XXVI (II), p. 520; 1896].

NOM ET FORMULE.	SYSTÈME cristallin.	PARAMÈTRES.	SIGNE OPTIQUE.	BISSECTRICES aiguë.	BISSECTRICES obtuse.	ANGLE des axes.	RAIE ou couleur.	n_g	n_m	n_p	RAIE ou couleur.	OBSERVATEURS.
Aniline (bromhydrate d'). $(C^6H^5.AzH^2)HBr$	O	0,723 0,818	+	c	b	2 E 35° $\rho < \upsilon$						Von Lang (*Sitzb. Akad. Wien*, t. LV (II), p. 411; 1867).
Anisbenzanishydroxyl-amine (α). $Az(C^8H^1O^2)(C^1H^5O)$ $(O.C^8H^1O^2).$	M	0,866 0,389 $\beta=104°38',5$	−	c 108°33'	b	?						Klein et Trechmann (*Lieb. Ann.*, t. CLXXXVI, p. 75; 1877).
Id. (β).	M	1,0015 0,7887 $\beta = 90°9'$		c 54°31' 53°50' 53° 5' 51°20'	b	2 E 15°30' 16°42' 17°45' 19°45'	rouge jaune vert bleu					Id.
Anisbenzhydroxamate éthylique (β). $C^1H^1O.C{<}^{(AzO.CO.C^6H^5)}_{OC^2H^5}$	M	0,6009 0,3302 $\beta=90°52',5$	−	c 157°	b	2 E 64°50' 63° 7' 61°15'	*Li* D *Tl*					Rinne *in* Lossen (*Lieb. Ann.*, t. CCLXXXI, p. 260; 1894).
Anisdibenzhydroxyl-amine (α). $Az(C^8H^1O^2)(C^1H^5O)$ $(O.C^1H^5O).$	M	0,605 0,609 $\beta=91°40'$	−	c 27°37' 27° 3' 25°48'	c 117°27' 117° 3' 115°48'	2 H 80°42' 82°16' 83°24' 86°23'	rouge jaune vert bleu					Klein et Trechmann (*Lieb. Ann.*, t. CLXXXVI, p. 75; 1877).
Aniséthylbenzhydro-xylamine. $Az(C^8H^1O^2)(C^2H^5)$ $(O.C^1H^5O).$	M	1,3720 0,9011 $\beta=102°52',5$	+	b	c 1°	2 V 73° 5' 71°55' 70°45'	*Li* D *Tl*	1,6234 1,6268 1,6304			*Li* D *Tl*	Rinne (*Inaug. Dissert.*, Göttingen; 1883 et *Gr. Zeits.* t. IX, p. 619; 1884).
Anishydroxamate éthylique. $C^1H^1O.C(AzO C^2H^5).OH$	M	1,3174 0,8563 $\beta = 93°6'$	+	c 90° (app.)	c 0°	2 H$_a$ 96°45' 95°26' 96°15'	*Li* D *Tl*					Wickel (*Inaug. Dissert.*, Göttingen; 1884 et *Gr. Zeits.*, t. XI, p. 82; 1886).
Antipyrine. $C^{11}H^{12}AzO^2 =$ Az.C⁶H⁵ / CH³Az—CO / CH³C=CH	M	2,4024 2,2727 $\beta = 117°9'$	−	c 136°	c 46°	2 V 53°42' 54°20' 55°30'	*Li* D *Tl*	1,7324	1,6935	1,5697	D	Laven (*Gr. Zeits.*, t. X, p. 268; 1885).
				c 132°57'	c 42°57'	2 V 54°37'	D		1,682		D	Zimányi (*Math. Naturw. Ber. aus Ungarn*, t. IX, p. 138; 1891).
Antipyrine (iodéthy-late d'). $C^{13}H^{11}IAz^2O$ I Az.C⁶H⁵ / C²H⁵ = CH³ Az CO (?) / CH³C = CH	M	1,1420 0,9267 $\beta = 119°33'$		c 84°33'	c 174°33'	2 E 163°10'	D		1,6295		D	Zschimmer (*Gr. Zeits.*, t. XXIX, p. 219; 1898).
Antipyrine ($ps.$-iodéthylate d'). $C^{13}H^{11}IAz^2O$ I Az.C⁶H⁵ = CH³Az COC²H⁵ / CH³C — CH	M	1,3461 1,1267 $\beta = 122°24'$	−	b	c 8°22'	2 E 85° 8'	D			1,5344	D	Id.
Antipyrine ($ps.$-iodo-méthylate d'). $C^{12}H^{15}IAz^2O$ I Az.C⁶H⁵ = CH³Az CO CH³ / CH³C—CH	M	0,890 0,616 $\beta = 93°$		c 73° (app.)	c 163°	2 V 75°44'	D	1,6502	1,6170		D	Id.

NOM ET FORMULE.	SYSTÈME cristallin.	PARAMÈTRES.	SIGNE OPTIQUE.	BISSECTRICES aiguë.	BISSECTRICES obtuse.	ANGLE des axes.	RAIE ou couleur.	n_g	n_m	n_p	RAIE ou couleur.	OBSERVATEURS.
Antipyrine (isovalérate d'). $(C^{11}H^{12}Az^2O)C^5H^{10}O^2$	M	1,1979 .2,0360 $\beta = 94°37'$		c 17°	c 107°	2 V 68°	D					Burwell (*Gr. Zeits.*, t. XIX, p. 442; 1891).
Anthracène (Para-). *Voir* Paranthracène.												
Arécoline (chloroplatinate d'). $(C^8H^{13}AzO^2.HCl)^2PtCl^4$	O	0,850 1,004	+	c	a	2 H 85° $\rho < \upsilon$ $[n_H = 1,4734]$	D					Tornquist (*Gr. Zeits.*, t. XIX, p. 370; 1891).
Asparagine. $C^4H^8Az^2O^3 + H^2O$ $= CO\,AzH^2.CH^2.CH\,AzH^2.$ $CO\,OH + H^2O$ (lévogyre)	O	0,4737 0,8327	+	c	a	2 V 86°8' 86°28'	rouge jaune	1,6139 1,6190 1,6238	1,5752 1,5800 1,5845	1,5438 1,5476 1,5513	B D E	Des Cloizeaux (*Sav. Étr.*, t. XVIII, p. 547; 1867). [*Von Lang* (*Sitzb. Akad. W.*, t. XXXI, p. 116).] Schrauf (*Sitzb. Akad. Wien*, t. XLII, p. 140; 1860). [*Indices.*]
Id. (dextrogyre).						2 V 86°26' 86°53'	Li D	1,61875	1,57990	1,54742	D	Guattarola (*Atti di Soc. Sc. nat. Pise*, t. XI, p. 91; 1890).
Aspartate de sodium. $C^4H^6O^4.Na + H^2O$ (inactif)	M	2,2369 0,6786 $\beta = 113°56'$		[plan des axes pp. à *b*.]		2 V 21°2'						*Id.*
Aspartique (acide). $C^4H^7O^4 = CH^2.CO\,OH$ $CH(AzH^2).CO\,OH$ (inactif)	M	2,0856 1,2320 $\beta = 96°5'$		b	c 170° (?)	2 V 81°44'						*Id.*
Azobenzène. $Az — C^6H^5$ $C^{12}H^{10}Az^2 = \|$ $Az — C^6H^5$	M	2,1313 1,3438 $\beta = 114°38'$	+	c 117°½	c 27°½	2 H 35°19' 39°20'	Li D					Calderon (*Gr. Zeits.*, t. IV, p. 234; 1880).
Benzaldoxime (chlorhydrate d'iso-). C^7H^8OCl $= (C^6H^5.CH:AzOH)HCl$	O	0,5612 0,404		b	c	2 E 100° (app.) $\rho < \upsilon$						Fock (*Gr. Zeit.*, t. XVIII, p. 609; 1891).
Benzamide. $C^6H^5.CO\,AzH^2$	M	4,378 4,451 $\beta = 90°38'$		c 49°53'	c 139°53'	2 H 100°15' 102°10'	rouge bleu					Klein (*Lieb. Ann.*, t. CLXVI, p. 187; 1873).
Benzamidine (chlorhydrate de). $(C^7H^8Az^2)HCl + 2H^2O$	O	0,5824 0,5022		c	b	2 E 35° $\rho < \upsilon$	D					Fock (*Gr. Zeits.*, t. XX, p. 337; 1892).
Benzanisbenzhydroxylamine (β). $Az(C^7H^5O)(C^8H^7O^2)$ $(O.C^7H^5O)$	O	0,316 ?	−	b	c	2 E 127°43' 127°5' 126°19' 124°55'	rouge jaune vert bleu					Klein et Trechmann (*Lieb. Ann.*, t. CLXXXVI, p. 75; 1877).
Id. (γ).	M	1,3645 1,128 $\beta = 114°6'$	−	c 100°12'	b	2 H$_o$ 128°15' 129°0' 129°54'	rouge jaune vert					*Id.*
Benzanishydroxamate éthylique (α). $Az(C^7H^5O)(C^8H^7O^2)C^2H^5O$	M	1,5181 0,6658 $\beta = 118°44'$	−	c 124°30'	b	2 E 65°55' 66°13' 66°34'	Li D Tl					Barner (*Inaug. Diss.*, Göttingen, 1882 et *Gr. Zeits.*, t. IX, p. 298; 1884).
Id. (β).	M	0,7481 0,8028 $\beta = 104°39'$	−	c 141°50'	c 51°50'	2 H 64°5' $\rho = \upsilon$	D					Bertram (*Inaug. Diss.*, Göttingen, 1882 et *Gr. Zeits.*, t. IX, p. 302; 1884).

NOM ET FORMULE.	SYSTÈME cristallin.	PARAMÈTRES.	SIGNE OPTIQUE.	BISSECTRICES aiguë.	BISSECTRICES obtuse.	ANGLE des axes.	RAIE ou couleur.	n_g	n_m	n_p	RAIE ou couleur.	OBSERVATEURS.
Benzène (hexabromure de). $C^6H^6Br^6$	M	0,5095 0,523 $\beta = 110°46'$		c 111°	c 21°	2 H_o 126°	rouge					Des Cloizeaux [*Ann. de Ch. et Phys.* (6e s.), t. X, p. 272; 1887].
Benzène (hexachlorure de). $C^6H^6Cl^6$	M	0,4969 0,5075 $\beta = 110°54'$	+	c 42°25'	c 132°25'	2 E 61°15' 62° 2' 62°32'	*Li* D *Tl*					Zincel (*Inaug. Diss.*, Göttingen, 1883 et *Gr. Zeits.*, t. X, p. 415; 1885).
Benzènedi-*m*-sulfonate de baryum. $C^6H^4(SO^3)^2Ba + 2H^2O$	O	0,2900 0,6332		c	b	2 V 62°19'	rouge					Bœris (*Gi. di Min. e Crist. di Sansoni*, t. I, p. 30; 1890).
α-Benzènedisulfonate de potassium. $C^6H^4(SO^3K)^2 + H^2O$	M	1,5660 1,8741 $\beta = 135°$		b	c 150° (app.)	2 E 96°	blanc					Zenoni [*Acc. dei Lincei R.-C.* (4e s.), t. V, p. 378; 1889].
Benzènedisulfothiosulfonique (thioanhydride). $(C^6H^5.SO^2)^2S^3$	Q	2,3834	—					1,7204		1,7077	D	Brugnatelli (*Gi. di Min. di Sansoni*, t. III, p. 1; 1892).
Benzénylamidine (azotite de). $C^7H^8Az^2.AzO^2H + H^2O$	O	0,924 0,615	—	c	b	2 E 78°30' 78°55' 79°20'	rouge jaune vert					Benno Hecht (*Gr. Zeits.*, t. XIV, p. 325; 1888).
Benzénylamidoxime éthylique. $C^9H^{12}Az^2O$ $= C^6H^5.C(AzH^2):AzO.C^2H^5$	O	0,6935 1,9788		a	b	2 V 83°21'	D		1,656		D	B. Hecht *in* Lossen (*Lieb. Ann.*, t. CCLII, p. 211; 1889).
Benzényldiallylphénylènediamine (hydroxyde de). $C^{19}H^{20}Az^2O$ $= C^6H^4{\diagup Az \diagdown \atop \diagdown Az \diagup}C.C^6H^5$ $(C^3H^5)^2OH$	M	1,4264 ? $\beta = 90°24'$	+	c 0° (app.)	c 90°	2 E 57°46' 60°21' 63° 0'	*Li* D *Tl*					Rinne (*Inaug. Dissert.*, Göttingen, 1883 et *Gr. Zeits.*, t. IX, p. 612; 1884).
Benzényldiallylphénylènediamine (iodure de). $C^{19}H^{19}Az^2I$ $= C^6H^4{\diagup Az \diagdown \atop \diagdown Az \diagup}C.C^6H^5$ $(C^3H^5)^2.I$	M	0,8401 0,6451 $\beta = 92°50'$	+	c 38°52'	b	2 V 86°25',5 85°40',5 84°47'	*Li* D *Tl*	1,6963 1,6974 1,6979			*Li* D *Tl*	Id.
Benzényl-*i*-diphénylamidine (chlorhydrate de). $(C^{19}H^{18}Az^2)HCl$ $= C^6H^5.C{\diagup AzH \atop \diagdown Az(C^6H^5)^2}.HCl$	M	0,5294 0,5072 $\beta = 94°8'$	—	c 94° 8'	c 4° 8'	2 H 71°52' 73°15' 74° 3' 75°55'	*Li* D *Tl* bleu					Bodewig (*Gr. Zeits.*, t. III, p. 405; 1879).

NOM ET FORMULE.	SYSTÈME cristallin.	PARAMÈTRES.	SIGNE OPTIQUE.	BISSECTRICES aiguë.	BISSECTRICES obtuse.	ANGLE des axes.	RAIE ou couleur.	n_g.	n_m.	n_p.	RAIE ou couleur.	OBSERVATEURS.
Benzénylmonoallylphé-nylènediamine (sulfate de). $C^{15}H^{16}Az^2SO^4$ $= C^6H^4\langle^{Az}_{Az}\rangle C.C^6H^5$ $(C^3H^5)H.SO^4H$	M	0,5298 0,4986 $\beta = 107°21'$	+	c 33°51'	b	2 E 58° 4' 56°48' 55°45'	Li D Tl					Rinne (*Inaug. Dissert.*, Göttingen, 1883 et *Gr. Zeits.*, t. IX, p. 614; 1884).
Benzénylphénylène-amidine. $C^{13}H^{10}Az^2$ $= C^6H^5.C\langle^{Az}_{AzH}\rangle C^5H^5$	M	1,9513 1,5637 $\beta = 105°32'$	+	c 15°½ (app.)	c 105°½	2 E 44°½ 63° 78°½	Li D Tl					Rinne (*Inaug. Dissert.*, Göttingen, 1883 et *Gr. Zeits.*, t. IX, p. 612; 1884).
Benzéthylbenzhydroxyl-amine. $Az(C^7H^5O)(C^2H^5)(C^7H^5O.O)$	O	0,6242 2,5873	+	c	b	2 E 92°27' 94°55' 97°24'	Li D Tl					Rinne (*Inaug. Dissert.*, Göttingen, 1883 et *Gr. Zeits.*, t. IX, p. 617; 1884).
Benzhydrol (acétate de). $C^{15}H^{14}O^2$ $= (C^6H^5)^2:CH.O(C^2H^3O)$	O	0,710 1,192		c	b	2 H$_o$ 138° 134° 128°	rouge D bleu					Friedel (*Bull. Soc. Minér.*, t. IV, p. 229; 1881).
Benzhydroxamate éthylique. $C^6H^5.C(Az.OC^2H^5).OH$	T	0,6101 0,8516 $\alpha = 85°32'$ $\beta = 109°32'$ $\gamma = 100°32'$	—	presque parallèle . à c	peu in-clinée sur une normale à $h^1(100)$	2 V 75°43'	D					Bertram (*Inaug. Dissert.*, Göttingen, 1882 et *Gr. Zeits.*, t. IX, p. 303; 1884).
Benzilate benzylique. $C^{21}H^{18}O^3 =$ $(C^6H^5)^2:C(OH)CO O.CH^2.C^6L^5$	M	0,5849 0,4310 $\beta = 121°52'$	—	c 140°32'	b	2 V 73°26' 74°10' 74°52'	Li D Tl	1,5922 1,6010 1,6081			Li D Tl	Jenssen (*Gr. Zeits.*, t. XVII, p. 243; 189).
Benzilate méthylique. $C^{15}H^{14}O^3 =$ $(C^6H^5)^2:C(OH)COOCH^3$	M	1,8948 1,4174 $\beta = 103°35'$	—	c 113°43'	b	2 E 79°18' 74°52' 71°28'	Li D Tl					*Id.*, p. 241.
Benzile. $C^{14}H^{10}O^2 = \begin{array}{l}CO.C^6H^5 \\ | \\ CO.C^2H^5\end{array}$	H	1,6288	+					1,6784 1,6783	1,6588 1,6589		D D	Des Cloizeaux (*C. R.*, t. LXVIII, p. 308; 1869). Martin (*N. Jahrb.* Beil.-B. VII, p. 33; 1891).
Benzoate p-crésylique. $C^{14}H^{12}O^3$ $= C^6H^5.COO.C^7H^4.CH^3$ (1) (4)	M	0,7416 0,5696 $\beta = 109°12'$		c 75°30'	c 165°30'	2 H 68°½	D					Barner (*Inaug. Dissert.*, Göttingen, 1882 et *Gr. Zeits.*, t. IX, p. 299; 1884).
Benzodiphénylamide. $C^{19}H^{15}AzO = C^7H^5O.Az(C^6H^5)^2$	O	0,9505 0,3243	—	b	a	2 H 32°39' 30°31' 23°21'	Li D Tl					Bodewig (*Gr. Zeits.*, t. III, p. 405; 1879).
Benzoïque (anhydride). $C^{14}H^{10}O^3 = \begin{array}{l}C^6H^5.CO \\ C^6H^5.CO\end{array}\!\!\rangle O$	O	0,8770 0,8832	—	c	b	2 H 41°28' 39°42'	Li D					*Id.*, t. IV, p. 64; 1880.
Benzophénone. $C^{13}H^{10}O = C^6H^5.CO.C^6H^5$	O	0,8511 0,6644	—	c	a	2 H 69°50' 70°17' 71°40'	Li D Tl					Wickel (*Inaug. Dissert.*, Göttingen, 1884 et *Gr. Zeits.*, t. XI, p. 81; 1886).
Benzoyl-i-amylphénol. $C^{18}H^{20}O^2$ $= C^6H^5.CO.O.C^6H^4.C^5H^{11}$	O	0,7209 0,8841	+	c	b	2 E 61°30' 62°11' 56°59'	Li D Tl					Hartmann *in* Anschütz et Beckerkopf (*Ber. d. D. ch. Ges.*, t. XXVIII, p. 497; 1895).

NOM ET FORMULE	SYSTÈME cristallin	PARAMÈTRES	SIGNE OPTIQUE	DISSECTRICES aiguë	DISSECTRICES obtuse	ANGLE des axes	RAIE ou couleur	n_g	n_m	n_p	RAIE ou couleur	OBSERVATEURS
Benzoylquinine (chlorhydrate de) avec al ool. C²⁰H²³(C⁶H⁵.CO)Az²O²]2HCl + C²H⁵OH	M	0,8827 1,4002 β=97°52'		c 124°	c 34°	2V 68° (app) ρ<v						Wyrouboff in Wunsch [Ann. de Ch. et Phys. (7ᵉ s.), t. VII, p. 140; 1896].
Benzyle (sulfure de). C¹⁴H¹⁴S = S<CH².C⁶H⁵ / CH².C⁶H⁵.	O	0,8126 0,5150	−	c	a	2H 76"10' 75"27' 74"56'	Li D Tl					Bodewig in Foust (Lieb. Ann., t. CLXXVIII, p. 372; 1875).
β-Benzylhydroxylamine (tartrate de). [AzH(OH)(C⁷H⁷)]C⁴H⁶O⁶	O	0,3561 0,2475		b	c	2E 90° ρ<v (app.)	D					Fock in Behrend et König (Lieb. Ann., t. CCLXIII, p. 184; 1891).
Benzylidène-p-crésyl-cétone. C¹⁶H¹⁴O = C⁶H⁵.CH:CH.CO.C⁶H⁴.CH³ (1) (4)	O	0,6172 0,3785	+	b	a	2V 40°31' 36° 4' 32°12'	Li D Tl	1,8806 1,9087 1,9349	1,6341 1,6427 1,6529	1,6075 1,6206 1,6346	Li D Tl	Schwarzmann [N. Jahrb. f. Min., 1897 (I), p. 6.]
β-Benzylmalimide. C¹¹H¹¹AzO³ = C⁴H⁴O³:Az.CH².C⁶H⁵	O	0,5865 0,2253	−	a	c	2V 62° à 66°			1,6121 1,6181	1,5163 1,5219	D Tl	Bartalini [Gazz. chim. ital., t. XXIII (I), p. 175; 1893].
Biantipyrine. C²²H²³Az⁴O²	M	3,9042 1,5101 β=111°34'		c 37°	c 127°	2V 60°52'	D		1,5308		D	Winckler (Gr. Zeits., t. XXIV, p. 342; 1895).
Bidiméthylphényl-pyrazolone. C⁶H⁵.Az Az.C⁶H⁵ Az⏞CO CO⏞Az CH³.C—C —— C—C.CH³ H H	M	0,5015 0,1911 β=112°26'		c 174°	b	2H_o 134"51' (n_H = 1,4718)	D					Id., p. 341.
Biéthylène (bromobenzylate de disulfure de). CH².S.CH² | | + C⁷H⁷Br CH².S.CH²	O	0,7080 ?	+	b	c	2V 74°40' ρ>v	D		1,7022		D	Rinne in Mansfeld (Ber. d. D. ch. Ges., t. XIX, p. 2666; 1886).
Biéthylène (iodométhylate de disulfure de). CH².S.CH² | | + CH³I CH².S.CH²	O	0,8980 ?	+	c	a	2H 59°45' 60° 5' 60°30' (huile d'amande)	Li D Tl					Id., p. 701.
α-Bipentènenitrol-benzylamine. C¹⁷H²⁴Az²O = (C¹⁰H¹⁶)AzO.AzH.CH²(C⁶H⁵)	M	0,7723 0,3630 β=101°31'	+	c 162"	c 72°	2E 108°34' 108°14' 108° 5'	Li D Tl					Beyer (Gr. Zeits., t. XVIII, p. 304; 1891).

Bipentène nitrosé. *Voir* **Nitrosobipentène.**

NOM ET FORMULE	SYSTÈME cristallin	PARAMÈTRES	SIGNE OPTIQUE	DISSECTRICES aiguë	DISSECTRICES obtuse	ANGLE des axes	RAIE ou couleur	n_g	n_m	n_p	RAIE ou couleur	OBSERVATEURS
Bipipéridéine. C¹⁰H¹⁸Az²	M	0,49695 1,0489 β=114°30'	−	b	c 0° (app.)	2E 137°42' 137°30' 137°38'	Li D Tl					Hintze et Jenssen (Ber. d. D. ch. Ges., t. XXII, p. 1322; 1889).
Brésiline tétraméthylique. C¹⁶H¹⁰O(OCH³)⁴	am.								1,60436 1,60706 1,62556		C D F	Schall et Dralle (Ber. d. D. ch. Ges., t. XXIII, p. 1430; 1890).
p-Bromacétanilide. C⁶H⁴(AzH CO CH³)Br (1) (4)	M	1,5619 0,7221 β=117°13'	+	c 144°43'	c 54°43'	2H_o 110° 0' 110°55' 111°48'	Li D Tl					Mügge (Gr. Zeits., t. IV, p. 33; 1880).

NOM ET FORMULE.	SYSTÈME cristallin.	PARAMÈTRES.	SIGNE OPTIQUE.	BISSECTRICES aiguë.	BISSECTRICES obtuse.	ANGLE des axes.	RAIE ou couleur.	$n_g.$	$n_m.$	$n_p.$	RAIE ou couleur.	OBSERVATEURS.
Bromacétophénone. $C^6H^5.CO.CH^2.Br$	O	0,9764 1,2125	—	a	c	2 H_o 118"29' 118°17'	Li D					BERTRAM (*Inaug. Dissert.,* Göttingen, 1882 et *Gr. Zeits.,* t. IX, p. 304; 1884).
Bromalide. *Voir* Tribrométhylidène (tribromolactate de).												
α-Bromanhydrocampho- ronate méthylique. $C^{10}H^{13}BrO^5$ $= C^5H^{10}Br$ (CO–O, CO, COOCH³)	O	0,9137 1,0434	+	a	c	2 H 69° (verre)						FOCK (*Gr. Zeits.,* t. XXV, p. 339; 1895).
p-Bromaniline. Br.C^6H^1.AzH^2 (1) (4)	O	0,904 0,810	+	a a a	b b c	2 E 47°54' 26°57',5 25"47,5	Li D Tl					ARZRUNI (*Gr. Zeits.,* t. I, p. 301; 1877).
Bromantipyrine. $C^{11}H^{11}BrAz^2O$ $C^6H^5.Az$ $CH^3.Az{\diagup}^{CO}$ $= \; CH^3.C = CBr$	R	0,2945	—					1,5808	1,4931		D	WINCKLER (*G. Zeits.,* t. XXIV, p. 323; 1895).
Bromhydrotiglinique (acide). $C^5H^9BrO^2 =$ $CH^3.CH(Br).CH(CH^3).COOH$	M	1,6864 1,7744 β = 99°19'		c 43°	b	2 H 86"44' 2 E 150° (app.) ρ > υ	D					SCHIMPER (*Gr. Zeits.,* t. V, p. 296; 1881).
m-Bromobenzoate phénylique. $C^{13}H^{11}BrO^2$ $= C^6H^4.Br.COOC^6H^5$ (1) (3)	O	0,9279 2,5013	+	c	a	2 E 40°38' 41°4' 42"50'	Li D Tl					MÜGGE (*Gr. Zeits.,* t. IV, p. 33; 1880).
Bromocinnamique (aldéhyde). $C^{10}H^7ClO$ $= C^6H^5.CH:CBr.COH$	O	0,7760 1,5264	+	c	b	2 E 17° 22° 29° 38°	rouge D Tl bleu					BRAUNS [*N. Jahrb. f. Min.* 1891 (II), p. 12].
Bromodinitrobenzène. Br.C^6H^3:(AzO^2)² (1) (2)(4)	O	0,7919 0,7002	+	c	a	2 H 54°1' ρ < υ (naphtaline bromée)	D					KEITH (*N. Jahrb. f. Min.,* Beil.-B. VI, p. 177; 1889).
p-Bromo-oo-dinitro- phénol. $C^6H^2(AzO^2)^2BrOH$ (2)(6) (4)(1)	M	2,7947 1,7783 β = 112°7'		c 57°½	c 147°½	2 E 100° (app.)						ARZRUNI (*Gr. Zeits.,* t. I, p. 438; 1877).
Bromoiodo-o-nitro- acétanilide. $C^6H^2AzH(C^2H^3O)AzO^2BrI$ (1) (2)(4)(6)	M	1,774 1,065 β = 101°59'	—	b	c 90° (app.)	2 H_o 102°19' 104°24'	Li Na	$\left[\begin{smallmatrix}n_H = 1,4718\\ n_H = 1,4750\end{smallmatrix}\right]$				ARTINI (*Giorn. di Min. di Sansoni,* t. II, p. 35; 1891).
o-Bromomésitylénate de baryum. $[(CH^3)^2:C^6H^2Br.CO^2]^2Ba$ (3) 5 (2) (1) $+ 4H^2O$	M	3,0683 0,8040 β = 116°26'	+	υ 89°½	c 179°½	2 H 67°35' 68"30' 69"40'	Li D Tl					RIEDLÄNDER (*Gr. Zeits.,* t. III, p. 178; 1879).
Bromométhyltriphényl- pyrrolone. $C^{23}H^{18}BrAzO$ [Bz (3)(5) Mét (1)]	M	1,6549 1,0430 β = 91°31'		c 121° (app.)	b	2 V 70"15'	D		1,5264		D	SUTTON (*J. of chem. Soc.,* t. LVII, p. 728; 1890).

NOM ET FORMULE.	SYSTÈME cristallin.	PARAMÈTRES.	SIGNE OPTIQUE.	BISSECTRICES aiguë.	BISSECTRICES obtuse.	ANGLE des axes.	RAIE ou couleur.	INDICES PRINCIPAUX. n_g	n_m	n_p	RAIE ou couleur.	OBSERVATEURS.
Bromonaphtalènesulfo- **nate éthylique.** $C^{18}H^6 : Br(SO^2OC^2H^5)$ (1) (5)	O	0,9627 1,3327		b	c	2 E 29°52′	D					Bäckström (*Gr. Zeits.*, t. XXIV, p. 263; 1895).
m-Bromonitrobenzène. $Br.C^6H^4.AzO^2$ (1) (3)	O	0,4757 0,5549	−	c	b	2 V 76°38′ 77°17′	Li D					Bodewig (*Gr. Zeits.*, t. I, p. 586; 1877).
Bromonitrobenzoate **de sodium.** $C^6H^3Br(AzO^2)COONa$ (2) (6) (1)	M	1,0710 0,9964 β = 126°12′	−	b	c 125°44′	2 H 74°46′ 75°24′ 76°0′	Li D Tl					Levin (*Inaug. Dissert.*, Göttingen, 1880 et *Gr. Zeits.*, t. VII, p. 519; 1883).

Bromonitrocamphre. *Voir* **Camphre monobromé mononitré.**

NOM ET FORMULE.	SYSTÈME cristallin.	PARAMÈTRES.	SIGNE OPTIQUE.	BISSECTRICES aiguë.	BISSECTRICES obtuse.	ANGLE des axes.	RAIE ou couleur.	INDICES PRINCIPAUX. n_g	n_m	n_p	RAIE ou couleur.	OBSERVATEURS.
p-Bromophénylacéto- **nitrile.** $Br.C^6H^4.CH^2.CAz$ (1) (5)	O	1,488	−					1,643 1,646	1,639 1,642		rouge D	Martin (*N. Jahrb.*, Beil.-B. VII, p. 19; 1891).
Bromosantonite **éthylique.** $C^{12}H^{13}Br\begin{cases}OH\\CH(CH^3).COOC^2H^5\end{cases}$ (droit ou gauche)	O	0,5317 1,0649	+	c	b	2 E 121°42′ 123°26′ 125°13′	rouge jaune bleu					Brugnatelli (*Gr. Zeits.*, t. XXVII, p. 86; 1896).
Bromoshikimolactone. $C^7H^9BrO^3$	H	2,4595	+					1,6262	1,5840			Eykman (*Ber. d. D. ch. Ges.*, t. XXIV, p. 1282; 1891).
β-Bromotétraéthylphlo- **roglucine acétylée.** $C^{14}H^{20}BrO^3.C^2H^3O$	M	1,70 ? β = 93°19′	+		c 0° (app.)	2 E 50°						Hockauf [*Sitzb. Akad. Wien*, t. XCVIII (II), p. 569; 1889].

Butine (tétrabromure de). *Voir* **Pyrrollylène** (tétrabromure de).

NOM ET FORMULE.	SYSTÈME cristallin.	PARAMÈTRES.	SIGNE OPTIQUE.	BISSECTRICES aiguë.	BISSECTRICES obtuse.	ANGLE des axes.	RAIE ou couleur.	INDICES PRINCIPAUX. n_g	n_m	n_p	RAIE ou couleur.	OBSERVATEURS.
Butylcinchonine **(bromhydrate de iso-)** $(C^{19}H^{22}Az^2O)(C^4H^9Br)+H^2O$	O	0,6076 0,8940	−		a	2 E 67° ρ > υ						Wyrouboff *in* Vial (*J. de Pharm. et Ch.* (5e s.), t. XXX, p. 55; 1894).
Butyrate de calcium **et propionate de plomb.** $4(C^4H^7O^2)^2Ca$ $+ 5(C^3H^5O^2)^2Pb + 12H^2O$	C							1,5131 1,5176 1,5215			Li D Tl	Fitz et Sansoni (*Gr. Zeits.*, t. IV, p. 79; 1882).
Caféine (iodhydrate de). $(C^8H^{12}Az^4O)HI$	T	0,8839 1,2974 α = 83°18′ β = 93°37′ γ = 113°14′	−	normale à (1̄11)		2 E 116°23′ 120°39′ 123°40′	Li D Tl					Hoefinghoff (*Inaug. Diss.*, Halle; 1889 et *Gr. Zeits.*, t. XX, p. 305; 1892).
Camphocarbonique **(chlorure d'acide).** $C^{11}H^{15}Cl^4$	T	0,6219 0,5843 α = 88°3′ β = 103°32′ γ = 90°15′		presque parall. à b [pl. des axes presque normal à l'axe c]		2 H 53°30′	Li					Von Zepharovich (*Gr. Zeits.*, t. VI, p. 91; 1881).
Camphorique (acide). $C^{10}H^{16}O$ du camphre des laurinées).	M	0,6527 0,5475 β = 110°54′	+	c 64°		2 H 70°33′ ρ < υ						Id. [*Sitzb. Akad. Wien*, t. LXXIII (1), p. 7; 1876].

NOM ET FORMULE.	SYSTÈME cristallin.	PARAMÈTRES.	SIGNE OPTIQUE.	DISSECTRICES aiguë.	DISSECTRICES obtuse.	ANGLE des axes.	RAIE ou couleur.	n_g	n_m	n_p	RAIE ou couleur.	OBSERVATEURS.
Camphorique (acide). [isomère dérivé de la thuyone] $C^{10}H^{16}O^4$	O	0,5972 1,5406	+	c	a	2 É 107°12' 108°15'5 110°12'5 111°28'	Li D Tl bleu					TUTTLE (*N. Jahrb. f. Min.*, Beil.-B. IX, p. 456; 1894).
Camphorique (anhy-dride). $C^{10}H^{14}O^3$	O	0,9973 1,717	−	c	b	2 E 31°20' 30°20'	rouge bleu					VON ZEPHAROVICH [*Sitzb. Akad. Wien*, t. LXXIII (I), p. 7; 1878].
Camphoronate mono-éthylique. $C^{11}H^{18}O^6 = C^6H^{11}\langle\substack{COOC^2H^5\\(COOH)^2}$	M	1,7838 1,0180 $\beta = 101°36'$		c 38° (app.)	b	2 E 56° $\rho < v$						FOCK (*Gr. Zeits.*, t. XXIII, p. 221; 1894).
Camphoropinacone. $C^{20}H^{34}O^2$ [du camphre droit]	O	0,9573 1,1035		c	b	2 E 126°50' $\rho < v$	D					RAMSAY *in* BECKMANN (*Lieb. Ann.*, t. CCXCII, p. 3; 1896).
Camphre de matico. $C^{10}H^{16}O$	H	0,316	−					1,5415 1,5447 1,5488	1,5404 1,5436 1,5476		Li D Tl	HINTZE (*Pogg. Ann.*, t. CLVIII, p. 127; 1876).
Camphre (dérivé du). $C^9H^{12}O^6$	M	0,6264 0,5289 $\beta = 95°45'$	+	c 41°45'	c 131°45'	2 V 80°16' $\rho < v$	D					VON ZEPHAROVICH (*Gr. Zeits.*, t. I, p. 163; 1877
Camphre dibromé (α). $C^{10}H^{14}Br^2O$	O	0,7925 0,5143	−	a	b	2 E 91°25' 90°38'	Li D		1,512		D	Id., t. VII, p 588; 1883.
Id. (β).	O	0,9527 0,5186	−	c	a	2 V 77°51' $\rho < v$	D					Id.
απ. Camphre dichloré. $C^{10}H^{14}Cl^2O$	O	0,6933 0,3297		c	?	2 E 62°18'	D					KIPPING et POPE (*Gr. Zeits.*, t. XXV, p. 415; 1895).
Camphre monobromé. $C^{10}H^{15}BrO$	M	0,9725 1,2096 $\beta = 93°49'$	+	c 8°49'	b	2 H 75°58' 77°18'	Li D					BONKWIG (*Gr. Zeits.*, t. V, p. 571; 1881). [*von Zepharovich* (*Sitzb.*, t. LXXXIII, p. 881).]
Camphre monobromé mononitré. $C^{10}H^{14}Br(AzO^2)O$	O	0,7390 0,4757	−	c	b	$2H_o$ 106°41' 106°57' (huile d'œillette)	Li D					VON ZEPHAROVICH [*Sitzb. Akad. Wien*, t. XCI (I), p. 107; 1885).]
Id. π Br.α(AzO²)	O	0,8224 ?	+	a	b	2 V 79°						LAPWORTH et KIPPING (*J. of chem. Soc.*, t. LXIX, p. 312; 1896).
Camphylméthylénique (éther). $C^{21}H^{36}O^2 = CH^2 : (C^{10}H^{17}O)^2$	O	0,9134 0,565	+	a	c	2 V 37°52' $\rho > v$	D	1,5459 1,5464 1,5493 1,5502 1,5561	1,5390 1,5395 1,5422 1,5449 1,5490	1,5343 1,5348 1,5375 1,5401 1,5442	Li C D Tl F	WÜLFING *in* BRÜHL. (*Ber. d. D. ch. Ges.*, t. XXIV, p. 3715; 1891).
Cantharidine. $C^{10}H^{12}O^4$	O	0,8832 0,5388		b	a	2 V 89° 7' $\rho < v$						NEGRI (*Riv. d. Min. e Crist. Ital.* t. VI, p. 33; 1889).
Champacol. $C^{15}H^{26}O$	R	0,5492	+					1,5480	1,5449		D	TUTTLE (*N. Jahrb. f. Min.*, Beil.-B. IX, p. 455; 1894).

NOM ET FORMULE.	SYSTÈME cristallin.	PARAMÈTRES.	SIGNE OPTIQUE.	BISSECTRICES aiguë.	BISSECTRICES obtuse.	ANGLE des axes.	RAIE ou couleur.	n_g.	n_m.	n_p.	RAIE ou couleur.	OBSERVATEURS.
Chélidonique (acide). $C^7H^4O^6 + H^2O$ $CH : C\ COOH$ $= CO\ O\quad + H^2O$ $CH : C.COOH$	M	3,2102 1,2288 $\beta = 123°16'$	—	c 48" (app.)	c 138"	2 E 40" $\rho < v$						Von Lang [Sitzb. Akad. Wien, t. CII (II), p. 845; 1893].
Chloracétylbenzène. $C^7H^5.CO.CH^2Cl$	O	0,9957 0,2135		a	c	2 H 74"						Friedländer (Gr. Zeits., t. III. p. 179; 1879).
Chloral (hydrate de). $CCl^3.CH(OH)^2$	M	1,6178 1,7705 $\beta = 111°11'$	—	c 61"25'	c 151"25'	2 E 35°						Des Cloizeaux (Bull. Soc. Minér., t. VIII, p. 125; 1885).
				c 58"45'	c 148"45'	2 V 20"48' $\rho = v$	D	1,6017	1,5995	1,5383	D	Dufet (Bull. Soc. Minér. t. XIV, p. 211; 1891).

Chloralide. *Voir* Trichloréthylidène (trichlorolactate de).

NOM ET FORMULE.	SYSTÈME cristallin.	PARAMÈTRES.	SIGNE OPTIQUE.	BISSECTRICES aiguë.	BISSECTRICES obtuse.	ANGLE des axes.	RAIE ou couleur.	n_g.	n_m.	n_p.	RAIE ou couleur.	OBSERVATEURS.
Chlorobenzènesulfonate de potassium. $C^6H^4Cl.SO^3K$	M	0,9045 1,4379 $\beta = 97°18'$		b	?	2 V 81"25'	rouge					Igelis (Gl. di Min. di Sansoni, t. I, p. 30; 1890).
Chlorocinnamique (aldéhyde). $C^6H^5.CH : CCl.COH$	O	0,7760 1,5264	+	c	b	2 E 17" 22" 29" 38"	rouge D Tl bleu					Brauns [N. Jahrb. f. Min. 1891 (II), p. 12-20].
Chlorodinitrobenzène. $Cl.C^6H^3 : (AzO^2)^2$ (1) (3)(4)	O	0,8086 0,7129	+	c	a	2 E 102°46' 109°49'	rouge bleu					Des Cloizeaux in Jungfleisch [Ann. de Ch. et Phys. (4e s.), t. XV, p. 231; 1868].
Chlorodinitrobenzène. $Cl.C^6H^3 : (AzO^2)^2$ (1) (2)(6)	O	0,8346 0,3866	+	b	c	2 E 94"15' 99"	rouge bleu					Id., p. 236.
α. Chlorodinitrobenzène. $Cl.C^6H^3 : (AzO^2)^2$ (1) (3)(4)	M	1,8873 0,9810 $\beta = 114°14'$	—	c 30°15' (app.)	b	2 E 44"16' 45"31' 46"56'	Li D Tl					Bodewig (Ber. d. D. ch. Ges., t. IX, p. 762; 1876).
γ. Chlorodinitrobenzène. $Cl.C^6H^3 : (AzO^2)^2$ (1) (3)(4)	O?	?		[axes bleus perp. aux axes jaunes et verts].		2 E 55"42' 47"17' 36"16'	Li D Tl					Id., p. 765.
Chlorométhyl-*p*-crésyl- sulfone. $CH^2Cl.SO^2.C^6H^4.CH^3$ (1) (4)	O	0,607 0,7865	+	c	α	2 E 110" (app.)						Brugnatelli (Gl. di Min. di Sansoni, t. I, p. 202; 1890).
Chloronaphtalènesul- fonate éthylique. $C^{10}H^5Cl(SO^2OC^2H^5)$ (1) (5)	M	1,6785 ? $\beta = 111°2'$		c 0" (app.)	c 90°	2 V 42"						Bäckström (Gr. Zeits., t. XXIV, p. 262; 1895).
m-Chloronitrobenzène. $Cl.C^6H^4.AzO^2.$ (1) (3)	O	0,5608 0,4975		c	b	2 E 90°55' 91"23' 91"46'	Li D Tl					Bodewig (Pogg. Ann., t. CLVIII, p. 244; 1876).
Chloroquinone. $C^6H^3ClO^2$ $= CO\langle^{CCl:CH}_{CH:CH}\rangle CO$	O	0,4699 1,7064		b	c	2 V 50" (app.)						Grünling (Gr. Zeits., t. VII, p. 581; 1883).

NOM ET FORMULE.	SYSTÈME cristallin.	PARAMÈTRES.	SIGNE OPTIQUE.	BISSECTRICES aiguë.	BISSECTRICES obtuse.	ANGLE des axes.	RAIE ou couleur.	n_g	n_m	n_p	RAIE ou couleur.	OBSERVATEURS.
Chlorotérébénique (acide). $C^7H^9ClO^4$.	O	0,9827 0,7137		c	?	2H 43°19' 42°48' 42°17'	Li D Tl					Liwen (*Gr. Zeits.*, t. XI, p. 249; 1886).
Chloroxaléthyline (chloroplatinate de). $2[(C^6H^9ClAz^2)HCl]+PtCl^4$.	M	1,368 1,470 $\beta=109°$	+	c 142° (app.)	b	2E 53° (app.)	D					Bourwio (*Gr. Zeits.*, t. V, p. 568; 1881).
(2) Cholestine (dibromure de). $C^{26}H^{13}Br^2$.	O	0,5456 0,5343	+	c	b	2E 45° $\rho < v$						Pelikan *in* Mauthner et Suida (*Monatsh.*, t. XV, p. 85; 1894).
Choline (chloroplatinate de). $2[(C^5H^{13}AzO)HCl]+PtCl^4$.	M	1,1470 0,6836 $\beta=94°31'$	—	c 105°½ (app.)	b	2E 35°20' 34°30' 33°30' (gossypine)	Li D Tl					Süffing (*Inaug. Diss.*, Göttingen; 1883 et *Gr. Zeits.*, t. IX, p. 625; 1884).
						2E 32°10' 31°30' 30°30' (luridine)	Li D Tl					*Id.*
Cinchène. $C^{19}H^{26}Az^2$.	O	0,6028 0,4972		b	a	2E 100°56' $\rho > v$	D					Friedländer (*Gr. Zeits.*, t. VI, p. 592; 1882).
Cinchonidine. $C^{19}H^{22}Az^2O$.	O	0,6494 0,9406	+	a	c	2E 106° $\rho > v$						Wyrouboff [*Ann. de Ch. et Phys.* (7° s.), t. 1, p. 81; 1894].
Cinchonidine (brométhylate de). $Cin\,C^2H^5Br+H^2O$.	O	0,3746 0,2586	+	c	a	2V 87°50' $\rho > v$	D	1,6701	1,6539	1,6407	D	Fock (*Gr. Zeits.*, t. VII, p. 55; 1883).
Cinchonidine (bromhydrate de). $Cin\,HBr+\tfrac{2}{3}H^2O$.	O	0,8627 0,8662	+	c	b	2E 140°						Wyrouboff (*loc. cit.*, p. 46).
Cinchonidine (bromhydrate de) avec alcool éthylique et eau. $Cin\,HBr+\tfrac{1}{3}H^2O+\tfrac{1}{4}C^2H^6O$.	O	0,8693 0,3675	+	c	b	2E 145°						*Id.*
Cinchonidine (bromhydrate de) avec alcool méthylique. $Cin\,HBr+CH^4O$.	O	0,8693 0,3840	+	c	b	2E 142°						*Id.*
Cinchonidine (chlorhydrate de). $Cin\,HCl+H^2O$.	O	0,7865 1,9603		c	a	2H 87°37' 87°49' 87°59'	Lt D Tl					Fock (*loc. cit.*, p. 56).
Cinchonidine (chlorhydrate de) avec alcool méthylique. $Cin\,HCl+CH^4O$.	O	0,8521 0,3727	+	c	b	2E 140°						Wyrouboff (*loc. cit.*, p. 48).
Cinchonidine diiodométhylate de). $Cin(CH^3I)^2+H^2O$.	O	0,5033 0,3140		c c c	a b b	2E 14°3' 33°50' 55°26'	Li D Tl					Fock (*loc cit.*, p. 51).

NOM ET FORMULE.	SYSTÈME cristallin.	PARAMÈTRES.	SIGNE OPTIQUE.	BISSECTRICES aiguë.	BISSECTRICES obtuse.	ANGLE des axes.	RAIE ou couleur.	n_g	n_m	n_p	RAIE ou couleur.	OBSERVATEURS.
Cinchonidine (iodhydrate de). Cin HI $+\frac{2}{3}$ H^{2}O.	O	0,8744 0,3676	—	c	a	2 H$_o$ 115°						Wyrouboff (*loc. cit.*, p. 48).
Cinchonidine (iodhydrate de) avec alcool méthylique. Cin HI + CH^{4}O.	O	0,8759 0,3839	—	c	a	2 H$_o$ 120°						*Id.*
Cinchonidine (iodométhyléthylate de). Cin [(CH^3)(C^{2}H^5) I^2] + 2 H^{2}O	O	0,6992 0,9662		a	c	2 V 73°36' $\rho > \nu$	D		1,6613		D	Fock (*loc. cit.*, p. 53).
Cinchonidine (séléniate acide de). Cin Se O^{4}H^2 + 5 H^{2}O	M	0,5106 0,1670 $\beta = 96°5'$	+|c 59°		b	2 E 156°40'						Wyrouboff (*loc. cit.*, p. 65).
Cinchonidine (sulfate acide de). Cin SO^{4}H^2 + 5 H^{2}O	M	0,5127 0,1666 $\beta = 97°19'$	+|c 59°		b	2 E 115°36'						*Id.*
Cinchonine (bromhydrate de). (C^{19}H^{22}Az^{2}O) H Br + H^{2}O	O	0,2431 0,3137	+	c	a	2 E 150°						*Id.*, p. 43.
Cinchonine (bromhydrate de) avec alcool éthylique. Cin H Br $+\frac{1}{2}$C^{2}H^{6}O	O	0,2867 0,3492	+	c	a	2 E 155°						*Id.*
Cinchonine (bromhydrate de) avec alcool méthylique. Cin H Br + CH^{4}O	O	0,9614 0,5949	+	c	a	2 E 40°40' $\rho < \nu$						*Id.*, p. 63.
Cinchonine chlorée. C^{19}H^{21}Cl Az^2	O	0,7843 0,5082		c	b	2 E 13°	D					Budewig (*Gr. Zeits.*, t. V, p. 556; 1881).
Cinchonine (chlorhydrate de). Cin H Cl + 2 H^{2}O	M	1,3608 2,1155 $\beta = 106°2'$	—|c 35°		b	2 E 102° $\rho < \nu$						Wyrouboff (*loc. cit.*, p. 72).
Cinchonine (chlorhydrate de) avec alcool éthylique. Cin H Cl $+\frac{1}{2}$C^{2}H^{6}O	O	0,2617 0,3206	+	c	a	2 E 147°						*Id.*, p. 71.
Cinchonine (chlorhydrate de) avec alcool méthylique. Cin H Cl + CH^{4}O	O	0,9662 0,5871	+	c	a	2 E 157° $\rho < \nu$						*Id.*, p. 63.
Cinchonine (iodhydrate de) avec alcool éthylique. Cin HI + C^{2}H^{6}O	O	0,6631 0,6903	—	c	a	2 E 19° $\rho < \nu$						*Id.*, p. 79.

NOM ET FORMULE.	SYSTÈME cristallin.	PARAMÈTRES.	SIGNE OPTIQUE.	BISSECTRICES aiguë.	BISSECTRICES obtuse.	ANGLE des axes.	RAIE ou couleur.	INDICES PRINCIPAUX n_g	n_m	n_p	RAIE ou couleur.	OBSERVATEURS.
Cinchonine (iodhydrate de) avec alcool méthylique. $Cin\,HI + CH^4O$	O	0,9387 0,6228	+	c	a	2 E 126°50'						Wyrouboff (*loc. cit.*, p. 75).
Id. $Cin\,HI + \tfrac{1}{2}CH^4O$	O	0,8523 0,5890	+	b	a	2 E 147°40'						*Id.*
Cinchonine (séléniate de) avec alcool éthylique. $Cin^2SeO^4H^2 + C^2H^6O$	M	2,5042 1,6545 $\beta = 97°30'$	−	c 131°30'	b	2 E 77°40'						*Id.*, p. 58.
Cinchonine (sulfate de) avec alcool éthylique. $Cin^2SO^4H^2 + C^2H^6O$	M	2,4915 1,6717 $\beta = 96°35'$	−	c 132°30'	b	2 E 80°						*Id.*
Cinnamique (acide). $C^9H^8O^2$ $= C^6H^5.CH\!:\!CH.COOH$	M	0,859 0,3156 $\beta = 97°2'$	+	c 58°	b	2 H$_o$ 149°48' 159° 6' 167°15'	*Li* *D* *Tl*					Arzruni (*Gr. Zeits.*, t. I, p. 452; 1877).
Citrabromopyrotartrique (acide). $C^5H^7BrO^5$ $= CH^3.CH(COOH)\!:\!CHBr.COOH$	M	0,7504 1,1175 $\beta = 95°55'$		c 118°	b	2 V 76°						*Id.*, p. 4?.
Citraconanile. $C^5H^4O^2\!:\!Az.C^6H^5$	M	2,7575 1,8152 $\beta = 128°43'$	+	c 0°	c 90°	2 E 14°56'	*D*					Jenssen *in* Anschütz (*Ber. d. D. ch. Ges.*, t. XXIII, p. 2980; 1890).
Citrate de sodium. $C^6H^5O^7Na^3 + 5H^2O$	O	0,6269 0,2465	−	c	a	2 E 104° 105°55'	rouge violet					Des Cloizeaux [*Ann. des Mines* (5° s.), t. XIV, p. 382; 1858].
Citrique (acide). $C^6H^8O^7 + H^2O$ CH².COOH | $= C(OH).COOH + H^2O$ | CH².COOH	O	0,674 1,6621	+	b	c	2 E 113°44' $\rho > \upsilon$						Von Lang (*Sitzb. Akad. Wien*, t. XXXI, p. 123; 1858).
								1,5054 1,5089 1,5123	1,4943 1,4977 1,5012	1,4896 1,4932 1,4967	B D E	Schrauf (*Sitzb. Akad. Wien*, t. XLI, p. 790; 1860).
								1,5077 [$l = 24°$]	1,4975	1,4930	D	F. Kohlrausch (*Wied. Ann.*, t. IV, p. 30; 1878).
Cobalticyanure de potassium. K^3CoCy^6	M	1,286 0,8093 $\beta = 90°17'$	+	c 3°30'	c 93°30'	2 E 31°10' $\rho < \upsilon$ [32°30']						Topsöe (*Sitzb. Akad. Wien*, t. LXV, p. 45; 1872). [Von Lang (*Id.*, t. XXXI, p. 92; 1858).]
Cocaïne (chlorhydrate de). $(C^{11}H^{21}AzO^4)HCl$	O	0,3294 0,9758		c	a	2 H 87°57'	*D*					Valentin (*Gr. Zeits.*, t. XV, p. 36; 1889).
Codéine. $C^{18}H^{21}AzO^3$	O	0,9298 0,5087	+	b	a	2 V 77°44'5 75° 8' 72°52'5	*Li* *D* *Tl*					Arzruni (*Gr. Zeits.*, t. I, p. 302; 1877).
Codéine (hydrate de). $C^{18}H^{21}AzO^3 + H^2O$	O	0,9601 0,8277	−	c	a	2 H 86°13' 86° 8' 85°45'	rouge jaune bleu	1,5390 1,5395 1,5435 1,5485 1,5525 1,5650	1,5335 1,5365 1,5390 1,5435 1,5457 1,5550		B C D E F G	Des Cloizeaux (*Sav. Étr.*, t. XVIII, p. 563) [*axes*]. Grailich (*Kryst.-opt. Unters.*, p. 187) (*indices*).

NOM ET FORMULE	SYSTÈME cristallin	PARAMÈTRES	SIGNE OPTIQUE	BISSECTRICES aiguë	BISSECTRICES obtuse	ANGLE des axes	RAIE ou couleur	n_g	n_m	n_p	RAIE ou couleur	OBSERVATEURS
Conicine (bromhydrate de). $(C^8H^{11}Az)HBr$	O	0,8876 0,4218	+	c	a a a b	2E 68°55' 45°50' 15°29' 53°20'	Li D Tl violet					Von Zepharovich (Gr. Zeits., t. VI, p. 81; 1882).
Conicine (chlorhydrate de). $(C^8H^{11}Az)HCl$	O	0,8664 0,4108	+	b	c a a a	2E 23°30' 20°0' 39°40' 46°30'	Li D Tl violet					Id., p. 82.
Conicine (iodhydrate de). $(C^8H^{11}Az)HI$	M	1,2112 1,1532 β = 118°49'	−	c 6°49'	b	2H 65°12' 67°27'	Li bleu					Id., p. 83.
Conicine (tartrate ac. de). $(C^8H^{11}Az)C^4H^6O^6 + 2H^2O$	O	0,7766 0,5859	+	c	b	2E 43°10' 43°33' 44° 1'	Li D Tl					Id., p. 85.
p-Crésylbenzhydroxamate éthylique (α). $C^{11}H^{13}.C[AzO.CO.C^6H^5]OC^2H^5$	M	1,304 ? β = 111°37'	+	c 149°	c 59°	$2H_o$ 121° 7' (huile d'olive)						Klautsch in Lossen (Lieb. Ann., t. CCLXXXI, p. 252; 1894).
Id. (β).	M	1,0766 1,8364 β = 96°10'	−	b	c 146°10'	2H 49°20' 49°10' 49° 0'	Li D Tl					

Crésyle (disulfoxyde de). *Voir* **Toluènethiosulfonate crésylique.**

NOM ET FORMULE	SYSTÈME cristallin	PARAMÈTRES	SIGNE OPTIQUE	BISSECTRICES aiguë	BISSECTRICES obtuse	ANGLE des axes	RAIE ou couleur	n_g	n_m	n_p	RAIE ou couleur	OBSERVATEURS
p-Crésylhydrazine. $CH^3.C^6H^4.AzH.AzH^2$ (1)(4)	O	0,2266 0,2604		a	b	$2H_o$ 122°15' 121°15'	Li D					Arzruni (Gr. Zeits., t. I, p. 386; 1877).
p-Crésylphénylcétone. $C^{14}H^{12}O = C^6H^5.CO.C^6H^4.CH^3$ 1re forme.	R	1,2254	−					1,7067 1,7170 1,7250		1,5564 1,5629 1,5685	Li D Tl	Bodewig (Pogg. Ann., t. CLVIII, p. 236; 1876).
2e forme.	M	1,0117 0,4118 β = 95°7'	−	c 143°15' 143° 3' 142°41' Id.	c 53°15' 53° 3' 52°41' b	2E 49°11' 35°15' 6°55' 49°32'	Li D Tl bleu					

p-Crésyltriméthylammonium (iodure de). *Voir* **Triméthyl-.**

NOM ET FORMULE	SYSTÈME cristallin	PARAMÈTRES	SIGNE OPTIQUE	BISSECTRICES aiguë	BISSECTRICES obtuse	ANGLE des axes	RAIE ou couleur	n_g	n_m	n_p	RAIE ou couleur	OBSERVATEURS
p-Crésyluréthane. $C^{10}H^{13}AzO^2 = CH^3.C^6H^4.AzH(COOC^2H^5)$ (1)(4)	M	0,9345 0,9508 β = 101°12'	−	c 153°	c 63°	2E 62°26' 59°46' 57°38'	Li D Tl					Levin (Inaug. Diss., Göttingen, 1880 et Gr. Zeits., t. VII, p. 519; 1883).
(β) Cuminuramidocrotonate éthylique. $C^{17}H^{22}Az^2O^3$ $AzH.C(CH^3):C.COOC^2H^5$ ≕ CO $AzH . CH.C^6H^5.C^3H^5$ (5)(1)	M	1,3514 1,4265 β = 90°36'	+	c 53°	c 143°	2V 44° (app.) ρ > v	D	1,6833	1,5873	1,5723	D	Casella (Giorn. di Min. di Sansoni, t. III, p. 255; 1892).

Cyanoferrures. *Voir* **Ferrocyanures.**

NOM ET FORMULE	SYSTÈME cristallin	PARAMÈTRES	SIGNE OPTIQUE	BISSECTRICES aiguë	BISSECTRICES obtuse	ANGLE des axes	RAIE ou couleur	n_g	n_m	n_p	RAIE ou couleur	OBSERVATEURS
Cyanogène (chlorure de). $(CAz)^3Cl^3$	M	1,0176 1,5010 β = 96°10'		c 126° (app.)	b	2E 28° 0' ρ < v	D					Fock (Gr. Zeits., t. XIV, p. 52; 1888).

NOM ET FORMULE.	SYSTÈME cristallin.	PARAMÈTRES.	SIGNE OPTIQUE.	BISSECTRICES aiguë.	BISSECTRICES obtuse.	ANGLE des axes.	RAIE ou couleur.	n_g	n_m	n_p	RAIE ou couleur.	OBSERVATEURS.
Cyanurate méthylique. $(AzC.OCH^3)^3$	O	0,577 ?		c	a	2 E 14°45' $\rho < \upsilon$	D					Fock (*Gr. Zeits.*, t. XIV, p. 56; 1888).
i. Cyanurate éthylique. $(CO:Az.C^2H^5)^3$	O	0,9719 0,9325		b	a	2 E 60° $\rho > \upsilon$	D					*Id.*, p. 55.
Cyanure de mercure et di-chromate de potassium. $Cr^2O^7K^2 + Hg(CAz)^2$ $+ 2H^2O$	O	0,7942 1,4947	+	c	b	2 E 99°22' 62°6'	rouge vert	1,591			rouge	Wyrouboff (*Bull. Soc. Minér.*, t. III, p. 147; 1880).
Cyanure de potassium et zinc. $2KCAz + Zn(CAz)^2$	C							1,4065 1,4115 1,4195 1,4235			rouge jaune bleu violet	Grailich (*Kryst.-opt. Unters.*, p. 127; Wien; 1858).
Cystine (chlorhy-drate de). $(C^6H^{12}Az^2S^2O^4)2HCl$	M	3,3944 1,3468 $\beta = 98°58'$	+	c 103°42'	b	2 E 0° 3°16' 8°1' 13°54'	Li D Tl bleu	1,6177		1,5840	D	Becke (*Gr. Zeits.*, t. XIX, p. 335; 1891).
Cytisine (azotate de). $(C^{10}H^{14}Az^2O)AzO^3H + H^2O$	M	0,8039 0,7190 $\beta = 111°47'$	+	c 50°30'	c 140°30'	2 V 38°22' 38°49' 39°26'	Li D Tl					Calderon (*Gr. Zeits.*, t. IV, p. 232; 1886).
Cytisine (chlorhy-drate de). $(C^{11}H^{14}Az^2O)HCl$	M	0,731 0,714		c 55°	c 145°	2 V 72° (app.) $\rho > \upsilon$						Tornquist *in* Buchka et Magalhães (*Ber. d. D. ch. Ges.*, t. XXIV, p. 257; 1891).
Déhydrodiacétyllévu-lique (acide). $C^9H^{10}O^4$	M	1,5898 0,8771 $\beta = 110°19'$		c 5°	b	2 H 81° 79°	rouge bleu	1,687	1,58	1,5265	D	Negri (*R. C. dei Lincei* (4e s.), t. V, p. 555; 1889).
Désoxalate triéthylique. $C^{11}H^{18}O^8$ $= \begin{array}{l} C(OH):(COOC^2H^5)^2 \\ CH(OH).COOC^2H^5 \end{array}$	T	0,4217 0,7570 $\alpha = 84°27'$ $\beta = 90°32',5$ $\gamma = 90°6'$		3° à 4° avec b ligne moyenne 4° avec c	4° avec a	2 E 61°40' 61°59' 62°36'	Li D Tl					Schumacher (*Gr. Zeits.* t. IX, p. 285; 1884).

Diacétonephosphinate de baryum. *Voir i-*Propylacétonylphosphinate.

NOM ET FORMULE.	SYSTÈME cristallin.	PARAMÈTRES.	SIGNE OPTIQUE.	BISSECTRICES aiguë.	BISSECTRICES obtuse.	ANGLE des axes.	RAIE ou couleur.	n_g	n_m	n_p	RAIE ou couleur.	OBSERVATEURS.
Diacétylhydrazobenzène. $C^{16}H^{16}Az^2O^2$ $= \begin{array}{l} C^6H^5.Az.(C^2H^3O) \\ C^6H^5.Az.(C^2H^3O) \end{array}$	O	0,6730 0,5612	−	a	c	2 V 88°45'	D	1,662 (app.)	1,64648	1,61156	D	Sansoni (*Gr. Zeits.*, t. V, p. 306; 1881).
Diacétylracémate diméthylique. $C^{10}H^{14}O^8$ $= \begin{array}{l} (C^2H^3O)O.CH.COOCH^3 \\ (C^2H^3O)O.CH.COOCH^3 \end{array}$	O	0,8095 0,6728	+	b	a	2 E 100°16' 103°29' 105°6'	Li D Tl		1,5115		D	Hintze *in* Anschütz (*Lieb. Ann.*, t. CCXLVII, p. 116; 1888).

Diallylanhydrobenzdiamidobenzène. *Voir* Benzényldiallylphénylènediamine.

NOM ET FORMULE.	SYSTÈME cristallin.	PARAMÈTRES.	SIGNE OPTIQUE.	BISSECTRICES aiguë.	BISSECTRICES obtuse.	ANGLE des axes.	RAIE ou couleur.	n_g	n_m	n_p	RAIE ou couleur.	OBSERVATEURS.
Diamidobenzènesulfonique (acide) (α). $(AzH^2)^2:C^6H^3.SO^2.OH$ 1. 3.	M	1,3137 1,3628 $\beta=118°31'5$	+	c 31"45'	c 121"45'	2H 83°23' 83°53' 84°16'	Li D Tl					LEVIN (*Inaug. Dissert.*, Göttingen, 1880 et *Gr. Zeits.*, t. VII, p.521; 1883).
Id. (β).	T	0,4244 0,9282 $\alpha=82°9'$ $\beta=105°38'$ $\gamma=94°44'$	−		presque normal à (110) [trace du plan des axes sur (110) 45°½ avec c]	2H 64°27' 63°38'	Li D					
Dianisbenzhydroxylamine. $Az(C^8H^7O^2)^2(O.C^7H^5O)$	M	2,2501 2,4868 $\beta=100°57'$	−	b	c 34"22' 33°46 33"14' 31"59'	2H$_a$ 101°27' 102°46' 104"10' 107° 0'	rouge jaune vert bleu					KLEIN et TRECHMANN (*Lieb. Ann.*, t. CLXXXVI, p. 75; 1877).
Dianishydroxamate éthylique (α). $C?H?O.$ $C[AzO.CO.C^7H^7O]OC^2H$	O	0,882 0,397	+	b	a	2H 63"10' $[n_u = 1,4695]$						TENNE *in* LOSSEN (*Lieb. Ann.*, t. CCLXXXI, p. 256; 1894).
Diazobenzène (benzènesulfinate de). $C^6H^5.Az:Az.SO^2.C^6H^5$	O	0,6180 0,2159	+	b	c	2H$_a$84"27' 81"48'	Li D					FRIEDLÄNDER (*Gr. Zeits.*, t. III, p. 175; 1879).
Dibenzanishydroxylamine (α). $Az(C^7H^5O)^2(O.C^8H^7O^2)$	M	0,3774 0,2302 $\beta=111°46'$	−	b	c 159"54 159°18 157"46'	2E 84°56' 86°30' 88° 8' 91° 2'	rouge jaune vert bleu					KLEIN et TRECHMANN (*Lieb. Ann.*, t. CLXXXVI, p. 75; 1877).
Dibenzhydroxamate éthylique (α). $C^6H^5.C(AzO.CO.C^6H^5)OC^2H^5$	O	0,6970 0,5911	−	b	a	2H 72°50' 69°46' 66°32'	Li D Tl					TENNE (*Gr. Zeits.*, t. IV, p. 327; 1880).
Id. (β).	Tr	0,5562 0,7137 $\alpha=118°25'$ $\beta=102°37'$ $\gamma=90°51'5$		pp. à g'	pp. à h' plan des axes avec c (dans l'angle aigu) 44°35' *Li* 36° 0' D 28° 0' Tl − 3°40' bleu	2E 20° 4' 18°33' 18°12' 24°30'	Li D Tl bleu					
Dibenzhydroxamate méthylique (α). $C^6H^5.C(AzO.CO.C^6H^5)OCH^3$	O	0,9713 ?	−	c	b	2V 70°10'	D		1,6741		D	TENNE *in* LOSSEN (*Lieb. Ann.*, t. CCLXXXI, p. 235; 1894).
Dibenzhydroxamique (acide). $C^6H^5.C(AzO.CO.C^6H^5)OH$	O	0,6720 0,3195	+	b	c	2E 54"35' 56°23'	rouge bleu					KLEIN (*Lieb. Ann.*, t. CLXXXI, p. 181; 1873).
$\alpha\beta$-Dibenzoylcinnamène. $C^{22}H^{16}O^2 =$ $C^6H^5.C:C.H$ $C^6H^5.CO \; CO.C^6H^5$	O	0,6898 0,6500		a	c	2H$_o$104"50' $\rho > \nu$ (huile de ricin)	D					TUTTON (*J. of chem. Soc.*, t. LVII, p. 715; 1890).
Dibenzoylcinnamènimide. $C^{22}H^{17}AzO$	O	0,6911 0,8151		a	c	2V 82°40' $\rho < \nu$	D					Id., p. 719.
Dibromhydrindone. $C^9H^6Br^2O$	O	0,8884 0,8428	−	a	c	2E 28° 9' 36"29' 44"29'	Li D Tl					MARSHALL et MIERS *in* KIPPING (*J. of chem. Soc.*, t. LXV, p. 502; 1894).

NOM ET FORMULE.	SYSTÈME cristallin.	PARAMÈTRES.	SIGNE OPTIQUE.	BISSECTRICES aiguë.	BISSECTRICES obtuse.	ANGLE des axes.	RAIE ou couleur.	n_g	n_m	n_p	RAIE ou couleur.	OBSERVATEURS.
Dibromocrotonique (acide). $C^4H^4Br^2O^2$ $= CH^3.CBr:CBr.COOH$	M	1,1907 1,6692 $\beta = 99°5'$		c 120°54'	b	2 E 56° 1'	D					Burwell *in* Clutterbuck (*Lieb. Ann.*, t. CCLXVIII, p. 102; 1892).
(α) **Dibromofluorène.** $C^{13}H^8Br^2$	M	1,167 1,065 $\beta = 102°8'$		c 138° 8'	b	2 H_o 141°32'	D					Ahrzuni (*Gr. Zeits.*, t. 1, p. 625; 1877).
(β) **Id.**	M	0,5625 0,6974 $\beta = 101°39'$	+	c 144°39'	b	2 H_o 121°58'	D					
mm-**Dibromonitro-**benzène. $Br^2; C^6H^3.AzO^2$ (1)(3) (5)	M	0,5795 0,2839 $\beta = 123°48'$	−	c 29°	b	2 E 72°56' 72°19'	*Li* D					Bodewig (*Gr. Zeits.*, t. 1, p. 590; 1877).
op-**Dibromo-o-nitro-**phénol. $(C^6H^2)OH(AzO^2)Br^2$ (1) (2) (4)(6)	M	0,5151 0,5912 $\beta = 114°37'$		c 90° (app.)	b	2 E 70° à 73° $\rho > \upsilon$	D					Ahrzuni (*Gr. Zeits.*, t. 1, p. 436; 1877).
oo-**Dibromo-p-nitro-**phénol. $(C^6H^2)OH(AzO^2)Br^2$ (1) (4) (2)(6)	T	0,6114 1,8241 $\alpha = 82°36'5$ $\beta = 90°45'$ $\gamma = 89°21'5$		3°½ avec norm. à $e^{\frac{1}{2}}$ [pl. des axes presque pp. à e^2, 6°½ avec axe a].		2 H 46°40' 50°57' 55° 0'	*Li* D *Tl*					Ahrzuni (*Pogg. Ann.*, t. CLII, p. 287; 1874).
Dibromopyruvique (acide). $C^3H^2Br^2O^3 + H^2O$ $= CHBr^2.CO.COOH + H^2O$	M	2,5900 2,7052 $\beta = 119°52'$	+	c 0° (app.)	b	2 E 32°53' 34° 9'	*Li* D					Bodewig (*Gr. Zeits.*, t. III, p. 413; 1879).
Dibromoshikimique (acide). $C^7H^{10}Br^2O^5$	O	0,933 1,010	+	b	a	2 V 76°43'	D	1,6952	1,6618	1,6420	D	Eykman (*Ber. d.D.ch. Ges.*, t. XXIV, p. 1290; 1891).
Dibromosuccinate dimé-thylique. $C^6H^8Br^2O^4$ $= C^2H^2Br^2(COOCH^3)^2$	M	0,5411 ? $\beta = 95°33'$	+	b	?	2 H 104°52' 104°29'	*Li* D					Bodewig (*Gr. Zeits.*, t. III, p. 395; 1879).
Dibromosuccinimide. $C^4H^3Br^2O^2Az$ $= C^2H^2Br^2:(CO)^2:AzH$	M	1,4521 0,9626 $\beta = 120°59'$	−	c 8°	c 98°	2 E 20° 9' 20°50' 21°42'	*Li* D *Tl*					Bertram (*Inaug. Diss.*, Göttingen, 1882 et *Gr. Zeits.*, t. IX, p. 305; 1885).
p-**Dicétohexaméthylène.** $C^6H^8O^2$ $= CO\!<^{CH^2-CH^2}_{CH^2-CH^2}\!>CO$	M	1,0571 1,0932 $\beta = 99°49'$		c 7°	b	2 H 81°½ (verre)	D					Villiger (*Gr. Zeits.*, t. XXI, p. 352; 1893).
Dichloracétanilide. $C^8H^7Cl^2AzO$ $= C^6H^5.AzH.CO.CHCl^2$	M	0,854 1,079 $\beta = 97°32'$	+	b	c 61°	2 H_o 101°59' $\rho < \upsilon$	D					Friedländer (*Gr. Zeits.*, t. 1, p. 622; 1877).
Dichloromalein-p-crésyl-pipéridide. $C^{21}H^{21}Cl^2Az^3O =$ CCl — CO ‖ Az.C⁷H⁷ CCl — C — Az C³H¹⁰ \\Az C⁵H¹⁰	M	0,9869 0,7476 $\beta = 116°16'$	+	[pl. des axes $g^1(010)$].		2 E 44°52' 44°40' 42°55'	*Li* D *Tl*					Hintze *in* Anschütz et Guenther (*Lieb. Ann.*, t. CCXCV, p. 53; 1897).

NOM ET FORMULE.	SYSTÈME cristallin.	PARAMÈTRES.	SIGNE OPTIQUE.	BISSECTRICES aiguë.	BISSECTRICES obtuse.	ANGLE des axes.	RAIE ou couleur.	n_g	n_m	n_p	RAIE ou couleur.	OBSERVATEURS.
Dichlorométhyl-p-crésyl-sulfone. $CHCl^2.SO^2C^7H^7$	O	0,5324 0,7912	+	a	c	2 H 78°24'	D					Brugnatelli (*Gi. di Min. di Sansoni*, t. I, p. 202; 1890).
p-Dichloronitrobenzène. $Cl^2 : C^6H^3.AzH^2$ (1)(4) (2)	T	0,8763 ? $\alpha = 73°1'$ $\beta = 112°58'$ $\gamma = 109°52'$	—	presque pp.à(001) [plan des axes env. 14° avec (110), 120° avec (100)].		2 H 78°22' 77°53'	Li D					Bodewig (*Gr. Zeits.*, t. I, p. 589; 1877).
(3.5) Dichlorosalicylate éthylique. $Cl^2 : C^6H^2$ $\diagup OH$ (2) $\diagdown COOC^2H^5$ (1) (3)(5)	O	0,9403 0,4273	—	c	a	2 E 111°12' 112°33' 111°38'	Li D Tl	1,455 1,459 1,463		1,331 1,335 1,338	Li D Tl	Hartmann *in* Mehring (*Inaug. Dissert.*, Bonn, 1896).
(3.5) Dichlorosalicylate phénylique. $Cl^2 : C^6H^2$ $\diagup OH$ (2) $\diagdown COOC^6H^5$ (1) (3)(5)	O	0,7288 ?	—	c	b	2 E 69°12' 70°35' 72°54'	Li D Tl					*Id.*
(3.5) Dichlorosalicylique (acide). $Cl^2 : C^6H^2$ $\diagup OH$ (2) $\diagdown COOH$ (1) (3)(5)	O	0,9983 1,2312	+	c	a	2 E 34°12' 29°15' 22°55'	Li D Tl					*Id.*
Dicrésyltrichloréthane. $C^{16}H^{15}Cl^3 = CCl^3.CH(C^7H^7)^2$	M	0,7754 1,8783 $\beta = 99°49'$	+	c 175°53'	c 85°53'	2 E 85°19' 85°5' 84°35'	Li D Tl					Hintze (*Pogg. Ann.*, t. CLII, p. 266; 1874).
Diéthylamidophénol. $C^{10}H^{15}AzO$ $= C^6H^4 \diagup OH \diagdown Az(C^2H^5)^2$	O	0,9174 1,0175		b	a	2 E 80° (app.) $\rho > v$						Fock (*Gr. Zeits.*, t. XXIII, p. 220; 1894).
Diéthylammonium et aluminium (sulfate de). $(SO^4)^2Al[AzH^2(C^2H^5)^2]$ $+ 8H^2O$	T	1,097 0,948 $\alpha = 58°5'$ $\beta = 105°9'$ $\gamma = 109°40'$		c 90° [pp. à(100)]	c 90°	2 E 140°						Ch. Soret [*Arch. de Gen.* (3ᵉ Pér.), t. XX, p. 64; 1888].
Diéthylaniline (bromhydrate de). $[C^6H^5.Az(C^2H^5)^2]HBr$	M	0,7550 1,1254 $\beta = 96°56'$	—	c 70°	b	2 V 77°33' $\rho < v$	Tl					Hiortdahl (*Gr. Zeits.*, t. VI, p. 477; 1882).
Diéthylanthrone. $C^{18}H^{18}O = C^6H^4 \diagup CO-C^6H^4 \diagdown C(C^2H^5)^2$	O	0,8359 0,9856		a	b	2 E 66° (app.).	D					Fock (*Gr. Zeits.*, t. XV, p. 269; 1889).
Diéthylbenzanilide. $C^{11}H^{19}AzO =$ $C^6H^3(C^2H^5)^2.CO.AzH.C^6H^5$	O	0,6845 0,6084		b	a	2 H 92°21'	D					Jander *in* Anschütz (*Lieb. Ann.*, t. CCLXI, p. 305; 1891).
Diéthylphénylhydrazonium (bromure de). $C^{10}H^{17}BrAz^2 =$ $C^6H^5(C^2H^5)^2BrAz.AzH^2$	O	0,822 0,8265	+	c	a	2 V 84° (app.). $\rho < v$	D					Arzruni (*Gr. Zeits.*, t. I, p. 386; 1877).

NOM ET FORMULE.	SYSTÈME cristallin.	PARAMÈTRES.	SIGNE OPTIQUE.	BISSECTRICES aiguë.	BISSECTRICES obtuse.	ANGLE des axes.	RAIE ou couleur.	n_g.	n_m.	n_p.	RAIE ou couleur.	OBSERVATEURS.
Diéthyl-p-toluidine (azotate de). $[CH^3.C^6H^4.Az(C^2H^5)^2]AzO^3H$	M	$1,1913$ $2,0372$ $\beta = 120°43'$	+	c 172°	b	2 H 64°50' 65°30' 66°30'	Li D Tl					SÖFFING (*Inaug. Dissert.*, Güttingen; 1883 et *Gr. Zeits.*, t. IX, p. 622; 1884).
Diéthyl-p-toluidine (bromhydrate de). $[CH^3.C^6H^4.Az(C^2H^5)^2]HBr$	M	$0,9580$ $1,1606$ $\beta = 109°21'$	+	c 179°	b	2 V 69°42'	D		$1,5715$		D	*Id.*
Diéthyl-p-toluidine (chloroplatinate de). $[(CH^3.C^6H^4.Az(C^2H^5)^2)HCl]^2 + PtCl^4$	O	$0,8878$ $0,7549$	+	b	c	2 V 63°35' 63°0' 62°30'	Li D Tl		$1,6310$ $1,6362$ $1,6406$		Li D Tl	*Id.*, p. 623.
Dihydrophtalique (acide) $C^8H^8O^4 =$ CH — CH² — C.COOH ‖ ‖ CH — CH² — C.COOH	M	$0,8925$ $0,4400$ $\beta = 105°17'$		c 152°	b	2 H$_0$ 100°½ (verre).	D					VILLIGER (*Gr. Zeits.*, t. XXI, p. 348; 1893).
Dihydrotriméthylquinoléine (iodhydrate de). $[C^6H^4:C^3(CH^3)^2H^2AzCH^3]HI$	O	$0,7376$ $0,4414$	−	b	c	2 E 56°16' 64°12'	rouge vert	$1,6526$	$1,6483$		rouge	NEGRI *in* CIAMICIAN et BŒRIS (*R. C. dei Lincei*, t. III (2ᵉ sem.), p. 87; 1894).
Diiodonitroacétonitrile. $C^2O^3Az^2I^2 = \dfrac{I^2}{Az O^2}\!\!\searrow\!\! C.CAz$	O	$0,6204$ $0,4857$		a	b	2 V 63°38'	blanc					BRUGNATELLI [*Atti dei Lincei*, Mem. (4ᵉ s.), t. V, p. 628; 1888].
oo-Diiodo-p-nitrophénol. $C^6H^2(AzO^2)I^2.OH$ (4) (2)(6)(1)	T	$0,6155$ $1,6825$ $\alpha = 86°43'$ $\beta = 90°29'$ $\gamma = 92°47'$		7° (*Li*) 6°½ (D) 8° (*Tl*) avec norm. à $(0\bar{2}1)$. plan des axes pr. pp. à $(0\bar{2}1)$ fait avec a 45°½ (*Li*) 37° (D) 23° (*Tl*)		2 E 59°5' 55°5' 52°0'	Li D Tl					ARZRUNI (*Pogg. Ann.*, t. CLII, p. 289; 1874).
Diméthoxydiphényl-méthane. $C^{15}H^{16}O = (C^6H^5)^2C(OCH^3)^2$	O	$0,4662$ $2,6210$		b	c	2 H$_0$ 87°15' (naphtal. bromée).						MARSHALL *in* MACKENSIE (*J. of chem. Soc.*, t. LXIX, p. 988; 1896).
Diméthylcantharidine. $C^{12}H^{18}O^5$	O	$0,6248$ $2,6123$	+	a	c	2 H$_0$ 116°						REDLICH (*Gr. Zeits.*, t. XXIX, p. 277; 1898).
Diméthyléthylphénylammonium et zinc (iodure de). $[(CH^3)^2(C^2H^5)(C^6H^5)Az]^2ZnI^4$	M	$0,7374$ $0,5642$ $\beta = 93°0'$	+	b	c 137°	2 V 86°52' $\rho > \upsilon$	D					HIORTDAHL (*Gr. Zeits.*, t. VI, p. 483; 1882).
Diméthyléthylsulfine (chloroplatinate de). $(CH^3)^2C^2H^5SCl + PtCl^4$.	C									$1,634$	D	LAIRD (*Gr. Zeits.*, t. XIV, p. 4; 1888).
Diméthylfumarique (anhydride). $C^6H^6O^3 = \dfrac{CH^3.C.CO}{CH^3.C.CO}\!\!\searrow\!\! O$	O	$0,2057$ $0,3317$		a	$\begin{cases} c \\ c \\ b \end{cases}$	2 E 36°45' 20°58' 20°57'	Li D Tl					FOCK (*Gr. Zeits.*, t. VII, p. 48; 1883.)

NOM ET FORMULE.	SYSTÈME cristallin.	PARAMÈTRES.	SIGNE OPTIQUE.	BISSECTRICES aiguë.	BISSECTRICES obtuse.	ANGLE des axes.	RAIE ou couleur.	INDICES PRINCIPAUX. n_g	n_m	n_p	RAIE ou couleur.	OBSERVATEURS.
Diméthylmalonamide $C^5H^{10}O^2Az^2$ = $C(CH^3)^2:(CO.AzH^2)^2$	O	0,5239 0,8956	+	c	a	2 E 58°27'	D	1,6073	1,5099		D	Keith (*N. Jahrb. f. Min.*, Beil.-B.VI, p. 177; 1889).
Diméthylphénylbétaïne (bromhydrate de). ($C^{10}H^{13}AzO^2$)HBr	M	0,6665 0,3233 $\beta = 96°45'$		c 103°30'	b	2 H_a 125°20' $\rho > v$ (huile d'olive)	D					Stuhlmann (*Gr. Zeits.*, t. XIV, p. 162; 1888).
Diméthylphénylbétaïne (chlorhydrate de). ($C^{10}H^{13}AzO^2$)HCl	M	1,6415 0,9584 $\beta = 98°13'$		c 90° (app.)	b	2 H 79°10' 79°19' 79°40' (huile d'olive)	Li D Tl					*Id.*
Diméthylpipérazine (tartrate de). ($C^6H^{14}Az^2$)$C^4H^6O^6$ + 3 H^2O	M	0,8457 0,9755 $\beta = 106°17'$		c 90° (app.)	b	2 E 80°						Fock (*Gr. Zeits.*, t. XXI, p. 242; 1893).
(3.5) **Diméthylpyrazolsulfonate de baryum.** Az — AzH }² CH³.C — C.CH³ } Ba C SO³—	O	0,4924 5,4485		c	b	2 E_a 172°26'						Zschimmer (*Gr. Zeits.*, t. XXIX, p. 231; 1898).
Dimonobromophényl-dichloréthylène. $CCl^2:C(C^6H^4Br)^2$	O	0,4211 0,5206	+	a	b	2 E 37°28' 34°22' 29°31'	Li D Tl					Hintze (*Pogg. Ann.*, t. CLII, p. 275; 1874).
Dimonobromophényl-trichloréthane. $CCl^3.CH(C^6H^4Br)^2$	O	0,5103 0,4043	+	b	a	2 E 61°36' 62°12' 62°36'	Li D Tl					*Id.*, p. 273.
Dimonochlorophényl-dichloréthylène. $CCl^2:C(C^3H^4Cl)^2$	O	0,4246 0,5122	+	a	c	2 E 33°32' 34°28' 38°57'	Li D Tl					*Id.*, p. 274.
o-Dinitrobenzène. $C^6H^4(AzO^2)^2$ (1)(2)	M	0,6112 0,5735 $\beta = 112°7'$	−	c 113°48' 114°20' 115°30'	b b c 25°30'	2 E 8°30' 5°12' 7°11' 16°0'	Li D Tl bleu					Wickel (*Inaug. Dissert.*, Göttingen; 1884 et *Gr. Zeits.*, t. XI, p. 83; 1886).
s-Dinitrobenzoate de potassium. $C^6H^3(AzO^2)^2COOK$ (1)(3)(5)	M	0,3994 0,4195 $\beta = 90°57'$	−	c 115°2'	c 25°2'	2 E 52°42' 55°25' 57°41'	Li D Tl					Bertram (*Inaug. Dissert.*, Göttingen; 1882 et *Gr. Zeits.*, t. IX, p. 306; 1884).
s-Dinitrobenzoïque (acide). $C^6H^3(AzO^2)^2COOH$ (1)(3)(5)	M	1,1191 1,1294 $\beta = 96°23'$	−	c 131°30'	c 41°30'	2 E 80°16' $\rho < v$	D					Hennings (*Inaug. Dissert.*, Göttingen; 1881 et *Gr. Zeits.*, t. VII, p. 523; 1883).
Dinitrobiphényle. ($C^6H^4AzO^2$)² = $AzO^2.C^6H^4.C^6H^4.AzO^2$ (2)(4)	M	1,8006 1,0922 $\beta = 92°21'$	+	b	c 10°	2 H 61°35' 62°19' 63°10'	Li D Tl					Rinne (*Inaug. Dissert.*, Göttingen; 1883 et *Gr. Zeits.*, t. IX, p. 612; 1884).
Dinitrochlorophényl-trichloréthane. $CCl^3.CH(C^6H^3ClAzO^2)^2$ (?)	M	1,3104 ? $\beta = 110°35'$	−	c 28°22'	c 118°22'	2 E 58° (app.) $\rho < v$						Hintze (*Pogg. Ann.*, t. CLII, p. 277; 1874).
op-Dinitrodiméthyl-aniline. $C^6H^3(AzO^2)^2Az(CH^3)^2$ (2)(4)(1)	O	0,6077 0,3601	−	a	b	2 E 23°30' $\rho < v$	D					Franchimont (*Arch. Néerl.*, t. XVI, p. 473; 1881).

NOM ET FORMULE.	SYSTÈME cristallin.	PARAMÈTRES.	SIGNE OPTIQUE.	BISSECTRICES aiguë.	BISSECTRICES obtuse.	ANGLE des axes.	RAIE ou couleur.	n_g	n_m	n_p	RAIE ou couleur.	OBSERVATEURS.
Dinitronaphtalène β. $C^{10}H^6(AzO^2)^2$ (1)(1)	O	0,3599 0,7525	—	plan des axes $h^1(100)$		2 H 91° 5' 95°20'	Li D					Bodewig (*Gr. Zeits.*, t. III, p. 402; 1879).
Dinitro-*p*-phénolsulfonate de baryum. $C^6H^2(AzO^2)^2\langle^{SO^3}_{\ O}\rangle Ba + \tfrac12 H^2O$	M	0,7058 1,8851 $\beta=91°33'$	—	c 13°	c 103°	2 E 71°24' 72°13' 72°58'	Li D Tl					Bertram (*Inaug. Dissert.*, Göttingen; 1882 et *Gr. Zeits.*, t. IX, p. 305; 1884).
mm-**Dinitrotoluène.** $C^6H^3(CH^3)(AzO^2)^2$ (1) (3)(5)	M	0,4690 0,5276 $\beta=90°9'$	—c 0° (app.)		b	2 E 99°10' 98°4' 96°50'	Li D Tl					Barner (*Inaug. Dissert.*, Göttingen; 1882 et *Gr. Zeits.*, t. IX, p. 300; 1884).
Dinitro-*p*-toluidine. $C^5H^2(CH^3)(AzH^2)(AzO^2)^2$ (1) (4) ?	O	0,9965 0,5184	—	c	a b b b	2 H 8° 1' 12°13' 20°52' 36°30'	Li D Tl bleu					Zingel (*Inaug. Dissert.*, Göttingen; 1882 et *Gr. Zeits.*, t. X, p. 417; 1885).
Dinitro-*p*-xylène (α). $C^6H^2(CH^3)^2(AzO^2)^2$ (1)(4) (2)(3)	M	0,8695 0,6382 $\beta=98°15'$	+c 165°41'		b	2 E 106°56' 105°8' 103°45'	Li D Tl					Barner (*Inaug. Dissert.*, Göttingen; 1882 et *Gr. Zeits.*, t. IX, p. 298; 1884.)
Id. (α. β). $C^6H^2(CH^3)^2(AzO^2)^2$ (1)(4) (2)(3) + $C^6H^2(CH^3)^2(AzO^2)^2$ (1)(4) (2)(6)	O	0,6965 1,0682	—	c	b	2 E 32°31' 38°36',5 43°12'	Li D Tl					*Id.*
Diosphénol. $C^{18}H^{16}O^2$ [*non* $C^{14}H^{22}O^3$] = **Diostéaroptène.**	M	1,3017 1,5435 $\beta=98°53'$	—c 63° 1' 63° 6' 63° 8'	c 153° 1' b	2 E 9°30' 0° 8° à 9°	Li D Tl					Cathrein (*Gr. Zeits.*, t. VI, p. 194; 1882).	

Dioxybenzènesulfone. *Voir* **Oxysulfobenzide**.

NOM ET FORMULE.	SYSTÈME cristallin.	PARAMÈTRES.	SIGNE OPTIQUE.	BISSECTRICES aiguë.	BISSECTRICES obtuse.	ANGLE des axes.	RAIE ou couleur.	n_g	n_m	n_p	RAIE ou couleur.	OBSERVATEURS.
p-**Dioxytéréphtalate diéthylique.** $C^{12}H^{14}O^6$ = $(OH)^2C^6H^2(COOC^2H^5)^2$ (2.5) (1.4.)	O	0,5345 0,4937	—	c	b	2 H 88° 2' 85°51' 81° 3'	Li D Tl					Lehmann (*Gr. Zeits.*, t. X, p. 4; 1885).
Diphénylacétylamine. $(C^6H^5)^2Az(C^2H^3O)$	O	0,7836 2,1943	+	a	b	2 V 49°24' 52° 2' 52°28'	Li D Tl	1,6608	1,6285	1,6206	D	Bechhold (*Gr. Zeits.*, t. XIV, p. 447; 1888).
Diphénylanilidoacétate méthylique. $(C^6H^5)^2:C(AzH.C^6H^5).COOCH^3$	M	2,2139 1,7465 $\beta=107°38'$	—c 32°23'		b	$2H_0$ 124°10'						Jenssen (*Gr. Zeits.*, t. XVII, p. 244; 1890).
Diphényldichloréthylène. $(C^6H^5)^2C:CCl^2$	M	1,3367 1,7588 $\beta=119°46'$	—c 20° (app.)		b	2 E 29°38' 30°50' 31°12'	Li D Tl					Hintze (*Pogg. Ann.*, t. CLII, p. 269; 1874).
Diphénylènecétone. $C^{13}H^8O = (1)\,{C^6H^4 \atop C^6H^4}{>}CO\,(2)$	O	0,5808 0,7778	+	a	b	2 H 96° (huile)	D					Friedländer (*Gr. Zeits.*, t. I, p. 623; 1877).
Diphénylpyrazol 3.5. $C^{15}H^{12}Az^2 = Az{AzH \atop C.C^6H^5}$ $C^6H^5.C - CH$	M	0,9872 1,1606 $\beta=123°45'$		c 136°	b	2 V 43°30'	D		1,4809		D	Winckler (*Gr. Zeits.*, t. XXIV, p. 337; 1895).

NOM ET FORMULE.	SYSTÈME cristallin.	PARAMÈTRES.	SIGNE OPTIQUE.	BISSECTRICES aiguë.	BISSECTRICES obtuse.	ANGLE des axes.	RAIE ou couleur.	n_g	n_m	n_p	RAIE ou couleur.	OBSERVATEURS.
(α) Diphénylsuccinique (anhydride). $C^{16}H^{12}O^3 = \;C^6H^5{-}CH.CO\!\!>\!O,\;\; C^6H^5{-}CH.CO$	O	0,5079 0,5460	+	a	c	2H 85°18' 86°9' 86°42'	Li D Tl	$\begin{bmatrix}n_R=1,4647\\1,4678\\1,4708\end{bmatrix}$				Jenssen in Anschütz et Bendix (Lieb. Ann., t. CCLIX, p. 82; 1890).
Diphénylsulfourée. *Voir* **Sulfocarbanilide.**												
Diphényltribrométhane. $(C^6H^5)^2CH.CBr^3$	M	1,2142 0,6048 β = 100°31'	+	c 77°44' 78°47' 80°9'	c 167°42' 168°47' 170°9'	2E 111°17' 110°0' 109°23'	Li D Tl					Hintze (Pogg. Ann., t. CLII, p. 267; 1874).
Dipropylallylamine (chloroplatinate de). $[(C^3H^5(C^3H^7)^2Az)HCl]^2 + PtCl^4$	O	0,9831 1,1217		a	b	2E 51°58' 61°26'	Li D					Baerwald (Ber. d. D. ch. Ges., t. XVI, p. 528; 1883).
Dipropylcarbinamine (chloroplatinate de). $[(CH(C^3H^7)^2.AzH^2)HCl]^2 + PtCl^4$	M	1,824 1,993 β = 105°54'	—	c 16° (app.)	b	2E 73°30' 72°40' 71°40'	rouge jaune vert					Benno Hecht (Gr. Zeits., t. XIV, p. 324; 1888).
Dulcite. $C^6H^{14}O^6$	M	0,7369 0,7737 β = 113°45'	—	b	c 102°52' 102°58' 103°10'	2E 151°10' 150°0'	rouge jaune bleu					Des Cloizeaux (Sav. étr., t. XVIII, p. 640; 1867).
Dulcite (iso). *Voir* **Rhamnose.**												
Durène. $C^6H^2(CH^3)^4$ (1)(2)(4)(5)	M	2,4609 1,9975 β = 115°27'	—	c 0°54'	c 90°54'	2V 87°12' p > v	D		1,6148		D	Henniges (Inaug. Dissert., Göttingen; 1881 et Gr. Zeits., t. VII, p. 524; 1883).
Érythrène (tétrabromure d'). *Voir* **Pyrrolylène (tétrabromure de).**												
Érythrite. $C^4H^{10}O^4$	Q	0,3762	—					1,5419 1,5444 1,5495 [$t = 20°$]		1,5184 1,5210 1,5266	rouge jaune bleu	Des Cloizeaux (Sav. étr., t. XVIII, p. 522; 1867).
Éthoxysuccinate acide d'ammonium. $C^6H^9O^5(AzH^4) + H^2O$	O	0,7877 1,3764	—	b	a	2E 20°						Marshall in Purdie et Williamson (J. of chem. Soc., t. LXVII, p. 967; 1895).
Éthylacétanilide. $C^6H^5.Az(C^2H^5)C^2H^3O$	O	0,8401 1,0064	+	c	a	2E 104°10' 103°27' 103°8'	Li D Tl					Wickel (Inaug. Dissert., Göttingen, 1884 et Gr. Zeits., t. XI, p. 81; 1886).
Éthylammonium (oxalate ac. d'). $C^4H^9O^4Az = \;COO.AzH^2(C^2H^5)\; \mid \;COOH$	M	3,267 2,446 β = 101°32'	—	[plan des axes g' (010)]		2E 89°20'						Von Lang [Sitzb. Akad. Wien, t. CII (II), p. 845; 1893].
Éthylammonium et cuivre (chlorure de). $[(C^2H^5AzH^2)HCl]^2CuCl^2$	O	0,9980 0,9532	—	c	a	2E 139°10' 120°8'	rouge vert					Topsoë [Sitzb. Akad. Wien, t. LXXIII (II), janv. 1876].
Éthylaniline (iodhydrate de). $[C^6H^5.AzH(C^2H^5)]HI$	O	0,8253 0,7776	—	a	b	2E 65° (app.)						Von Lang [Sitzb. Ak. Wien, t. LV (II), p. 413; 1867].

NOM ET FORMULE.	SYSTÈME cristallin.	PARAMÈTRES.	SIGNE OPTIQUE.	BISSECTRICES aiguë.	BISSECTRICES obtuse.	ANGLE des axes.	RAIE ou couleur.	n_g	n_m	n_p	RAIE ou couleur.	OBSERVATEURS.
(4) Éthylantipyrine. $C^{13}H^{16}Az^2O$ $Az.C^6H^5$ $= CH^3.Az{<}^{CO}$ $CH^3.C = C.C^2H^5$	M	0,8093 0,4410 $\beta = 121°52'$		c 40°	c 130°	2 V 30°10'	D		1,548		D	WINCKLER (*Gr. Zeits.*, t. XXIV, p. 327; 1895).
Éthylbenzhydroxamique (acide) (α). $C^6H^5.C.OC^2H^5$ $\|$ $HO.Az$	M	1,4902 1,5302 $\beta = 94°44'$	—	c 137°	c 47"	2 H 117°20' 117° 0' 116°30' 116° 0'	*Li* D *Tl* bleu					TENNE (*Gr. Zeits.*, t. IV, p. 330; 1880).
Id. (β). $C^6H^5.C.OC^2H^5$ $\|$ $Az.OH$	M	1,2367 1,3965 $\beta = 94°21'$	—	c 133°½	c 43°½	2 H 72°40' 72°21' 71°48' 70°45'	*Li* D *Tl* bleu					
Éthyl-*p*-crésylsulfone. $CH^3.C^6H^4.SO^2.C^2H^5$ (1) (4)	O	0,7209 0,5256		b	c	2 V 84° 0'						FOCK (*Gr. Zeits.*, t. VII, p. 47; 1883).
Éthylènediamine (chlorhydrate de). $[C^2H^4(AzH^2)^2]HCl$	M	1,4439 0,6439 $\beta = 91°35'$		c 2° (app.)	c 92°	2 H 89°30' (huile)	D					FOCK (*Gr. Zeits.*, t. XX, p. 332; 1892).
Éthylènetétréthyl-diamine et éthylène (bromure de). $C^2H^4{<}^{Az(C^2H^5)^2Br}_{Az(C^2H^5)^2Br}{>}C^2H^4$	O	0,5293 0,6403		c	a	2 H 65° (verre)						*Id.*, t. XXI, p. 233; 1893.
Éthylidènimide (argentonitrate d'). $8[(C^2H^4{:}AzH)^2AzO^3Ag]+5H^2O$	M	0,603 2,609 $\beta = 90°16'$	—	c 5°45' 8°15'	b	2 E 68°23' 67°30'	rouge bleu					E. DANA [*Amer. J. of Sc.* (3ᵉ s.), t. XIV, p. 198; 1877].
Éthylmalonamide. $C^5H^{10}Az^2O^2 =$ $AzH^2.CO.CH(C^2H^5).CO.AzH^2$	M	1,1563 0,6900 $\beta = 96°35'$	+	b	c 18"¼	2 H 63°41' (naphtaline bromée)	D					KEITH (*N. Jahrb. f. Min.*, Beil.-B. VI, p. 177; 1889).
Éthylpyridine (chloroplatinate de chlorure d'). $[C^5H^5AzC^2H^5.Cl]^2 + PtCl^4$	O	0,9896 1,3977	—	c	b	2 E 44° $\rho > v$						STENGEL [*Sitzb. Akad. Wien*, t. CIII (1), p. 135; 1894].
Éthylsulfate de baryum. $[SO^2(OC^2H^5)O]^2Ba + 2H^2O$	M	1,1897 1,2153 $\beta = 95°21'$	+	c 69 54'	b	2 E 87°21' 88°41' [$l = 14°$]	rouge bleu					DES CLOIZEAUX (*Sav. Étr.*, t. XVIII, p. 687; 1867).
Éthyltriphénylpyrrolone. $C^{23}H^{21}AzO$ $= (C^6H^5)^2C — CH$ $CO \; C(C^6H^5)$ $Az(C^2H^5)$	M	1,6898 1,9579 $\beta = 93°6'$	—	c 63°	b b c 153°	2 E 32°30' 17°20' 21°50'	*Li* D *Tl*					TUTTON (*J. of chem. Soc.*, t. LVII, p. 735; 1890).
Ferricyanure de potassium. K^3FeCy^6	M	1,2876 0,8011 $\beta = 90°6'$	+	c 3°53'	c 93°53'	2 E 71°20' 75°52'	rouge D	1,5763 1,5831	1,5615 1,5689	1,5591 1,5660	B D	DES CLOIZEAUX (*Sav. Étr.*, t. XVIII, p. 672; 1867) [*axes*]. SCHRAUF (*Sitzb. Akad. Wien*, t. XLII, p. 138; 1860) [*indices*].
Ferrocyanure d'ammonium et chlorure d'ammonium. $(AzH^4)^4FeCy^6 + 2AzH^4Cl + 3H^2O$	H	1,032	—					1,6167 (?) 1,6198 1,6241 1,6350 (?)	1,5881 1,5922 1,5964 1,6067		rouge jaune vert bleu	GRAILICH (*Kryst. Unters.*, p. 133, Wien; 1858).

NOM ET FORMULE.	SYSTÈME cristallin.	PARAMÈTRES.	SIGNE OPTIQUE.	BISSECTRICES aiguë.	BISSECTRICES obtuse.	ANGLE des axes.	RAIE ou couleur.	n_g	n_m	n_p	RAIE ou couleur.	OBSERVATEURS.
Ferrocyanure de baryum. Ba²FeCy⁶+6H²O	M	0,9947 0,9534 β=107°16'	+	c 113°21'	c 23°21'	2 H 66°30'	blanc					Wyrouboff [Ann. de Ch. et Phys. (4ᵉ s.), t. XVI, p. 293; 1869].
Ferrocyanure de lithium et potassium. K²Li²FeCy⁶+3H²O	M	0,9618 0,7472 β=96°8'	+	c 135°28' 135°50' 136°10'	c 45°28' 45°50' 46°10'	2 V 66°31' 65°56'5 65°22'	Li D Tl	1,6316	1,5947 1,6007 1,6066	1,5883	Li D Tl	Dufet (Bull. Soc. Minér., t. XIII, p. 211; 1890). [Wyrouboff (Ann. de Ch. et de l'hys. (4ᵉ s.), t. XXI, p. 275).]
Ferrocyanure de potassium. K⁴FeCy⁶+3H²O	M	0,3936 0,3943 β=90°2'	−	c 31°50'	b	2 V 78°10'	D		1,5772		D	Dufet (C. R., t. CXX, p. 379; 1895). [F. Kohlrausch (W. Ann. t. IV; 1878).]
Ferrocyanure de potassium et strontium. K²SrFeCy⁶+6H²O	M	1,4504 1,3019 β=141°38'		c 96°52'	c 6°52'	2 H 38°30' 38°25' 37°45'	rouge jaune vert					Wyrouboff [Ann. de Ch. et Phys. (4ᵉ s.), t. XXI, p. 276; 1870].
Ferrocyanure de sodium. Na⁴FeCy⁶+12H²O	M	0,8515 0,7867 β=97°34'	+	c 73°58'	c 163°58'	2 V 80°52'			1,528 1,532 1,536 1,541 1,546		rouge jaune vert bleu violet	Murmann et Rotter (Sitzb. Ak. Wien. t. XXXIV, p. 180; 1859).
				c 74°44' 74°50' 75°11'	c 164°44' 164°50' 165°11'	2 V 81°32' 81°25' 80°55'	rouge jaune bleu		1,526 1,529 1,544		rouge jaune bleu	Des Cloizeaux (Sav. étr., t. XVIII, p. 673; 1867).
				c 74° 8'	c 164° 8'		D	1,54364	1,52954	1,51932	D	Lavenir (Bull. Soc. Minér., t. XIV, p. 114; 1891).
Formaldéhydesulfite de potassium. (CH²O)SO³KH	M	2,840 1,037 β=98°12'		c 90° (app.)	c 0°	2 E 98°	D				D	Buchrucker in Kraut (Lieb. Ann., t. CCLVIII, p. 107; 1890).
Formaldéhydesulfite de sodium. (CH²O)SO³NaH	M	1,775 0,625 β=111°59'		b	c 90° (app.)	2H₀ 144°37' (huile)	D					Id.
Formiate de baryum. (HCO²)²Ba	O	0,765 0,8638	+	a	c	2 E 167°54' 170° 0'	rouge violet					Grailich et von Lang (Sitzb. Ak. Wien, t. XXVII, p. 58; 1857).
								1,6310 1,6361 1,6412	1,5918 1,5970 1,6024	1,5679 1,5728 1,5777	B D E	Schrauf (Sitzb. Ak. Wien, t. XLII, p. 128; 1860).
						2 V 76°36' 76°42' 76°56'	rouge jaune bleu		1,592 1,596 1,607		rouge jaune bleu	Des Cloizeaux (Sav. étr., t. XVIII, p. 569; 1867).
Formiate de baryum et cuivre. [(HCO²)²Ba]²+(HCO²)²Cu	O	0,6480 0,4136	+	a	c	2 E 79° (app.) p < v						Voss (Lieb. Ann., t. CCLXVI, p. 42; 1891).
Formiate de calcium. (HCO²)²Ca	O	0,760 0,9342	+	a	c	2 E 38°40' 43° 5'	rouge violet					Des Cloizeaux [Ann. des Mines (5ᵉ s.), t. XIV, p. 370; 1858].
						39°10' 40°20' 42°50' 44°30'	rouge jaune vert bleu	1,5731 1,5775 1,5819	1,5100 1,5135 1,5167	1,5067 1,5100 1,5132	B D E	Von Lang (Sitzb. Ak. Wien, t. XXXI, p. 105; 1858) [axes]. Schrauf (Id., t. XLII, p. 131; 1860) [indices].

NOM ET FORMULE.	SYSTÈME cristallin.	PARAMÈTRES.	SIGNE OPTIQUE.	BISSECTRICES aiguë.	BISSECTRICES obtuse.	ANGLE des axes.	RAIE ou couleur.	n_g	n_m	n_p	RAIE ou couleur.	OBSERVATEURS.
Formiate de cuivre. $(HCO^2)^2Cu + 4H^2O$	M	1,0036 0,7739 $\beta = 101°5'$	—	c 27° 5'	c117° 5'	2 E 55° 8' 54°37'	rouge violet					Des Cloizeaux [*Ann. des Mines* (5ᵉ s.), t. XIV, p. 411; 1858].
				c 33°44'5 33°35' 33°23' 33° 9'	c123°44'5 123°35' 123°23' 123° 9'	2 V 35° 5' 34°54' 34°40' 34°20'	C D Tl F	1,5571	1,5423 1,5483 1,5558	1,4133	D Tl F	Dufet (*Bull. Soc. Minér.* t. X, p. 214; 1887).
Formiate de cuivre et de strontium. $[(HCO^2)^2Sr]^2 + (HCO^2)^2Cu + 8H^2O$	T	0,7436 1,1013 $\alpha = 104°41'$ $\beta = 95°46'$ $\gamma = 88°45'$	+	161°11' avec norm. à (100) 72° 1' avec norm. à (010) 75°30' avec norm. à (001)	77° 0' id. 62°30' id. 22°53' id.	2 V 71°46' 72° 4'	rouge D	1,5777 1,5801 1,5849	1,5184 1,5199	1,4985 1,4995 1,5011	rouge D vert	Brio [*Sitzb. Ak. Wien*, t. LV (II), p. 877; 1867].
Formiate de strontium. $(HCO^2)^2Sr + 2H^2O$	O	0,6076 0,5949	—	c	a	2 E 92°48' $\rho < v$						Grailich et von Lang (*Sitzb. Ak. Wien*, t. XXVII, p. 57; 1857).
						2 E 112° 9' 113°12'	rouge violet					Des Cloizeaux [*Ann. des Mines* (5ᵉ s.), t. IV, p. 382; 1858].
						2 E 112°30' 115°45'	rouge bleu	1,5342 1,5382 1,5420	1,5174 1,5210 1,5244	1,4806 1,4838 1,4869	B D E	Schrauf (*Sitzb. Ak. Wien.* t. XLII, p. 133; 1860).

Formylmenthylamine. *Voir* **Menthylformamide.**

Fuchsine. *Voir* Table XVI.

NOM ET FORMULE.	SYSTÈME cristallin.	PARAMÈTRES.	SIGNE OPTIQUE.	BISSECTRICES aiguë.	BISSECTRICES obtuse.	ANGLE des axes.	RAIE ou couleur.	n_g	n_m	n_p	RAIE ou couleur.	OBSERVATEURS.
Galacol. $C^6H^4(OH)(OCH^3)$ (1) (2)	R	0,9933	+					1,666	1,569		D	Beckenkamp (*Gr. Zeits.*, t. XXIII, p. 574; 1894).
Galactite. $C^9H^{18}O^7$	O	0,5068 0,7332	—	a	c	2 V 69°30' 69°46' 70°20'	Li D Tl					Hecht *in* Ritthausen (*Ber. d. D. ch. Ges.*, t. XXIX, p. 897; 1896).
Galactose pentacétylée. $C^{16}H^{22}O^{11} = C^6H^7(C^2H^3O)^5O^6$	O	0,9276 1,3951		c	b	2 H 59°50' $\rho < v$ [verre]						Muthmann (*Ber. d. D. ch. Ges.*, t. XXII, p. 2209; 1889).
Glucosamine (chlorhydrate de). $(C^6H^{13}AzO^5)HCl$	M	0,8708 0,9243 $\beta = 129°24'$	—c	40°	c 130°	2 H 73°48' $\rho > v$	D					Bücking (*Gr. Zeits.*, t. I, p. 304; 1877).
Glutamate de sodium. $C^5H^8AzO^4Na$	M	1,013 0,864 $\beta = 97°59'$	—c	164°	c 74°	2 V 63° 3',5	D		1,5107		D	Artini (*Giorn. di Min. di Sansoni*, t. II, p. 35; 1891).
Glutamique (acide). $C^5H^9AzO^4$ $CH^2.CH^2.COOH$ $= \vert$ $CH(AzH^2).COOH$	O	0,6868 0,8548		a	c	2 E 65°39' 66°35' 66°57'	Li D Tl					Oebbeke (*Gr. Zeits.*, t. X, p. 265; 1885).
						2 V 40°27'	D	1,6187	1,6015	.	D	Artini (*Giorn. di Min. di Sansoni*, t. II, p. 35; 1891).
Glutamique (chlorhydrate d'acide). $(C^5H^9AzO^4)HCl$	O	0,8873 0,3865	+	b	c	2 H 76° 6' 75° 2'	rouge vert					Becke (*Tsch. Mittheil.*, t. II, p. 181; 1879).
						2 V 70°44'	D		1,5582	1,5461	D	Artini (*loc. cit.*).
Glutimide. $C^5H^8Az^2O^2 + H^2O$ (active)	O	0,661 1,016		b	c	2 E 80°30' $\rho < v$	blanc					Artini (*Giorn. di Min. di Sansoni*, t. I, p. 212; 1890).

NOM ET FORMULE.	SYSTÈME cristallin.	PARAMÈTRES.	SIGNE OPTIQUE.	BISSECTRICES aiguë.	BISSECTRICES obtuse.	ANGLE des axes.	RAIE ou couleur.	n_g	n_m	n_p	RAIE ou couleur.	OBSERVATEURS.
Glycérate de calcium. $(C^3H^5O^4)^2Ca + 2H^2O$ (actif)	M	1,4469 0,6694 $\beta = 110°54'$	+	c 23°	b	2V 34°56' 35°28' 36°16'	Li D Tl		1,4496 1,4521 1,4545		Li D Tl	Tutton (*J. of chem. Soc.*, t. LIX, p. 236; 1891).
Glycocolle (chlor-hydrate de). $[CH^2(AzH^2).COOH]HCl$ $+ \frac{1}{2}H^2O$	O	0,2783 0,9004	−	b	c	2E 62°40' 63°50' 65°10' 66°50'	rouge jaune vert bleu					Von Lang (*Sitzb. Ak. Wien*, t. XXXI, p. 114; 1858).
Glycol dibenzoïque. $C^{16}H^{14}O^4 =$ $CH^2.(C^7H^5O^2)$ $CH^2.(C^7H^5O^2)$	O	0,7407 0,3479	−	a	b	2H 35°34' 36°7'	Li D					Bodewig (*Gr. Zeits.*, t. III, p. 412; 1879).

Gossypine (chloroplatinate de). *Voir* **Choline** (Id.).

NOM ET FORMULE.	SYSTÈME cristallin.	PARAMÈTRES.	SIGNE OPTIQUE.	BISSECTRICES aiguë.	BISSECTRICES obtuse.	ANGLE des axes.	RAIE ou couleur.	n_g	n_m	n_p	RAIE ou couleur.	OBSERVATEURS.
Guanidine (carbo-nate de). $(CH^5Az^3)^2CO^3H^2$ $= [AzH:C(AzH^2)^2]^2CO^3H^2$	Q	0,9910	−					1,4922 1,4963 1,5003	1,4818 1,4864 1,4899		Li D Tl	Bodewig (*Pogg. Ann.*, t. CLVII, p. 123; 1876).
								1,4990	1,4962		D	Martin (*N. Jahrb. f. Min.*, Beil.-B., VII, p. 29; 1891).
Guanidine (lactate de). $(CH^5Az^3)C^3H^6O^3$	O	0,7743 0,9301	+	b	c	2V 79°18' 79°12' 79°4'	Li D Tl					Bodewig (*Pogg. Ann.*, t. CLVII, p. 125; 1876).
						2V 79°2'	D		1,5467			Von Lang (*Sitzb. Akad. Wien*, t. CII [II], p. 845; 1893).
Hexachloro-α-cétohydro-naphtalène. $C^{10}H^4OCl^6$ $= C^6H^4{<}^{CO-CCl^2}_{CCl^2-CCl^2}$	M	1,6663 1,5948 $\beta = 120°12'$	−	b	c 130°47' 132°23' 129°22'	2V 75°42' 74°44' 73°8'	Li D Tl		1,6062 1,6083		Li D	Jenssen (*Gr. Zeits.*, t. XVII, p. 230; 1890).
Hexachloro-β-cétohy-dronaphtalène. $C^{10}H^4OCl^6$ $= C^6H^4{<}^{CCl^2-CO}_{CCl^2-CCl^2}$	O	0,4927 0,6827	− + +	c b b	b c c	2V 89°16' 88°54' 87°44'	Li D Tl	1,6468 1,6490 1,6504	1,6393 1,6430 1,6465	1,6320 1,6375 1,6429	Li D Tl	Id., p. 237.

Id. et **Tétrachloro-β-cétohydronaphtalène.** *Voir* **Tétrachloro....**

NOM ET FORMULE.	SYSTÈME cristallin.	PARAMÈTRES.	SIGNE OPTIQUE.	BISSECTRICES aiguë.	BISSECTRICES obtuse.	ANGLE des axes.	RAIE ou couleur.	n_g	n_m	n_p	RAIE ou couleur.	OBSERVATEURS.
Hexachlorocétopentène. $C^5Cl^6O = {}^{CCl.CCl^2}_{CCl.CCl^2}{>}CO$	M	0,6034 0,7379 $\beta = 115°17'$	− 	c 25°17'	c 115°17'	2H 111°31'	D					Jander (*Ber. d. D. ch. Ges.*, t. XXIII, p. 2209; 1890).
Hexachlorophénol. C^6Cl^6O $= CCl^2{<}^{CCl:CCl}_{CCl:CCl}{>}CO$	Q	0,2795	−					1,678	1,668		D	Offret (*Bull. Soc. Minér.*, t. XIX, p. 398; 1896).
Hippurique (acide). $C^9H^9AzO^3 =$ $AzH(C^7H^5O).CH^2.COOH$	O	0,8391 0,8616	−	b	a	$2H_0$ 121°58' 122°24' $\rho < v$	Li D					Bodewig (*Gr. Zeits.*, t. IV, p. 64; 1880).
α-Homobétaïne (chloro-platinate de). $[Cl.Az(CH^3)^3.$ $CH(CH^3).COOH]^2PtCl^4$	M	0,8456 0,7462 $\beta = 105°41'$	+ + −	c 99° 99° 9°	c 9° 9° 99°	2V 80°39' 88°12' 86°8'	Li D Tl		1,6464 1,6555		Li D	Horpinohoff (*Inaug. Diss.*, Halle, 1889 et *Gr. Zeits.*, t. XX, p. 305; 1892).

Hydrobenzoïne (anhydride d'). *Voir* **Stilbène (oxyde de).**

NOM ET FORMULE	SYSTÈME cristallin	PARAMÈTRES	SIGNE OPTIQUE	BISSECTRICES aiguë	BISSECTRICES obtuse	ANGLE des axes	RAIE ou couleur	n_g	n_m	n_p	RAIE ou couleur	OBSERVATEURS
Hydrocarbostyrile. C^9H^9AzO	O	0,5980 0,6043	−	c	b	2 V 59°40'	D	1,8102 1,8257	1,7095	1,4792 1,4821	D Tl	Bäckström (*Bih. t. Sv. Vet. Ak. Handl.*, t. XIV, n° 4; 1888).
Hydrochélidonate de zinc. $C^7H^8O^5Zn + 2H^2O$	M	2,0583 1,737 β = 99°53'	−	c 11°20'	c 101°20'	2 H 77°15',5 (huile d'œillette)	D					Von Zepharovich (*Gr. Zeits.*, t. XI, p. 375; 1886).
Hydrocumostyrile. $C^{12}H^{15}AzO$	O	0,8798 1,6445		a	c	2 V 63°16' 64°51'	Li D		1,6204		D	Bäckström (*Ber. d. D. ch. Ges.*, t. XIX, p. 1778; 1886).

Hydromuconique (anhydride). *Voir* **Diméthylfumarique (anhydride).**

NOM ET FORMULE	SYSTÈME cristallin	PARAMÈTRES	SIGNE OPTIQUE	BISSECTRICES aiguë	BISSECTRICES obtuse	ANGLE des axes	RAIE ou couleur	n_g	n_m	n_p	RAIE ou couleur	OBSERVATEURS
Hydroquinonemonosulfonate de potassium. $C^6H^4OH.OSO^3K$	O	0,764 2,0965	+	c	a	2 H 83°16' 83°39' 84° 3'	Li D Tl					Bodewig (*Gr. Zeits.*, t. I, p. 585; 1877).
Hydrosantonate de sodium. $C^{15}H^{21}NaO^4 + 3H^2O$	O	0,4496 0,2791	+	c	a	2 E 37°24' 35°12' 31°56'	rouge vert bleu					Strüver (*Gr. Zeits.*, t. II, p. 614; 1878).
Hydrosantonide. $C^{15}H^{20}O^3$	O	0,8408 0,6114	+	c	a	2 V 55°50' 54°52'	rouge bleu		1,5585 1,5616		rouge bleu	Id., p. 612.
Hydrosantonique (acide). $C^{15}H^{22}O^4$	O	0,6432 0,3775	+	c	a	2 H 64°49' 63°28' 62°43'	rouge vert bleu					Id., p. 613.
Hydroxycamphoronique (acide). $C^9H^{14}O^6$	T	0,6619 0,6975 α = 85° 9' β = 107°52' γ = 90°57'		24° avec norm. à $e'(0\bar{1}1)$ [pl. des axes pr. parall. à l'axe a].		2 H 75°						Von Zepharovich [*Sitzb. Ak. Wien*, t. LXXIII (I), p. 7; 1876].
Hyoscine (bromhydrate de). $(C^{11}H^{23}AzO^3)HBr + 3\frac{1}{2}H^2O$	O	0,6005 0,4112		c	a	2 E 100°23' 101°12' 102°14'	Li D Tl					Fock (*Gr. Zeits.*, t. VII, p. 49; 1883).
Hyposantonine. $C^{15}H^{18}O^2$	O	0,7180 1,3597		b		2 E 46° (?)						Bucca (*Riv. di Min. e Crist. ital.* t. XI, p. 8; 1892).
Hyposantonine (iso-). $C^{15}H^{18}O^2$	O	0,9127 1,8149		b	a	2 H 65° ρ > υ (app.)						Id.
4-Iodantipyrine. Az.C⁶H⁵ $C^{11}H^{11}IAz^2O$ = CH³Az⌒CO CH³C = CI	R	0,2943	−		1,6464	1,4777	o				D	Schimpff (*Gr. Zeits.*, t. XXIX, p. 232; 1898).
Iodonitroaniline. $C^6H^3(AzH^2)AzO^2.I$ (1) (3) (4)	M	3,696 2,934 β = 114°6'	+	c 90° (app.)	b	2 H 89°20' ρ < υ	D					Artini (*Giorn. di Min. di Sansoni*, t. II, p. 35; 1891).

Isodulcite. *Voir* **Rhamnose.**

Isohyposantonine. *Voir* **Hyposantonine (iso-).**

Isostilbène (oxyde de). *Voir* **Stilbène (oxyde d'iso-).**

NOM ET FORMULE.	SYSTÈME cristallin.	PARAMÈTRES.	SIGNE OPTIQUE.	BISSECTRICES aiguë.	BISSECTRICES obtuse.	ANGLE des axes.	RAIE ou couleur.	n_g	n_m	n_p	RAIE ou couleur.	OBSERVATEURS.
Isurétine. $CH^5Az^2O = AzH^2.CH:Az.OH$	O	0,6556 1,1204	+	b	a	2E 92°10' 94°30'	rouge bleu					KLEIN (Lieb. Ann., t. CLXVI, p. 201; 1873).
Itaconate diéthylique (polymère). $[(C^2H^5)^2C^5H^4O^4]^x$ [Voir Table XV pour la variation par la tempér.].	am.								1,48435 1,48685 1,48937 1,49534 1,50044 [l = 20°]		$K_α$ C D F $H_γ$	KNOPS (Lieb. Ann., t. CCXLVIII, p. 214; 1888).
Itaconate diméthylique (polymère). $[(CH^3)^2C^5H^4O^4]^x$ [Voir Table XV pour la variation par la tempér.].	am.								1,48778 1,49018 1,49271 1,49898 1,50409 [l = 20°]		$K_α$ C D F $H_γ$	Id.
Itaconique (acide). $C^5H^6O^4 =$ CH³C.COOH ‖ HC.COOH	O	0,590 1,2807	+	a	c	2E 97°40' 102° 2'	rouge vert					VON LANG (Sitzb. Ak. Wien, t. XXXI, p. 110; 1858).
Lactate de guanidine. *Voir* Guanidine (lactate de).												
Lactose. $C^{12}H^{22}O^{11}+H^2O$	M	0,3677 0,2143 β = 109°47'	−	c 10° à 11°	b	2E 33°55' ρ < υ	D					TRAUBE (N. Jahrb. f. Min. Beil.-B. VII, p.430; 1891). [Grailich et von Lang (Sitzb. Ak. Wien, t. XXVII, p. 66; 1857).]
Lévoglucosane. $C^6H^{10}O^5$	O	0,5674 1,0164	−	c	a	2E 71°45' ρ < υ	D					WYROUBOFF in TANRET (Bull. Soc. chim., t. XI, p. 952; 1894).
α-Limonène (chlorure nitrosé de). $C^{10}H^{15}(AzO)Cl$	M	0,7843 1,0395 β = 101°12'	+	c 172°41' 175°10' 175°24'	c 82°41' 85°10' 85°24'	2E 94°54' 100°15' 104°57' (droit) 2E 95°43' 99°34' 104°51' (gauche)	Li D Tl Li D Tl					BEYER (Gr. Zeits., t. XVIII, p. 296; 1891).
Limonène-α-nitrolpipéridide. $C^{10}H^{15}(AzO)AzC^5H^{10}$	O	0,8297 0,7747	+	a	c	2E 104°41' (droit) 2E 104°51' (gauche) ρ = υ (app.)	D D					Id., p. 300.
Lupanine (rhodanide de). $(C^{15}H^{24}Az^2O)HCAz + H^2O$	M	0,4844 0,5694 β = 56°36'	+	b	c 90° (app.)	2E 132°	D		1,641		D	Busz [N. Jahrb. f. Min., 1897 (I), p. 40].
Lupinine (chlorhydrate de). $(C^{21}H^{20}Az^2O^2)2HCl$	O	0,8720 0,5263	+	a	b	2V 60°17' 59°18' 57°42'	Li D Tl		1,5658 1,5700 1,5756		Li D Tl	SCHREIB (Zeits. f. Naturwiss. Halle, t. LV, p. 166; 1882).
Luridine (chloroplatinate de). *Voir* Choline (chloroplatinate de).												
Lysidine (tartrate acide de). $(C^4H^8Az^2)(C^4H^6O^6)$	M	0,4588 0,2931 β = 116°55'	−	c 29°56' 31° 5' 30°35'	c 119°56' 121° 5' 120°35'	2V 80°44' 80° 1' 79°46'	Li D Tl		1,5189 1,5217 1,5255		Li D Tl	HARTMANN in LADENBURG (Ber. d. D. ch. Ges., t. XXVII, p. 2956; 1894).

NOM ET FORMULE.	SYSTÈME cristallin.	PARAMÈTRES.	SIGNE OPTIQUE.	DISSECTRICES aiguë.	DISSECTRICES obtuse.	ANGLE des axes.	RAIE ou couleur.	n_g	n_m	n_p	RAIE ou couleur.	OBSERVATEURS.
Lysidine (urate de). $(C^4H^8Az^2)(C^5H^4Az^4O^3)$	T	0,4874 0,5121 $\alpha = 71°17'$ $\beta = 106°41'$ $\gamma = 108°16'$		[axes visibles dans (001)]. — L'intersection du plan des axes et de (001) fait avec a les angles 62° (Li) 61°30' (D) 60° (Tl)		2 E 84°17' 85°15' 84°57'	Li D Tl					Id., p. 2954.
Malate acide d'ammonium (actif). $C^4H^5O^6(AzH^4)$	O	0,723 0,7766	−	c	a	2 E 75°24'						Grailich et von Lang (*Sitzb. Ak. Wien*, t. XXVII, p. 56; 1857).
						2 E 75°49' 75°38'	rouge bleu					Des Cloizeaux (*Sav. Étr.*, t. XVIII, p. 553; 1867).
						2 V 47°34'	blanc		1,503		jaune moy.	Wyrouboff (*Bull. Soc. Minér.*, t. VI, p. LX; 1880).
Malate acide de calcium. $(C^4H^5O^6)^2Ca + 6H^2O$	O	0,9418 1,0556	+	c	a	2 E 109°6' 105°15'	rouge violet					Grailich et von Lang (*Sitzb. Ak.Wien*, t.XXVII, p. 55; 1897).
						2 E 108° 105°	rouge bleu	1,5404 1,5449 1,5492	1,5029 1,5073 1,5112	1,4887 1,4933 1,4972	B D E	Schrauf (*Sitzb. Ak. Wien*, t. XLII, p. 135; 1860).
Maléate de baryum. $C^4O^4H^2Ba + H^2O$ $= \begin{matrix}HC-COO\\HC-COO\end{matrix}\rangle Ba + H^2O$	M	0,3437 0,6050 $\beta = 92°23'$	−	c 93°	b	2 H 93°56' 95°29'	rouge jaune					Hintze (*Gr. Zeits.*, t. IX, p. 556; 1884).
Malonamide. $C^3H^6O^2Az^2$ $= AzH^2.CO.CH^2.CO.AzH^2$	M	1,3859 0,8505 $\beta = 107°1'$	+	b	c 2°10'	2 E 86°15' $\rho > v$	D					Keith (*N. Jahrb. f. Min.*, Beil.-B. VI, p. 177; 1889).
Malonate acide de sodium. $C^3H^3O^4Na + \frac{1}{2}H^2O$ $= CH^2\begin{matrix}COONa\\COOH\end{matrix} + \frac{1}{2}H^2O$	O	0,6391 0,4175	−	c	b	2 E 55°21'	D	1,5408	1,5237	1,4069	D	Shadwell (*Gr. Zeits.*, t. V, p. 316; 1881).
Malyluréique (acide). $C^5H^6Az^2O^4$ $= \begin{matrix}CO-AzH\\AzH-CO\end{matrix}\rangle CH.CH^2.COOH$	O	0,9065 0,8001	+	c	b	2 V 78°14'	D	1,7184	1,5919	1,5221	D	Grattarola (*Atti d. Soc. Tosc. Sc. Nat.*, t. XI, p. 91; 1890).
Mannite. $C^6H^{14}O^6$ 1re forme (Schabus).	O	0,4718 0,520	−	b	a	2 E 100° (app.) $\rho < v$						Grailich et von Lang (*Sitzb. Ak. Wien*, t. XXVII, p. 66; 1857).
2e forme (von Zepharovich).	O	0,5121 0,6577	−	b	c	2 E 71°50' 71°48' 71°22'	rouge jaune bleu					Des Cloizeaux (*Sav. Étr.*, t. XVIII, p. 584; 1867).
						2 E 71°30' $\rho > v$						Von Zepharovich (*Gr. Zeits.*, t. XIII, p. 147; 1888).
Mellate d'ammonium. $C^6[COO(AzH^4)]^6 + 9H^2O$ [1] vibrant suivant a. [2] vibrant suivant b.	O	0,581 0,353	−	c c c	a b b	2 E 17° 20°	rouge bleu	1,552 [1] 1,564 [2] 1,572 [2]	1,550 [2] 1,563 [1] 1,570 [1]		rouge jaune bleu	Grailich et von Lang (*Sitzb. Ak. Wien*, t. XXVII, p. 50; 1857).

NOM ET FORMULE.	SYSTÈME cristallin.	PARAMÈTRES.	SIGNE OPTIQUE.	BISSECTRICES aiguë.	BISSECTRICES obtuse.	ANGLE des axes.	RAIE ou couleur.	n_g	n_m	n_p	RAIE ou couleur.	OBSERVATEURS.
Mellate de potassium. $C^6(COOK)^6 + 9H^2O$	O	0,6461 0,3561	−	c	b	2 E 75"30' 73"30' 71"30' 66"30'	rouge jaune vert violet					Von Lang (Sitzb. Ak. Wien, t. XLV(II), p. 115; 1862).
Mellite. $H^{36}Al^2C^{12}O^{30}$ $= C^8(COO)^6Al^2 + 18H^2O$	Q	0,7453 (anom. optiques).	−					1,5345 1,5393 1,5435 [$t = 16°$]		1,5078 1,5110 1,5146	B D E	Schrauf (Sitzb. Ak. Wien, t. XLI, p. 777; 1860).
								1,5415 [$t = 21°$]		1,5154	D	Kohlrausch (Wied. Ann., t. IV, p. 29; 1878).
						2 E 8"22' 9° 7'	rouge bleu	1,541 à 1,550		1,518à 1,525	}jaune	Des Cloizeaux (Sav. étr., t. XVIII, p. 525; 1867).
l.-Menthylacétamide. $C^{12}H^{23}AzO$ $= C^{10}H^{19}.AzH.COCH^3$	O	0,7706 0,6985		b	a	2 H 101°50' 100" 7' 98°19'	Li D Tl					Tuttle (N. Jahrb., Beil.-B.IX, p. 451; 1895).
l.-Menthylformamide. $C^{11}H^{20}AzO = C^{10}H^{19}.AzH.CO.H$	O	0,9691 1,4179	−	c	b	2 H 94°41'	D					Id.
Mercurediazoacétate éthylique. $C^8H^{10}Az^4O^4Hg$ $= Hg(Az^2C.COOC^2H^5)^2$	O	0,4566 0,7253		a	c	2 H$_a$ 94°20' (verre)	D					Muthmann in Buchner (Ber. d. D. ch. Ges., t. XXVIII, p. 217; 1895).
Mésotartrate acide de rubidium. $C^4H^4O^6RbH + \frac{1}{2}H^2O$	T	0,7234 0,5716 $\alpha = 73°48'$ $\beta = 101°12'$ $\gamma = 93°24'$	+	31°32' avec norm. à $e^1(01\overline{1})$. 89° avec norm. à $(\overline{1}10)$. [plan des axes 109° avec l'axe a].		2 H 73°30'						Wyrouboff (Bull. Soc. Minér., t. VI, p. 315; 1883).
Mésotartrate acide de thallium. $C^4H^4O^6TlH + \frac{1}{2}H^2O$	T	0,7323 0,5460 $\alpha = 75°10'$ $\beta = 101°32'$ $\gamma = 93°32'$	+	17°30' avec norm. à $h^1(100)$ [plan des axes 93° avec l'axe b].		2 H 60°40'						Id., p. 323.
Mésotartrate de rubidium. $C^4H^4O^6Rb^2 + H^2O$	T	0,5959 0,3511 $\alpha = 89°43'$ $\beta = 89°58'$ $\gamma = 89°14'$	−		15° avec norm. à $m(110)$ [plan des axes 19° avec l'axe c]	2 V 75"18'	rouge		1,510		rouge	Id., p. 321.
Mésotartrate de thallium. $C^4H^4O^6Tl^2$	T	0,8159 0,4699 $\alpha = 75°42'$ $\beta = 86°20'$ $\gamma = 82°44'$	+	15° avec norm. à $g^1(010)$ [plan des axes 104° avec l'axe c]		2 V 73°54'	rouge		1,707		rouge	Id., p. 320.
Métasantonate méthylique. $C^4H^{19}O^4(CH^3)$	M	0,7360 0,5695 $\beta = 118°0'$	−	c 60°	b	2 V 89°53'	rouge					Strüver (Gr. Zeits., t. II, p. 605; 1878).

NOM ET FORMULE.	SYSTÈME cristallin.	PARAMÈTRES.	SIGNE OPTIQUE.	DISSECTRICES aiguë.	DISSECTRICES obtuse.	ANGLE des axes.	RAIE ou couleur.	INDICES PRINCIPAUX. n_g	n_m	n_p	RAIE ou couleur.	OBSERVATEURS.
Métasantonine (α). $C^{15}H^{18}O^3$	O	0,4883 1,4910	+	c	b	$2H_a$ 115°40' 116°10'	rouge bleu					STRÜVER (*Gr. Zeits.*, t. II, p. 592; 1878).
Métasantonine (β). $C^{15}H^{18}O^3$	M	0,8050 0,9470 β = 113°36'	−	c 19°6'	c 109°6' c 109"6' b	2E 6° 4° 3" [t = 12°]	rouge vert bleu					*Id.*, p. 593.
Métasantonique (acide). $C^{15}H^{20}O^4$	O	0,7673 0,9606	+	c	a	2E 68°25' 69"39' 71"28'	rouge vert bleu					*Id.*, p. 596.
Métasantonyle (chlorure de). $C^{15}H^{19}O^3Cl$	O	0,9330 0,8173	+	c	b	2H 71°45' 71°33'	rouge vert					*Id.*, p. 611.

Méthénylamidoxime. *Voir* **Isurétine.**

NOM ET FORMULE.	SYSTÈME cristallin.	PARAMÈTRES.	SIGNE OPTIQUE.	DISSECTRICES aiguë.	DISSECTRICES obtuse.	ANGLE des axes.	RAIE ou couleur.	INDICES PRINCIPAUX. n_g	n_m	n_p	RAIE ou couleur.	OBSERVATEURS.
Méthényl-o-phénylène-diamine. $C^7H^6Az^2 = C^6H^4{<}^{AzH}_{Az}{>}CH$	O	0,9823 1,9608	+	b	a	2V 86"45' ρ < v	D	1,6161	1,6122	1,6088	D	WUNDT et SADEBECK (*Wied. Ann.*, t. V, p. 566; 1878).
Méthylacétanilide. $C^6H^5.Az(C^2H^3O)CH^3$	O	0,3957 0,8516	+	b	a	2E 87° 8'	D	1,6467	1,5761	1,5604	D	ARTINI (*Giorn. di Min. di Sansoni*, t. III, p. 159; 1892).
Méthylamine (alun de). $(CH^3Az)^2Al^2(SO^4)^4 + 24 H^2O$	C								1,45013 1,45062 1,45177 1,45410 1,45691 1,45749 1,45941 1,46363		a B C D E b F G	CH. SORET [*Arch. de Gen.* (3e Pér.), t. XIII, p. 10; 1885].
Méthylammonium et cuivre (chlorure de). $(CH^3.AzH^3.Cl)^2 CuCl^2$	O	0,972 0,833		c	b	2H 47°18'						TORSOË (*Overs. k. D. Vid. Selsk. Forh.*, 1882).
4-Méthylantipyrine. $C^{12}H^{14}Az^2O$ $= CH^3.Az{<}^{Az.C^6H^5}_{CO}$ $CH^3.C = C.CH^3$	M	3,8503 3,0746 β = 120°56'		c 133°	c 43°	2V 86° (app.)	D		1,6584		D	WINCKLER (*Gr. Zeits.*, t. XXIV, p. 326; 1895).
Méthyldiéthylsulfine (chloroplatinate de). $2[(C^2H^5)^2CH^3SCl] + PtCl^4$	M	1,1236 0,7794 β = 129°25'	+	c 90° (app.)	b	2V 18°44' 2E 33° 1' 33"13' 26°46'	D Li Tl bleu	1,7043	1,6872	1,6867	D	LAIRD (*Gr. Zeits.*, t. XIV, p. 10; 1888).
5-Méthyl-1-3-diphényl-pyrazol. $C^{15}H^{14}Az^2$ $= Az{<}^{Az.C^6H^5}_{C.CH^3}$ $C^6H^5.C — CH$	M	2,6398 3,1033 β = 90°36'		c 7°	c 97°	2V 68"22'	D		1,4883			WINCKLER (*Gr. Zeits.*, t. XXIV, p. 337; 1895).

NOM ET FORMULE.	SYSTÈME cristallin.	PARAMÈTRES.	SIGNE OPTIQUE.	BISSECTRICES aiguë.	BISSECTRICES obtuse.	ANGLE des axes.	RAIE ou couleur.	n_g	n_m	n_p	RAIE ou couleur.	OBSERVATEURS.
Méthylènediantipyrine. $C^{23}H^{21}Az^4O^2 + H^2O =$ $C^6H^5Az \qquad AzC^6H^5$ $CH^3.Az\ \ \dot{C}O \qquad \dot{C}O\ \ Az.CH^3$ $CH^3.\dot{C}=\dot{C}—CH^2—\dot{C}=\dot{C}.CH^3$ $+ H^2O$	M	0,8333 0,8017 $\beta = 92°57'$		c 54°34'	c 144°34'	2 V 76°23'5 $\rho < \upsilon$	D		1,6487		D	Bartalini *in* Pellizari (*Lieb. Ann.*, t. CCLV, p. 248; 1889).

Méthylglyoxalidine. *Voir* **Lysidine.**

NOM ET FORMULE.	SYSTÈME cristallin.	PARAMÈTRES.	SIGNE OPTIQUE.	BISSECTRICES aiguë.	BISSECTRICES obtuse.	ANGLE des axes.	RAIE ou couleur.	n_g	n_m	n_p	RAIE ou couleur.	OBSERVATEURS.
Méthyloxamate de baryum. $(AzH(CH^3).CO.CO.O)^2Ba + 2H^2O$	M	1,0178 1,3060 $\beta = 92°47'$	+	c 7°47'	c 97°47'	2 E 40° (app.)						Rumpf (*Sitzb. Ak. Wien*, t. LXXXIII, p. 275; 1881).
Méthylphénylurée (chlorure de) $(C^5H^5)(CH^3)AzCO.Cl$	O	0,8190 0,3872		b	a	2 E 27°36' 27°41' 27°41'	*Li* D *Tl*					Fock (*Gr. Zeits.*, t. V, p. 310; 1881).
(3) Méthyl (1) phényl-pyrazolone. $Az.C^6H^5$ $C^{10}H^{10}OAz^2 = Az\!\diagup\!\diagdown\!CO$ $CH^3.\dot{C} — \dot{C}H^2$	M	0,9286 1,4167 $\beta = 94°50'$		b	c 81°	2 E 72°56'	D		1,637		D	Winckler (*Gr. Zeits.*, t. XXIV, p. 331; 1895).
Méthylpipéridine (chlorhydrate de). $(AzC^5H^{10}CH^3)HCl$	O	0,4899 0,7881	—	a	b	2 H 56°22' 54°31' 53°44'	*Li* D *Tl*					Hiortdahl (*Forh. i Vid. Selsk. i Christiania*; 1878, n° 8).
Méthylpipéridine (chloroaurate de). $AuCl^3(AzC^5H^{10}CH^3)HCl$	O	0,5047 ?	+	c	a	2 E 72° 0' 71°41'	*Li* D					*Id.*

Méthylpropylphénylpyrazolone. *Voir* **Propylantipyrine.**

NOM ET FORMULE.	SYSTÈME cristallin.	PARAMÈTRES.	SIGNE OPTIQUE.	BISSECTRICES aiguë.	BISSECTRICES obtuse.	ANGLE des axes.	RAIE ou couleur.	n_g	n_m	n_p	RAIE ou couleur.	OBSERVATEURS.
(2) Méthylpyrazine-(5) carbonique (acide). $C^6H^6Az^2O^2$ $= \begin{smallmatrix}HC\diagup\!^{Az}\!\diagdown C.COOH\\ CH^3.C\diagdown\!_{Az}\!\diagup CH\end{smallmatrix}$	O	0,7513 1,1490		c	b	2 E 35° $\rho < \upsilon$						Fock (*Gr. Zeits.*, t. XXIII, p. 226; 1894).
Méthylpyrazolsulfonique (acide). $C^4H^3Az^2.SO^3H =$ $Az — AzH$ $CH^3.\dot{C} \quad \dot{C}H$ $\dot{C}.SO^3H$	M	0,8483 0,8765 $\beta = 86°50'$	—	b	c 96°25'	2 E 91°57'	D	1,6584	1,6047	1,5299	D	Zschimmer (*Gr. Zeits.*, t. XXIX, p. 230; 1898).
Méthyluvate de baryum $(C^6H^9O^3)^2Ba + 4H^2O$	O	0,9937 4,9021		b	c	2 V 88°12'	D		1,5057		D	Linck (*Gr. Zeits.*, t. XV, p. 32; 1889).
Morphine (sulfate de) $[C^{17}H^{19}AzO^3]^2SO^4H^2 + 7H^2O$	O	0,9654 0,2808	—	a	c	2 E 69°37' 67°55'	rouge bleu					Des Cloizeaux (*Sav. étr.*, t. XVIII, p. 607; 1867).
Mycose. $C^{12}H^{22}O^{11} + 2H^2O$	O	0,6814 0,4171	+	c	a	2 E 72°34' 83°34'	rouge bleu					*Id.*, p. 613.
						2 V 48° 2' 50°16' 51°25'	rouge jaune vert		1,478 1,523		jaune vert	Bodewig et Lehmann (*Groth Physik. Kryst.*, 2ᵉ éd., p. 470).

NOM ET FORMULE.	SYSTÈME cristallin.	PARAMÈTRES.	SIGNE OPTIQUE.	DISSECTRICES aiguë.	DISSECTRICES obtuse.	ANGLE des axes.	RAIE ou couleur.	$n_{g'}$	$n_{m'}$	$n_{p'}$	RAIE ou couleur.	OBSERVATEURS.
Naphtalène (tétrachlorure de) $C^{10}H^8Cl^4$	M	0,7673 0,7003 $\beta=112°26'$		$c\ 112°\tfrac{1}{4}$ (app.)	b	2 E 84°	blanc					Hintze (*Pogg. Ann.*, Erg.-B. VI, p. 177; 1874).
Naphtylaminesulfonate de sodium. $C^{10}H^8Az(SO^3Na) =$ $C^{10}H^6{<}^{SO^3Na\ (1)}_{AzH^2\ (4)} + 4H^2O$	M	0,8355 0,9695 $\beta=98°44'$	+	$c\ 6°15'$	$c\ 96°15'$	2 V 59°	D					Muthmann et Ramsay (*Gr. Zeits.*, t. XXX, p. 71; 1898).
Nicotianique (chlorhydrate d'acide). $\begin{bmatrix}Az-CH-C.COOH\\ \|\quad\quad\quad\\ CH-CH-CH\end{bmatrix}HCl$	O	0,8456 0,6149	−	c	b	2 E 93°16' 96°22'5 97°45'5	Li D Tl					Jander (*Gr. Zeits.*, t. XX, p. 246; 1892).
p-Nitroacétanilide. $AzO^2.C^6H^4.AzH(C^2H^3O)$ (1) (4)	O	0,8889 1,0448	−	c	a	2 H 90°25' 92°38' 95°13'	Li D Tl					Arzruni (*Gr. Zeits.*, t. I, p. 444; 1877).
p-Nitrobenzoate de magnésium. $(AzO^2.C^6H^4.COO)^2Mg$ (1) (4)	T	1,6258 1,9422 $\alpha=83°30',5$ $\beta=121°21'$ $\gamma=88°18',5$				2 H 67°45' 70°28' 71°54'	Li D Tl					Müller (*Inaug. Dissert.* Göttingen; 1879 et *Gr. Zeits.*, t. IV, p. 332; 1880).
m-Nitrobenzoate éthylique. $AzO^2.C^6H^4.COOC^2H^5$ (1) (3)	M	1,0765 0,6749 $\beta=121°18'$	+	$c\ 31°18'$ (app.)	$c\ 121°18$	2 H 54°41' 58°20' 59°10'	Li D Tl					Arzruni (*Gr. Zeits.*, t. I, p. 412; 1877)
o. Nitrobenzyle (sulfure de). $(AzO^2.C^6H^4.CH^2)^2S$ (1) (2)	M	0,5362 1,6487 $\beta=119°26'$	−	$c\ 39°6'$ $39°36'$	b	2 H 32°5' 40°21' (verre)	rouge bleu					Gränzer [*Sitzb. Ak. Wien*, t. XCVIII (II), p. 832; 1889].
o. Nitrocinnamate éthylique. $C^{11}H^{11}O^4Az$ $= AzO^2.C^6H^4.$ (1) $CH:CH\,COOC^2H^5$ (2)	O	1,0346 0,5468	−	c	b	2 E 57°55' 57°40'	Li D					Brugnatelli [*Atti dei Lincei*, Mem. (4e s.), t. V, p. 624; 1888].
Nitrocuminique (acide). $C^{10}H^{11}AzO^4 =$ $C^6H^3(C^3H^7)(AzO^2)COOH$ (4) (3) (1)	M	1,5504 1,2551 $\beta=99°54'$	−	[plan des axes g' (010)]		2 V 36°58' $\rho>\upsilon$	D		1,6812		D	Neoni [*Atti R. Istit. Venezia* (6e s.), t. III, p. 1461; 1886].
Nitrodiéthylamidobenzoïque (acide). $C^{11}H^{11}Az^2O^4 =$ $C^6H^3(AzO^2)[Az(C^2H^5)^2]COOH$	M	0,8932 1,0952 $\beta=105°3'$	+	$c\ 39°21'$	$c\ 129°21'$	2 H 29°42' 28°30' 27°38'	Li D Tl					Heintze (*Inaug. Dissert.*, Göttingen, 1884 et *Gr. Zeits.*, t. XI, p. 85; 1886).
Nitromésitylène. $C^6H^2(CH^3)^3AzO^2$ (1) (3) (5)	O	0,5600 0,4878	−	c	b	2 E 65°10' 65°22' 66°6'	Li D Tl					Wickel (*Inaug. Dissert.*, Göttingen, 1885 et *Gr. Zeits.*, t. XI, p. 81; 1886).
p-Nitromésitylénique (acide). $C^6H^2(CH^3)^2AzO^2COOH$ (3) (5) (4) (1)	M	1,1777 0,8131 $\beta=110°5'$	−	[axes visibles dans (001)]		2 H 73°14' 75°34' 76°16'	Li D Tl					Calderon (*Gr. Zeits.*, t. IV, p. 237; 1880).
p-Nitrophénol. $AzO^2.C^6H^4.OH$ (1) (4)	M	0,6625 0,6849 $\beta=103°23'$		$c\ 48°23'$ (app.)	$c\ 138°23'$ (app.)	2 V 70° (app.)						Lehmann (*Gr. Zeits.*, t. I, p. 46; 1877).

NOM ET FORMULE.	SYSTÈME cristallin.	PARAMÈTRES.	SIGNE OPTIQUE.	BISSECTRICES aiguë.	BISSECTRICES obtuse.	ANGLE des axes.	RAIE ou couleur.	INDICES PRINCIPAUX n_g	n_m	n_p	RAIE ou couleur.	OBSERVATEURS.
Nitrophénolsulfonate de potassium. $C^6H^3(AzO^2)(OH)(SO^3K)$ (4) (1) (2) (7)	M	1,7045 1,5247 $\beta = 117°59'$	—	b	c 166"	2 H 66°10' $\rho < \upsilon$	rouge					PANEBIANCO [*Atti dei Lincei* (3ᵉ s.), t. III, p. 292; 1879].
Nitroprussiate de sodium. $Na^2FeCy^5(AzO) + 2H^2O$	O	0,765 0,4115	+	c	b	2 E 61"	rouge					VON LANG (*Sitzb. Ak. Wien*, t. XXXI, p. 93; 1858).
Nitropyrogallol triméthylique. $C^6H^2(AzO^2)(O.CH^3)^3$ (1) (2) (3)	M	0,5119 0,7476 $\beta = 99°6'$		c 90° (app.)	c 0° (app.)	2 E 60" (app.) $\rho < \upsilon$	D					POCK (*Gr. Zeits.*, t. XVII, p. 584; 1890).
Nitrosobipentène. $C^{10}H^{15}AzO$	M	0,8524 0,3578 $\beta = 105°23'$		c 15"½ (app.)	b	2 H 93°6' 95°4' 96°18'	Li D Li	[na = 1,4647 1,4678 1,4706]				BEYER (*Gr. Zeits.*, t. XVIII, p. 299; 1891).
Nitrosothymol. $C^{10}H^{13}AzO^2$	M	1,9874 0,8941 $\beta = 94°57'$	+	b	c 24°57'	2 H$_a$ 86°10' 82"20'	rouge violet					PANEBIANCO [*Atti dei Lincei* (3ᵉ s.), t. IV, p. 40; 1880].
o-Nitrotoluidine. $C^6H^3(AzH^2)(AzO^2)(CH^3)$ (4) (2) (1)	M	1,3578 1,7547 $\beta = 125°10'$	—	c 35°10'	c 125°10'	2 H 77° (app.)	rouge					*Id.*, t. III, p. 292; 1879.
p-Nitrotoluène. $AzO^2.C^6H^4.CH^3$ (1) (4)	O	0,9107 1,0965	—	b	c	2 H 57°0' 57°41'	Li D					BODEWIG (*Gr. Zeits.*, t. III, p. 389; 1879).
Octochlorophénol (β). $Cl^2(CCl^5.OCl)$	O	0,2622 0,1561	+	a	c			1,712	1,646	1,626	D	OFFRET (*Bull. Soc. Minér.*, t. XIX, p. 411; 1896).
Id (γ).	M	0,8996 1,2060 $\beta = 123°26'$	—	c 93°	c 3"	2 E 65°59'	D	1,696	1,688	1,619	D	*Id.*, p. 418.
Orcine. $CH^3.C^6H^3(OH)^2 + H^2O$ (1) (3) (5)	M	1,2515 1,1609 $\beta = 96°23'$	—	c 45°	c 135°	2 E 53°21' 53°41' 54°23' [$t = 20°$]	rouge jaune bleu					DES CLOIZEAUX (*Sav. étr.*, t. XVIII, p. 661; 1867).
Osmiocyanure de potassium. $K^4OsCy^6 + 3H^2O$	M	0,3929 0,3949 $\beta = 90°6'$	—	c 30°10'	b	2 V 47°0'	D		1,6071		D	DUFET (*C. R.*, t. CXX, p. 379; 1895).

Oxalate d'acétamide. *Voir* Acétamide (oxalate de).

Oxalate acide d'éthylammonium. *Voir* Éthylammonium (oxalate d').

NOM ET FORMULE.	SYSTÈME cristallin.	PARAMÈTRES.	SIGNE OPTIQUE.	BISSECTRICES aiguë.	BISSECTRICES obtuse.	ANGLE des axes.	RAIE ou couleur.	INDICES PRINCIPAUX n_g	n_m	n_p	RAIE ou couleur.	OBSERVATEURS.
Oxalate acide de thallium (anhydre). C^2O^4HTl	M	1,0189 1,6888 $\beta = 94°14'$	+	c 0"30' (app.)	b	2 E 74"5' 73°35'	rouge bleu					DES CLOIZEAUX [*Ann. de Ch. et Phys.* (4ᵉ s.), t. XVII, p. 356; 1869].
Oxalate acide de thallium (hydraté). $2(C^2O^4HTl) + H^2O$	M	0,5690 1,2392 $\beta = 93°50'$	+	c 79"36' 80"2'	c 169"36' 170°2'	2 E 106"5' 109°45' [$t = 14°C$]	rouge bleu					*Id.*, p. 354.
Oxalate d'ammonium. $C^2O^4(AzH^4)^2 + H^2O$	O	0,7799 0,7399	—	c	b	2 V 63°25' 63°58'5 64°30'	rouge D vert	1,5904 1,5950 1,5966	1,5470 1,5475 1,5486	1,4369 1,4380 1,4400	rouge D vert	BRIO [*Sitzb. Ak. Wien*, t. LV (II), p. 871; 1867]. [*Grailich et von Lang* (id., t. XXVII; 1857).]

NOM ET FORMULE.	SYSTÈME cristallin.	PARAMÈTRES.	SIGNE OPTIQUE.	BISSECTRICES aiguë.	BISSECTRICES obtuse.	ANGLE des axes.	RAIE ou couleur.	n_g	n_m	n_p	RAIE ou couleur.	OBSERVATEURS.
Oxalate d'ammonium et glucinium. $(C^2O^4)^2(AzH^4)^2Gl$	M	1,1396 1,6956 $\beta = 92°41'$		c 37°½	c 127°½	2 E 27°47' $\rho < \upsilon$	D					SHADWELL (Gr. Zeits., t. V, p. 315; 1881).
Oxalate de fer et potassium. $3C^2O^4K^2 + (C^2O^4)^2Fe^2 + 6H^2O$	M	0,9918 0,3896 $\beta = 94°15'$	−	c 1°12'	c 91°12'	2 V 80°4' 79°4'	rouge vert		1,552		rouge	MURMANN et ROTTER (Sitzb. Akad. Wien, t. XXXIV, p. 174; 1859).
Oxalate de fer et sodium. $3C^2O^4Na^2 + (C^2O^4)^3Fe^2 + 9H^2O$	M	1,3677 1,2007 $\beta = 99°54'$	−	c 11°50'	c 101°50'	2 V 30° $\rho > \upsilon$	?		1,534 1,537 1,542		rouge jaune vert	Id., p. 177.

Oxalate de pipéridine. Voir **Pipéridine** (oxalate de).

NOM ET FORMULE.	SYSTÈME cristallin.	PARAMÈTRES.	SIGNE OPTIQUE.	BISSECTRICES aiguë.	BISSECTRICES obtuse.	ANGLE des axes.	RAIE ou couleur.	n_g	n_m	n_p	RAIE ou couleur.	OBSERVATEURS.
Oxalate (tétra-) de thallium. $(C^2O^4)^2H^3Tl + 2H^2O$	T	0,612 0,683 $\alpha = 85°6'$ $\beta = 97°0'$ $\gamma = 79°38'$	−	pl. des axes presque perp. à la base; biss. aiguë très oblique.		2 H 47°48' 49°59'	rouge bleu					DES CLOIZEAUX [Ann. de Ch. et Phys. (4° s.), t. XVII, p. 328; 1869].
Oxalique (acide). $C^2O^4H^2 + 2H^2O$	M	1,695 3,336 $\beta = 106°12'$	−	b	c 14°43' 14°56'	2 E 117°16' 118°33'	rouge bleu					DES CLOIZEAUX (Sav. Étr., t. XVIII, p. 622; 1867).
Oxamide (tartrate neutre d'). $[C^2O^2(AzH^2)^2]^2C^4H^6O^6$	O	0,9749 1,4108	−	c	a	2 H 85°16'						WYROUBOFF in Topin [Ann. de Ch. et Phys. (7°s.), t. V, p. 125; 1895].
(4) **Oxyantipyrine.** $C^{11}H^{12}Az^2O$ $Az.C^6H^5$ $= CH^3.Az\!\!\diagup^{\!\!CO}$ $CH^3.C = C.OH$	M	2,2566 2,0293 $\beta = 122°30'$	c 32°50'	c 122°30'		2 E 116°23'	D					WINCKLER (Gr. Zeits., t. XXIV, p. 328; 1895).
(x) **Oxycamphoronate** diméthylique. $C^{11}H^{16}O^6 = C^6H^{10}\!\!-\!\!CO$ $(COOCH^3)^2$	O	0,9115 0,7074	−	a	c	2 E 50° (app.) $\rho > \upsilon$						FOCK (Gr. Zeits., t. XXV, p. 340; 1895).
(α) **Oxycamphoronique** (acide). $C^9H^{12}O^6 + H^2O$ $= C^6H^{10}\!\!-\!\!CO + H^2O$ $(COOH)^2$	M	0,747 0,490 $\beta = 93°10'$	−	c 28°	c 118°	2 H 88°34' $\rho < \upsilon$						VON ZEPHAROVICH (Sitzb. Ak. Wien, t. LXXIII, p. 7; 1876).
Id. (β).	M	0,7725 0,6406 $\beta = 107°39'$	−	b	c 143°	2 H 85°7'						
Oxyméthylènecamphre phénylpyrazolé. $C^{11}H^{20}Az^2 = C^8H^{14}\!\!\diagup^{\!\!C-CH}_{\!\!C\ \ Az}$ $C^6H^5.Az$	M	1,8956 1,3478 $\beta = 115°43'$	+	(avec norm. à 001 $\pm 16°$ 14°40' — 12°40']	b	2 E 32° 26°40' 21°20' 0°	Li D Tl bleu					ARZRUNI in BISHOP, CLAISSEN et SINCLAIR (Lieb. Ann., t. CCLXXXI, p. 354; 1894).
Oxypyridine (chloro-platinate d'). $2[(C^5H^5AzO)HCl] + PtCl^4 + 2H^2O$	M	1,3561 0,9485 $\beta = 100°6'$		c 119°½ (app.)	b	2 V 81°½	D					VON ZEPHAROVICH (Gr. Zeits., t. XI, p. 376; 1886).

NOM ET FORMULE.	SYSTÈME cristallin.	PARAMÈTRES.	SIGNE OPTIQUE.	BISSECTRICES aiguë.	BISSECTRICES obtuse.	ANGLE des axes.	RAIE ou couleur.	n_g	n_m	n_p	RAIE ou couleur.	OBSERVATEURS.
Oxysulfobenzide. $SO^2\,{<}^{C^6H^5(OH)}_{C^6H^4(OH)}$	O	0,7813 0,4156		b	a	2E 34°47' 40°0' 45°54'	rouge D Tl					NEGRI (*Riv. di Min. i Crist. Ital.*, t. VI, p. 33; 1889).
Paranthracène. $(C^{14}H^{10})^x$	O	0,6762 1,5731		c	?	2H 81°34' $[n_H = 1,333]$	D					GILL *in* ORNDORFF et CAMERON (*Amer. chem. J.*, t. XVII, p. 667; 1895).
Parasantonate éthylique. $C^{15}H^{19}O^4(C^2H^5)$	O	0,6267 0,8497	−	c	b	2E 35°35' 44°15'	rouge bleu					STRÜVER (*Gr. Zeits.*, t. II, p. 606; 1878).
Parasantonate méthylique. $C^{15}H^{19}O^4(CH^3)$	O	0,6031 0,7740	−	c	b	2E 58°25' 64°5'	rouge bleu					*Id.*
Parasantonide. $C^{15}H^{18}O^3$	O	0,8116 0,9633	−	c	b	2E 59°25' $\rho > \upsilon$	rouge					*Id.*, p. 590.
Parasantonique (acide). $C^{15}H^{20}O^4$	O	0,4273 0,4353	−	c	b	2V 88°13' 88°3'	rouge bleu					*Id.*, p. 519.
α-Pentachloro-β-cétohydronaphtalène. $C^{10}H^5OCl^5$ $= C^6H^4\,{<}^{CCl^2-CO}_{CCl^2-CHCl}$	M	0,8767 0,4139 $\beta = 119°3'$	−	b	c 16°22' 17°57' 14°27'	2E 93°6' 94°2' 93°22'	Li D Tl					JENSSEN (*Gr. Zeits.*, t. XVII, p. 234; 1890).
β-Pentachloro-β-cétohydronaphtalène. $C^{10}H^5OCl^5$ $= C^6H^4\,{<}^{CCl^2-CO}_{CHCl-CCl^2}$	M	1,0121 1,3603 $\beta = 106°52'$	−	c 55°2'	c 145°2'	2V 80° (app.)	D					*Id.*, p. 236.
Pentaérythrite. $C^5H^{12}O^4$	Q	1,0236	−						1,5588	1,5480	D	MARTIN (*N. Jahrb. f. Min.*, Beil-B. VII, p. 21; 1891).

Phénacétine. *Voir* **Acétamidophénéthol.**

NOM ET FORMULE.	SYSTÈME cristallin.	PARAMÈTRES.	SIGNE OPTIQUE.	BISSECTRICES aiguë.	BISSECTRICES obtuse.	ANGLE des axes.	RAIE ou couleur.	n_g	n_m	n_p	RAIE ou couleur.	OBSERVATEURS.
Phénacéturate éthylique. $C^{12}H^{15}AzO^3 = C^6H^5.CH^2.CO.$ $AzH.CH^2.COO(C^2H^5)$	O	0,8197 0,7783	+	a	c	2H 44°41' $[n_H = 1,4728]$	D	1,6277		1,5639	D	STÖBER (*J. f. prakt. Ch.*, t. XXXVIII, p. 101; 1888).
(α) Phénoldisulfonate de baryum. $C^6H^4(OH)(SO^3)^2Ba + 4H^2O$	M	1,6542 1,3400 $\beta = 93°27'$	−	c 174°40'	b	2V 61°48' 61°58' 62°13'	Li D Tl		1,604 1,607 1,611		Li D Tl	ZINGEL (*Inaug. Diss.*, Göttingen, 1883 et *Gr. Zeits.*, t. X, p. 416; 1885).
p-Phénolsulfonate de potassium. $C^6H^4(OH)(SO^3K)$ (1) (4)	O	0,8799 1,0076	+	b	a	2V 67°49' 68°15' 68°36'	Li D Tl					BODEWIG (*Gr. Zeits.*, t. I, p. 585; 1877).
p-Phénolsulfonate de sodium. $C^6H^4(OH)(SO^3Na) + 2H^2O$ (1) (5)	M	0,7546 0,7943 $\beta = 94°40'$		c 9°	c 99°	2E 125°47' 2V 75° (app.)	D					SHADWELL (*Gr. Zeits.*, t. V, p. 305; 1881).
p-Phénolsulfonate de zinc. $[(C^6H^4)(OH)(SO^3)]^2Zn$ $+ 8H^2O$	M	1,1801 0,8103 $\beta = 99°3'$	−	b	c 110°50'	2H 83°3' 83°15' 83°20'	Li D Tl					CALDERON (*Gr. Zeits.*, t. IV, p. 239; 1880).

NOM ET FORMULE.	SYSTÈME cristallin.	PARAMÈTRES.	SIGNE OPTIQUE.	BISSECTRICES aiguë.	BISSECTRICES obtuse.	ANGLE des axes.	RAIE ou couleur.	$n_{g'}$	$n_{m'}$	$n_{p'}$	RAIE ou couleur.	OBSERVATEURS.
Phényl-β-amidopropionique (acide). $C^9H^{11}AzO^2 = C^6H^5.CH^2.CH(AzH^2).COOH$	M	0,8482 2,4612 $\beta = 104°27'$	+	c 54°	b	2 E 77° 4' 77°37' 78° 2' [dans 001]	Li D Tl					CALDERON (*Gr. Zeits.*, t. IV, p. 241; 1880).
Phényl-i-bromobutyro-lactone. $C^{10}H^9BrO^2$	M	1,5587 1,8056 $\beta = 98°48'$		c 8°48'	c 98°48'	2 E 57°12'	D					HAUTHAL *in* FITTIG (*Lieb. Ann.*, t.CCLXVIII, p. 82; 1892).
Phénylbromopara-conique (acide). $C^{11}H^9BrO^4$	O	0,6538 1,6223		a	c	2 V 56°30' $\rho > \nu$	D		1,4692		D	LINCK (*Gr. Zeits.*, t. XV, p. 30; 1889).
Phénylcétodihydroquinazoline $C^{11}H^{10}Az^2O = C^6H^4 \langle{}^{Az\,=\,CH}_{CO\,-\,Az.C^6H^5}$	O	0,4127 1,3514		b	c	2 V 77°10'	D					LIWEH (*Gr. Zeits.*, t. XVII, p. 386; 1890).
Phénylcoumarine. $C^{15}H^{10}O^2$	M	3,0984 3,0060 $\beta = 99°23'$		c 149°55'	c 59°55'	2 E 47°45' 48° 0' 48°15'	Li D Tl					E. SCACCHI (*R. C. della R. Acc. di Napoli*; 1884).
Phényldibromopropionique (acide). $C^9H^8Br^2O^2 = C^6H^5.CHBr.CHBr.COOH$	M	0,2392 0,3469 $\beta = 101°22'$	+	b	?	2 H 57°½	D					BODEWIG (*Gr. Zeits.*, t. III, p. 391; 1879).
m-Phénylènediamine-sulfonique (acide). $C^6H^3(AzH^2)^2SO^3H$ (1)(3)	M	1,3137 1,3628 $\beta = 98°32'$	+	c 31°¾	c 121°¾	2 H 83°23' 83°53' 84°16'	Li D Tl					LEVIN (*Inaug. Dissert.*, Göttingen, 1880 et *Gr. Zeits.*, t.VII, p. 521; 1883).
Phénylglycocolle (chlorhydrate de). $(C^8H^9AzO^2)HCl = [AzH(C^6H^5).CH^2.COOH]HCl$	O	0,682 1,025	−	a	c	2 V 18°25' 18° 9'	Li D	1,6747 1,6799	1,6709 1,6767		Li D	ARTINI (*Giorn. di Min. di Sansoni*, t. II, p. 35; 1891).
Phényl-i-oxybutyrolactone. $C^{10}H^2(OH)O^2$	M	2,2566 3,0965 $\beta = 113°26'$	−	c 6° (app.)	c 96° (app.)	2 V 12°38' 0°	D bleu	1,6539 1,6596		1,5026 1,5049 1,5075	Li D Tl	LINCK (*Gr. Zeits.*, t. XII, p. 448; 1887).
Phénylsulfate de potassium. $C^6H^5.O.SO^2.OK$	O	0,9534 2,232	+	c	a	2 E 87°33' 87°58' 88°35'	Li D Tl					BODEWIG (*Gr. Zeits.*, t. I, p. 583; 1877).
Phénylsulfonanilide. $C^{12}H^{11}Az(SO^2) = C^6H^5.SO^2.AzH.C^6H^5$	Q	2,4065	+					1,6486	1,5999		.D	BRUGNATELLI (*Riv. di Min. e Crist. ital.*, t. XV, p. 53; 1896).
(x) Phénylsulfonebutyrique (acide). $C^1H^7O^2(SO^2C^6H^5) = CH^3.CH^2.CH(SO^2C^6H^5).COOH$	O	0,3889 0,9541	−	a	c	2 V 64°45' [t = 20°]	D	1,6493	1,5975			BRUGNATELLI [*R. C. dei Lincei* (4ª s.), t. III, p. 78; 1891].
Phénylurée. $C^7H^8Az^2O = AzH^2.CO.AzH(C^6H^5)$	M	1,291 0,368 $\beta = 94°20'$		c 102°20' c 101°20'	b	2 E 76°29' 75°26'	Li D bleu					ARZRUNI (*Pogg. Ann.*, t. CLII, p. 285; 1874).
Phloroglucine. $C^6H^6O^3 + 2H^2O = C^6H^3(OH)^3 + 2H^2O$ (1)(3)(5)	O	0,8246 3,4172		a	b	2 E 62°58' 63°49' 64°34'	Li D Tl					WÜLFING *in* WILL (*Ber. d. D. ch. Ges.*, t. XX, p. 298; 1887).

NOM ET FORMULE.	SYSTÈME cristallin.	PARAMÈTRES.	SIGNE OPTIQUE.	BISSECTRICES aiguë.	BISSECTRICES obtuse.	ANGLE des axes.	RAIE ou couleur.	n_g	n_m	n_p	RAIE ou couleur.	OBSERVATEURS.
Photosantonique (acide). $C^{15}H^{20}O^4 + H^2O$	O	0,6068 0,7614	—	c	a	2 E 107°25' 111°20' 114°52'	rouge vert bleu					Schüven (*Gr. Zeits.*, t. II, p. 616; 1878).
o-Phtalaminate de potassium. $C^8H^6KAzO^3 = C^6H^4\!<\!CO\,Az\,H^2$ (1) / COOK (2)	O	0,6077 1,3706	—	a	c	2 E 23°59' 21° 2' 17°43'	*Li* D *Tl*					Rinne (*Inaug. Dissert.*, Göttingen, 1883 et *Gr. Zeits.*, t. IX, p. 623; 1884).
o-Phtalate acide de sodium. $C^8H^5NaO^4 = C^6H^4\!<\!COONa$ (1) / COOH (2)	O	0,7262 1,4197		a	b	2 E 30° (app.)	D					Muthmann et Ramsay (*Gr. Zeits.*, t. XVII, p. 17; 1890).
m-Phtalate de baryum. $C^8H^4BaO^4 + 6H^2O = C^6H^4\!<\!COO$ (1) / COO (3) $>\!Ba + 6H^2O$	T	0,7935 0,6135 $\alpha = 92°40'$ $\beta = 93°49'$ $\gamma = 78°58'$		85°30' avec norm. à (100) — 72°30' avec norm. à (010)		2 H 53°20' 53°45' 54°21'	*Li* D *Tl*					Heintze (*Inaug. Dissert.*, Göttingen, 1884 et *Gr. Zeits.*, t. XI, p. 84; 1886).
o-Phtalylhydroxamate éthylique. $Az[C^6H^4(CO)^2]OC^2H^5$	O	0,8943 0,6333	—	c	b	2 E 90°54' 91°17' 91°39'	*Li* D *Tl*					Henniges (*Inaug. Dissert.*, Göttingen, 1881 et *Gr. Zeits.*, t. VII, p. 525; 1883).
(β) Phtalylphényl-hydrazine. $C^{14}H^{10}Az^2O^2 = C^6H^4\!<\!CO - Az\,H$ | $CO - Az - C^6H^5$	M	1,1111 1,1657 $\beta = 115°39'$		b	c 39°39'	2 E 85° (app.)	jaune					Panebianco (*Riv. di Miner.*, t. I, p. 37; 1887).
Physostigénine. $C^{15}H^{21}Az^3O^2$	O	0,9773 0,4978	—	c	a	2 V 79° 3' 77°42' 76°16'	*Li* D *Tl*	1,5976 1,6023 1,6073			*Li* D *Tl*	Hoefinghoff (*Inaug. Diss.*, Halle, 1889 et *Gr. Zeits.*, t. XX, p. 308; 1892).
Picolamide. $C^5H^4AzCOAzH^2$ (1) (2)	M	1,1612 0,7450	+	[pl. des axes g^1(010), axes visibles dans h^1(100)]		2 E 73°20' 87°15'	rouge bleu					Stengel [*Sitzb. Akad. Wien.* t. CIII (1), p. 135; 1894].
Picolate de magnésium. $(C^6H^4AzO^2)^2Mg + 2H^2O$	M	0,8999 1,2261 $\beta = 105°42'$	+	b	c 0° (app.)	2H₀ 125°46' [$n_H = 1,4678$]	D					Iander (*Gr. Zeits.*, t. XX, p. 246; 1892).
(α) Picoline (chlorhydrargyrate de). $[(C^5H^4AzCH^3)HCl]^2HgCl^2$ (1) (2)	M	0,6141 0,8946 $\beta = 106°56'$	+	c 50° 4' 50°28' 50°35'	b	2H₀ 124°44' 125°45' 126°19'	*Li* D *Tl*	[$n_H = 1,4647$ (*Li*) 1,4678 (D) 1,4708 (*Tl*)]				Id., p. 238.
(β) Picoline (chlorhydrargyrate de). $[(C^5H^4AzCH^3)HCl]^2HgCl^2$ (1) (3)	M	?	—	b	?	2 E 98°31' 98°21' 98°40'	*Li* D *Tl*					Id., p. 242.
(α) Picoline (chloroplatinate de). $[(C^5H^4AzCH^3)HCl]^2PtCl^4$ (1) (2)	M	1,2725 0,9531 $\beta = 108°38'$	—	c 90° (app.)	c 0° (app.)	2 E 95° 2' 96°13' 95°11'	*Li* D *Tl*					Id., p. 240.
Picolique (chlorhydrate d'acide). $[C^5H^4Az(COOH)]HCl$ (1) (2)	O	0,5623 0,9623	—	c	a	2 E 68°53' 70°36' 71°35'	*Li* D *Tl*					Id., p. 246.

NOM ET FORMULE.	SYSTÈME cristallin.	PARAMÈTRES.	SIGNE OPTIQUE.	BISSECTRICES aiguë.	BISSECTRICES obtuse.	ANGLE des axes.	RAIE ou couleur.	n_g	n_m	n_p	RAIE ou couleur.	OBSERVATEURS.
Picrate d'acétamide. *Voir* **Acétamide (picrate de).**												
Picrate de fer. $[C^5H^2(AzO^2)^3O]^2Fe+5H^2O$	O	0,5224 0,2820	−	c	b b a	2 E 50″16′ 24″48′ 46°54′	*Li* D *Tl*					HIORTDAHL. (*Gr. Zeits.*, t. VII, p. 69; 1883).
Picrate de manganèse. $[C^5H^2(AzO^2)^3O]^2Mn+5H^2O$	O	0,5181 0,2833	−	c	b a a	2 E 41°53′ 15″30′ 57°13′	*Li* D *Tl*					*Id.*
Picrate de toluidine. *Voir* **Toluidine (picrate de).**												
Picrique (acide). $C^6H^2(AzO^2)^3OH$ (1.3.5) (2)	O	0,9735 0,9371	+	c	a	2 V 82″19′ 82″43′	rouge D					BRUGNATELLI (*Gr. Zeits.*, t. XXIV, p. 274; 1895).
Pimarique (acide dextro-). $C^{20}H^{30}O^2$	O	0,7163 1,8953	+	c	b	2 E 76°48′ 76°36′	*Li* D					BRÖGGER *in* VESTERBERG (*Ber. d. D. ch. Ges.*, t. XIX, p. 2167; 1886).
Pimarique (acide lévo-). $C^{20}H^{30}O^2$	O	0,8104 0,6141	+	b	c	2 V 63° 2′ (verre rouge) 61°45′ 61″23′?	rouge D bleu	1,5986 1,5998 1,6002(?)			rouge D bleu	BRÖGGER [*Bih. till Sv. Vet. Ak.* t. XIII (2), p. 19; 1886].
Pimélique (acide). $C^7H^{12}O^4$	T	0,4971 0,5992 $\alpha = 81°50'$ $\beta = 100° 2'$ $\gamma = 85° 6'$		(dans le trièdre positif) [trace du pl. des axes sur h'(100), 59° avec axe b].		2 H 70°						VON ZEPHAROVICH [*Sitzb. Akad. Wien*, t. LXXIII (I), p. 73; 1876].
Pinènenitrolbenzylamine. $C^{17}H^{24}Az^2O =$ $(C^{10}H^{16})AzO.AzH.CH^2.C^6H^5$	O	0,8591 0,9423	+	a	b	2 E 88° 9′ $\rho < \upsilon$?	D					BEYER (*Gr. Zeits.*, t. XVIII, p. 304; 1891).
Pinol (dibromure de). $(C^{10}H^{16}O)Br^2$	O	0,5700 1,5553	−	c	b	2 E 131°21′	D					*Id.*, p. 308.
Pipécolique (chloroplatinate d'acide). $[C^5H^{10}Az(COOH)HCl]^2PtCl^4$	M	1,2880 1,0902 $\beta = 113°23'$	−	c 0″ (app.)	c 90″	2 E 66°40′ 66″56′ 65″ 8′	*Li* D *Tl*					JANDER (*Gr. Zeits.*, t. XX, p. 251; 1892).
Pipéridine (chlorhydrate de) $(C^5H^{11}Az)HCl$	O	0,4945 0,7481	−	a	b	2 V 54°12′ 52″56′ 51°10′	*Li* D *Tl*					HIORTDAHL (*Forh. i Vid. Selsk. i Christiania*, 1878. N° 8).
Pipéridine (chloroaurate de) $[(C^5H^{11}Az)HCl]AuCl^3$	O	0,5047 ?	+	a	c	2 E 70°40′ $\rho > \upsilon$	D					*Id.*
Pipéridine (chlorostannate de). $[(C^5H^{11}Az)HCl]^2SnCl^4$	M	2,4343 1,0226 $\beta = 90°29'$		c 18°	b	2 E 112°52′ 114″24′ 116″52′	*Li* D *Tl*					*Id.*
Pipéridine (oxalate de). $(C^5H^{11}Az)^2C^2O^4H^2$	O	0,4108 0,7581	+	c	b	2 H 46°38′ $\rho > \upsilon$	D					*Id.*

NOM ET FORMULE.	SYSTÈME cristallin.	PARAMÈTRES.	SIGNE OPTIQUE.	BISSECTRICES aiguë.	BISSECTRICES obtuse.	ANGLE des axes.	RAIE ou couleur.	INDICES PRINCIPAUX n_g.	n_m.	n_p.	RAIE ou couleur.	OBSERVATEURS.
Platinocyanure de baryum. $BaCy^2PtCy^2 + 4H^2O$	M	0,8677 0,4788 $\beta = 103°42'$	+			2 E 35°13′ 31°16′ 27°16′	rouge jaune vert					Des Cloizeaux [*Ann. des Mines* (5ᵉ s.), t. XIV, p. 393; 1858].
				c 178°40′	c 88°40′	2 V 20°51′ 16°28′	rouge ·vert		1,662 1,666 1,673		rouge jaune vert	Murmann et Rotter (*Sitzb. Ak. Wien*, t. XXXIV, p. 179; 1859).
Platinocyanure de calcium. $CaCy^2PtCy^2 + 3H^2O$	O	0,8995 0,3366	+	c	b	2 E 88° 68°	rouge jaune					Von Lang (*Sitzb. Ak. Wien*, t. XXXI, p. 95; 1858).
Platinocyanure d'erbium. $Er^2Cy^6 + 3PtCy^2 + 21H^2O$	O	0,8965 0,6194	+	c	a	2 E 27°55′ $\rho > \upsilon$						Topsöe (*Bih. till Sv. Vet. Ak.*, t. II, n° 5; 1874).
Platinocyanure de lithium et potassium. $KLiCy^2PtCy^2 + 3H^2O$	O	0,7173 0,3186	+	c	b	2 E 65° (app.)						Grailich et von Lang (*Sitzb. Ak. Wien*, t. XXVII, p. 17; 1857).
Platinocyanure de magnésium. $MgCy^2PtCy^2 + 7H^2O$	Q	0,5863	+					$\dfrac{n_g + 2n_p}{3}$ $\begin{cases}1,5472\\1,5485\\1,5542\end{cases}$			B C D	Grailich (*Kryst.-opt. Unters.*, p. 112; Wien, 1858).
Platinocyanure de potassium. $K^2Cy^2PtCy^2 + 3H^2O$	O	0,8795 0,2736	+	c	b	2 E 78° 57°½ 39°½	rouge vert bleu					Des Cloizeaux (*Sav. Étr.* t. XVIII, p. 563; 1867).
Platinocyanure d'yttrium. $Y^2Cy^6 + 3PtCy^2 + 21H^2O$	O.	0,8920 0,6157	+	c	a	2 E 27° 8′						Topsöe (*Bih. till Sv. Vet. Ak.*, t. II, n° 5; 1874).
Propionate de baryum. $(C^3H^5O^2)^2Ba + H^2O$	O	0,8820 0,9552	−	b	c	2 V 81°36′ $\rho > \upsilon$	D		1,5175		D	Friedländer (*Gr. Zeits.*, t. III, p. 212; 1879).
Propionate de baryum et calcium. $(C^3H^5O^2)^6Ca^2Ba$	C								1,4442		D	Fitz et Sansoni (*Gr. Zeits.*, t. VI, p. 68; 1882).
Propionate de calcium et plomb. $(C^3H^5O^2)^6Ca^2Pb$	Q	0,9787	+					1,5341 1,5389 1,5436	1,5231 1,5268 1,5310		Li D Tl	Id., p. 69.
Propionate de calcium et strontium. $(C^3H^4O^2)^6Ca^2Sr$	Q	0,9759	+					1,4917 1,4956 1,4987	1,4839 1,4871 1,4897		Li D Tl	Id., p. 68.

Propionate de plomb et butyrate de calcium. *Voir* **Butyrate**.

NOM ET FORMULE.	SYSTÈME cristallin.	PARAMÈTRES.	SIGNE OPTIQUE.	BISSECTRICES aiguë.	BISSECTRICES obtuse.	ANGLE des axes.	RAIE ou couleur.	INDICES PRINCIPAUX n_g.	n_m.	n_p.	RAIE ou couleur.	OBSERVATEURS.
i. Propylacétonylphosphinate de baryum. $(C^6H^{11}OPO^3)^2H^2Ba + 2H^2O$	O	0,7850 2,5252	+	c	a	2 E 123° 2′ 122°44′ 122°24′	Li D Tl					Anzruni *in* Michaelis (*Ber. d. D. ch. Ges.*, t. XVIII, p. 903; 1885).
(2) Propylantipyrine. $C^{13}H^{16}Az^2O$ $= C^3H^7.Az\!\!<^{Az.C^6H^5}_{\;CO}$ $CH^3\overset{\mid}{C} = \overset{\mid}{CH}$	M	0,9759 0,1423 $\beta = 97°36'$		b	c 70°	2 V 52°50′	D		1,602		D	Winckler (*Gr. Zeits.*, t. XXIV, p. 330; 1895).
Propylphénylsulfone. $C^9H^{12}SO^2$ $= CH^3.CH^2.CH^2.SO^2.C^6H^5$	M	1,1481 0,9018 $\beta = 99°19'$	+	c 9° (app.)	c 99°	2 E 30°10′	D					Brugnatelli (*Giorn. di Min. di Sansoni*, t. II, p. 125; 1892).

NOM ET FORMULE.	SYSTÈME cristallis.	PARAMÈTRES.	SIGNE OPTIQUE.	DISSECTRICES aiguë	DISSECTRICES obtuse.	ANGLE des axes.	RAIE ou couleur.	INDICES PRINCIPAUX. $n_g.$	$n_m.$	$n_p.$	RAIE ou couleur.	OBSERVATEURS.
Propyltriphényl-pyrrolone. $C^{25}H^{16}AzO$ $= (C^6H^5)^2C — CH$ CO C.C^{6}H^5 Az.C^{3}H^7 (1re forme)	M	1,8060 1,8821 $\beta = 93°43'$	—	c 80°	b	2 E 79°30′ 76°25′ 68°35′	Li D Tl					Tutton (*J. of chem. Soc.*, t. LVII, p. 740; 1890).
Id. (2e forme).	O	0,6494 0,7646	+	c	b	2 V 68°50′ $\rho > \upsilon$	D		1,6377		D	
Pulvique (alcoolate d'acide). $C^{18}H^{12}O^5 + C^2H^6O$	O	0,5835 0,4337		a	b	2 H 66° 2′ $[n_B = 1,6213]$	blanc					Lüdecke *in* Wolhard (*Lieb. Ann.*, t. CCLXXXII, p. 15; 1894).
Pyrazol. $C^3H^4Az^2 =$ Az — AzH / HC CH / CH	M	0,6759 ? $\beta = 107°39'$	c 13°		b	2 H$_o$ 141°5′ $[n_m = 1,4718]$	D					Winckler (*Gr. Zeits.*, t. XXIV, p. 322; 1895).
Pyrazol (4) sulfonique (acide). $C^3H^4(SO^3)Az^2 =$ Az — AzH / HC CH / C.SO^{3}H	Q	?	+					1,6296	1,5747		D	Eppler (*Gr. Zeits.*, t. XXIX, p. 233; 1898).
Pyridine (chloroplatinate de). $[(C^5H^5Az)HCl]^2 + PtCl^4$	T	1,5726 0,9842 $a = 88°24'$ $\beta = 96°7'$ $\gamma = 95°7'$	—	presque normale à h¹. [pl. des axes pr. norm. à l'axe c].		2 E 59°54′	D					Brezina (*Sitzb. Akad. Wien*, t. LXXXVI, p. 945; 1882).
Pyrogallol triméthylique. $C^6H^3(OCH^3)^3[1.2.3]$	O	0,5392 0,3590		c	a	2 E 80° (app.)						Fock (*Gr. Zeits.*, t. XVII, p. 591; 1890).
Pyrrolylène (tétrabromure de). $C^4H^6Br^4$ (α) fusible à 38°	O	0,9776 1,6821	+	c	b	2 E 57° (app.) $\rho < \upsilon$						La Valle [*R. C. dei Lincei*, t. II (2ª s.) p. 152; 1886].
Id. (β) fusible à 118°	M	2,6348 2,3338 $\beta = 99°5'$		c 99° (app.)	c 9°	2 H$_o$ 99° (app.)						Panebianco (*Riv. di Min. ital.*, t. II, p. 33; 1888).
Quercite. $C^6H^{12}O^5$	M	0,8058 0,7655 $\beta = 110°57'$	+	c 161° (app.)	c 71°	2 E 55°30′ 58°25′	rouge bleu					Des Cloizeaux (*Sav. étr.*, t. XVIII, p. 675; 1867). [*Lewis* (*Gr. Zeits.*, t. II, p. 190; 1878).]
				c 168°11′ 168°14′ 168°38′	c 78°11′ 78°14′ 78°38′	2 E 57°35′ 58° 1′ 58°34′	Li D Tl					Bodewig *in* Groth (*Physik. Kryst.*, 2ª éd., p. 514; 1885).
Quinidine. avec alcool éthylique. $C^{20}H^{24}Az^2O^2 + C^2H^6O$	O	0,8001 0,7356	+	c	b	2 E 78°30′						Wyrouboff [*Ann. de Ch. et Phys.* (7ª s.), t. I, p. 41; 1894].
Id. avec alcool méthylique. Quin. + CH^{4}O	O	0,8091 0,7317	+	c	b	2 E 78°						Id.

NOM ET FORMULE.	SYSTÈME cristallin.	PARAMÈTRES.	SIGNE OPTIQUE.	DISSECTRICES aiguë.	DISSECTRICES obtuse.	ANGLE des axes.	RAIE ou couleur.	n_g	n_m	n_p	RAIE ou couleur.	OBSERVATEURS.
Id. avec benzène. Quin. $+ \frac{1}{3}C^6H^6$	O	0,6916 1,0054	+	c	a	2 E 85°						Wyrouboff [Ann. de Ch. et Phys. (7ᵉ s.), t. 1, p. 68; 1894].
Id. avec éther éthylique. Quin. $+ \frac{1}{3}C^4H^{10}O$	O	0,6933 1,0152	+	c	a	2 E 85°30'						Id.
Quinine (séléniate acide de). $(C^{20}H^{24}Az^2O^2)SeO^4H^2 + 7H^2O$	O	0,9804 0,3110	−	c	b	2 H 53°42' 50°15' 46°42'	Li D Tl					Hiortdahl (Forh. i Vid. Selks. i Christiania, n° 12; 1878).
						2 E 77°15'	D					Wyrouboff (loc. cit., p. 61).
Quinine (sulfate acide de). $(C^{20}H^{24}Az^2O^2)SO^4H^2 + 7H^2O$	O	0,9844 0,3094	−	c	b b a	2 H 21°48' 13°14' 13°13'	Li D Tl					Hiortdahl (loc. cit.).
						2 E 19°15'	D					Wyrouboff (loc. cit.).
Quinone. $C^6H^4O^2 = CO\langle{}^{CH:CH}_{CH:CH}\rangle CO$	M	1,0325 1,7100 $\beta = 101°$	−	c 140°	c 50°	2 H 73°28' 74°1' 74°38'	Li D Tl					Hennigs (Inaug. Dissert., Göttingen, 1881 et Gr. Zeits., t. VII, p. 523; 1883).

Quinonedihydrodicarbonate diéthylique. *Voir* **Dioxytéréphtalate diéthylique.**

NOM ET FORMULE.	SYSTÈME cristallin.	PARAMÈTRES.	SIGNE OPTIQUE.	DISSECTRICES aiguë.	DISSECTRICES obtuse.	ANGLE des axes.	RAIE ou couleur.	n_g	n_m	n_p	RAIE ou couleur.	OBSERVATEURS.
Racémate acide **d'ammonium.** $(C^4H^4O^6)H(AzH^4)$	T	1,3257 0,9586 $\alpha = 89°18'$ $\beta = 102°38'$ $\gamma = 87°12'$	−		8°18' avec norm. à p(001) [plan des axes 88° avec l'axe b].	2 H$_o$ 105°15' ρ < υ						Wyrouboff (Bull. Soc. Minér., t. VI, p. 313; 1883).
Racémate acide **de potassium.** $(C^4H^4O^6)HK$	T	1,3789 0,9726 $\alpha = 88°36'$ $\beta = 102°22'$ $\gamma = 87°16'$	+	c 7°30' 4°58' avec norm. à p	[plan des axes 88° avec l'axe b].	2 H 89°10' ρ < υ						Id., p. 315.
Racémate acide **de rubidium.** $(C^4H^4O^6)HRb$	T	1,3879 0,9460 $\alpha = 87°55'$ $\beta = 103°50'$ $\gamma = 90°22'$	+	c 6°0' [plan des axes normal à b].		2 H 82° ρ < υ						Id., p. 316.
Racémate acide **de thallium.** $(C^4H^4O^6)HTl$	T	1,3691 0,9673 $\alpha = 89°46'$ $\beta = 102°8'$ $\gamma = 88°52'$	−		c 0° [plan des axes 87° avec l'axe b].	2 H$_o$ 103°50' ρ < υ						Id., p. 314.
Racémate d'ammonium. $C^4H^4O^6(AzH^4)^2 + 2H^2O$ (1ʳᵉ forme)	O	0,8465 0,5086	+	c	b	2 E 104°10' 107°35'	rouge vert					Grailich et von Lang (Sitzb. Ak. Wien, t. XXVII, p. 54; 1857).
Id. (2ᵉ forme)	M	0,5998 0,2290 $\beta = 90°41'$	+	c 12°52'	c 102°52'	2 V 60°54' ρ < υ	rouge		1,564		rouge	Wyrouboff (Bull. Soc. Minér., t. IX, p. 108; 1886).

NOM ET FORMULE.	SYSTÈME cristallin.	PARAMÈTRES.	SIGNE OPTIQUE	BISSECTRICES aiguë.	BISSECTRICES obtuse.	ANGLE des axes.	RAIE ou couleur.	n_g	n_m	n_p	RAIE ou couleur.	OBSERVATEURS.
Racémate d'ammonium et lithium. $C^4H^4O^6(AzH^4)Li + H^2O$	M	1,9163 1,0029 β = 115°1'	+	c 76°30'	c 166°30'	2 V 81°42'	rouge		1,5287		rouge	Wyrouboff [*Ann. de Ch. et Phys.* (4e s.), t. X, p. 458; 1867].
Racémate d'ammonium et sodium. $C^4H^4O^6(AzH^4)Na + H^2O$	M	2,0275 3,0033 β = 94°24'	−	c 81°	b	2 V 44°20' ρ < ν	rouge		1,473		rouge	Id. [*Ann. de Ch. et Phys.* (6e s.), t. IX, p. 229; 1886].
Racémate de lithium et potassium. $(C^4H^4O^6)KLi + H^2O$	M	0,57 0,33 β = 95°26'	+	c 79°36'	c 169°36'	2 H 80°4' ρ < ν (?)	blanc					Id. (*Bull. Soc. Minér.*, t. VI, p. 60; 1883).
Racémate de lithium et rubidium. $(C^4H^4O^6)RbLi + H^2O$	M	0,5692 0,3306 β = 95°38'	+	c 80°28'	c 170°28'	2 H 73° 73°30'	rouge vert					Id.
Racémate de lithium et sodium. $(C^4H^4O^6)NaLi + H^2O$	M	2,3163 1,7680 β = 131°28'	−−	c 34°½	c 124°½	2 V 68°57'	rouge		1,4904		rouge	Id. [*Ann. de Ch. et Phys.* (4e s.), t. X, p. 458; 1867].
Racémate de potassium. $(C^4H^4O^6)K^2 + 2H^2O$	M	0,8866 0,7521 β = 92°28'	−	b	c 64°57' 64°48' 63°54'	2 E 130°2' 132°45'	rouge jaune bleu					Des Cloizeaux [*Ann. de Ch. et Phys.* (4e s.), t. XVII, p. 365; 1869].
Racémate de potassium et sodium. $(C^4H^4O^6)NaK + 3H^2O$	M	2,2763 3,5449 β = 97°51'	−	c 82°30'	b	2 H 11° 12°30'	rouge vert					Wyrouboff [*Ann. de Ch. et Phys.* (6e s.), t. IX, p. 233; 1886].
Racémate de sodium. $(C^4H^4O^6)Na^2$	O	0,5019 0,3280	−	c	b	2 E 62°30'						Von Lang (*Sitzb. Ak. Wien*, t. XLV, p. 117; 1862).
Racémate de thallium. $(C^4H^4O^6)Tl^2$ (1re forme)	M	1,4568 0,7754 β = 90°20'	+	c 95°16'	c 5°16'	2 V 88°30' 88°22'	rouge jaune		1,81		jaune	Des Cloizeaux [*Ann. de Ch. et Phys.* (4e s.), t. XVII, p. 346; 1869].
Id. (2e forme)	M	1,186 1,2955 β = 96°45'	+	c 76°35' 76°29' 76°1'	c 166°35' 166°29' 166°1'	2 H 106°58' 106°33'	rouge jaune bleu					
Racémique (acide). $C^4H^6O^6 + H^2O$	T	0,8017 0,4911 a = 75°16' β = 97°59' γ = 120°22'		c 133° [plan des axes parallèle à (110)].	c 43°	2 V 67°10' ρ > ν	jaune moy.		1,526		jaune moy.	Groth [*Physik. Kryst.* (2e éd.), p. 531; 1885].
Résorcine. $C^6H^6O^2 = C^6H^4(OH)^2$ (1)(3)	O	0,9123 0,5876	−	a	b	2 E 76°40' 76°6' 74°35'	rouge jaune bleu		1,555		D	Id., p. 464.
Rhamnose. $C^6H^{12}O^5 + H^2O$	M	0,9996 0,8381 β = 91°15',5	−	c 94°46'	c 4°46'	2 V 61°21' 59°22' 57°28'	rouge jaune bleu		1,4939 1,4988 1,5049		rouge jaune bleu	Vrba (*Sitzb. Ak. Wien*, t. LXXX (1), p. 7; 1879).
Ruthénocyanure de potassium. $K^4RuCy^6 + 3H^2O$	M	0,3936 0,3948 β = 90°6'	−	c 32°10'	b	2 V 54°0'	D		1,5837		D	Dufet (*C. R.*, t. CXX, p. 379; 1895).

NOM ET FORMULE.	SYSTÈME cristallin.	PARAMÈTRES.	SIGNE OPTIQUE.	BISSECTRICES aiguë.	BISSECTRICES obtuse.	ANGLE des axes.	RAIE ou couleur.	n_g	n_m	n_p	RAIE ou couleur.	OBSERVATEURS.
Saccharine. $C^6H^{10}O^5$ [*Voir* Table XV pour var. d'angle des axes opt. par la tempér.]	O	0,6839 0,7374		b	c c c a a a a a a a	2E 8°26' 7°27' 6°19' 7°36' 8°21' 9° 0' 11°16' 12°40' 13°50' [t = 16°]	B C D $Ca_3(559)$ Tl E b F $Sr_\delta(461)$ G				Brugnatelli (*Gr. Zeits.*, t. XXIX, p. 54; 1897).
Saccharose. *Voir* Sucre de cannes.												
Salicine. $C^{13}H^{18}O^7$ $= C^6H^4\begin{cases}OC^6H^{11}O^5\ (1)\\ CH^2OH\ (2)\end{cases}$	O	0,3486 0,401	−	c	b	$2H_a$ 137° 138°	rouge vert					Von Lang (*Sitzb. Ak. Wien*, t. XXXI, p. 109; 1858).
Salicylate phénylique (salol). $C^{13}H^{10}O^3$ $= OH.C^6H^4.COOC^6H^5$ (1) (2)	O	0,9684 0,6971	+	b	c	2H 92°30' $\rho > v$						Wyrouboff (*Bull. Soc. Minér.*, t. XII, p. 443; 1889).
Santonate benzylique. $(C^{15}H^{19}O^4)C^7H^7$	O	0,7701 0,4159	+	c	b	2V 85°57' 86°15'	rouge bleu					Panebianco [*Atti dei Lincei* (3ᵉ s.), t. II, p. 163; 1878].
Santonate éthylique. $(C^{15}H^{19}O^4)C^2H^6$	O	0,4515 0,6633	+	c	a	2V 64° 6' 62° 8' 60° 2'	rouge vert bleu	1,5334 1,5385 1,5418	1,5288 1,5349 1,5391		rouge vert bleu	Strüver (*Gr. Zeits.*, t. II, p. 602; 1878).
Santonate méthylique. $(C^{15}H^{19}O^4)CH^3$	O	0,501 0,9278	−	c	a	2V 74°24' 75°21' 76°14'	rouge vert bleu	1,5236 1,5331			rouge vert	*Id.*, p. 605.
Santonide. $C^{15}H^{18}O^3$	O	0,6524 1,0935	+	c	b	2V 67° 1' 68°20'	rouge bleu					*Id.*, p. 591.
Santoninate de sodium. $(C^{15}H^{19}O^4)Na + 3\frac{1}{2}H^2O$	O	0,600 1,777	−	c	a	2E 50° 2' 52°20' 55°21'	rouge vert bleu					*Id.*, p. 608. [Von Lang (*Sitzb. Ak. Wien*, t. XLV (II), p. 118; 1862).]
Santonine. $C^{15}H^{18}O^3$	O	0,6152 0,4040	+	b	c	2E 34°50' 45°30' 61°30' 2E 38°30' 42°13' 47°46' 50°37' [t = 17°] 2E 35°17' 36° 6' 41°34' 47°24' 48°52' 54°32' [t = 15°]	rouge jaune vert. rouge jaune vert bleu B C D Tl E F					Von Lang (*Sitzb. Ak. Wien*, t. XXXI, p. 118; 1858). Des Cloizeaux (*Sav. étr.*, t. XVIII, p. 597; 1867). Brugnatelli (*Gr. Zeits.*, t. XXVII, p. 81; 1896).

NOM ET FORMULE.	SYSTÈME cristallin.	PARAMÈTRES.	SIGNE OPTIQUE.	BISSECTRICES aiguë.	obtuse.	ANGLE des axes.	RAIE ou couleur.	INDICES PRINCIPAUX. $n_{g'}$	$n_{m'}$	$n_{p'}$	RAIE ou couleur.	OBSERVATEURS.
Santoninique (acide). $C^{15}H^{20}O^4$	O	0,9573 1,5642	− +	a b	b a	2 V 89°55′ 87°40′	rouge bleu					STRÜVER (*Gr. Zeits.*, t. II, p. 600; 1878).
Santonique (acide). $C^{15}H^{20}O^4$	O	0,4596 0,6594	−	c	a	2 V 86°34′ 87°41′	rouge vert					*Id.*, p. 596.
Santonyle (chlorure de). $C^{15}H^{19}O^3.Cl$	O	0,9533 1,1536	+	c	a	2 H 72° 5′ 71°35′	rouge bleu					*Id.*, p. 608.
Séléniodiglycolique (acide). $Se(CH^2.COOH)^2$	M	3,0885 2,9116 $\beta = 95°19′$		c 41°	c 131°	2 V 78°30′	D					ARZRUNI (*Gr. Zeits.*, t. I, p. 448; 1877).
Sesquiterpène (azotate de). $(C^{15}H^{24})AzO^3H$	O	0,9543 1,3837	+	c	b b b a	2 E 23° 6′ 18°32′ 10°23′ 0° 9°19′	*Li* D *Tl* $\lambda=500$ bleu					TUTTLE (*N. Jahrb. f. Min.*, Beil.-B. IX, p.453; 1895).
Sesquiterpène (chlorhydrate de). $(C^{15}H^{24})HCl$	O	0,7865 1,5622	+	c	b	2 H 92° 2′ 92°17′ 92°26′	*Li* D *Tl*					*Id.*, p. 451.
Shikimate d'ammonium. $C^7H^9O^5.AzH^4$	O	0,827 1,759	−	a	b	2 V 68°37′	D	1,6459 1,6522 1,6681	1,5811 1,5865 1,5947	1,4679 1,4699 1,4763	C D F	EYKMAN (*Ber. d. D. chem. Ges.*, t. XXIV, p. 1282; 1891).
Silicotétraphénylamine. $Si(AzH.C^6H^5)^4$	M	0,9853 1,043 $\beta = 110°20′$	+	c 27°20′	c 117°20′	2 V 17°40′	D					SOLLAS *in* REYNOLDS (*J. of chem. Soc.*, t. LV, p.477; 1889).
Sobrerol. $C^{10}H^{18}O^2$ (inactif).	O	0,4125 0,3411	−	a	b	2 V 44°50′ (app.)						ARMSTRONG et POPE (*J. of chem. Soc.* t. LIX, p. 319; 1891).
Sobrérythrite. $C^{10}H^{20}O^4 + 2H^2O$	M	0,3761 0,6275 $\beta = 97°$		[plan des axes $g^1(010)$]. Les bissect. font 45° avec l'axe a.		2 V 57°26′ $\rho < v$	D					MICHAILOWSKI *in* GINZBERG (*Ber. d. D. Ges.*, t. XXIX, p. 1197; 1896).
Sorbine. $C^6H^{12}O^6$	O	0,3357 0,3523	−	b	c	2 E 101° 5′ 104°18′	rouge bleu					DES CLOIZEAUX (*Sav. Étr.*, t. XVIII, p. 602; 1867).
Stilbène (oxyde de). $C^{14}H^{12}O = \genfrac{}{}{0pt}{}{C^6H^5.CH}{C^6H^5.CH}\!\!>\!\!O$	M	0,4958 1,4816 $\beta = 97°23′$	+	c 177° (app.)	c 87°	2 H 70° 7′ 70°37′	*Li* D					BODEWIG (*Gr. Zeits.*, t. III, p. 387; 1879).
Stilbène (iso-) (oxyde de). $C^{14}H^{12}O$	M	0,5254 1,4187 $\beta = 98°52′$	−	b	c 173° ou 83°	2 H$_a$ 115°18′ 115°54′	*Li* D					*Id.*
Strychnine (séléniate de). $(C^{21}H^{22}Az^2O^2)^2SeO^4H^2+5H^2O$	M	0,9645 0,8276 $\beta = 108°$	+	c 31°	b	2 E 14°						WYROUBOFF [*Ann. de Ch. et Phys.* (7° s.), t. I, p. 50; 1894].
Id. à 6 H²O. $Str^2SeO^4H^2 + 6H^2O$	O ps. Q	1,00 4,3315	−	c		2 E 93°16′ $\rho > v$						*Id.*, p. 53.

NOM ET FORMULE	SYSTÈME cristallin	PARAMÈTRES	SIGNE OPTIQUE	BISSECTRICES aiguë	BISSECTRICES obtuse	ANGLE des axes	RAIE ou couleur	n_g	n_n	n_p	RAIE ou couleur	OBSERVATEURS
Strychnine (sulfate de). $Str^2SO^4H^2 + 5H^2O$	M	0,9482 0,8297 $\beta = 107°33'$	+	c 32°43'	b	2E 16°30' $\rho < v$ [$l = 17°$]	rouge			1,594	rouge	Des Cloizeaux [Ann. des Mines (5e s.), t. XIV, p. 390; 1858].
Succinimide (dérivé iodopotassique). [$C^4H^5O^2Az]^4I^3 + KI$	M	0,9928 0,9828	+	c 0° (app.)	b	2E 20°17'	D					E. Scacchi [Atti. d. Accad. di Napoli (série 2), t. VI, n° 16; 1892].
Succinique (acide). $C^4H^6O^4 = $ CH².COOH | CH².COOH	M	0,5688 0,6195 $\beta = 91°20'$	−	c 46°43'	c 136°43'	2H$_a$ 85°50'	blanc					Wyrouboff (Bull. Soc. Minér., t. XVI, p. 35; 1893).
Succinylsuccinate diéthylique. $C^{12}H^{16}O^6 =$ CH².CO.CH.COOC²H⁵ | CH.CO.CH² | COOC²H⁵	T	0,5809 1,3614 $\alpha = 103°11'$ $\beta = 94°58'$ $\gamma = 96°59'$	−	presque norm. à (110) [plan des axes 10° avec c dans l'angle supérieur h^1t (100) (110)].		2H 86°52' 87°36' 87°51'	Li D Tl					Arzruni (Gr. Zeits., t. I, p. 450; 1877).
Sucre de cannes. $C^{12}H^{22}O^{11}$	M	1,2595 0,8782 $\beta = 103°30'$	−	c 66°38'	c 156°38'	2V 47°42' 47°48' 47°58'	rouge D vert	1,5679 1,5705 1,5737	1,5630 1,5653 1,5687	1,5351 1,5371 1,5404	rouge D vert	Becke (Tsch. Mittheil., t. VII, p. 261; 1877). [Des Cloizeaux (Ann. des Mines (5e s.), t. XIV; 1858).]
						2E 78°50' 79° 7' 79°29'	Li D Tl	1,5693 1,5716 1,5734	1,5638 1,5667 1,5685	1,5379 1,5397 1,5422	Li D Tl	Calderon (Gr. Zeits., t. I, p. 73; 1877).
						2E 78°30'	D	1,5698	1,5643	1,5362	D	F. Kohlrausch (Wied. Ann., t. IV, p. 30; 1878).

Sucre de lait. *Voir* **Lactose.**

NOM ET FORMULE	SYSTÈME cristallin	PARAMÈTRES	SIGNE OPTIQUE	BISSECTRICES aiguë	BISSECTRICES obtuse	ANGLE des axes	RAIE ou couleur	n_g	n_n	n_p	RAIE ou couleur	OBSERVATEURS
Sulfanilate de sodium. $C^6H^4(AzH^2)SO^3Na + H^2O$ (1) (4)	O	0,7855 0,7948	+	c	a	2V 65°38' 65°17' 65° 1'	Li D Tl		1,5629 1,5666 1,5717		Li D Tl	Henniges (Inaug. Dissert., Göttingen, 1881, et Gr. Zeits., t. VII, p. 526; 1883).
Sulfhydantoïne. $C^3H^4Az^2SO$	O	0,7951 0,9210	−	b	c	2V 81°34' $\rho > v$	D		1,7372		D	Friedländer (Gr. Zeits., t. III, p. 176; 1879).
m-Sulfobenzoate de sodium. $C^7H^5O^2(SO^3)Na + 2H^2O = $ C^6H^4<COOH (1) / SO³Na (3)> $+ 2H^2O$	T	0,5123 1,7144 $\alpha = 95°43'$ $\beta = 103°33'$ $\gamma = 78°24'$	−	presque pp. à g^1	presque pp. à p	2E 85°14' 86° 7' 87° 4'	Li D Tl					Wickel (Inaug. Dissert., Göttingen, 1884, et Gr. Zeits., t. XI, p. 79; 1886).
Sulfocamphylate acide de plomb. $C^{16}H^{30}PbS^2O^{12} + 4H^2O$	O	0,7228 0,8080	−	c	a	2E 78°17'						Von Zepharovich (Sitzb. Ak. Wien, t. LXXIII (1), p. 7; 1873).
Sulfocarbanilide. $CS(AzH.C^6H^5)^2$	O	0,7150 3,2597		c	b	2H 96°10'½ 95°40' 95° 7' (huile d'amandes)	Li D Tl					Arzruni in Losanitsch (Ber. d. D. ch. Ges., t. XIX, p. 1821; 1886).
Sulfocyanacétique (acide iso-). $C^3H^3AzSO^2$ $= CS : Az.CH^2.COOH$	O	0,8894 1,2677	−	b	a	2V 64°53' $\rho > v$	D					Friedländer (Gr. Zeits., t. III, p. 171; 1879).
Sulfocyanure de didyme et cyanure de mercure. $Di(CyS)^3 + 3HgCy^2 + 12H^2O$	O	0,3556 0,2449	+	b	c	2E 88°42' $\rho < v$ (app.)						Topsöe (Bih. till Sv. Vet. Ak., t. II, n° 5; 1874).

NOM ET FORMULE.	SYSTÈME cristallin.	PARAMÈTRES.	SIGNE OPTIQUE.	BISSECTRICES aiguë.	BISSECTRICES obtuse.	ANGLE des axes.	RAIE ou couleur.	n_g	n_m	n_p	RAIE ou couleur.	OBSERVATEURS.
Sulfocyanure de lanthane et cyanure de mercure. $La(CyS)^3+3HgCy^2+12H^2O$	M	2,2787 2,5787 $\beta=92°37'$	+	c 2°½ (app.)	c 92°½ (app.)	2 E 127°16'						Topsoë (*Bih. till Sv. Vet. Ak.*, t. II, n°5; 1874).
Sulfourée. $CH^4Az^2S = CS{<}^{AzH^2}_{AzH^2}$	O	0,7163 ?	−	b	c	2 E 72°¾ à 70°½	*Li*					Hintze (*Gr. Zeits.*, t. IX, p. 552; 1884).
Sulfovinate de baryum. *Voir* Éthylsulfate de baryum.												
Sylvestrènenitrolbenzyl-amine. $C^{11}H^{21}Az^2O = C^{18}H^{16}(AzO.AzH.CH^2.C^6H^5)$	O	0,7024 0,4348	+	a	b	2H₀ 112°16'	D					Beyer (*Gr. Zeits.*, t. XVIII, p. 305; 1891).
Tartrate acide d'ammonium. $(C^4H^4O^6)H(AzH^4)$	O	0,6933 0,7086	−	b	a	2 V 79°54' $\rho > \upsilon$	D	1,5861 1,5910 1,6000	1,5577 1,5614 1,5689	1,5168 1,5188 1,5279	C D F	Topsoë et Christiansen [*Ann. de Ch. et Phys.* (5e s.), t. I, p. 64; 1874]. [*Von Lang (Sitzb. Ak. Wien,* t. LV (II), p. 420; 1867).]
Tartrate acide de potassium. $(C^4H^4O^6)HK$	O	0,7115 0,7372	−	b	a	2 E 161°40' $\rho > \upsilon$						Von Lang (*Sitzb. Ak. Wien,* t. XXXI, p. 109; 1858).
Tartrate acide de sodium. $(C^4H^4O^6)HNa + H^2O$	O	0,818 0,683	+	c	b	2 V 51°31' 52°18'	rouge bleu		1,5332 1,5374		rouge bleu	Brio [*Sitzb. Ak. Wien,* t. LV (II), p. 875; 1867].
Tartrate acide de strontium. $C^4H^4O^6Sr + 3C^4H^6O^6$	O	0,95 0,877	−	a	b	2 H 76°13' 76°56'	rouge vert					Wyrouboff [*Ann. de Ch. et Phys.* (4e s.), t. X, p. 460; 1867].
Tartrate acide de strontium. $C^4H^4O^6Sr + C^4H^6O^6+4H^2O$ (?)	M	0,752 0,707 $\beta=112°37'$		b	c 164° 6'	2 H 69°14' 69°45'	rouge vert					*Id.*
Tartrate acide de thallium. $(C^4H^4O^6)HTl$	O	0,6976 0,7275	−	b	a	2 H 92°38' 92°42' 93°42' [*t* = 18°]	rouge jaune bleu					Des Cloizeaux [*Ann. de Chim. et Phys.* (4e s.), t. XVII, p. 334; 1869]. [*Von Lang (Sitzb. Ak. Wien,* t. LV (II), p. 420; 1867).]
Tartrate d'acétamide. *Voir* Acétamide (tartrate d').												
Tartrate d'ammonium. $C^4H^4O^6(AzH^4)^2$	M	1,1493 1,4291 $\beta=92°25'$	−	c 18°41' 18°42' 18°49'	c 108°41' 108°42' 108°49'	2 V 39°32' 39°36' 40° 0'	rouge jaune bleu		1,579 1,581 1,591		rouge jaune bleu	Des Cloizeaux (*Sav. Étr.,* t. XVIII, p. 688; 1867). [*Miller (Pogg. Ann.,* t. XXXVII; 1836).]
Tartrate d'ammonium et antimonyle. $2[C^4H^4O^6(SbO)(AzH^4)] + H^2O$	O	0,8923 1,08	−	b	a	2 V 68° 8' $\rho > \upsilon$	C		1,6229		C	Topsoë et Christiansen [*Ann. de Ch. et Phys.* (5e s.), t. I, p. 67; 1874].
Tartrate d'ammonium et lithium. $(C^4H^4O^6)Li(AzH^4) + H^2O$	O	0,5393 0,4404	+	b	a	2 V 87° 6'	rouge		1,5673		rouge	Wyrouboff [*Ann. de Ch. et Phys.* (4e s.), t. X, p. 456; 1867].

NOM ET FORMULE.	SYSTÈME cristallin.	PARAMÈTRES.	SIGNE OPTIQUE.	BISSECTRICES aiguë.	BISSECTRICES obtuse.	ANGLE des axes.	RAIE ou couleur.	n_g	n_m	n_p	RAIE ou couleur.	OBSERVATEURS.
Tartrate d'ammonium et sodium. [Sel de Seignette ammoniacal]. $(C^4H^4O^6)Na(AzH^4)+4H^2O$ [*Voir* Table XV, pour variation d'indice par la température].	O	0,8233 0,420	—	c	b	2 E 100° 70°	rouge violet					De Sénarmont [*Ann. de Ch. et Phys.* (3ᵉ s.). t. XXXIII, p. 416; 1851].
						2 E 106°40' 96°30' 86°30'	Li D vert	1,4956 1,4990 1,5016	1,4942 1,4980 1,5007	1,4909 1,4950 1,4974	Li D verre vert	Wyrouboff (*Bull. Soc. Minér.*, t. VII, p.9; 1884).
								1,49965	1,49850	1,49530	D [$t = 20°$]	Lavenin (*Bull. Soc. Minér.*, t. XVII, p. 192; 1894).
Tartrate d'antimonyle et calcium *avec* azotate de calcium. $(C^4H^4O^6)^2(SbO)^2Ca + (AzO^3)^2Ca + \tfrac{3}{2}H^2O$	O	0,5306 1,012	+	c	a	2 E 66° 4' 63° 5'	rouge violet	1,6196	1,5855	1,5811	jaune	Des Cloizeaux [*Ann. des Mines* (5ᵉ s.), t. XIV, p. 368; 1858].
Tartrate d'antimonyle et calcium *avec* azotate de potassium. $(C^4H^4O^6)^2(SbO)^2Ca + AzO^3K + H^2O$	O	0,9799 0,5158		b	c	2 E 64° 1'	D					Traube (*N. Jahrb. f. Min.*, Beil.-B. VIII, p. 523; 1893).
Tartrate d'antimonyle et potassium. [Émétique] $2[(C^4H^4O^6)(SbO)K]+H^2O$	O	0,9556 1,1054	—	b	a	2 E 75°30'						Von Lang (*Sitzb. Akad. Wien*, t. XXXI, p. 110; 1858).
						2 E 85°20' 83°10'	rouge bleu					Des Cloizeaux (*Sav. étr.*, t. XVIII, p. 566; 1867).
						2 E 75°50'	D	1,6322 1,6375 1,6511	1,6306 1,6360 1,6497	1,6148 6,6199 1,6325	C D F	Topsoë et Christiansen [*Ann. de Ch. et Phys.* (5ᵉ s.), t. I, p. 68; 1874].
Tartrate d'antimonyle et potassium *avec* azotate de sodium. $4[(C^4H^4O^6)(SbO)K] + AzO^3Na + 2H^2O$	O	0,9195 0,4763	—	c	a	2 E 88°37'	D					Traube (*N. Jahrb. f. Min.*, Beil.-B. VIII, p. 523; 1893).
Autre. $2[(C^4H^4O^6)(SbO)K] + AzO^3Na + H^2O$	O	0,9121 0,5073	—	a	b	2 E 90°45'	D					Id.
Tartrate d'antimonyle et rubidium. $2[(C^4H^4O^6)(SbO)Rb]+H^2O$	O	0,459 1,3655	—	c	b	2 H 89°50' 89°32' $n_{\shortparallel}\begin{cases}1,466\\1,478\end{cases}$	rouge bleu (r) (b)					Des Cloizeaux (*Sav. étr.*, t. XVIII, p. 566; 1867).
Tartrate d'antimonyle et strontium. $(C^4H^4O^6)^2(SbO)^2Sr$	H	0,8273	—					1,6827		1,5874	rouge	Id. [*Ann. des Mines* (5ᵉ s.), t. XIV, p. 354; 1858].
Tartrate d'antimonyle et thallium. $2[(C^4H^4O^6)(SbO)Tl] + H^2O$	O	0,9988 1,0035	—	c	b	2 E 0° [$t = 15°$] 20° à 25° [$t = 70°$]						Id. [*Ann. de Ch. et Phys.* (4ᵉ s.), t. XVII, p. 343; 1869].
Tartrate d'arsényle et strontium *avec* azotate d'ammonium. $(C^4H^4O^6)^2(AsO)^2Sr + AzO^3(AzH^4) + 3H^2O$	O	0,6498 0,6371	+	c	b	axes très écartés $\rho > \upsilon$						Id. [*Ann. des Mines* (5ᵉ s.), t. XIV, p. 368; 1858].

NOM ET FORMULE.	SYSTÈME cristallin.	PARAMÈTRES.	SIGNE OPTIQUE.	DISSECTRICES aiguë.	DISSECTRICES obtuse.	ANGLE des axes.	RAIE ou couleur.	n_g	n_m	n_p	RAIE ou couleur.	OBSERVATEURS.

Tartrate de benzylhydroxylamine. *Voir* **Benzylhydroxylamine** (tartrate de).

Tartrate de diméthylpipérazine. *Voir* **Diméthylpipérazine** (tartrate de).

NOM ET FORMULE.	SYSTÈME cristallin.	PARAMÈTRES.	SIGNE OPTIQUE.	DISSECTRICES aiguë.	DISSECTRICES obtuse.	ANGLE des axes.	RAIE ou couleur.	n_g	n_m	n_p	RAIE ou couleur.	OBSERVATEURS.
Tartrate de lithium et potassium. $(C^4H^4O^6)KLi + H^2O$	O	0,5372 0,4355	+	a	c	2V 75°58' ρ < ν	rouge		1,5226		rouge	Wyrouboff [Ann. de Ch. et Phys. (4° s.), t. X, p. 456; 1867].
Tartrate de lithium et rubidium. $(C^4H^4O^6)RbLi + H^2O$	O	0,5415 0,2905	−	a	b	2V 57°10' ρ > ν	rouge		1,552		rouge	Id. (Bull. Soc. Minér., t. VI, p. 54; 1883).
Tartrate de lithium et thallium. $(C^4H^4O^6)TlLi + H^2O$	O	0,5369 0,2933	+	b	a c c	2E 24°40' 24°40' 43°38'	rouge vert bleu					Id.

Tartrate de lysidine. *Voir* **Lysidine** (tartrate de).

Tartrate d'oxamide. *Voir* **Oxamide** (tartrate d').

NOM ET FORMULE.	SYSTÈME cristallin.	PARAMÈTRES.	SIGNE OPTIQUE.	DISSECTRICES aiguë.	DISSECTRICES obtuse.	ANGLE des axes.	RAIE ou couleur.	n_g	n_m	n_p	RAIE ou couleur.	OBSERVATEURS.
Tartrate de potassium. $(C^4H^4O^6)K^2+\frac{1}{2}H^2O$	M	3,0869 3,970 β = 90°50'	−c 22° (app.)		b	2E 102°16' 104°24' 106°21'	rouge vert violet					Des Cloizeaux [Ann. des Mines (5° s.), t. XIV, p. 409; 1858]. [Miller (Pogg. Ann., t. LV, p. 630; 1842).]
Tartrate de potassium et sodium. [Sel de Seignette] $(C^4H^4O^6)KNa + 4H^2O$ (*Voir* Table XV pour variation des indices par la température).	O	0,8317 0,4296	+	a	c	2V 76° 56°	rouge violet		1,4929 1,4985		rouge violet	Herschell (Edimb. J. of Sc., t. X, p. 296; 1829).
						2E 120°26' 117°40' 111°42' 103°21'	rouge jaune vert violet	1,493 1,4957	1,491 1,4930	1,490 1,4917	rouge jaune	Des Cloizeaux [Ann. des Mines (5° s.), t. XIV, p. 367; 1858].
						2V 73°17' 71°28' [t = 20°]	rouge jaune	1,49500 1,49659	1,49169 1,49314 [t = 25°]	1,48985 1,49134	rouge D	Müttrich (Pogg. Ann., t. CXXI, p. 193; 1864).
								1,49541	1,49196 [t = 20°]	1,49001	D	Lavenir (Bull. Soc. Minér., t. XVII, p. 192; 1894).
Tartrate de sodium et thallium. [Sel de Seignette thalleux]. $(C^4H^4O^6)TlNa + 4H^2O$	O	0,8491 0,4307	−	c	b	2E 76° 72°½ (app.)	rouge bleu					Des Cloizeaux [Ann. de Ch. et Phys. (4° s.), t. XVII, p. 338; 1869].
Tartrate de sodium et thallium. $(C^4H^4O^6)^2NaTl^3$	O	0,8591 0,5744	+	b	a	2E 71°20' 75°40' 100°56'	rouge jaune bleu					Id., p. 340.

Tartrate de thalline. *Voir* **Thalline** (tartrate de).

NOM ET FORMULE.	SYSTÈME cristallin.	PARAMÈTRES.	SIGNE OPTIQUE.	DISSECTRICES aiguë.	DISSECTRICES obtuse.	ANGLE des axes.	RAIE ou couleur.	n_g	n_m	n_p	RAIE ou couleur.	OBSERVATEURS.
Tartrate de thallium $(C^4H^4O^6)Tl^2$	M	0,5937 0,5407 β = 93°17'	−c 101°		b	2H 59°30' 64°	rouge vert					Wyrouboff (Bull. Soc. Minér., t. IX, p. 108; 1886).
Tartrate de thallium (*hydraté*). $2[(C^4H^4O^6)Tl^2] + H^2O$	M	0,7401 1,0195 β = 110°23'	−	c 173°7'	b	2H 86°12' 87°14'	rouge jaune bleu					Des Cloizeaux [Ann. de Ch. et Phys. (4° s.), t. XVII, p. 335; 1869].

NOM ET FORMULE	SYSTÈME cristallin	PARAMÈTRES	SIGNE OPTIQUE	BISSECTRICES aiguë	BISSECTRICES obtuse	ANGLE des axes	RAIE ou couleur	n_g	n_m	n_p	RAIE ou couleur	OBSERVATEURS
Tartrate inactif de.... *Voir* **Mésotartrate de....**												
Tartrique (acide dextro). $C^4H^6O^6$	M	1,2747 1,0266 $\beta = 100°17'$	+	c 108°42' c 117°50'	b b	2V 78°40' p > v 2E 146°6' 	rouge jaune bleu D D	 1,6047 1,6045	 1,5355 1,5352	 1,4951 1,4957	 D D	Des Cloizeaux (*Sav. Étr.*, t. XVIII, p. 624; 1867). [*De Senarmont* (*Ann. de Ch. et Phys.* (3e s.), t. XXXIII; 1851).] F. Kohlrausch (*Wied. Ann.*, t. IV, p. 29; 1878). Penrot [*Arch. de Genève* (3e Pér.), t. XXI, p. 115; 1889].
Taurine. $C^2H^7AzSO^3$	M	0,6827 0,4539 $\beta = 93°38'$	+	b'	c 135°½	2E 112° 114" (app.)	rouge violet					Des Cloizeaux [*Ann. des Mines* (5e s.), t. XIV, p. 394; 1858].
Térébenthène (hydrate de). $(C^{10}H^{16})2H^2O + aq$	O	0,8072 0,4764	+	a	c	2V 77°37' 77°27' 77°18'	Li D Tl	1,5211 1,5243 1,5272	1,5093 1,5124 1,5148	1,5024 1,5049 1,5073	Li D Tl	Arzruni (*Pogg. Ann.*, t. CLII, p. 282; 1874). [*Des Cloizeaux* (*Sav. Étr.*, t. XVIII, p. 610).] [*Grailich* (*Kr.-Unters.* 1858).]
Terpine. *Voir* **Térébenthène (hydrate de).**												
Terpinènenitroléthyl-amine. $C^{12}H^{22}Az^2O =$ OH.Az : $C^{10}H^{15}$.AzH.C^2H^5	M	1,0618 0,4466 $\beta = 108°11'$		c 26"	b	2E 127°25' 128°32' 130°18'	Li D Tl		1,5536		D	Krantz (*Gr. Zeits.*, t. XIV, p. 471; 1888).
Terpinènenitrolméthyl-amine. $C^{11}H^{20}Az^2O =$ OH.Az : $C^{10}H^{15}$.AzH.CH^3	M	0,8819 0,4292 $\beta = 109°5'$		c 31°	b	2E 93°18' 93°56' 94°34'	Li D Tl		1,5744		D	*Id.*, p. 470.
Tétracétylquinate éthylique. $C^{11}H^{24}O^8 =$ $C^6H^7(OC^2H^3O)^4$.COO(C^2H^5)	O	0,533 0,4436	−	c	b	2V 79°58' p = v		1,5111 1,5138 1,5172	1,4967 1,4995 1,5029	1,4869 1,4897 1,4931	Li D Tl	Hillebrand (*Gr. Zeits.*, t. I, p. 303; 1877).
Tétramylammonium (azotate de). $AzO^3Az(C^5H^{11})^4$	O	0,5310 0,4795	+	a	b	2E 50° (app.)						Von Lang [*Sitzb. Ak. Wien*, t. LV (II), p. 415; 1867].
Tétrabromodinitro-benzène. $C^6Br^4(AzO^2)^2$ [Br = 1.2.3.5]	M	1,0605 0,7778 $\beta = 97°33'$	−	c 129°33'	b	2E 45°29' 45°58'	Li D					Bodewig (*Gr. Zeits.*, t. III, p. 399; 1879).
Tétrachloro-α-céto-naphtalène. $C^{10}H^4OCl^4$ $= C^6H^4\begin{cases}CO-CCl^2\\CCl=CCl\end{cases}$	M	1,2861 1,2615 $\beta = 92°3'$	−	b	c 47°48' 49°56' 47°13'	2H 86°5' 88°43' 87°38'	Li D Tl		$n_B = 1,4647$ 1,4678 1,4708			Jenssen (*Gr. Zeits.*, t. XVII, p. 227; 1890).
Tétrachloro-β-cétonaphta-lène et Hexachloro-β-cé-tohydronaphtalène. $C^{10}H^4OCl^4 + C^{10}H^4OCl^6$	O	0,5890 0,6812	+	b	c	2E 75°15' 76°12' 77°24'	Li D Tl					*Id.*, p. 239.
p-Tétracrésylsilicium. $(C^7H^7)^4Si$	M	1,1262 0,9420 $\beta = 108°50'$	−	dans l'angle obtus des axes	b	2E 82°½ p > v	blanc					Arzruni *in* Polis (*Ber. d. D. ch. Ges.*, t. XIX, p. 1021; 1886).

NOM ET FORMULE.	SYSTÈME cristallin.	PARAMÈTRES.	SIGNE OPTIQUE.	DISSECTRICES aiguë.	DISSECTRICES obtuse.	ANGLE des axes.	RAIE ou couleur.	n_g	n_m	n_p	RAIE ou couleur.	OBSERVATEURS.
Tétraéthylammonium et aluminium (sulfate de). $[Az(C^2H^5)^4]Al(SO^4)^2+6H^2O$	M	3,4654 1,7640 $\beta=99°2'$		c 90° (app.)	b	2 E 33°10'						Ch. Soret [Arch. de Gen. (3e Pér.), t. XX, p. 64; 1888].
Tétraéthylphosphonium (iodure de). $P(C^2H^5)^4I$	H	1,4722	+					1,668	1,660		blanc	Q. Sella [Mem. d. Accad. di Torino (2e s.), t. XX, p. 373; 1861].
Tétraéthyl-p-phénylène-diamine. $(C^6H^2)Az^2(C^2H^5)^4$	M	0,99 1,833 $\beta=90°30'$	−	c 0°30' (app.)	c 90°30' (app.)	2 E 21°10' 22°40'	rouge bleu					Schrauf (Sitzb. Akad. Wien, t. LXXXVIII, p. 756; 1883).
ac.1-5. Tétrahydronaphtylènediamine (chlorhydrate de). $(C^{10}H^{11}Az^2)2HCl$	O	0,574 0,906		b	a	2 E 56°23' (verre)	D					Bamberger et Hoskins-Abrahall (Ber. d. D. Ges., t. XXII, p. 950; 1889).
Tétrahydrophtalique (acide) Δ². $C^8H^{10}O^4 =$ CH²—CH²—CH.COOH CH²—CH=C.COOH	M	1,5381 1,3609 $\beta=102°30'$		c 42°½	b	2 H$_o$ 97° (app.) (verre)	D					Villiger (Gr. Zeits., t. XXI, p. 350; 1893).
Tétrahydro-p-quinanisol. *Voir* Thalline.												
Tétraméthylanthracène (hydrure de) $C^{18}H^{20} = CH^3.C^6H^3 : [CH(CH^3)]^2 : C^6H^3.CH^3$	O	0,6749 0,9242	−	c	b b b a	2 E 91° 83° 70° 55°	Li D Tl bleu					Hintze (Lieb. Ann., t. CCXXXV, p. 317; 1886 et Gr. Zeits., t. XIII, p. 602; 1888).
Tétraméthylapionol. $C^6H^2(OCH^3)^4$	O	0,9454 1,0755	+	c	b	2 E 80°1'	D			1,5439	D	Boëris (Gazz. chim. ital., t. XXVI(II), p. 297; 1896).
Tétraméthylpyrocolle. $C^{14}H^{14}O^2Az^2 = (CH^3)^2C^4H.$ Az⟨CO / CO⟩Az.$C^4H(CH^3)^2$	O	0,7883 0,9460	−	c	b	2 E 44°56' 46°20' 54°25'	rouge jaune bleu			1,4676 1,4707 1,4746	rouge jaune vert	Negri (Riv. d. Min. e Crist. ital., t. III, p. 8; 1888).
Tétrazol barytique. $(CHAz^4)^2Ba + 3\tfrac{1}{2}H^2O$	O	0,5689 0,7217		c	b	2 E 40°	blanc					Frey in Thiele et Ingle (Lieb. Ann., t. CCLXXXVII, p. 248; 1895).
Thalline $C^9H^{10}Az(OCH^3)$	O	0,9412 1,0307	−	a	b b c	2 E 19°51 11°6' 13°36'	Li D Tl					Liweh (Gr. Zeits., t. XII, p. 156; 1887).
Thalline (tartrate de). $(C^{10}H^{13}AzO)C^4H^6O^5$	O	0,4843 1,5438	+	c	b	2 V 77°54' 78°14' 79°2'	Li D Tl					Id.
Thuyacétonique (acide). $C^{10}H^{16}O^3$	O	0,9553 1,2623	+	c	b	2 E 73°43' 74°14' 74°41' 75°8'	Li D Tl bleu					Tuttle (N. Jahrb. f. Min. Beil.-B. IX, p. 455; 1895).
Toluènedisulfothiosulfonique (thioanhydride). $(C^7H^7SO^2)^2S^3$	Q	2,6905	−						1,7064	1,6639	D	Brugnatelli (Gi. di Min. di Sansoni, t. III, p. 1; 1893).

NOM ET FORMULE	SYSTÈME cristallin	PARAMÈTRES	SIGNE OPTIQUE	BISSECTRICES aiguë	BISSECTRICES obtuse	ANGLE des axes	RAIE ou couleur	n_g	n_m	n_p	RAIE ou couleur	OBSERVATEURS
p-Toluènethiosulfonate-p-crésylique. $C^{14}H^{14}S^2O^2 =$ $CH^3.C^6H^4.SO^2.S.C^6H^4.CH^3$ (4) (1) (4)	M	0,4463 1,0294 $\beta = 92°56'$		b	(varie de 90° entre le rouge et le violet).	2 E 17"59' 19°29' 19°47' 28"36'	Li D Tl bleu					Fock (*Gr. Zeits.*, t. VII, p. 43; 1883).
o-**Toluidine** (bromhydrate de) $(CH^3.C^6H^4.AzH^2)HBr$ (1) (2)	O	0,9136 0,3078	−	b	c	2 V 82°37' $\rho > \nu$	D		1,6669		D	Bertram (*Inaug. Diss.*, Göttingen, 1882 et *Gr. Zeits.*, t. IX, p. 305; 1884).
p-**Toluidine** (chlorostannate de) $[(CH^3.C^6H^4.AzH^2)HCl]^2SnCl^4$ (1) (5	M	1,8341 3,3702 $\beta = 98°40'$	+	b	c 19"10'	2 V 77°	D					Hiortdahl (*Gr. Zeits.*, t. VI, p. 485; 1882).
p-**Toluidine** (picrate de). $C^{13}H^{12}Az^4O^7 =$ $(CH^3.C^6H^4.AzH^2)$ $[OH.C^6H^2(AzO^2)^3]$	M	0,8612 0,9655 $\beta = 110°36'$	−	c 4°	c 94° (rouge) b (autres couleurs)	2 E 25°42'	D					Keith (*N. Jahrb. f. Min.*, Beil-B VI, p. 177; 1889).
p-**Toluidine**-o-sulfonique (acide). $C^6H^2(CH^3)(AzH^2)SO^2.OH$ (1) (4) (2)	M	1,2424 2,22 $\beta = 96°59'$	+	c 7° (app.)	c 97°	2 E 87°54'						Mats Weibull (*Gr. Zeits.*, t. XV, p. 251; 1889).

Tolyl.... *Voir* **Crésyl....**

NOM ET FORMULE	SYSTÈME cristallin	PARAMÈTRES	SIGNE OPTIQUE	BISSECTRICES aiguë	BISSECTRICES obtuse	ANGLE des axes	RAIE ou couleur	n_g	n_m	n_p	RAIE ou couleur	OBSERVATEURS
Tribenzhydroxylamine. $(C^7H^5O)^3OAz$ (α)	M	1,8536 1,1418 $\beta = 98°18'$	+	c 41° 3'	c 131° 3'	2 V 80° (app.)						Klein et Trechmann (*Lieb. Ann.*, t. CLXXXVI, p. 76; 1877). [*Klein* (*Id.*, t. CLXVI, p. 183; 1873).]
Id. (β).	M	0,8970 0,3004 $\beta = 96°39'$	+	(pl. des axes perp. à b).		2 H 88°45' 91"14' 93°16'	rouge vert bleu					
Id. (γ).	M	0,9257 ? $\beta = 114°6'$	+	c 24° (app.)	c 114°	2 H 104"35' 105° 5' 105"30'	rouge jaune vert					
Tribenzylamine. $(C^7H^7)^3Az$	M	1,2242 1,0130 $\beta = 95°4'$	+	c 130° (app.)	b	2 V 82° (app.) $\rho < \nu$	blanc					Panebianco [*Gazz. chim. ital.* (3ª s.), t. VIII, p. 354; 1878].
Tribenzylamine (azotate de). $(C^7H^7)^3Az(AzO^3H)$	O	2,4943 0,9978	−	a	b	2 E 45°20' 47"40'	rouge bleu					*Id.*
Tribenzylamine (sulfate de). $[(C^7H^7)^3Az]^2SO^4H^2$	M	0,883 0,880 $\beta = 100°25'$	−	b	c 49°55' ou 139°55'	2 H 105°	rouge					*Id.*
Tribrométhylidène (tribromolactate de). $CBr^3.CH\langle^{COO}_{O}\rangle CH.CBr^3$	M	?	+	?	b	2 H$_o$ 97°16' $\rho < \nu$	D					Bodewig (*Gr. Zeits.*, t. V, p. 574; 1881).
Tribrométhylidène (trichlorolactate de). $CCl^3.CH\langle^{COO}_{O}\rangle CH.CBr^3$	M	1,2216 0,3733 $\beta = 93°32'$	+	?	b	2 H$_o$ 99"3' 99°22'	Li D					*Id.*

NOM ET FORMULE.	SYSTÈME cristallin.	PARAMÈTRES.	SIGNE OPTIQUE.	DISSECTRICES aiguë.	DISSECTRICES obtuse.	ANGLE des axes.	RAIE ou couleur.	n_g	n_m	n_p	RAIE ou couleur.	OBSERVATEURS.
Tribromodinitrobenzène. $C^6HBr^3(AzO^2)^2$ $\begin{bmatrix} Br\ 2.3.5 \\ AzO^2\ 1.4\ (?) \end{bmatrix}$	T	0,4556 0,4572 $\alpha = 90°\,7'$ $\beta = 112°22'$ $\gamma = 94°56'5$	—	presque pp. à c. [pl. des axes presque parallèle à l'arête (001)(110)]		2 H 74° (app.)						Panebianco (*Gazz. chim. ital.*, t. IX, p. 354; 1879).
Tribromonitrobenzène. $C^6H^2Br^3(AzO^2)$ (1.3.5)	M	0,6500 0,3701 $\beta = 99°53'$	—	$c\ 136°57'$	b	2 E 88°16' 90°13'	Li D					Bodewig (*Gr. Zeits.*, t. III, p. 399; 1879). [*Panebianco (loc. cit.).*]
Tribromopropionique (acide). $C^3H^3Br^3O^2$	M	1,8360 0,3151 $\beta = 124°0'$	+	$c\ 38°$	b	2 E 44°24' $\rho > \upsilon$						Becker (*Sitzb. Ak. Wien*, t. LXXXIII, p. 275; 1881).
Trichloracétamide. $C^2Cl^3O.AzH^2$	M	1,7485 0,8490 $\beta = 101°24'$	+	$c\ 0°$ (app.)	$c\ 90°$	$2\,H_0\ 164°$	D					Bodewig (*Gr. Zeits.*, t. V, p. 556; 1881).
Trichloréthylidène (tribromolactate de). $CBr^3.CH{<}^{COO}_{O}{>}CH.CCl^3$	M	? 0,3682 $\beta = 95°44'$	+	b	$c\ 170°2'$	$2H_0\ 95°23'$ 95°13'	Li D					Id., p. 575.
Trichloréthylidène (trichlorolactate de). $CCl^3.CH{<}^{COO}_{O}{>}CH.CCl^3$	M	1,2083 0,3620 $\beta = 95°8'$	+	$c\ 168°26'$ $168°16'$	b	$2H_0\ 99°27'$ 99°51'	Li D					Bodewig (*Gr. Zeits.*, t. I, p. 594; 1877).
Trichloro-α-cétonaphtalène. $C^{10}H^5OCl^3$ $= C^6H^5{<}^{CO-CCl^2}_{CCl=CH}$	M	1,3023 1,1764 $\beta = 97°37'$	—	b	$c\ 81°37'$ $78°7'$ $80°4'$	2 E 109°48' 113°20' 117°30'	Li D Tl					Jenssen (*Gr. Zeits.*, t. XVII, p. 225; 1890).
α-Trichloro-β-cétonaphtalène. $C^{10}H^5OCl^3$ $= C^6H^4{<}^{CCl^2-CO}_{CCl=CH}$	O	0,4903 3,0061	+	c	b	2 E 96°30' 93°34' 89°24'	Li D Tl		1,5617		D	Id., p. 231.
Triéthylallylsulfourée phosphorée. $^{Az}_{\ P}\{(C^2H^5)^3(C^3H^5)CS\}$	M	2,510 2,089 $\beta = 115°15'$	—	$c\ 156°20'$	$c\ 66°20'$	$2\,V\ 72°\tfrac{1}{2}$	blanc		1,657		blanc	Q. Sella [*Mem. d. Accad. di Torino* (2ᵉ s.), t. XX, p. 367; 1861].
Triéthylènetricrésyltriamine. $C^{21}H^{33}Az^3$ $= (C^2H^4)^3(C^6H^1.CH^3)^3Az^3$	M	0,5816 1,0309 $\beta = 104°37'$	+	$c\ 7°41'$	$c\ 97°41'$	2 H 44°50' 45°15' 45°42'	Li D Tl					Heintze (*Inaug. Dissert.* Göttingen, 1884 et *Gr. Zeits.*, t. XI, p. 89; 1886).
Triéthyléthylènephosphammonium (chloroplatinate de). $^{Az}_{\ P}\left\{^{H^3}_{C^2H^1}(C^2H^5)^3Cl^2+PtCl^4\right\}$	O	0,5812 2,8449	—	b	a	2 E 60°	blanc					Q. Sella (*loc. cit.*, p. 398).
Triéthylphosphine et sulfure de carbone. $P(C^2H^5)^3+CS^2$	M	0,5279 0,1796 $\beta = 96°56'$	+	b	$c\ 120°$ (app.)	2 V 70° (app.)	blanc					Id., p. 363.

NOM ET FORMULE.	SYSTÈME cristallin.	PARAMÈTRES.	SIGNE OPTIQUE.	BISSECTRICES aiguë.	BISSECTRICES obtuse.	ANGLE des axes.	RAIE ou couleur.	n_g	n_m	n_p	RAIE ou couleur.	OBSERVATEURS.
Triéthylphosphine (oxyde de) et iodure de zinc. $2[P(C^2H^5)^3O] + ZnI^2$	M	1,1047 1,4706 $\beta = 96°47'$	+	b	c 0^n (app.)	2 V 78°	blanc					Q. SELLA (*loc. cit.*; p. 402).
Triéthylphosphine (sulfure de). $P(C^2H^5)^3S$	H	0,7011	+					1,65	1,59		blanc	*Id.*, p. 360.
Triéthylsulfine (chloroplatinate de). $[(C^2H^5)^3SCl]^2PtCl^4$	M	1,4930 1,6504 $\beta = 125°12'$	− − +	c 57°12' c 57°12' b	b b c 57°12'	$2V_a$ 88°29' 89°45' $2V_o$ 90°57'	Li D Tl			1,6290 1,6371	Li D	LAIRD (*Gr. Zeits.*, t. XIV, p. 10; 1888).
Triméthylaminéthylène (dibromure de). $Az(CH^3)^3(C^2H^4Br)Br$	M	0,8478 0,8696 $\beta = 108°58'$	+	c 140°½	b	2 E 39°50' 40° 2'	Li D					HŒFINGHOFF (*Inaug. Dissert.*, Halle, 1889 et *Gr. Zeits.*, t.XX, p. 306; 1892).
m-Triméthylchloramino-benzoïque (acide). $C^{10}H^{14}ClAzO^2 + H^2O =$ $C^6H^4 \genfrac{}{}{0pt}{}{COOH\,(1)}{Az(CH^3)^3Cl\,(3)} + H^2O$	M	1,9388 0,8757 $\beta = 91°11'$	−	c 130°	c 40°	2 H 54°53' 55°52' 56°36'	Li D Tl					ZINGEL (*Inaug. Dissert.*, Göttingen, 1883 et *Gr. Zeits.*, t. X, p. 414; 1885).
Triméthyl-m-chlorophé-nylammonium (bromure de). $Cl.C^6H^4.Az(CH^3)^3Br$ (1) (3)	O	0,8753 0,5339	−	c	·b b a	2 E 8° 1' 3°25' 6°20'	Li D Tl					HEINTZE (*Inaug. Dissert.*, Göttingen, 1884 et *Gr. Zeits.*, t. XI, p. 86; 1886).
Triméthyl-m-chlorophé-nylammonium (chlorure de). $Cl.C^6H^4.Az(CH^3)^3Cl$ (1) (3)	O	0,875 0,534	−	c	a	2 E 25°23' 24°59' 24°25'	Li D Tl					*Id.*
Triméthylcolchidiméthy-nate méthylique (iodo-méthylate de). $C^{15}(OCH^3)^3$ $Az(CH^3)^2(COOCH^3)(CH^3I)$	O M(?)	2,5252 1,3009 $\beta = 90°$		b	c	2 V 72° (app.)						HEBENREY [*Sitzb. Akad. Wien*, t. CIII (1), p. 604; 1894].
Triméthyl-p-crésylammo-nium (iodure de). $CH^3.C^6H^4.Az(CH^3)^3I$ (1) (4)	O	0,7175 3,0549	+	c	a	2 E 18°40' 20°36' 22°42'	Li D Tl					HEINTZE (*loc. cit.*, p. 88).
Triméthylphénylammo-nium et zinc (iodure de). $[(CH^3)^3C^6H^5Az]^2ZnI^4$	O	0,7089 0,5780	+	b	a	2 H 38°39' 38°31' 38°32'	Li D Tl					HIORTDAHL (*Gr. Zeits.*, t. VI, p. 481; 1882).
Triméthylphénylpyrazo-lone. $C^{12}H^{14}Az^2O =$ AzC^6H^5 $Az \diagup \diagdown CO$ $CH^3C - C(CH^3)^2$	M	1,8263 1,3588 $\beta = 101°24'$		c 75°	b	2 V 74° 2'	D		1,5384		D	WINCKLER (*Gr. Zeits.*, t. XXIV, p. 322; 1895).
Trinitrobenzoïque (acide). $C^6H^2(AzO^2)^3COOH$ (1.3.5)	O	0,877 0,571	+	b	a	2 E 90°25' 84°36' 78° 5'	Li D Tl					FRIEDLÄNDER (*Gr. Zeits.*, t. I, p. 623; 1877).

NOM ET FORMULE.	SYSTÈME cristallin.	PARAMÈTRES.	SIGNE OPTIQUE.	BISSECTRICES aiguë.	BISSECTRICES obtuse.	ANGLE des axes.	RAIE ou couleur.	n_g	n_m	n_p	RAIE ou couleur.	OBSERVATEURS.
Trinitrotoluène (α). $CH^3.C^6H^2.(AzO^2)^3$ (1) (2)(4)(6)	O	0,7586 0,5970	—	b	a	2 E 106°25' 108°55' 110°	Li D Tl					Friedländer (*Gr. Zeits.,* t. III, p. 169; 1879).
Id. (γ). $CH^3.C^6H^2.(AzO^2)^3$ (1) (3)(4)(6)	O	0,9375 0,6724	+	c	b	2 H_o 82°40' ρ < ν (dans CS^2 n = 1,629).	D					*Id.,* p. 174.
Trinitro-*p*-xylène. $(CH^3)^2.C^6H(AzO^2)^3$ (1)(4)	M	2,4134 1,9194 β = 104°20'	—	c 28°12'	c 118°12'	2 V 63°17' 64°32' 66° 7'	Li D Tl					Hintze (*Inaug. Dissert.,* Göttingen, 1884 et *Gr. Zeits.,* t. XI, p. 83; 1886).
Triphénylbenzène. $C^6H^3(C^6H^5)^3$ (1)(3)(5)	O	0,566 0,7666	—	c	a	2 E 17°48' 18°25' 19°27'	Li D Tl	1,8725 1,8897	1,8670 1,8848	1,5202 1,5241 1,5291	Li D Tl	Arzruni (*Gr. Zeits.,* t. I, p. 416; 1877).
Triphénylméthane. $CH(C^6H^5)^3$	O	0,5774 0,5959	+	b	a	2 H_o 139°½	D					Groth (*Gr. Zeits.,* t. V, p. 478; 1881).
Triphényltétrahydro-pyrazine. $C^{22}H^{20}O^2 =$ $C^6H^5.Az \lt CH^2.CH^2.Az.C^6H^5$ $CH = C.C^6H^5$	O	0,7657 0,8624	+	c	b	2 V 66° 4'		1,9817	1,7252		D	Artini (*Giorn. d. Min. di Sansoni,* t. III, p. 238; 1893).
Trisulfobenzylméthane. $CH(C^7H^7S)^3$	O	0,9978 0,9900		c	b	2 H 90° (app.) (huile)						Dennstedt (*Ber. d. D. ch. Ges.,* t. XIII, p. 239; 1880).
Tropine (chloroplatinate de). $[(C^8H^{15}AzO)HCl]^2PtCl^4$	M	1,1425 1,4648 β = 151°13'		c 67°	b	2 H_o 120°5' n_u = 1,4678						Milch *in* Ladenburg (*Ber. d. D. ch. Ges.,* t. XXIV, p. 1629; 1891).
Urate de lysidine. *Voir* **Lysidine (urate de)**												
Urée (azotate d'). $(COAz^2H^1)AzO^3H$	O	0,6724 0,5817	—	b	a	2 E 21°10' 23°10' 24°30' 26°30'	rouge jaune vert bleu					Von Lang [*Sitzb. Ak. Wien.* t. XLV (II), p. 118; 1861].
Urimidosuccinique (acide). *Voir* **Malyluréique (acide).**												
Usnique (acide). $C^{18}H^{16}O^7$	O	0,9322 0,7941		c	b	2 H 84°10' ρ < ν	rouge					Struever (*Gazz. chim. ital.,* t. VIII, p. 361; 1878).
Valérate (iso-) d'antipyrine. *Voir* **Antipyrine (isovalérate de).**												
Vulpinique (acide). $C^{19}H^{14}O^5$	O	0,7560 1,7174		b	c	2 V 61° 6'	D		1,6578		D	Linck (*Gr. Zeits.,* t. XV, p. 34; 1889).

NOM ET FORMULE.	SYSTÈME cristallin.	PARAMÈTRES.	SIGNE OPTIQUE.	BISSECTRICES		ANGLE des axes.	RAIE ou couleur.	INDICES PRINCIPAUX.			RAIE ou couleur.	OBSERVATEURS.
				aiguë.	obtuse.			n_g.	n_m.	n_p.		
p-**Xylènesulfonate de sodium.** $C^6H^3(CH^3)^2.SO^3Na$	O	1,0767 1,4882		a	b	2 E 27°18′ 27°46′ 28°53′	Li D Tl					Pope *in* Moody et Nicholson (*J. of chem. Soc.*, t. LVII, p. 978; 1890).
Xylidine (bromhydrate de). $[C^6H^3(CH^3)^2AzH^2]HBr$ $\scriptstyle(1\,)(3)\ \ (4)$	O	0,8307 1,2125	—	a	c	2 E 55°19′ $\rho > \upsilon$	D					Bertram (*Inaug. Diss.*, Göttingen, 1882 et *Gr. Zeits.*, t. IX, p. 304; 1884).

TABLE XV.

INFLUENCE DE LA TEMPÉRATURE SUR LES PROPRIÉTÉS OPTIQUES DES SOLIDES.

Dans cette Table, les corps sont rangés par ordre alphabétique, sans distinction des corps inorganiques ou organiques.

Les indications bibliographiques se trouvent à la fin de la Table.

Alun alumino-potassique. *Voir* Table XI (VI), p. 448.

			(Calculé d'après les résultats de l'auteur.)			
	INDICE.	RAIES.	$\dfrac{dn}{dt}$ [pour l'air froid] ($t = 20°$ à $200°$).		$t.$	$2\,V_D$ (observé).
Anglésite. SO⁴Pb (de Monte-Poni)	Maximum $[n_g]$	C	$-0,0000268$	$-0,00000067\,t$		
		D	245	97		
		F	256	77		
	Moyen $[n_m]$	C	195	38	$20°$	$75°.24'$
		D	178	46	50	77.40
		F	185	29	75	79.37
	Minimum $[n_p]$	C	177	82	100	82.44
		D	192	61	150	85.43
		F	187	69·	200	89.17

(ARZRUNI).

Aragonite.
CO^3Ca

$$\left[\frac{dn}{dt}\right]_F \text{[pour l'air chaud]} \ (t = 16° \text{ à } 80°).$$

$[n_g]\ldots$	$- \ 0,0000139$
$[n_m]\ldots$	$-$ 128
$[n_p]\ldots$	$-$ 97

(RUDBERG).

(de Bilin).

$$\left[\frac{dn}{dt}\right]_D \text{[pour l'air froid]} \ (t = 0° \text{ à } 300°).$$

$[n_g]\ldots\ldots\ldots$	$- \ 0,0000267 - 0,00000000050\,t$
$[n_m]\ldots\ldots\ldots$	$-$ $240 -$ $53\,t$
$[n_p]\ldots\ldots\ldots$	$-$ $141 +$ $23\,t$

Coefficients moyens de variation entre 0° *et* 300°.

RAIES.	$n_g.$	$n_m.$	$n_p.$
$Li\ldots\ldots$	$- \ 0,0000277$	$- \ 0,0000249$	$- \ 0,0000139$
Cd 1 $\ldots$	276	249	139
D $\ldots\ldots$	2745	248	138
Cd 2 $\ldots$	273	247	136
Cd 4 $\ldots$	271	246	135
Cd 5 $\ldots$	270	246	133

(OFFRET).

Barytine.
SO^4Ba
(de Dufton)

(Calculé d'après les résultats de l'auteur.)

INDICE.	RAIES.	$\dfrac{dn}{dt}$ [pour l'air froid] $(t = 0°$ à $200°)$.		$t.$	$2V_D$ (observé).
Maximum $[n_g]$	C	$-0,0000203$			
	D	205			
	F	207			
Moyen $[n_m]$	C	$-0,0000152$		20°	37.28'
	D	141		50	38.43
	F	141		75	39.28
				100	40.15
Minimum $[n_p]$	C	$-0,0000110 - 0,00000047\,t$		150	42. 6
	D	112	44	200	44.18
	F	128	27		

(ARZRUNI).

Id.

$$\left[\frac{dn}{dt}\right]_{\mathrm{D}} [\text{pour l'air froid}] \ (t = 0° \text{ à } 300°).$$

$$[n_g]\ldots\ldots\ldots \quad -\ 0,0000280 + 0,0000000153\,t$$
$$[n_m]\ldots\ldots\ldots \quad -\qquad\ 181 +\qquad\qquad 27$$
$$[n_p]\ldots\ldots\ldots \quad -\qquad\ 208 +\qquad\qquad 60$$

Coefficients moyens de variation entre 0° et 300°.

RAIES.	n_g.	n_m.	n_p.
Li......	$-\ 0,0000259$	$-\ 0,0000181$	$-\ 0,0000205$
Cd 1....	258	180	205
D......	258	179	203
Cd 2....	257	178	202
Cd 4....	256	177	201
Cd 5....	255	176	200

(OFFRET).

Béryl.
$Gl^3 Al^2 Si^6 O^{18}$

$$\left[\frac{dn}{dt}\right]_{\mathrm{D}} [\text{pour l'air froid}] \ (t = 15° \text{ à } 50°).$$

(Ind. ord.).. $+0,00001894 - 0,000001034\,t\ +0,0000000273\,5\,t^2$
(Ind. extr.). $+0,00001803 - 0,0000010314\,t + 0,0000000273\,5\,t^2$

[DUFET (1)].

$$\left[\frac{dn}{dt}\right]_{\mathrm{D}} \ (t = 0° \text{ à } 300°).$$

(Ind. ord.)...... $+0,0000114 + 0,000000009\,t$
(Ind. extr.)..... $+0,0000106 + 0,000000008\,t$

Coefficients moyens de variation entre 0° et 300°.

RAIES.	IND. ORD.	IND. EXTR.
Li......	$+0,0000125$	$+0,0000116$
Cd 1....	126	117
D......	127$_5$	118
Cd 2....	130	120
Cd 4....	13'1	122
Cd 5....	132	123

(OFFRET).

D.

48

Blende.
ZnS

	$\dfrac{dn}{dt}$ [air froid] ($13°$ et $100°$).
Env. de C.	$+\ 0{,}000040$
Env. de D.	$+\qquad 52$
Env. de F	$+\qquad 84$

(BAILLE).

Calcite. *Voir* Table XI (I), p. 425.

(Calculé d'après les résultats de l'auteur.)

Célestine.
SO⁴Sr
(du lac Erié)

INDICE.	RAIES.	$\dfrac{dn}{dt}$ [pour l'air froid] ($t = 20°$ à $200°$).		$t.$	$2V_D$ (observé).
Maximum $[n_g]$	C	$-0{,}0000140$	$-0{,}00000032\,t$		
	D	129	$47\,t$		
	F	133	$42\,t$		
Moyen $[n_m]$	C	$-0{,}0000061$	$-0{,}00000053\,t$	$20°$	$51°.12'$
	D	70	$47\,t$	50	$52.23,5$
	F	69	$45\,t$	75	53.21
				100	54.19
Minimum $[n_p]$	C	$-0{,}0000107$	$-0{,}00000028\,t$	150	56.23
	D	123	$15\,t$	200	58.35
	F	137	$4\,t(?)$		

(ARZRUNI).

Chlorate de sodium.
ClO³Na

$$\frac{dn}{dt}\ \text{[air chaud]}\quad \text{pour les raies B à F}\ (0°\ \text{à}\ 23°)$$

moyenne. . . . . . . $-\ 0{,}000057$

(DUSSAUD).

Cordiérite.
Mg³(AlFe)⁶Si⁸O²⁸

$$\left[\frac{dn}{dt}\right]_D\ \text{[pour l'air froid]}\ (t = 0°\ \text{à}\ 300°).$$

$[n_g]$.	$+\,0{,}0000133 + 0{,}000000002\,t$
$[n_m]$.	$+\qquad 123 +\qquad 7\,t$
$[n_p]$.	$+\qquad 130 +\qquad 2\,t$

Coefficients moyens de variation entre $0°$ et $300°$.

RAIES.	$n_g.$	$n_m.$	$n_p.$
Li.	$+\,0{,}0000135$	$+\,0{,}0000133$	$+\,0{,}0000130$
Cd 1 . .	135	133	131
D.	136	134	133
Cd 2 . . .	138	135	135
Cd 4 . . .	139	135	137
Cd 5 . . .	140	136	138

(OFFRET).

Diamant.

$$\frac{dn}{dt} \text{ [air froid]}$$

($t = 15°,5$ et $98°$).

Comm. du rouge..........	$+ \ 0,0000121$
Comm. du vert............	$+ \qquad 158$
Fin du vert...............	$+ \qquad 194$

(BAILLE).

$$\left[\frac{dn}{dt}\right]_{\mathrm{D}} \text{ [air chaud]}$$

($t = 22°$ à $93°$).

$$+ \ 0,0000186$$

(SELLA).

$$\left[\text{L'auteur donne } \frac{1}{n}\frac{dn}{dt} = +\,0,0000077 \text{ ; calculé pour } n = 2,42. \right]$$

Émeraude. *Voir* **Béryl.**

Feldspaths. *Voir* **Oligoclase et Orthose.**

Fluorine. *Voir* Table XI (III), p. 439.

Glaubérite.
$(SO^4)^2 Ca Na^2$

Variation de l'angle extérieur des angles optiques ($2\,E$).

[Les valeurs négatives donnent les angles situés dans le plan de symétrie $g^1(o10)$, les valeurs positives les angles situés dans le plan normal au plan de symétrie.]

(*Extrait des Tableaux numériques de l'auteur*).

RAIES.	$85°^{C.},2.$	$70°^{C.},0.$	$58°^{C.},2.$	$49°^{C.},6.$	$45°^{C.},8.$
Li.....	$- 17°.\ 7'$	$- 15°.\ 7'$	$- 13°.\ 2'$	$- 12°.\ 3'$	$- 11°.\ 8'$
D......	$- 15.15$	$- 12.48$	$- 10.32$	$- \ 8.45$	$- \ 7.\ 8$
Tl.....	$- 13.14$	$- 10.23$	$- \ 7.14$	$- \ 4.15$	$\pm \ o$
Bleu...	$- 10.47$	$- \ 6.5_4$	$\pm \ o.\ o$	$+ \ 7.3_1$	$+ \ 8._{40}$

RAIES.	$35°^{C.}.7.$	$29°^{C.},6.$	$17°^{C.},8.$	$5°^{C.},0.$	$- 1°^{C.},7.$
Li.....	$- \ 8°.42'$	$- \ 7°.15^{*}$	$\pm \ o°$	$+ \ 8°.5_1'$	$+ \ 9°.29'$
D......	$\pm \ o$	$+ \ 5.23$	$+ \ 9.24^{*}$	$+ 11.42$	$+ 12.27$
Tl.....	$+ \ 8.\ 9$	$+ \ 9.27$	$+ 12.10^{*}$	$+ 14.\ 8$	$+ 14.3_2$
Bleu...	$+ 11.\ 1$	$+ 12.\ 8$	$+ 14.20^{*}$	$+ 16.\ 6$	$+ 16.3_0$

* Interpolé d'après la courbe.

(LASPEYRES).

		$\left[\dfrac{dn}{dt}\right]_D$ [air froid] $(t = 10° à 40°)$.
Gypse.	$[n_g]$...............	— 0,0000265
SO⁴Ca	$[n_m]$...............	— 431
(de Montmartre)	$[n_p]$...............	— 148

Variation pour $1°^C$· de l'angle de la bissectrice aiguë
avec l'axe vertical................................. 1′32″,3

[DUFET (2)].

	RAIES.	$\dfrac{dn}{dt}$ [air chaud] $(t = 16° à 27°)$
Itaconate diéthylique.	K_α...	— 0,0001897
$[C^5H^4O^4(C^2H^5)^2]^x$	C.....	1653
	D.....	1579
	F.....	1768
	H_v....	2068

(KNOPS).

	RAIES.	$\dfrac{dn}{dt}$ [air chaud] $(t = 16° à 27°)$
Itaconate diméthy-	K_α...	— 0,0002851
lique.	C.....	2509
$[C^5H^4O^4(CH^3)^2]^x$	D.....	2431
	F.....	2541
	H_v....	2614

(KNOPS).

Oligoclase.
4 Alb. + 1 Anorth.
(de Bakersville).

$$\left[\frac{dn}{dt}\right]_{\mathrm{D}} [\text{ pour l'air froid}]\ (t = 0° \text{ à } 300°).$$

$[n_g]$ ...... $+\ 0,0000034 + 0,000000006\,t$
$[n_m]$ ...... $+\qquad 38 +\qquad\quad 6\,t$
$[n_p]$ ...... $+\qquad 19 +\qquad\quad 11\,t$

Coefficients moyens de variation entre 0° *et* 300°.

RAIES.	$n_g.$	$n_m.$	$n_p.$
Li	$+\,0,0000043$	$+\,0,0000045$	$+\,0,0000035$
Cd 1 ...	43	45	35
D	45	47	36
Cd 2 ...	46	49	38
Cd 4 ...	47	51	39
Cd 5 ...	48	52	40

(OFFRET).

Opale.
(du Mexique)

$$\left[\frac{dn}{dt}\right]_{\mathrm{D}} [\text{air froid}] ...\quad -0,0000051\ (t = 18° \text{ et } 100°)$$

(BAILLE).

Orthose.
$K^2 Al^2 Si^6 O^{16}$
var. Sanidine (de Duck-
weiler).

$$\left[\frac{dn}{dt}\right]_{\mathrm{D}} [\text{ pour l'air froid}]\ (t = 0° \text{ à } 300°).$$

$[n_g]$ .... $+\ 0,0000036 + 0,000000100\,t$
$[n_m]$ .... $+\qquad 16 +\qquad\quad 97\,t$
$[n_p]$ .... $+\qquad 20 +\qquad\quad 113\,t$

Coefficients moyens de variation entre 0° *et* 300°.

Raies.	$n_g.$	$n_m.$	$n_p.$
Li	$+\,0,0000051$	$+\,0,0000027$	$+\,0,0000035$
Cd 1 ...	51	28	35
D	53	30	37
Cd 2 ...	53	33	38
Cd 4 ...	56	35	40
Cd 5 ...	57	37	41

(OFFRET).

(*Voir* la suite au verso.)

Id. (de Wehr).

Variation de l'angle extérieur (2 E) des axes optiques
(lumière rouge).

$t = 18°,7$.... $2\,\mathrm{E} = 16°$ [dans le plan perp. à g^1(o1o)]
$t = 42°,5$....   uniaxe

De $t = 42°,5$ à $342°,5$, les expériences sont bien représentées
par la formule

$$\tan^2 \mathrm{E} = 0,001\,26\,(t - 42°,5).$$

(Des Cloizeaux).

Phénacite.
$\mathrm{Si}\,\mathrm{O}^4\,\mathrm{Gl}^2$
(de l'Oural)

$$\left[\frac{dn}{dt}\right]_\mathrm{D} [\text{pour l'air froid}]$$
$$(t = 0° \text{ à } 300°).$$

Indice ordin. $[n_p]$.......... $+\,0,0000092 + 0,0000000107\,t$
Indice extraordin. $[n_g]$...... $+$ $95 +$ $90\,t$

Coefficients moyens de variation entre 0° et 300°.

RAIES.	INDICES.	
	Ordinaire.	Extraordinaire.
Li......	$+\,0,0000105$	$+\,0,0000106$
Cd 1....	106	107
D	108	108
Cd 2....	111	110
Cd 4....	113	112
Cd 5....	114	113

(Offret).

Quartz. *Voir* Table XI (II), p. 432.

Saccharine.
$C^6 H^{10} O^5$

Valeur de l'angle extérieur $(2E)$ *des axes optiques.*

Les expériences se représentent très bien par les formules suivantes, calculées d'après les nombres de l'auteur. [Les valeurs *positives* se rapportent à des axes optiques ouverts dans le plan h^1(100), les valeurs négatives à des axes ouverts dans le plan c(010).]

RAIES.	$\pm 4 E^2$ (en degrés et fractions décimales de degré). $[t = -2°, 3\ \text{à} +32°, 5.]$	$2E = 0$ pour
B	$41,70 - 6,964\,t$	$t = 5,99$
C...............	$52,87 - 6,870\,t$	$7,70$
D	$107,85 - 6,796\,t$	$15,87$
$Ca_\beta = 558^{\mu\mu},9...$	$144,91 -- 6,744\,t$	$21,49$
Tl...............	$160,69 - 6,646\,t$	$24,18$
E...............	$172,83 - 6,659\,t$	$25,95$
b...............	$183,70 - 6,608\,t$	$27,80$
F...............	$229,60 - 6,658\,t$	$34,48$
$Sr_\delta = 460^{\mu\mu},7...$	$272,07 - 6,960\,t$	$39,1$
G	$306,68 - 7,357\,t$	$41,7$

(BRUGNATELLI.)

Sel gemme. *Voir* Table XI (IV), p. 444.

Séléniate de césium.
$SeO^4 Cs^2$

$\dfrac{dn}{dt}$ [pour l'air chaud] $[t = (16\text{-}19)° \text{ et } 100°]$.

RAIES.	INDICE		
	maximum.	moyen (à 20°), minimum (à 100°).	minimum (à 20°), moyen (à 100°).
Li.... $\rbrace$ C.....	$- 0,000062$	$- 0,000074$	$- 0,000059$
D	61	73	58
Tl....	59	71	57
F.....	59	71	57

(*Voir* la suite au verso.)

Valeurs de l'angle extérieur (2 E) des axes optiques.

RAIES.	$t = (16\text{-}19)^n$ (biss. aiguë b, biss. obtuse a).	$t = 82°$ (biss. aiguë a, biss. obtuse b).	2 E = 0 pour
Li....	$135°.0'$	$30°.35'$	$t = 92°^{c.}$
C....	134.40	31.25	93
D....	132.20	37.25	94,5
Tl....	130.40	43.30	96
F....	128.20	51.3	98

[Le signe optique est *négatif* de 20° à 65° env.; *positif* jusqu'à 200° env.; *négatif* (biss. aiguë c), à temp. élevée.]

[TUTTON (2)].

Séléniate de potassium.
SeO^4K^2

$\dfrac{dn}{dt}$ [pour l'air chaud] [$t = (16\text{-}19)°$ et 100°].

RAIES.	INDICE		
	maximum [n_g].	moyen [n_m].	minimum [n_p].
Li.... $\}$ C....	— 0,000073	— 0,000061	— 0,000053
D....	72	61	51
Tl....	73	61	51
F....	73	59	52
G....	68	58	46

[TUTTON (2)].

Séléniate de rubidium.
SeO^4Rb^2

$\dfrac{dn}{dt}$ [pour l'air chaud] [$t = (16\text{-}19)°$ et 100°].

RAIES.	INDICE		
	maximum [n_g].	moyen [n_m].	minimum [n_p].
Li.... $\}$ C....	— 0,000058	— 0,000042	— 0,000030
D....	64	48	45
Tl....	67	52	46
F....	70	54	48

[TUTTON (2)].

	INDICE.	RAIES.	$\dfrac{dn}{dt}$ [pour l'air froid] ($t = 8°$ à $30°$).		
Soufre. S	Maximum $[n_g]$	Li	$- 0,0002604$	$- 0,00000528$	$(t - 20°)$
		D	$-$	$2840 -$	271
		Tl	$-$	$2865 -$	101
	Moyen $[n_m]$	Li	$- 0,000224$	$- 0,0000053$	$(t - 20°)$
		D	$-$	$2220 -$	297
		Tl	$-$	$2329 -$	479
	Minimum $[n_p]$	Li	$- 0,000182$	$- 0,0000048$	$(t - 20°)$
		D	$-$	$1763 -$	337
		Tl	$-$	$1811 --$	570

(SCHRAUF).

(Calculé d'après les nombres de l'auteur.)

	INDICE.	RAIES.	$\dfrac{dn}{dt}$ [pour l'air froid] ($t = 20°$ à $180°$).		
Sulfate de césium. $SO^4 Cs^2$	Maximum $[n_g]$	Li	$- 0,000023 - 0,00000007\,t$		
		C			
		D	$-$	$27 -$	4
		$T'l$	$-$	$41 +$	8
		F	$--$	$49 +$	15
	Moyen $[n_m]$	Li	$- 0,000017 - 0,00000014\,t$		
		C			
		D	$-$	$23 -$	9
		Tl	$-$	$37 +$	3
		F	$-$	$42 +$	8
	Minimum $[n_p]$	Li	$- 0,000021 - 0,00000018\,t$		
		C			
		D	$-$	$34 -$	6
		Tl	$-$	$41 \pm$	0
		F	$-$	$53 +$	9

Variation de l'angle extérieur des axes

$$\frac{d(2\,\mathrm{E})}{dt} \; [t = 20° \text{ à } 100°].$$

$$
\begin{aligned}
Li\ldots. &\quad - 7,65\ + 0,052\ t \\
C\ldots.. &\quad - 6,725 + 0,036\ t \\
D\ldots.. &\quad - 4,725 - 0,0025\,t \\
Tl\ldots. &\quad - 5,95\ + 0,026\ t \\
F\ldots.. &\quad - 2,85\ - 0,018\ t
\end{aligned}
\right\} \text{ en minutes.}
$$

[TUTTON (1)].

$$\frac{dn}{dt} \text{ pour la raie 10 du cadmium} \quad \lambda = 346^{\mu\mu},6$$

[pour l'air chaud] $(t = 0^\circ$ à $25^\circ)$.

Sulfate de magnésium.
$SO^4Mg + 7H^2O$

$$[n_g]\dots\dots \quad -0,000025$$
$$[n_m]\dots\dots \quad - \quad\quad 32$$
$$[n_p]\dots\dots \quad - \quad\quad 36$$

(Borel).

(Calculé d'après les nombres de l'auteur.)

Sulfate de potassium.
SO^4K^2

INDICE.	RAIES.	$\left\|\dfrac{dn}{dt}\right\|$ [pour l'air froid] $(t = 20^\circ$ à $180^\circ)$.
Maximum $[n_g]$	Li C	$-0,000021 - 0,00000021\,t$
	D	$- \quad 16 - \quad 26$
	Tl	$- \quad 20 - \quad 22$
	F	$- \quad 25 - \quad 18$
Moyen $[n_m]$	Li C	$-0,000021 - 0,00000014\,t$
	D	$- \quad 26 - \quad 9$
	Tl	$- \quad 24 - \quad 13$
	F	$- \quad 20 - \quad 16$
Minimum $[n_p]$	Li C	$-0,000017 - 0,00000018\,t$
	D	$- \quad 22 - \quad 14$
	Tl	$- \quad 22 - \quad 13$
	F	$- \quad 18 - \quad 18$

Variation de l'angle extérieur des axes
$$\frac{d(2E)}{dt} \text{ [en minutes]} \quad (20^{\circ C.} \text{ à } 116^{\circ C.})$$

$$Li\dots\dots \quad + \quad 4,75$$
$$D\dots\dots \quad + \quad 4,6$$
$$F\dots\dots \quad + \quad 4,5$$

[Tutton (1)].

(Calculé d'après les nombres de l'auteur.)

Sulfate de rubidium.
SO^4Rb^2

INDICE.	RAIES.	$\dfrac{dn}{dt}$ [pour l'air froid] ($t = 20°$ à $180°$).
Maximum [n_g]	Li C	$- 0,000026 - 0,00000009\,t$
	D	$-$ 30 $-$ 4
	Tl	$-$ 25 $-$ 9
	F	$-$ 18 $-$ 14
Moyen [n_m] (¹)	Li C	$- 0,000028 - 0,00000010\,t$
	D	$-$ 30 $-$ 8
	Tl	$-$ 33 $-$ 5
	F	$-$ 27 $-$ 10
Minimum [n_p] (¹)	Li C	$- 0,000025 - 0,00000007\,t$
	D	$-$ 26 $-$ 6
	Tl	$-$ 29 $-$ 2
	F	$-$ 24 $-$ 8

(¹) L'indice moyen à la température ordinaire devient l'indice minimum au-dessus de 60° C. et réciproquement.

Angle extérieur des axes (2 E).

RAIES.	PLAN DES AXES				TEMPÉRATURE d'uniaxie.
	parallèle à la base.		parallèle à g^1 (o10).		
	$t = 20°$.	$t = 40°$.	$t = 60°$.	$t = 100°$.	
Li......	52°.40'	20°. 0'	55°.45'	94°. 5'	42° C.
C.......	55. 0	22. 0	53.40	91.15	44
D......	59.40	27.45	49.35	87.45	48
Tl......	65. 0	36.20	36.10	83.15	52
F.......	70.30	49. 0	10. 0	76.55	58
H_γ......	79.10	62.50	(dans le plan pp.)	68. 0	67

[Tutton (1)].

Sylvine. *Voir* Table XI (V), p. 446.

Syngénite.
$(SO^4)^2 K^2 Ca + H^2 O$

Valeurs de l'angle extérieur ($2\,E$) *des axes optiques.*

[Obtenu par interpolation graphique d'après les nombres de l'auteur.]

Les valeurs positives se rapportent aux axes s'ouvrant dans un plan perpendiculaire au plan de symétrie, les valeurs négatives aux axes s'ouvrant dans le plan de symétrie.

	10°C.	20°C.	40°C.	60°C.	80°C.	100°C.
Li..........	$+42°.36$	$+41°.33$	$+38°.50$	$+35°.50$	$+31°.50$	$+26°.45$
D..........	$+45.24$	$+44.40$	$+42.12$	$+39.20$	$+35.50$	$+31.15$
Bleu........	$+48.48$	$+48.\ 6$	$+46.\ 0$	$+43.10$	$+39.50$	$+36.10$
(AzH^3+Cu).						

	120°C.	140°C.	160°C.	180°C.	200°C.	220°C.
Li..........	$+20°.15$	$+10°.50$	$-18.\ 0$	$-25°.15$	$-30°.40$	$-35°.10$
D..........	$+25°.35$	$+19.\ 0$	0	-18.50	-26.40	-31.55
Bleu	$+30.35$	$+26.15$	$+18.50$	$+\ 5.30$	-19.45	-26.50

Température d'uniaxie.

	°C.
Li.......	$143,0$
D........	$160,1$
Bleu.....	$181,6$

(Mügge).

Tartrate d'ammonium et sodium.
(Sel de Seignette ammoniacal)
$(C^4H^4O^6)Na(AzH^4)+4H^2O$

$\left[\dfrac{dn}{dt}\right]_D$ [pour l'air chaud] ($t = 20°$).

$[n_g]$......	$-\ 0,000030$
$[n_m]$......	$-\ 0,000017$
$[n_p]$......	$-\ 0,000039$

(Lavenir).

Tartrate de potassium et sodium.
(Sel de Seignette)
$(C^4 H^4 O^6) Na K + 4H^2O$

$\left[\dfrac{dn}{dt}\right]_D$ [pour l'air chaud] ($t = 20°$).

$[n_g]$......	$-\ 0,000040$
$[n_m]$......	$-\ 0,000007$
$[n_p]$......	$-\ 0,000049$

(Lavenir).

Variation de l'angle vrai des axes ($2\,V$), *en minutes.*

$$\frac{d\,2V}{dt} = +\ 10',5 \quad \text{(rouge)}$$
$$= +\ 15',4 \quad \text{(jaune)}$$
$$(t = 20° \text{ à } 30°).$$

(Müttrich).

$$\left[\dfrac{dn}{dt}\right]_{\text{D}} \text{[pour l'air froid]} \quad (t = 0° \text{ à } 300°).$$

Topaze.

1° Topaze blanche de Schneckenstein.

$[n_g]$...... $+\,0,0000067 + 0,00000009\,3\,t$
$[n_m]$..... $+\qquad\quad 75 +\qquad\quad 50$
$[n_p]$...... $+\qquad\quad 74 +\qquad\quad 53$

Coefficients moyens de variation entre 0° et 300°.

RAIES.	$n_g.$	$n_m.$	$n_p.$
Li......	$+\,0,0000079$	$+\,0,0000080$	$+\,0,0000081$
Cd 1....	79	80	81
D	81	82 5	82
Cd 2....	83	85	83
Cd 4....	84	86	83
Cd 5....	86	88	84

(OFFRET).

$$\left[\dfrac{dn}{dt}\right]_{\text{D}} \text{[pour l'air froid]} \quad (t = 0° \text{ à } 300°).$$

2° T. jaune de Minas-Geraës.

$[n_g]$...... $+\,0,0000059 + 0,000000014\,3\,t$
$[n_m]$..... $+\qquad\quad 71 +\qquad\quad 123$
$[n_p]$...... $+\qquad\quad 58 +\qquad\quad 157$

Coefficients moyens de variation entre 0° et 300°.

RAIES.	$n_g.$	$n_m.$	$n_p.$
Li......	$+\,0,0000077$	$+\,0,0000088$	$+\,0,0000077$
Cd 1....	78	88	79
D	80	90	81
Cd 2....	83	93	83
Cd 4....	84	95	86
Cd 5....	87	97	87

(OFFRET).

Verres. *Voir* Table XII, p. 459.

Indications bibliographiques.

ARZRUNI (*Gr. Zeits.*, t. I, p. 165; 1877).

BAILLE (*Ann. du Conserv. des Arts et Métiers,* t. VII, pp. 184 à 283; 1868).

BOREL (*C. R.,* t. CXX, p. 1406; 1895).

BRUGNATELLI (*Gr. Zeits.*, t. XXIX, p. 54; 1897).

DES CLOIZEAUX (*Man. de Minér.,* t. I, p. 332; 1862).

DUFET (1) (*Bull. Soc. Minér.,* t. VIII, p. 261; 1885).

  ID. (2) (*Bull. Soc. Minér.,* t. XI, p. 135; 1888).

DUSSAUD [*Arch. de Genève* (3ᵉ Pér.), t. XXVII, p. 534; 1892].

KNOPS (*Lieb. Ann.,* t. CCXLVIII, p. 202; 1888).

LASPEYRES (*Gr. Zeits.*, t. I, p. 529; 1877).

LAVENIR (*Bull. Soc. Minér.,* t. XVII, p. 192; 1894).

MÜGGE (*N. Jahrb. f. Min.,* p. 268; 1895).

MÜTTRICH (*Pogg. Ann.,* t. CXXI, p. 193; 1864).

OFFRET (*Bull. Soc. Minér.,* t. XIII, pp. 405 à 697; 1890).

RUDBERG (*Pogg. Ann.,* t. XXVI, p. 291; 1832).

SCHRAUF (*Gr. Zeits.*, t. XVIII, p. 113; 1891).

SELLA (*R. C. dei Lincei,* t. VII, 2ᵉ sem., p. 196; 1891).

TUTTON (1) (*J. of chem. Soc.,* t. LXV, p. 663; 1894).

  ID. (2) (*J. of chem. Soc.,* t. LXXI, p. 877; 1897).

TABLE XVI.

INDICE DES MÉTAUX ET DISPERSION ANOMALE.

I. — INDICES DES MÉTAUX.

Cette partie de la Table donne les indices des métaux et de quelques composés métalliques, avec l'indication de la méthode employée : $\mathfrak{P}$, méthode du prisme ; $\mathfrak{R}$, emploi des constantes de la réflexion métallique. Dans ce dernier cas, le premier nom indique l'auteur des expériences ; le nom entre [ ] celui du calcul.

Acier. (*Voir* **Fer.**)

Alliage des cloches.

	R. JAMIN. [BEER].	R. JAMIN. [VOIGT].
rouge....	1,03	1,15
D	1,00	//
E........	1,18	1,15
violet....	1,15	1,12

Alliage des miroirs.

	R. JAMIN. [BEER].	R. JAMIN. [VOIGT].	R. HAUGHTON. [VOIGT].
rouge....	1,20	1,25	1,47
D	1,12	//	//
E........	1,18	1,20	//
violet....	0,91	0,89	//

Alliage de Münz.

·75 pour 100 Cu,   25 pour 100 Ni.

D . . . .| 1,55 | ɴ. DRUDE.

Alliage de Wood.

Bi... 50
Pb.. 26,5
Sn... 13,5
Cd... 10

D....| 2,03 (solide)
———————————————— ɴ. DRUDE.
D....| 2,10 (fondu)

Aluminium.

	ɴ. HAUGHTON. [VOIGT].	ɴ. QUINCKE. [VOIGT].	ɴ. DRUDE.
rouge....	1,85	//	//
C........	//	1,48·	//
$\lambda = 630$..	//	//	1,62
D.......	//	//	1,44
E.......	//	1,11	//
G.......	//	0,76	//

Antimoine.

$\lambda = 630$..| 3,17 |
D . . . .| 3,04 | ɴ. DRUDE.

Argent.

	n. JAMIN. [BEER].	n. JAMIN. [VOIGT].	n. JAMIN. [RUBENS].	n. HAUGHTON. [VOIGT].	μ. KUNDT.	μ. KUNDT*. $t=22°$ $\frac{dn}{dt}+0{,}0064$.	n. DRUDE.	n. RATHENAU. [SHEA].
rouge...	0,26	0,28	//	0,38	//	//	//	//
Li......	//	//	//	//	//	//	//	0,25
C.......	//	//	0,24	//	//	//	//	//
$\lambda = 650$.	//	//	//	//	//	//	//	0,35
$\lambda = 630$.	//	//	//	//	//	//	0,203	//
D.......	0,27	0,27	//	//	//	//	0,181	0,27
(blanc).	//	//	//	//	0,27	0,32	//	//
E.......	0,25	0,26	0,23	//	//	//	//	//
F.......	0,25	0,24	//	//	//	//	//	0,20
$\frac{F+G}{2}$...	//	//	0,20	//	//	//	//	//
G.......	//	//	//	//	//	//	//	0,27
H.......	0,21	0,21	//	//	//	//	//	//

Bismuth.

	n. HAUGHTON. [VOIGT].	n. QUINCKE. [VOIGT].	μ. KUNDT.	n. DRUDE.
rouge....	1,17	//	2,61	//
C........	//	1,57	//	//
$\lambda = 630$..	//	//	//	2,07
D	//	//	//	1,90
(blanc)..	//	//	2,26	//
E........	//	1,27	//	//
bleu.....	//	//	2,13	//
G	//	1,03	//	//

Cadmium.

$\lambda = 630$..	1,31	} n. DRUDE.
D	1,13	}

D.

Cobalt.

	ƙ. QUINCKE. [VOIGT].	℘. DU BOIS et RUBENS.	ƙ. DRUDE*.
Li.......	//	3,22	//
C........	2,07	//	//.
$\lambda = 644$..	//	3,10	//
$\lambda = 640$..	//	//	2,22
D	//	2,76	2,12
E........	1,73	//	//
F........	//	2,39	//
G........	1,32	2,10	//

Cuivre.

	ƙ. JAMIN. [BEER].	ƙ. JAMIN. [VOIGT].	ƙ. JAMIN [RUBENS].	ƙ. HAUGHTON. [VOIGT].	℘. KUNDT.	ƙ. DRUDE.	℘. SHEA.
Li.......	//	//	//	//	//	//	0,35
rouge....	0,89	0,87	0,45	0,42	0,45	//	//
$\lambda = 630$..	//	//	//	//	//	0,58	//
D........	//	//	//	//	//	0,64	0,60
(blanc)..	//	//	//	//	0,65	//	//
vert......	1,31	1,38	0,69	//	//	//	//
bleu	//	//	0,85	//	0,95	//	1,12 (F)
violet.....	1,31	1,32	//	//	//	//	1,13 (G)

Étain.

	ƙ. HAUGHTON. [VOIGT].	ƙ. QUINCKE. [VOIGT].	ƙ. DRUDE.
rouge....	1,15	//	//
C........	//	1,52	//
$\lambda = 630$..	//	//	1,66
D........	//	//	1,48 [2,10 fondu]
E........	//	1,01	//
G........	//	0,83	//

Fer.

	ℜ. HAUGHTON. [VOIGT].	ℜ. QUINCKE. [RUBENS].	𝔭. KUNDT.	𝔭. KUNDT[*]. $t=20°$ $\frac{dn}{dt}+0,0040$.	ℜ. DRUDE.	𝔭. DU BOIS et RUBENS.	𝔭. SHEA.	𝔭. PFLÜGER. $\frac{dn}{dt}+0,0003$
Li........	//	//	//	//	//	3,12	//	//
rouge	2,25	//	1,81	1,92	//	//	//	3,66
C........	//	2,10	//	//	//	//	//	//
$\lambda = 650$...	//	//	//	//	//	//	3,03	//
$\lambda = 644$..	//	//	//	//	//	3,06	//	//
D........	//	//	//	//	2,36	2,72	//	//
(blanc)...	//	//	1,73	//	//	//	//	//
E........	//	1,80	//	//	//	//	//	//
F	//	//	//	//	//	2,43	//	//
bleu......	//	//	1,52	//	//	//	//	//
$\frac{F+G}{2}$...	//	1,32	//	//	//	//	//	//
G........	//	//	//	//	//	2,05	//	//

Fer (acier).

	ℜ. JAMIN. [BEER].	ℜ. JAMIN. [VOIGT].	ℜ. HAUGHTON. [VOIGT].	ℜ. DRUDE.
rouge....	2,37	2,3	2,35	//
$\lambda = 630$..	//	//	//	2,62
D........	2,26	//	//	2,41
E........	2,06	2,1	//	//
violet....	1,60	1,7	//	//

Galène [PbS].

D.....	4,30	ℜ. DRUDE[**].

Laiton.

	ℜ. JAMIN. [BEER].	ℜ. JAMIN. [VOIGT].
rouge....	0,82	0,79
vert	0,82	0,80
violet....	1,08	1,20

Magnésium.

$$\left.\begin{array}{l} \lambda = 63o.. \quad\big|\quad o,40 \\ D........ \quad\big|\quad o,37 \end{array}\right\} \text{R. DRUDE.}$$

Mercure.

	R. HAUGHTON. [VOIGT].	R. DRUDE.
rouge....	1,65	//
$\lambda = 63o..$	//	1,87
D........	//	1,73

Nickel.

	R. QUINCKE. [VOIGT].	R. QUINCKE. [RUBENS].	p. KUNDT.	p. KUNDT*. $t=20°$. $\frac{dn}{dt}+0,0026$.	R. DRUDE.	p. DU BOIS et RUBENS.	p. SHEA.	p. PFLÜGER $\frac{dn}{dt}+0,0006$.
Li......	//	//	//	//	//	2,04	//	//
rouge....	//	//	2,17	2,20	//	//	//	2,25
C.......	1,8	2,08	//	//	//	//	//	2,23
$\lambda = 65o..$	//	//	//	//	//	//	2,01	//
$\lambda = 644..$	//	//	//	//	//	1,93	//	//
$\lambda = 63o..$	//	//	//	//	1,89	//	//	//
D......	//	//	//	//	1,79	1,84	//	1,87
(blanc) .	//	//	2,01	//	//	//	//	//
E.......	1,6	1,62	//	//	//	//	//	//
F........	//	//	//	//	//	1,71	//	1,67
bleu.....	//	//	1,85	//	//	//	//	//
$\frac{F+G}{2}$...	//	1,21	//	//	//	//	//	//
G.......	1,45	//	//	//	//	1,54	//	//

Or.

	R. HAUGHTON. [VOIGT].	R. QUINCKE. [RUBENS].	p. KUNDT.	p. KUNDT'. $t=18°$. $\frac{dn}{dt}$ +0,0035 (rouge). +0,0051 (bleu).	R. DRUDE.	p. SHEA.	p. PFLÜGER, $\frac{dn}{dt}$ — 0,000'. (Raie F).
Li......	//	//	//	//	//	0,29	0,20
rouge ...	0,40	//	0,38	0,52	//	//	//
C.......	//	0,38	//	//	//	//	//
$\lambda = 650$..	//	//	//	//	//	0,26	//
$\lambda = 630$..	//	//	//	//	0,306	//	//
D......	//	//	//	//	0,366	0,66	0,38
(blanc)..	//	//	0,58	//	//	//	//
E........	//	0,53	//	//	//	//	//
F.......	//	//	//	//	//	0,82	1,04
bleu.....	//	//	1,00	1,06	//	//	1,39
$\frac{F + G}{2}$...	//	0,79	//	//	//	//	//
G.......	//	//	//	//	//	0,93	1,55

Palladium,

rouge..,,...,..| 1,54 |R. HAUGHTON. [VOIGT.]

Platine.

	R. HAUGHTON. [VOIGT].	R. QUINCKE. [VOIGT].	p. KUNDT.	p. KUNDT'. $t=22°$. $\frac{dn}{dt}$ +0,0027.	R. DRUDE.	p. SHEA.
Li..........	//	//	//	//	//	2,02
rouge........	1,3	//	1,76	//	//	//
C...........	//	2,05	//	//	//	//
$\lambda = 650$......	//	//	//	//	//	1,99
$\lambda = 630$......	//	//	//	//	2,16	//
D...........	//	//	//	//	2,06	1,76
(blanc)......	//	//	1,64	1,70	//	//
E..........,	//	1,70	//	//	//	//
F...........	//	//	//	//	//	1,63
bleu....,...	//	//	1,44	//	//	//
G ,,,,,,,,,..	//	1,55	//	//	//	1,41

Plomb.

	n. HAUGHTON. [VOIGT].	n. DRUDE.
rouge........	2,2	//
$\lambda = 630$......	//	1,97
D..........	//	2,01

Potassium-Sodium (K Na).

(Alliage liquide.)

D.....	0,123	n. DRUDE****
bleu ..	0,148	

Sodium.

D.....	0,0045	n. DRUDE*****

Stibine (Sb²S³).

(Face de clivage.)

	n. DRUDE***.
D..........	5,17 (ind. max.)
	4,49 (ind. min.)

Zinc.

	n. JAMIN. [BEER].	n. JAMIN. [VOIGT].	n. HAUGHTON. [VOIGT].	n. DRUDE.
rouge.......	2,00	2,00	2,2	//
$\lambda = 630$......	//	//	//	2,36
D..........	1,77	//	//	2,12
E..........	1,49	1,58	//	//
violet........	1,00	0,95	//	//

Indications bibliographiques.

BEER (*Pogg. Ann.*, t. XCII, p. 417; 1854).

DRUDE''' (*Wied. Ann.*, t. XXXIV, p. 523; 1888).

   Id.   '' (*Id.*, t. XXXVI, p. 548; 1889).

   Id.   (*Id.*, t. XXXIX, p. 537; 1890).

   Id.   ' (*Id.*, t. XLII, p. 189; 1891).

   Id. ''''' (*Id.*, t. LXIV, p. 159; 1898).

   Id. '''' *in* ELSTER et GEITEL (*Id.* t. LXI, p. 457; 1897).

DU BOIS ET RUBENS (*Wied. Ann.*, t. XLI, p. 514; 1890).

HAUGHTON [*Phil. Trans.*, t. CLIII (1), p. 81; 1863].

JAMIN [*Ann. de Ch. et Phys.* (3ᵉ s.), t. XXII, p. 311; 1848].

KUNDT (*Wied. Ann.*, t. XXXIV, p. 477; 1888).

   Id. ' (*Id.*, t. XXXVI, p. 824; 1889).

PFLÜGER (*Wied. Ann.*, t. LVIII, p. 495; 1896).

QUINCKE (*Pogg. Ann, Jubelband*, p. 336; 1874).

RATHENAU (*Inaug. Dissert.*, Berlin, 1889).

RUBENS (*Wied. Ann.*, t. XXXVII, p. 249; 1889).

SHEA (*Wied. Ann.*, t, XLVII, p. 194; 1892).

VOIGT (*Wied. Ann.*, t. XXIII, pp. 104-147; 1884).

II. — INDICES DE SOLIDES A COULEUR SUPERFICIELLE.

Cyanine.

[Méthode du prisme.]

RAIES.	LONGUEURS d'onde.	PFLÜGER.	PFLÜGER**.	WOOD.
	765 $\mu\mu$	//	//	1,93
//	745	//	//	1,97
//	723	//	//	2,02
//	703	1,98	//	//
//	700	//	2,03	2,06
//	685	//	//	2,12
Li.....	671	2,08	2,13	//
//	668	//	//	2,19
//	660	//	//	2,25
C......	656	//	2,19	//
//	648	//	//	2,35
//	645	//	2,23	//
//	620	//	1,94	//
D.....	589	1,70	1,71	//
//	565	//	1,39	//
//	540	//	1,25	//
Tl....	535	1,20	1,20	//
//	520	//	1,19	//
//	508	//	//	1,12
//	505	//	1,28	//
//	504	//	//	1,17
//	497	//	//	1,25
//	493	//	//	1,29
F.....	486	1,45	1,40	//
//	484	//	//	1,35
//	467	//	//	1,42
Sr....	461	1,49	//	//
//	455	//	//	1,47
//	440	//	//	1,52
e......	438	//	1,59	//
H_γ....	434	1,61	//	//
//	421	//	//	1,55
h.....	410	//	//	1,57
//	407	//	1,68	//
//	395	//	//	1,58
//	378	//	1,69	//
//	350	//	1,70	//
//	288	//	1,71	//

Fuchsine.

[Méthode du prisme.]

RAIES.	LONGUEURS d'onde.	SIRKS.	WERNICKE.	PFLÜGER.	PFLÜGER[**].
	μμ				
A	760	2,10	1,73	//	//
a	719	2,18	//	//	//
//	703	//	//	2,30	//
B	687	2,30	1,81	//	//
Li	671	//	//	2,34	//
C	656	2,44	1,90	//	//
D	589	//	//	2,64	//
Tl	535	//	//	1,95	//
F	486	//	//	1,05	//
Sr	461	//	//	0,83	//
H_γ	434	//	//	1,04	//
G	431	//	1,3:	//	//
//	413	//	//	//	1,15
h	410	//	//	1,17	//
//	405	//	//	1,38	//
//	399	//	//	//	1,24
H	397	//	1,54	//	//
//	360	//	//	//	1,52
//	344	//	//	//	1,60

[Par les constantes de la réflexion.]

RAIES.	LONGUEURS d'onde.	E. WIEDEMANN. [VOIGT].	MERKEL. [VOIGT].	WALTER.
	μμ			
A	760	//	//	2,019
a	719	//	//	2,086
B	687	//	//	2,161
C	656	2,216	//	2,310
//	634	//	//	2,412
//	623	//	2,20	//
D	589	2,00	2,18	2,684
E	527	//	//	1,912
//	522	1,37	1,55	//
F	486	1,11	0,94	1,074
//	455	1,19	0,74	0,847
G	431	//	//	0,95
//	425	//	//	1,00
H	397	//	//	1,32

Vert diamant.

[Sulfate de tétréthyldiamidotriphénylcarbinol.]

RAIES.	LONGUEURS d'onde.	WALTER. (*Réflexion.*)	PFLÜGER*. (*Prisme.*)
	$\mu\mu$		
a......	719	2,41	2,42
C.....	656	2,15	2,01
D.....	589	1,27	1,27
//	553	1,03	1,09
E.....	527	1,14	1,31
b......	517	1,24	1,41
F.....	486	1,44	1,60
//	475	1,54	1,70
G.....	431	1,46	1,48

RAIES.	LONGUEURS d'onde.	Rouge de Magdala.	Vert Malachite.	Violet Hoffmann.
	$\mu\mu$			
//	703	2,06	2,49	2,57
Li.....	671	2,06	2,50	2,53
D.....	589	1,90	1,33	2,20
Tl....	535	1,56	1,16	1,27
F.....	486	1,54	1,45	0,86
H_γ....	434	1,72	1,38	1,32
//	416	//	1,37	//
h.....	410	1,76	1,28	//
//	403	//	//	1,47**
//	376	//	//	1,58**

[Méthode du prisme.]

(PFLÜGER.)

Indications bibliographiques

MERKEL (*Wied. Ann.*, t. XIX, p. 19; 1883).
PFLÜGER (*Wied. Ann.*, t. LVI, pp. 423-429; 1895).
　　ID*. (　*Id.*,　　t. LVIII, p 670; 1896).
　　ID**. (　*Id.*,　　t. LXV, p. 202; 1898).
SIRKS (*Pogg. Ann.*, t. CXLIII, p. 429; 1871).
VOIGT (*Wied. Ann.*, t. XXIII, pp. 559-577; 1884).
WALTER (*Die Oberflächenfarben*, Braunschweig 1895, Anh :)
WERNICKE (*Pogg. Ann.*, t. CLV, p. 87; 1875).
E. WIEDEMANN (*Pogg. Ann.*, t. CLI, p. 1; 1874).
WOOD [*Phil. Mag.* (5ᵉ s.), t. XLVI, p. 384; 1898].

III. — SUBSTANCES DISSOUTES.

1. *Dissolutions de composition connue.* — Les résultats des auteurs ont été mis sous la forme $\dfrac{n - n_o}{p}$ ou $\dfrac{n - n_o}{c}$, n étant l'indice de la dissolution, n_o celui du dissolvant, p le nombre de grammes du corps dissous pour 100^{gr} du mélange, c le nombre de grammes pour 100^{cc} du mélange.

Cyanine et alcool.

$$\frac{n - n_o}{p}.$$

RAIES.	LONGUEURS d'onde.	$p = 1,22.$	$p = 0,87.$ $t = 20°.$	$p = 1,15.$ $t = 20°$	$p = 1,26.$ $t = 20°.$	$p = 1,58.$ $t = 20°.$
	$\mu\mu$					
A.....	760	+ 0,0030	+ 0,0032	+ 0,0028	+ 0,0036	+ 0,0030
a.....	719	34	30	31	36	33
B.....	687	40	33	30	//	37
C.....	656	53	39	//	//	45
....	....	....	....	....	....	....
E.....	527	— 0,0021	+ 0,0001	//	//	+ 0,0005
b......	517	— 17	3	//	//	5
F	486	+ 0,0001	12	//	//	10
d.....	467	//	9	//	//	11
e......	438	//	12	//	//	15
G'.....	432	7	14	+ 0,0012	+ 0,0014	16
g	423	//	13	//	//	17
h (?)...	409	//	14	//	//	18
H.....	397	+ 10	+ 19	+ 16	//	+ 19
		(KUNDT.)		(SIEBEN*.)		

$$\frac{dn}{dt} \quad (\text{SIEBEN*.})$$

	$p = 1,15.$	$p = 1.26.$
A.....	— 0,000439 $(t = 62° \text{ à } 49°)$	
	— 0,000430 $(t = 49° \text{ à } 28°)$	— 0,000399 $(t = 39° \text{ à } 23°)$
	— 0,000412 $(t = 28° \text{ à } 17°)$	
a.....	— 0,000403 $(t = 26° \text{ à } 17°)$	— 0,000389 $(t = 35° \text{ à } 22°)$
B.....	— 0,000403 $(t = 47° \text{ à } 17°)$	
G.....	— 0,000423 $(t = 33° \text{ à } 16°)$	— 0,000430 $(t = 27°,5 \text{ à } 20°,5)$
H.....	— 0,000442 $(t = 27° \text{ à } 17°)$	

Cyanine et chloroforme.

RAIES.	$p = 1,8.$ $t = 19°,5.$	$p = 4,5.$ $t = 19°,6.$	$p = 6,6$ $t = 20°,6.$
A	+ 0,0036	+ 0,0043	+ 0,0047
a	42	51	55
B	//	62	//
G	+ 0,00025	//	//

(Sieben*.

Fuchsine et alcool.

$$\frac{n - n_o}{p}.$$

RAIES.	$p = 2,5.$	$p = 8.$	$p = 17.$	$p = 18,8.$
B	+ 0,008	//	+ 0,0037	+ 0,0046
C	//	+ 0,0115	+ 76	+ 72
D	+ 22	171	+ 108	+ 104
....	....	....	....	....
F	+ 0,001	+ 0,0002	— 0,0015	— 0,0031
G	— 0,002	— 0,0024	— 30	— 47
H	— 1	— 5	— 19	— 39

(Christiansen.)

RAIES.	$p = 1,9.$	$p = 4,1.$	$p = 5,3.$	$p = 15,5.$
A	+ 0,0046	+ 0,0043	+ 0,0048	+ 0,0047
a	50	47	53	51
B	55	51	58	56
C	63₅	58	66	63₅
....	....	....	....	....
H	— 0,0001	//	//	//

(Sieben*) [$t = 20°$.]

$$\frac{dn}{dt}, \quad p = 15,5.$$

A... ..   — 0,000448   ($t = 33°,5$ à $22°$)

a......   — 0,000430   ($t = 39°$ à $22°$)

B......   — 0,000391   ($t = 25°$ à $22°$)

(Sieben*.)

Fuchsine et aniline.

$$\frac{n - n_o}{c}.$$

RAIES.	LONGUEURS d'onde.	$c = 4.$	$c = 8.$	$c = 12.$	$c = 16.$	$c = 20.$
	$\mu\mu$					
	620	$+\ 0,017$	$+\ 0,011$	$+\ 0,009$	$+\ 0,009$	$+\ 0,009$
D.....	589	$0,022$	$0,017$	$0,016$	$0,016$	$0,016$
	582	$0,021$	$0,017$	$0,015$	$0,016$	$0,014$
	573	$0,015$	$0,013$	$0,013$	$0,013$	$0,012$
	558	$0,007$	$0,007$	$0,005$	$0,006$	$0,007$
	544	$+\ 0,002$	$+\ 0,003$	$+\ 0,002$	$+\ 0,002$	$0,003$
	530	$\pm\ 0,000$	$\pm\ 0,000$	$-\ 0,001$	$\pm\ 0,000$	$\pm\ 0,000$
	515	$-\ 0,002$	$-\ 0,003$	$0,005$	$-\ 0,003$	$-\ 0,003$
	502	$0,005$	$0,006$	$0,007$	$0,006$	$0,005$
F.....	486	$0,003(?)$	$0,008$	$0,008$	$0,008$	$0,007$
	472	$0,006$	$0,009$	$0,009$	$0,009$	$0,008$
	461	$0,005$	$0,009$	$0,008$	$0,009$	$0,007$
	418	$-\ 0,002$	$-\ 0,003$	$-\ 0,007$	$-\ 0,006$	$-\ 0,005$

(STSCHEGLAYEW.)

Permanganate de potassium et eau.

$$\frac{n - n_0}{p}.$$

RAIES.	LONGUEURS d'onde.	$p = 1.$	$p = 2.$	$p = 3.$	$p = 4.$
	$\mu\mu$				
B.....	687	$+ 0,0023$	$+ 0,0018_5$	//	$+ 0,0019$
C.....	656	24	18_5	$+ 0,0018$	20
	617	22	22	20	22
	594	27	23_5	22	25
D....	589	24	21_5	//	24
	575	//	//	//	26
	568	27	26	26	27_5
	558	//	//	//	24
	553	26	27_5	26	24_5
	534	//	//	//	16
E.....	527	13	//	//	//
	522	9	12	12	//
	516	13	15	//	//
	514	//	//	//	11
	500	11	10	8	10
	494	//	//	//	9
F.....	486	7	6 (?)	//	9_5
	480	8	11	8	10
	464	15	10	11	10
	447	14	14	11	11_5
e......	438	11	16 (?)	//	11_5
g	423	20	15_5	15_5	14

(CHRISTIANSEN)   [$t = 20°$.]

2. *Dissolutions concentrées.* — Pour les dissolutions de composition in-
connue on donne les indices déterminés par l'auteur et la différence avec
l'indice du dissolvant.

Cyanine et alcool.

RAIES.	INDICE.	$n - n_0$.
A.....	1,3732	+ 0,0102
a.....	1,3756	120
B.....	1,3781	139
C.....	1,3831	+ 182
......	....	....
E.....	1,3658	— 34
F.....	1,3705	— 7
G.....	1,3779	+ 29
H. ...	1,3821	+ 39

(Kundt.)

$p = 2,3$ env. $D^{18,6} = 0,809$.

RAIES.	LONGUEURS d'onde.	INDICE. $l = 17°,4$.	$n - n_0$.
K_α.....	768 μμ	1,36955	+ 0,01007
Li.....	671	1,37528	1406
C.....	656	1,37763	+ 1611
......	....	....	....
F.....	486	1,36855	+ 0,00059
Sr.....	461	1,37145	233
H_γ....	434	1,37504	401
Rb.....	420	1,37683	+ 427

(Sieben.)

Fuchsine et alcool.

RAIES.	DISSOLUTION presque saturée.		plus concentrée.	
	Indice.	$n - n_0$.	Indice.	$n - n_0$.
A......	1,3818	+ 0,0188	//	//
a.....	1,3845	209	//	//
B.....	1,3873	231	1,3898	+ 0,00256
C.....	1,3918	269	1,3939	290
D.....	1,3982	+ 315	//	//
......	....	....	....	....
F.....	1,3613	— 0,0099	//	//
G......	1,3668	82	//	//
H.....	1,3759	— 0,0023	1,3783	+ 0,0001

(Kundt) $[t = 16°]$.

Fuchsine et aniline.

$$c = 20.$$

RAIES.	LONGUEURS d'onde.	INDICE.	$n - n_o$.
	$\mu\mu$		
	620	1,76	$+$ 0,18
D.....	589	1,90	32
	582	1,86	27
	573	1,83	24
	558	1,73	14
	544	1,66	7
	530.	1,60	$+$ 1
	515	1,54	$-$ 6
	502	1,50	10
F.....	486	1,47	13
	472	1,46	16
	461	1,48	14
	450	1,50	13
	418	1,54	$-$ 0,10

(STSCHEGLAYEW.)

Fuchsine et collodion solide.

LONGUEURS d'onde.	INDICE.
$\mu\mu$	
702	1,52
668	1,56
620	1,62
585	1,60
563	1,53
518	1,46
480	1,37

(S. BLOCH.)

Permanganate de potassium et eau.

[Dissolution presque saturée.]

RAIES.	INDICE.
A	1,3377
B	1,3397
C	1,3408
D	1,3442
E	1,3452
F	1,3420
G	1,3477
H	1,3521

(KUNDT.)

Indications bibliographiques.

S. BLOCH (*Comptes rendus*, t. CXVI, p. 746; 1893).
CHRISTIANSEN (*Pogg. Ann.*, t. CXLIII, p. 250; 1871).
    ID*.   (*Wied. Ann.*, t. XIX, p. 263; 1883).
KUNDT (*Pogg. Ann.*, t. CXLV, p. 67; 1872).
SIEBEN (*Wied. Ann.*, t. VIII, p. 144; 1879).
    ID*. (*Wied. Ann.*, t. XXIII, p. 312; 1884).
STSCHEGLAYEW [*Journ. de Phys.* (3ᵉ s.), t. IV, p. 551; 1895].

www.ingramcontent.com/pod-product-compliance
Ingram Content Group UK Ltd.
Pitfield, Milton Keynes, MK11 3LW, UK
UKHW020822120726
13693UKWH00002B/419